中国语言资源保护工程

中国语言资源集·辽宁 编委会

主 任
宋升勇　侯长余

主 编
夏中华　原新梅

副主编
赵建军　　安拴军　　欧阳国亮

编 委
（按姓名音序排列）

安拴军	曹　起	迟永长	崔　蒙	洪　飏
李薇薇	马丽娟	欧阳国亮	王功龙	王　虎
夏　历	夏中华	杨春宇	原新梅	张明辉
赵建军	朱　红			

秘 书
辛海春

教育部语言文字信息管理司　指导
辽　宁　省　教　育　厅

中国语言资源保护研究中心　统筹

中国语言资源集

辽宁 语音卷

夏中华　原新梅 ◎ 主编

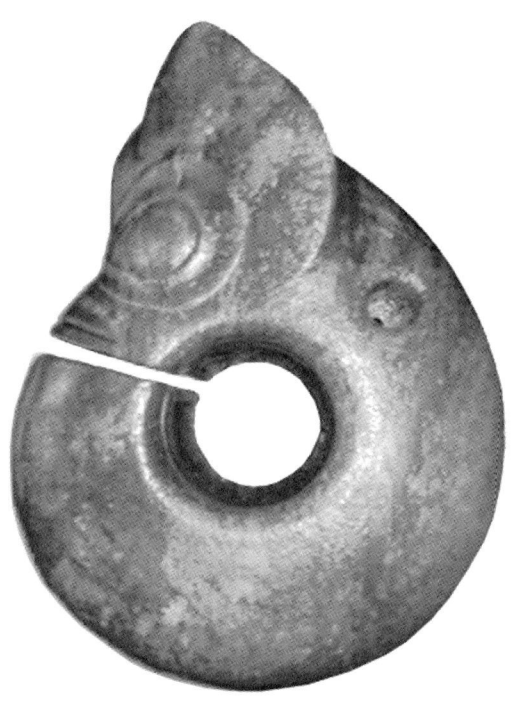

中国社会科学出版社

图书在版编目（CIP）数据

中国语言资源集. 辽宁：全3册/夏中华、原新梅主编. —北京：中国社会科学出版社，2021.10
ISBN 978-7-5203-8000-3

Ⅰ. ①中… Ⅱ. ①夏… ②原… Ⅲ. ①方言研究–辽宁 Ⅳ. ①H1

中国版本图书馆 CIP 数据核字（2021）第 038281 号

出 版 人	赵剑英
责任编辑	任　明
责任校对	韩天炜
责任印制	郝美娜

出　　版	中国社会科学出版社
社　　址	北京鼓楼西大街甲 158 号
邮　　编	100720
网　　址	http://www.csspw.cn
发 行 部	010-84083685
门 市 部	010-84029450
经　　销	新华书店及其他书店

印刷装订	北京君升印刷有限公司
版　　次	2021 年 10 月第 1 版
印　　次	2021 年 10 月第 1 次印刷

开　　本	787×1092　1/16
印　　张	61.5
字　　数	1285 千字
定　　价	495.00 元（全 3 册）

凡购买中国社会科学出版社图书，如有质量问题请与本社营销中心联系调换
电话：010-84083683
版权所有　侵权必究

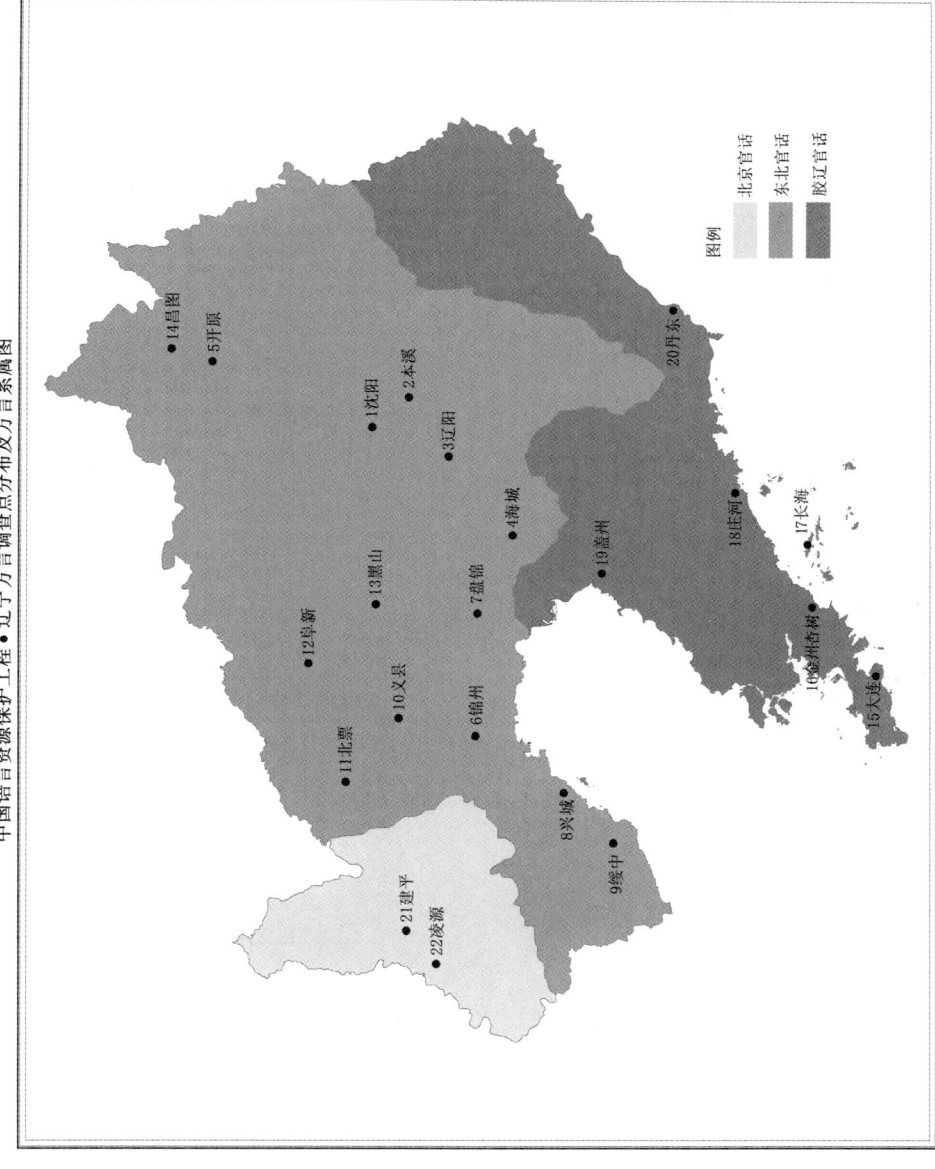

调查点分布图

总 目 录

总序
序
调查点分布图

语 音 卷

概述	1
第一章　各地音系	4
第二章　字音对照	156
参考文献	281
后记	282

词 汇 卷

概述	1
词汇对照	2
参考文献	402
后记	403

语法与口头文化卷

语法卷

概述	1
语法例句对照	2

口头文化卷

概述	73
沈阳	75
本溪	82
辽阳	90
海城	95
开原	104
锦州	120

盘锦 ·· 126
兴城 ·· 133
绥中 ·· 151
义县 ·· 157
北票 ·· 163
阜新 ·· 170
黑山 ·· 177
昌图 ·· 183
长海 ·· 192
庄河 ·· 198
盖州 ·· 206
丹东 ·· 218
建平 ·· 225
凌源 ·· 231
参考文献 ·· 238
后记 ·· 239

目 录

概述 ··· 1
第一章 各地音系 ··· 4
　第一节 沈阳方音 ·· 4
　　壹 概况 ·· 4
　　贰 声韵调 ·· 4
　　叁 连读变调 ·· 6
　　肆 异读 ·· 7
　　伍 儿化 ·· 7
　第二节 本溪方音 ·· 8
　　壹 概况 ·· 8
　　贰 声韵调 ·· 9
　　叁 连读变调 ·· 11
　　肆 异读 ·· 12
　　伍 儿化 ·· 13
　第三节 辽阳方音 ·· 15
　　壹 概况 ·· 15
　　贰 声韵调 ·· 15
　　叁 连读变调 ·· 17
　　肆 异读 ·· 18
　　伍 儿化 ·· 18
　　陆 其他主要音变 ··· 19
　第四节 海城方音 ·· 21
　　壹 概况 ·· 21
　　贰 声韵调 ·· 21
　　叁 连读变调 ·· 23
　　肆 异读 ·· 24
　　伍 儿化 ·· 24
　　陆 其他主要音变 ··· 26
　第五节 开原方音 ·· 28
　　壹 概况 ·· 28

　　　　貳　声韵调 …………………………………………………………… 28
　　　　叁　连读变调 ………………………………………………………… 30
　　　　肆　异读 ……………………………………………………………… 31
　　　　伍　儿化 ……………………………………………………………… 31
　　　　陆　其他主要音变 …………………………………………………… 33
　第六节　锦州方音 ………………………………………………………… 34
　　　　壹　概况 ……………………………………………………………… 34
　　　　貳　声韵调 …………………………………………………………… 34
　　　　叁　连读变调 ………………………………………………………… 36
　　　　肆　异读 ……………………………………………………………… 37
　　　　伍　儿化 ……………………………………………………………… 39
　　　　陆　其他主要音变 …………………………………………………… 41
　第七节　盘锦方音 ………………………………………………………… 42
　　　　壹　概况 ……………………………………………………………… 42
　　　　貳　声韵调 …………………………………………………………… 43
　　　　叁　连读变调 ………………………………………………………… 44
　　　　肆　异读 ……………………………………………………………… 45
　　　　伍　儿化 ……………………………………………………………… 46
　第八节　兴城方音 ………………………………………………………… 48
　　　　壹　概况 ……………………………………………………………… 48
　　　　貳　声韵调 …………………………………………………………… 49
　　　　叁　连读变调 ………………………………………………………… 50
　　　　肆　异读 ……………………………………………………………… 51
　　　　伍　儿化 ……………………………………………………………… 52
　第九节　绥中方音 ………………………………………………………… 54
　　　　壹　概况 ……………………………………………………………… 54
　　　　貳　声韵调 …………………………………………………………… 55
　　　　叁　连读变调 ………………………………………………………… 57
　　　　肆　异读 ……………………………………………………………… 57
　　　　伍　儿化 ……………………………………………………………… 58
　　　　陆　其他主要音变 …………………………………………………… 59
　第十节　义县方音 ………………………………………………………… 61
　　　　壹　概况 ……………………………………………………………… 61
　　　　貳　声韵调 …………………………………………………………… 62
　　　　叁　连读变调 ………………………………………………………… 63
　　　　肆　异读 ……………………………………………………………… 65
　　　　伍　儿化 ……………………………………………………………… 66

　　　　陆　其他主要音变 ································· 68
第十一节　北票方音 ······································· 69
　　　　壹　概况 ··· 69
　　　　贰　声韵调 ······································· 70
　　　　叁　连读变调 ····································· 72
　　　　肆　异读 ··· 73
　　　　伍　儿化 ··· 75
　　　　陆　其他主要音变 ································· 77
第十二节　阜新方音 ······································· 78
　　　　壹　概况 ··· 78
　　　　贰　声韵调 ······································· 79
　　　　叁　连读变调 ····································· 80
　　　　肆　异读 ··· 82
　　　　伍　儿化 ··· 82
第十三节　黑山方音 ······································· 85
　　　　壹　概况 ··· 85
　　　　贰　声韵调 ······································· 86
　　　　叁　连读变调 ····································· 87
　　　　肆　异读 ··· 89
　　　　伍　儿化 ··· 90
　　　　陆　其他主要音变 ································· 92
第十四节　昌图方音 ······································· 94
　　　　壹　概况 ··· 94
　　　　贰　声韵调 ······································· 94
　　　　叁　连读变调 ····································· 96
　　　　肆　异读 ··· 97
　　　　伍　儿化 ··· 98
　　　　陆　其他主要音变 ································· 99
第十五节　大连方音 ······································· 101
　　　　壹　概况 ··· 101
　　　　贰　声韵调 ······································· 102
　　　　叁　连读变调 ····································· 103
　　　　肆　异读 ··· 104
　　　　伍　儿化 ··· 105
第十六节　金州杏树方音 ··································· 107
　　　　壹　概况 ··· 107
　　　　贰　声韵调 ······································· 107

叁　连读变调 ·· 109
　　　肆　异读 ·· 110
　　　伍　儿化 ·· 110
　第十七节　长海方音 ·· 112
　　　壹　概况 ·· 112
　　　贰　声韵调 ·· 113
　　　叁　连读变调 ·· 115
　　　肆　异读 ·· 116
　　　伍　儿化 ·· 117
　　　陆　其他主要音变 ·· 118
　第十八节　庄河方音 ·· 119
　　　壹　概况 ·· 119
　　　贰　声韵调 ·· 120
　　　叁　连读变调 ·· 122
　　　肆　异读 ·· 123
　　　伍　儿化 ·· 123
　　　陆　其他主要音变 ·· 125
　第十九节　盖州方音 ·· 126
　　　壹　概况 ·· 126
　　　贰　声韵调 ·· 127
　　　叁　连读变调 ·· 129
　　　肆　异读 ·· 129
　　　伍　儿化 ·· 130
　　　陆　其他主要音变 ·· 131
　第二十节　丹东方音 ·· 132
　　　壹　概况 ·· 132
　　　贰　声韵调 ·· 133
　　　叁　连读变调 ·· 135
　　　肆　异读 ·· 135
　　　伍　儿化 ·· 136
　第二十一节　建平方音 ·· 139
　　　壹　概况 ·· 139
　　　贰　声韵调 ·· 140
　　　叁　连读变调 ·· 142
　　　肆　异读 ·· 143
　　　伍　儿化 ·· 143
　第二十二节　凌源方音 ·· 146

壹	概况	146
贰	声韵调	147
叁	连读变调	148
肆	异读	150
伍	儿化	151
陆	其他主要音变	154

第二章　字音对照 …… 156

参考文献 …… 281

后记 …… 282

总　序

教育部、国家语言文字工作委员会于 2015 年 5 月发布《教育部 国家语委关于启动中国语言资源保护工程的通知》（教语信司〔2015〕2 号），启动中国语言资源保护工程（以下简称语保工程），在全国范围开展以语言资源调查、保存、展示和开发利用等为核心的各项工作。

在教育部、国家语委统一领导下，经各地行政主管部门、专业机构、专家学者和社会各界人士共同努力，至 2019 年底，语保工程超额完成总体规划的调查任务。调查范围涵盖包括港澳台在内的全国所有省份、123 个语种及其主要方言。汇聚语言和方言原始语料文件数据 1000 多万条，其中音视频数据各 500 多万条，总物理容量达 100TB，建成世界上最大规模的语言资源库和展示平台。

语保工程所获得的第一手原始语料具有原创性、抢救性、可比性和唯一性，是无价之宝，亟待开展科学系统的整理加工和开发应用，使之发挥应有的重要作用。编写《中国语言资源集（分省）》（以下简称资源集）是其中的一项重要工作。

早在 2016 年，教育部语言文字信息管理司（以下简称语信司）就委托中国语言资源保护研究中心（以下简称语保中心）编写了《中国语言资源集（分省）编写出版规范（试行）》。2017 年 1 月，语信司印发《关于推进中国语言资源集编写的通知》（教语信司函〔2017〕6 号），要求"各地按照工程总体要求和本地区进展情况，在资金筹措、成果设计等方面早设计、早谋划、早实施，积极推进分省资源集编写出版工作。""努力在第一个'百年'到来之际，打造标志性的精品成果。"2018 年 5 月，又印发了《关于启动中国语言资源集（分省）编写出版试点工作的通知》（教语信司函〔2018〕27 号），部署在北京、上海、山西等地率先开展资源集编写出版试点工作，并明确"中国语言资源集（分省）编写出版工作将于 2019 年在全国范围内全面铺开。"2019 年 3 月，教育部办公厅印发《关于部署中国语言资源保护工程 2019 年度汉语方言调查及中国语言资源集编制工作的通知》（教语信厅函〔2019〕2 号），要求"在试点基础上，在全国范围内开展资源集编制工作。"

为科学有效开展资源集编写工作，语信司和语保中心通过试点、工作会、研讨会等形式，广泛收集意见建议，不断完善工作方案和编写规范。语信司于 2019 年 7 月印发了修订后的《中国语言资源集（分省）实施方案》和《中国语言资源集（分省）编写出版规范》（教语信司函〔2019〕30 号）。按规定，资源集收入本地区所有调查点的全部字词句语料,并列表对照排列。该方案和规范既对全国作出统一要求,保证了一致性和可比性,也兼顾各地具体情况,保持了一定的灵活性。

各省(区、市)语言文字管理部门高度重视本地区资源集的编写出版工作,在组织领导、管理监督和经费保障等方面做了大量工作,给予大力支持。各位主编认真负责,严格要求,专家团队团结合作,协同作战,保证了资源集的高水准和高质量。我们有信心期待《中国语言资源集》将成为继《中国语言文化典藏》《中国濒危语言志》之后语保工程的又一重大标志性成果。

语保工程最重要的成果就是语言资源数据。各省(区、市)的语言资源按照国家统一规划规范汇集出版,这在我国历史上尚属首次。而资源集所收调查点数之多,材料之全面丰富,编排之统一规范,在全世界范围内亦未见出其右者。从历史的眼光来看,本系列资源集的出版无疑具有重大意义和宝贵价值。我本人作为语保工程首席专家,在此谨向多年来奋战在语保工作战线上的各位领导和专家学者致以崇高的敬意!

曹志耘
2020 年 10 月 5 日

序

  本书是国家语委"中国语言资源保护工程·辽宁汉语方言调查"系列项目的基础性成果之一。

  教育部、国家语委于2015年启动了"中国语言资源保护工程",这是继1956年开展全国汉语方言和少数民族语言普查以来,我国语言规划领域又一个由政府组织的,地方和专家共同实施,鼓励社会参与的大型语言文化国家工程。其目的是利用现代化技术手段,收集记录汉语方言、少数民族语言和口头文化的实态语料,进行科学整理和加工,建成大规模、可持续增长的多媒体语言资源库,并开展语言资源保护研究工作,形成系统的基础性成果,进行深度开发应用,全面提升我国语言资源保护和利用的水平,为科学有效保护语言文化资源、传承中华民族优秀传统文化、维护社会稳定、保障国家安全,以及推进语言文字信息化建设服务。

  辽宁省语言资源比较丰富,境内汉语方言分属北京官话、东北官话、胶辽官话,同时残存着满语、蒙古语等少数民族语言的底层。作为中国语言资源有声数据库首批试点省份之一,2011年11月,国家语委启动了辽宁库建设试点工作,由辽宁师范大学迟永长、王功龙两位教授任首席专家,在登连片大连市开展了两个方言点(大连市区,金州区杏树街道)的调查工作,并于2012年年底顺利通过国家语委组织的专家验收。

  2016年初,"中国语言资源保护工程·辽宁汉语方言调查"全面启动。根据语保中心的安排,通过与相关专家讨论,结合辽宁汉语方言的分布情况,自2016年至2019年,四年共确定并调查了20个方言点。其中首次报批的10个点于2016、2017两年完成。2016年6个:丹东、建平、锦州、兴城、辽阳、沈阳,分别由辽宁师范大学的原新梅、杨春宇,渤海大学的夏中华、朱红,中国刑事警察学院的欧阳国亮、崔蒙担任课题负责人。2017年4个:庄河、盖州、开原、阜新,分别由辽宁师范大学的原新梅、张明辉,渤海大学的朱红、李薇薇担任课题负责人。

  辽宁曾是关内移民迁居东北的第一站,省内多种官话方言交汇融合,辽西走廊和辽宁东南部地区分别形成两条官话方言的融合演变路线:冀鲁官话向东北官话的演变和胶辽官话向东北官话的演变。前期10个布点重视区域方言的调查,包括辽宁省西南部地区、中部地区和辽西地区。为全面掌握我省方言的接触融合与演变,经征求我省语言文字专家和各市语委办对我省语保工程设点布局的建议,2017年10月,辽宁省申请再增设10个方言调查点。再次报批的10个点于2018、

2019 两年完成。2018 年 5 个：义县、凌源、海城、长海、绥中，分别由渤海大学的曹起、安拴军，辽宁师范大学的王虎、赵建军，辽宁工程技术大学的马丽娟担任课题负责人。2019 年 5 个：盘锦、本溪、昌图、黑山、北票，分别由辽宁师范大学的洪飐、赵建军，沈阳师范大学的夏历，渤海大学的曹起、安拴军担任课题负责人。

2016 年 4 月 22-23 日，中国语言资源保护工程培训（第十二期）在北京语言大学举行，课题负责人及骨干成员参加了此次培训。培训内容包括调查总体要求、《中国语言资源调查手册（汉语方言）》的音像技术规范、摄录方法、专用摄录软件的使用方法、语料整理规范、语保工程系列管理办法和工作规范解读等。

2016 年 5 月 27 日，中国语言资源保护工程•辽宁汉语方言调查项目在沈阳正式启动，在辽宁省语委的组织下，各市教育局分管领导、语委办负责人、各市（县、区）教育局分管领导、语委办负责人、有关高校分管领导、科研处处长、项目负责人等人员参加了此次会议，会议制订了实施方案，各课题组与相关市（县、区）语委办完成了对接。

随后，6 月-9 月，六个调查团队陆续完成了遴选发音人、纸笔调查和音像录制等工作。10 月 14 日-18 日，"首届东北方言学术研讨会暨语保工程中检、培训会"在大连举行。会议分为语保工程中检、学术研讨和语保工作培训三个阶段。首先由语保工程项目组专家对东北三省及内蒙古（东部）方言调查项目进行中期检查，指出了项目调查时出现的问题及解决方法。接着，语保工程核心专家、中国社会科学院沈明研究员和北京语言大学赵日新教授在辽宁师范大学西山湖校区做了国际音标以及音韵学培训讲座。与此同时，东北方言学术研讨会在大连市仲夏花园酒店召开。12 月中旬，项目验收会议在沈阳中国刑事警察学院举行，六个调查团队顺利通过了验收。

此后的三年，调查的方言点不同，但每个项目都经过 2016 年的这些程序：立项、培训、启动会、遴选发音人、纸笔调查、录音录像、中检、预验收、验收。只是地点不同，比如，2017 年，培训会在牡丹江师范学院，启动会在渤海大学，中检会在辽宁师范大学，预验收会在牡丹江师范学院召开，验收会在沈阳。2018 年，培训会在云南财经大学，启动会在辽宁工程技术大学召开，中检会在辽宁师范大学，预验收会在长春师范大学，验收会在沈阳。2019 年，培训会在北京语言大学，中检会在渤海大学，预验收会在沈阳师范大学，验收会在辽宁师范大学。

为落实工程总体规划，促进语保工程成果的整理、开发和应用，打造标志性的精品成果，按照教育部语信司的安排，2019 年语保工程的主要任务除了继续方言调查外，还开始着手《中国语言资源集•辽宁》的编写出版工作。此前，这项工作已经在北京、上海和山西试点。

语保工作很辛苦，各个课题组都以十分严谨的态度工作。每年从 4 月批准立项开始一直要忙到年底验收，特别是暑假期间的录制工作更是辛苦劳累。炎炎酷暑，在封闭的录音室，各团队坚持二十多天甚至一个多月，要赶在暑假结束前完成方言调查、音频视频的录制工作。在调研录制过程中，各方言点大都有重选发音人重录，或原有发音人对个别字词句的重录，甚至是全部内容重做。

回顾五年的语保工程建设，在语保中心精心指导、省语委办统一协调、各调查团队的通力合作下取得了令人满意的成果，20个方言点顺利通过了验收。2016年处于摸索阶段，课题组在调查过程中遇到了很多困难，比如合适的发音人难以寻找，词汇、语法的调查不够深入，关于声韵调的说明不够全面、准确、规范，词汇、语法中的音变现象与音系说明不一致，纸笔记录与音视频不一致，音频背景噪音不达标，视频总比特率不达标，背景布的颜色、大小不合标准，闪屏、灯光、音画不同步、光线不均匀等，有的问题容易解决，有的问题要通过咨询语保中心的专家或不断地实验摸索方可解决。与2016年相比，之后几年的工作顺利了很多，在工作安排上和质量方面也随之有了较大提高。各调查点能够严格按照规范要求，保质保量地完成了纸笔调查和音像摄录工作，符合验收入库标准。有几个调查点在纸笔记录、音像视频质量方面达到了优秀标准。

语言本身是文化，同时又是文化的载体，是国家和民族珍贵的非物质文化资源。一种语言或方言的消亡也就意味着它所代表的漫长时间内所形成的文化资源即将消失。随着社会形势的发展变化，特别是全球经济一体化、文化多元化以及城市化进程的加快，人员流动的增加，语言（方言）间相互接触与影响频率加强，一些语言和方言的使用人口正在日益减少，正在以前所未有的速度发生着变化，濒危、衰亡加剧，传承面临威胁，语言文字保护成为当务之急。作为目前世界上最大规模的语言资源保护项目，语保工程对汉语方言、少数民族语言和口头语言文化的收集与整理，功在当下，利在千秋，它所留下的不仅仅是乡音，更是民族的文化基因和血脉。对促进我国语言资源的开发与保护，共同构建和谐的语言生活有着非常重要的作用。我们能加入语保工程，既感到责任重大又感到荣幸。《中国语言资源集·辽宁》的编写是对几年来辽宁各个方言点的成果展示和工作总结，也是新阶段开始的标志，希望以此为契机，有力推动辽宁的方言研究和语言资源的保护与传承。

夏中华
2020年11月20日

概 述

一 本卷内容

本卷主要包括各地概况、声韵调、连读变调、异读、儿化、其他主要音变、附录、字音对照等几个主要部分。

（一）概况

介绍22个调查点。首先介绍调查点的地理、历史、行政区划、人口、民族、方言种类、地方曲艺等情况；再介绍具体方言分区和使用情况等。

以下两点需要说明：

（1）根据各地政府官网、百度百科对各区地理、人口等信息进行了更新。

（2）22个调查点中20个点为2015年启动的中国语言资源保护工程辽宁调查项目；大连和金州杏树为2012年启动的中国有声语言数据库辽宁试点项目。

（二）音系及音变

各地音系、音变主要包括"声韵调""连读变调""异读""儿化""其他主要音变"（即各地方音"贰"至"陆"）等内容，根据各地实际情况，分别从各个层面描写方言音系概况、语流音变、内部差异（新老异读、文白异读）等。

（三）附录

简介调查人、方言发音人和调查情况。

虽然语音、词汇、语法部分主要涉及的是老年男性发音人和青年男性发音人，但口头文化部分涉及其他发音人，且考虑到各类发音人都是严格按照《中国语言资源调查手册·汉语方言》（以下称"《调查手册》"）规范标准遴选出来的，调查中都做出了贡献，故列表说明承担角色、姓名、出生年月、职业、文化程度、居住辖区等主要信息。

（四）字音对照

列表展示22个调查点方言老男的1000个单字音。

二 编排方式

（一）章节安排

遵循《中国语言资源集（分省）编写出版规范（2019年修订）》的规定安排章节，详见本卷"总目录"。

（二）调查点排列顺序

主要按照《中国语言地图集》（第 2 版）的分区，辽宁方言依照分布区域大小进行排列：东北官话、胶辽官话和北京官话。同一官话区按照下分的方言片和方言小片排列。同一方言小片，按照重要程度兼顾地理远近等进行排列。

辽宁的东北官话包括吉沈片的通溪小片和哈阜片的长锦小片。前者以沈阳为中心，包括本溪、辽阳、海城、开原；后者以锦州为中心，包括盘锦、兴城、绥中、义县、北票、阜新、黑山、昌图。

辽宁的胶辽官话包括登连片（大岫小片、烟威小片）和营通片的盖桓小片。登连片以大连为中心，有金州杏树、长海、庄河。营通片为盖州和丹东。

辽宁的北京官话为朝峰片，包括建平和凌源。

具体排列区分见下表。

辽宁资源集方言点排序与分区情况表

序号	方言点	方言区	方言片	方言小片
1	沈阳	东北官话	吉沈片	通溪小片
2	本溪	东北官话	吉沈片	通溪小片
3	辽阳	东北官话	吉沈片	通溪小片
4	海城	东北官话	吉沈片	通溪小片
5	开原	东北官话	吉沈片	通溪小片
6	锦州	东北官话	哈阜片	长锦小片
7	盘锦	东北官话	哈阜片	长锦小片
8	兴城	东北官话	哈阜片	长锦小片
9	绥中	东北官话	哈阜片	长锦小片
10	义县	东北官话	哈阜片	长锦小片
11	北票	东北官话	哈阜片	长锦小片
12	阜新	东北官话	哈阜片	长锦小片
13	黑山	东北官话	哈阜片	长锦小片
14	昌图	东北官话	哈阜片	长锦小片
15	大连	胶辽官话	登连片	大岫小片
16	金州杏树	胶辽官话	登连片	烟威小片
17	长海	胶辽官话	登连片	烟威小片
18	庄河	胶辽官话	登连片	烟威小片
19	盖州	胶辽官话	营通片	盖桓小片
20	丹东	胶辽官话	营通片	盖桓小片
21	建平	北京官话	朝峰片	
22	凌源	北京官话	朝峰片	

（三）音系、音变的处理

声韵调。用无线表列出方言老男的声母、韵母和声调，关于声韵调音值和音位归纳情况的说明分别放在相应的无线表下面；声韵调例字根据各地情况进行增删，每个声母、韵母后列 4 个例字，声调调类、调值后列出《调查手册》"语音"部分声调调查表中的所有例字。

连读变调。用表格列出包括轻声在内的各调类组合的变调形式，在表下总结变调规律并分别举例（例词全部选自"词汇"部分）；对"一不七八"等特殊变调现象举例描写。

异读。主要指"新老异读"，从声母、韵母、声调等角度描写内部差异，根据各点具体情况，个别点也有关于"文白异读""其他异读"等方面的具体描写。

儿化。以儿化韵为纲，列举本韵和儿化韵的对应关系并举例（例词大部分选自"词汇"部分）；表下对一些特殊的儿化音变进行说明。

单元音韵母 ɤ 在轻声音节中，有的方言点弱化成央 ə，有的方言点仍然是后 ɤ，根据实际发音记为央 ə 或者后 ɤ。

其他主要音变。根据各点具体情况，主要对词语和句子中的轻声导致的音变、子尾导致的音变等进行描写并举例。

（四）字音对照的排列

每页横排字目，竖排调查点。字目以《调查手册》"二　单字（方言老男）"为序。调查点以"第一章　各地音系"的先后为序。

字目列出中古音，如"多"字下列"果开一平歌端"（"果开一"和"平歌端"分行）。

三　凡例

本卷使用比较普遍的一些符号说明如下：

^{h}　　送气符号。例如：p^h t^h ts^h 等。

｜分隔不同例字、例词。例如：老虎 lao^{24}xu^{213}｜打闪 ta^{24}san^{213}。

＝（上标）　　表示前面的字是同音替代而不是本字。例如：圆⁼蝙蝠儿 yẽ^{35}p̃hã^{44}fur^0。

（　）　　位于读音后备注异读情况，如文白异读、新老异读、又读分别用（白）（文）（新）（老）（又）表示。例如：tsou^{51}（白）、tsuo^{51}（文）。

第一章　各地音系

第一节　沈阳方音

壹　概况

沈阳市位于东北地区南部、辽宁省中部，是辽宁省省会，也是东北地区的中心城市。

沈阳市地理坐标为东经 123.25°、北纬 41.48°，位于辽河平原南部。沈阳市东部为辽宁丘陵，西部为辽河、浑河冲积平原，南连辽东半岛，北部为辽北丘陵。全市国土面积 1.3 万平方公里。

沈阳市下辖和平区、沈河区、皇姑区、大东区、铁西区、浑南区、于洪区、苏家屯区、沈北新区、辽中区等 10 个市区以及新民市、法库县、康平县三个县市。

截至 2019 年末，沈阳市常住人口 832.2 万人，户籍人口 756.4 万人。人口以汉族为主体，还有满族、朝鲜族、蒙古族、回族、锡伯族等多个少数民族。

沈阳市方言属于东北官话吉沈片通溪小片，主要少数民族语言为朝鲜语。

沈阳市流行的主要曲艺形式有二人转、评剧等。

调查选择的是沈阳市内五区的皇姑区和铁西区。

贰　声韵调

一　声母（20 个）

p 八兵病别	pʰ 派片爬扑	m 马门明麦	f 飞风蜂副	v 味问王袜
t 东多端毒	tʰ 讨天甜突	n 脑南怒纳		l 老蓝连落
ts 资张贼竹	tsʰ 刺抽船拆		s 丝事书十	
tɕ 酒九绝菊	tɕʰ 清全轻恰	ȵ 年泥娘聂	ɕ 想谢响学	
k 歌高共谷	kʰ 开口宽阔		x 好很灰活	
∅ 软安云药				

说明：

（1）北京话今读 tʂ、tʂʰ、ʂ 声母的字，今沈阳方言一律读为 ts、tsʰ、s。

（2）声母 ʐ 一般变为零声母，同时在韵母前添加 i 介音，其中的个别字如"扔"读为 l 声母。

（3）零声母 u 介音字的 u 介音出现明显的唇齿化，记作声母 v。

二　韵母（35 个）

ɿ 资师十尺	i 米戏急七	u 苦五骨出	y 雨橘绿局
ər 儿耳二			
a 大马茶八	ia 家俩牙鸭	ua 刷花瓜刮	
	ie 写鞋接贴		ye 靴月雪掘
ɣ 歌脖热拨			
		uo 坐过国活	
ai 开排埋白		uai 摔快坏拐	
ei 赔飞贼北		uei 对水鬼罪	
au 宝饱烧勺	iau 表桥笑药		
ou 豆走口肉	iou 牛九油六		
an 南站山半	ian 减盐片年	uan 短官关穿	yan 权院元悬
ən 森深根身	in 心今新斤	uən 寸滚春顺	yn 均群熏云
aŋ 糖唱方绑	iaŋ 响样讲腔	uaŋ 床光狂双	
əŋ 灯争横翁	iŋ 硬病星丁	uŋ 东懂送龙	yŋ 兄用永熊

说明：

（1）单韵母 ɣ 出现在轻声音节中央出现，记为 ə。

（2）元音 a 做单韵母时为 ᴀ，在韵尾-n 前偏前偏高，在-i 前更高，为 æ，在-u、-ŋ 前偏后，为 ɑ，在 i 介音和-n 韵尾之间为 ɐ。

（3）韵母 ie 中，e 实际发音偏低，为 iɛ。

（4）韵母 uo 中，o 唇形偏展，为 uɤ。

（5）韵母 iou、uei、uən 在阴平、阳平字中主要元音弱化为过渡音。

（6）iŋ 韵母元音和韵尾之间有过渡音。

三　声调（4 个）

阴平	33	东该灯风通开天春	哭搭拍
阳平	35	门龙牛油铜皮糖红	毒白盒罚急切

| 上声 | 213 | 懂古鬼九统苦讨草 | 买老五有 | 谷百节塔 |
| 去声 | 41 | 冻怪半四痛快寸去 | 卖路硬乱洞地饭树 | 六麦叶月刻 |

说明：

（1）阴平33，部分字起始略有下降，部分字调值介于33和44之间，统一记为33。

（2）阳平35，实际发音中起点不到3度，止点不到5度。

（3）上声213，强调字音时，时长长于阴平、阳平，折点位于声调中后部，有只降不升调值为21的变体。

（4）去声41，部分字下降不明显，起点不到4度，在非强调字音或语流中时长短于阴平、阳平。

（5）入声字调类分别归入阴平、阳平、上声和去声，其中归入上声的字数多于普通话，如"节""国"等。

叁 连读变调

3.1 上声变调

沈阳方言两字组连读变调规律见表1，主要表现为上声的变调。阴平、阳平、去声做前字一般不变调，去声在去声前下降幅度减弱，上声在语流中一般变调，存在变为21变体或阳平两种变调模式。

表1　　　　　　　沈阳方言两字组连读规律表

前字＼后字	阴平33	阳平35	上声213	去声41
阴平33	33+33	33+35	33+21	33+41
阳平35	35+33	35+35	35+21	35+41
上声213	21+33	21+35	21+21 35+21	21+41
去声41	41+33	41+35	41+21	41+41

3.2 其他变调

（1）轻声变调

轻声音节的调值不固定，受前字调类影响，其调值情况大致如下：

阴平	2
阳平	3
上声	2
去声	1

说明：在词汇、语法和长篇语料中，轻声字调值标记为 0。

（2）"一、不"的变调

单念或在词句末尾，以及"一"在序数中，声调不变，读为原调值，"一"为 33，"不"为 41；

在去声前，调值变为 35，如"一样""一共""不看""不像"；

在非去声前，"一"调值变为 41，"不"调值不变，如"一般""一年""一场"；

在相同动词中间读轻声，如"想一想""来不来"。

（3）"七、八"的变调

在去声前调值变为 35，如"七岁""八块"，其余场合读为原调值 33。

说明：在词汇、语法和长篇语料中，一、七、八、不的声调按实际读音标注。

肆　异读

新老异读：老年男性没有 tʂ、tʂʰ、ʂ，一律读为 ts、tsʰ、s；受普通话影响，青年男性区分 ts、tsʰ、s 与 tʂ、tʂʰ、ʂ，但存在自由变读，如：早 tsau²¹³、tʂau²¹³，车 tsʰɤ⁴⁴、tʂʰɤ⁴⁴。自由变读没有明显的音韵规律，有时同一句话中前后出现的同一个字的读音都会不同，且 tʂ、tʂʰ、ʂ 发音位置偏前，实际音值介于 tʂ、tʂʰ、ʂ 与 tʃ、tʃʰ、ʃ 之间。

伍　儿化

表 2　　　　　　　　　　　沈阳儿化韵表

本韵	儿化韵	规律	例词
韵母或韵尾为 a、o、e、ɤ、u 的	分别儿化为 ar、or、er、ɤr、ur	直接加卷舌动作	花儿 xuar³³ 锅儿 kuor³³ 台阶儿 tʰai³⁵tɕier³³ 水珠儿 suei²¹tsur³³
i、y	iər、yər	保留原韵母，加卷舌音 ər	皮儿 pʰiər³⁵ 小驴儿 ɕiau²¹lyər³⁵
ɿ	ər	ɿ 失落变成 ər	丝儿 sər³³ 侄儿 tsər³⁵
ei、ai、uei、uai、in、ən、yn、an、ian	ər、ɐr、uər、uɐr、iər、ɐr、yər、ɐr、iɐr	去掉 i 或 n，在韵腹上加卷舌动作	老妹儿 lau²¹mər⁴¹ 今儿个 tɕiər³³kɤ⁰ 伴儿 pɐr⁴¹ 脸儿 liɐr²¹³
aŋ、uŋ、ɤŋ、iŋ	ãr、ũr、ɤ̃r、iɤ̃r	去掉 ŋ，主要元音鼻化，直接加卷舌动作	鞋帮儿 ɕie³⁵pãr³³ 瓶儿 pʰiɤ̃r³⁵

附录

（一）调查人

沈阳方言调查项目负责人为中国刑事警察学院教师崔蒙。

项目参与人员主要有：中国刑事警察学院欧阳国亮老师、营口理工学院宋艳欣老师、辽宁科技学院王龙老师。

（二）方言发音人

角色	姓名	出生年月	职业	文化程度	居住辖区
方言老男	那天祥	1939年4月	退休职工	大专	铁西区
方言青男	张帆	1989年4月	工人	中专	皇姑区
方言老女	葛桂枝	1958年3月	工人	高中	皇姑区
方言青女	肖宛珍	1990年1月	教师	本科	铁西区
口头文化发音人1	谭丽敏	1985年2月	财务	本科	沈河区
口头文化发音人2	肖宛珍	1990年1月	教师	本科	铁西区
口头文化发音人3	那天祥	1939年4月	退休职工	大专	铁西区
地普发音人1	肖宛珍	1990年1月	教师	本科	铁西区
地普发音人2	张帆	1989年4月	工人	中专	皇姑区
地普发音人3	那天祥	1939年4月	退休职工	大专	铁西区

（三）调查情况

本次调查时间为2016年7月10日至11月20日，调查地点为沈阳市国际教育交流中心、沈阳市阳光一百录音室。

调查所用的录音录像设备：语保专用摄录软件、SAMSON话筒、罗技摄像头。

沈阳市语委办陈馨主任协助了发音人选拔工作和摄录场所的安排，沈阳市非物质文化遗产研究中心冯静晓研究员提供了支持。沈阳音乐学院赵承红教授为录制提供了大力支持。

第二节　本溪方音

壹　概况

本溪市是辽宁省所辖的地级市，位于辽宁省东部，东傍吉林，西邻辽阳、鞍山，南接丹东，北靠沈阳、抚顺，全境约8411.3平方公里。本溪有"钢铁之都""中国枫叶之都"的美誉，是中国著名旅游城市。中国三大名砚之一的辽砚独产于本溪，距今有上千年的历史。

本溪市的地理坐标为东经 123.81°、北纬 41.30°。

全市共有 25 个街道办事处、40 个乡（镇），下辖四个市辖区，两个自治县，截至 2018 年底总人口约 14.5 万。全市共有汉族 11 万人，满族 1.9 万人，回族 1.4 万人，朝鲜族 0.1 万人，蒙古族 597 人，锡伯族 155 人，苗族 23 人，壮族 22 人，其虽然是一个多民族聚居的城市，但该地区并无少数民族语言，也没有用方言说唱的曲艺或地方戏。

本溪方言属于东北官话区吉沈片通溪小片，本溪话是当地日常交流使用的主要语言。由于普通话的推广、普及，年轻人的方音受到普通话较大影响，语音整体向普通话靠拢。调查点选择的是本溪市溪湖区河东街道仕仁社区所代表的本溪老城区方言，溪湖区内部方言并无口音区别。

贰 声韵调

一 声母（23 个）

p 八兵病别　　pʰ 派片爬扑　　m 马门麦明　　f 飞凤副蜂

t 多端东毒　　tʰ 讨天甜突　　n 脑南难能　　　　　　　　l 老蓝连路

ts 资早字贼　　tsʰ 刺草寸祠　　　　　　　　s 丝三酸事

tʂ 竹柱争装　　tʂʰ 抽拆抄初　　ʂ 双书顺沙　　ʐ 热如入日

tɕ 酒九爵菊　　tɕʰ 清全轻权　　ȵ 年女鸟牛　　ɕ 想谢响县

k 哥高共谷　　kʰ 开口宽阔　　　　　　　　x 好很灰活

ø 味问软熬

说明：

（1）精组字大部分发舌尖前音，少部分发舌尖后音；知系字大部分发舌尖后音，少部分发舌尖前音。发舌尖后音的字带有舌叶音色彩。

（2）部分精组字和知系字存在自由变读现象，没有变读条件。

（3）日母字的声母在 ʐ 和零声母之间自由变读，没有变读条件。例如：热，人。

二 韵母（36 个）

ɿ 师试丝十　　　　i 米戏急七　　　　u 苦五猪骨　　　　y 雨橘绿局

ʅ 日

ər 二耳儿而

a 茶塔法辣　　　　ia 家俩牙鸭　　　　ua 瓜花瓦刮

ɤ 歌盒壳色	iɛ 写鞋接贴		yɛ 靴月学（文）掘
		uo 坐过活托	
ai 开排埋白		uai 摔快坏外	
ei 赔飞贼北		uei 对水鬼胃	
au 宝饱烧稍	iau 笑桥药学（白）		
ou 豆走口肉	iou 九牛油六		
an 南站山半	ian 减盐片年	uan 短官关穿	yan 权院元悬
ən 森深根身	in 心今新斤	uən 寸滚春顺	yn 均群熏云
aŋ 糖唱方绑	iaŋ 响样讲腔	uaŋ 床光双王	
əŋ 灯升争横	iŋ 冰硬病星	uŋ 东红农共	yŋ 兄用熊永

说明：

（1）a 在韵母 a、ia、ua 中的实际音值为 ᴀ；在 i-、-n 之间音值接近 ɛ；在-u、-ŋ 前舌位偏后，实际音值接近 ɑ。

（2）韵母 an、ian、uan、yan 的韵尾有时候会脱落，没有明确的条件。

（3）iɛ 的实际音值为 i:ɛ。

（4）ai 的实际音值为 ae，ei、uei 的韵尾有时候不明显。

（5）au 动程比较小，接近 ɔu，iau 的实际音值为 iɔ。

（6）uŋ 韵母有时候韵尾脱落，韵母鼻化。例如：窟窿 k^{h}u^{44}luŋ^0 的实际读音为 k^{h}u^{44}lũ^0。

（7）i、n 之间的 ə 以及 i、ŋ 之间的 ə 发音不明显，主要元音弱化，没有标出。

三　声调（4个）

阴平 44	东该灯风通开天春　拍哭	
阳平 35	门龙牛油铜皮糖红　急节 2　毒白盒罚	节 2：~约
上声 224	懂古鬼九统苦讨草　买老五有　谷百节 1 塔切	节 1：过~
去声 51	冻怪半四痛快寸去　动罪近后　搭刻六麦叶月　卖路硬乱洞地饭树	

说明：

（1）阳平实际音值为 335 或 35。音值 335 的发音起始中平，尾部快速抬升。此处统一记为 35。

（2）上声有 224 和 214 两种变体，以 224 变体为主，此处统一记为 224。

（3）去声实际音值为 53 或 51，此处统一记为 51。

（4）部分古入声字读成升降调。例如：出，橘。

叁 连读变调

3.1 两字组连读变调

表 3　　　　　　　　　　本溪方言两字组连读规律表

前字＼后字	阴平 44	阳平 35	上声 224	去声 51	轻声
阴平 44	44+44	44+35 31+35	44+224	44+51 31+51	44+0 31+0
阳平 35	35+44	35+35	35+224	35+51	35+0
上声 224	21+44	21+35	35+224	21+51	224+0 21+0
去声 51	51+44	51+35	51+224	53+51	51+0

说明：

（1）去声作前字时，后字是阴平、阳平或上声时，实际调值为 53 或者 51，此处统一记为 51。

（2）在词汇、语法和口头文化记音中，轻声一律记作 0。

（3）前字是阴平，后字是阴平或上声时不变调；后字是阳平或去声时，部分前字调值变为 31。例如：三十儿 san^{31}ʂər^{35}｜乡下 ɕiaŋ^{31}ɕia^{51}。

（4）前字为上声，后字是阴平、阳平或去声时，前字由 224 变为 21；后字是上声时，前字调值由 224 变为 35。例如：母猪 mu^{21}tʂu^{44}｜往年 uaŋ^{21}ɲian^{35}｜以后 i^{21}xou^{51}｜母狗 mu^{35}kou^{224}。

（5）前字去声，后字为阴平、阳平或上声时，调值不变；后字为去声，前字调值由 51 变为 53。例如：地震 ti^{53}tʂən^{51}｜半夜 pan^{53}iɛ^{51}。

（6）后字为轻声，前字为阴平时，部分前字变调为降调，调值 31。例如：丝瓜 sɿ^{31}kua^0｜东西 tuŋ^{31}ɕi^0。

（7）后字为轻声，前字为上声时，大部分前字由 224 变为 21，少部分前字不变调。例如：姥爷 lau^{21}iɛ^0｜眼睛 ian^{21}tɕiŋ^0｜姐夫 tɕiɛ^{224}fu^0｜脑袋 nau^{224}tai^0。

3.2 "一、不"的变调

本溪"一"单念阴平 44，"不"单念去声 51。"一、不"在词末读本调，它们做前字存在变调现象。

（1）在去声前变调，调值 35。例如：一万 i^{35}uan^{51}｜一共 i^{35}kuŋ^{51}｜不是 pu^{35}sɿ^{51}｜不会 pu^{35}xuei^{51}。

（2）在非去声前"一"变调，调值 51，"不"不变调。例如：一千 i^{51}tɕʰian^{44}｜一百 i^{51}pai^{224}｜不懂 pu^{51}tuŋ^{224}｜不行 pu^{51}ɕiŋ^{35}。

肆 异读

一 新老异读

1.1 声母差异

老男知系字大部分发舌尖后音，少部分发舌尖前音。发舌尖后音的字带有舌叶音色彩。青男知系字绝大部分发舌尖前音，少部分发舌尖后音，发舌尖后音的字舌叶音色彩不明显。

老男日母字的声母在 ʐ 和零声母之间自由变读，没有变读条件。青男日母字绝大部分读零声母。

1.2 韵母差异

老男的鼻韵母 an、ian、uan、yan、uŋ 韵尾有的会脱落。青男鼻韵尾不会脱落。

老男 au、iau 类韵母部分字 a 在向 u 滑动时的动程较短。与老男相比，青男的 au 类韵母动程较长。

1.3 声调差异

老男上声调值为 224，青男上声调值为 214。老男上声有 224 和 214 两种变体，以 224 变体为主，此处统一记为 224。

1.4 文白异读差异

老男和青男在文白异读方面存在一些差别，主要表现在青男多读文读，白读说法较少，只有"血雀取削"等少数字存在文白异读现象。

老男文白异读情况详见下节。

二 文白异读

2.1 声母

曾梗摄部分入声字声母白读 tʂ 组，文读 ts 组。例如：择 tʂai³⁵（白）/tsɤ³⁵（文）。

梗摄部分入声字声母白读 tɕ 组，文读 k 组。例如：客 tɕʰie²²⁴（白）/kʰɤ⁵¹（文）。

蟹摄开口二等见母字声母白读 k，文读 tɕ。例如：街 kai⁴⁴（白）/tɕiɛ⁴⁴（文）。

2.2 韵母

宕江摄入声字韵母白读 iau、au，文读 yɛ。例如：雀 tɕʰiau²²⁴（白）/tɕʰyɛ⁵¹（文）｜削 ɕiau⁴⁴（白）/ɕyɛ²²⁴（文）｜学 ɕiau³⁵（白）/ɕyɛ³⁵（文）。

山摄曷韵入声字韵母白读 a，文读 ɤ。例如：割 ka³⁵（白）/kɤ³⁵（文）。

通摄合口三等屋韵入声字韵母白读 ou，文读 u。例如：熟 sou³⁵（白）/ʂu³⁵（文）

除了入声字韵母外，有一些舒声字的韵母也存在文白异读的情况。例如：取 tɕʰiou²²⁴（白）/tɕʰy²²⁴（文）｜更 tɕiŋ⁴⁴（白）/kəŋ⁴⁴（文）。

2.3 声调

声调异读也主要出现于入声字。

异读多具有一定的词汇条件。例如：节 tɕiɛ²²⁴ 过~/tɕiɛ³⁵ ~日。

2.4 多重异读

上文所列文白异读有些不限于声母、韵母或声调某一成分的单一异读,同时存在声韵调两两结合或三者结合的异读情况。

声母和韵母异读:街 kai⁴⁴（白）/tɕie⁴⁴（文）｜择 tʂai³⁵（白）/tsɤ³⁵（文）。

韵母和声调异读:雀 tɕʰiau²²⁴（白）/tɕʰye⁵¹（文）｜削 ɕiau⁴⁴（白）/ɕye²²⁴（文）。

声韵调异读:客 tɕʰiɛ²²⁴（白）/kʰɤ⁵¹（文）。

伍　儿化

本溪话 36 个韵母除 ər 外,其他 35 个韵母都有对应的儿化韵,其中一些韵母的儿化韵有合并现象,因此 35 个韵母共对应 27 个儿化韵。

表 4　　　　　　　　　　　本溪儿化韵表

儿化韵	本韵	例词
ar	a	把儿 par⁵¹｜裤衩儿 kʰu⁵¹tʂʰar²²⁴
iar	ia	抽匣儿 tʂʰou³¹ɕiar³⁵｜下儿 ɕiar⁵¹
uar	ua	花儿 xuar⁴⁴
iɛr	iɛ	蝴蝶儿 xu³⁵tiɛr³⁵｜姑爷儿 ku⁴⁴iɛr⁰
yɛr	yɛ	腊月儿 la⁵¹yɛr⁰
ɐr	ai	盖儿 kɐr⁵¹｜小孩儿 ɕiau²¹xɐr³⁵
	an	麦秆儿 mai⁵¹kɐr²²⁴｜算盘儿 suan⁵¹pʰɐr⁰
iɐr	ian	旁边儿 pʰaŋ³⁵piɐr⁰｜里面儿 li²¹miɐr⁵¹
uɐr	uai	块儿 kʰuɐr⁵¹
	uan	下晚儿 ɕia⁵¹uɐr²²⁴｜饭馆儿 fan⁵¹kuɐr²²⁴
yɐr	yan	手绢儿 ʂou²¹tɕyɐr⁵¹
ɤr	ɤ	鹁鸽儿 pu³⁵kɤr⁰｜围脖儿 uei³⁵pɤr³⁵
ər	ɿ	侄儿 tsər⁵¹
	ʅ	事儿 ʂər⁵¹｜三十儿 san³¹ʂər³⁵
	ei	妹儿 mər⁵¹
	ən	本儿 pər²²⁴
iər	i	肚脐儿 tu⁵¹tɕʰiər³⁵
	in	背心儿 pei⁵¹ɕiər⁰
uor	uo	水果儿 ʂuei³⁵kuor²²⁴｜窝儿 uor⁴⁴
uər	uei	后尾儿 xou⁵¹uər²²⁴
	uən	冰棍儿 piŋ⁴⁴kuər⁵¹

续表

儿化韵	本韵	例词
yər	y	小鱼儿 ɕiau²¹yər³⁵
	yn	裙儿 tɕʰyər³⁵
ur	u	屋儿 ur⁴⁴
aur	au	枣儿 tsaur²²⁴
iaur	iau	角儿 tɕiaur²²⁴ ｜ 小小儿 ɕiau³⁵ɕiaur²²⁴
our	ou	背后儿 pei⁵³xour⁵¹ ｜ 水沟儿 suei³⁵kour⁰
iour	iou	石榴儿 sʅ³⁵liour⁰
ãr	aŋ	下半晌儿 ɕia⁵¹pan⁰ʂãr⁰ ｜ 肩膀儿 tɕian⁴⁴pãr²²⁴
iãr	iaŋ	这样儿 tʂe⁵¹iãr⁰
uãr	uaŋ	蛋黄儿 tan⁵¹xuãr³⁵
ə̃r	əŋ	田埂儿 tʰian³⁵kə̃r²²⁴ ｜ 缝儿 fə̃r⁵¹
ĩə̃r	iŋ	星星儿 ɕiŋ³¹ɕĩə̃r⁰ ｜ 杏儿 ɕĩə̃r⁵¹
ũr	uŋ	胡同儿 xu³⁵tʰũr⁵¹
yə̃r	yŋ	小熊儿 ɕiau²¹ɕyə̃r³⁵

附录

（一）调查人

调查负责人为辽宁师范大学文学院赵建军副教授；

辅助调查人为辽宁师范大学研究生：丁俊、王诗语、康琳；教师：刘颖。

（二）方言发音人

角色	姓名	出生年月	职业	文化程度	居住辖区
方言老男	欧佰明	1956年9月	工人	初中	溪湖区
方言青男	马无琼	1984年2月	自由职业	高中	溪湖区
方言老女	孟秀华	1958年1月	工人	初中	溪湖区
方言青女	王飞	1989年10月	幼师	职高	溪湖区
口头文化发人	孟秀华	1958年1月	工人	初中	溪湖区
地普发音人1	王飞	1989年10月	幼师	职高	溪湖区
地普发音人2	裴晓丹	1986年3月	无	中专	溪湖区
地普发音人3	李娜	1985年10月	会计	本科	溪湖区

（三）调查情况

本次调查时间为2019年6月15日至2019年8月5日，调查地点为本溪市河畔小学、辽宁师范大学文学院语言科技实验室。

本次调查使用的录制话筒为SAMSON CO3U，录制声卡为内置声卡，摄像机为SONY FDR—AX30。

本溪市语委办主任侯喜兵等在工作中给予了大力支持和帮助。辽宁师范大学原新梅教授参与完成发音人遴选工作。

第三节　辽阳方音

壹　概况

辽阳市位于辽宁省中部，东临本溪市、凤城市、岫岩满族自治县，南接鞍山市、海城市，西接辽中县、台安县，北依沈阳市。辽阳在古代先后有襄平、辽东城等名，从公元前3世纪到17世纪前期，一直是中国东北地区的政治、经济、文化中心、交通枢纽和军事重镇。

辽阳市地理坐标为东经122°35′～123°41′、北纬40°42′～41°36′，南北长约101千米，东西宽约92千米，面积4742平方千米。

目前，辽阳市下辖一个县（辽阳县）、一个市（灯塔市）、五个区（白塔区、文圣区、宏伟区、弓长岭区、太子河区）。全市有30个镇、6个乡（其中民族乡2个）、531个行政村（其中民族村22个）、26个街道、141个社区。

截至2020年，辽阳有人口160万，共有27个少数民族，少数民族人口12.87万，约占全市总人口的7%。

辽阳方言属于东北官话吉沈片通溪小片。从语音特点上看，辽阳所辖区（县/市）的方言口音总体上趋于一致，仅北部和西部、南部方言在平翘舌字音上略有差异。其中位于辽阳北部的灯塔市方言，普通话中的翘舌音一般读为平舌，与沈阳方言接近。位于辽阳西部和南部的辽阳县（该县地理上分为两部分，一部分在辽阳西部，一部分在辽阳南部，两部分不相连），普通话中的平翘舌音在该县方言中普遍都读为翘舌音，与鞍山方言接近。而辽阳市区方言平翘舌存在较多自由变读情况。

调查选择的是以白塔区为代表的辽阳老城区方言。

境内的主要曲艺是东北二人转，辽阳民间故事在当地被列为非物质文化遗产[①]。

贰　声韵调

一　声母（22个）

p 八兵病别　　pʰ 派片爬扑　　m 马门明麦　　f 飞凤饭副

[①] 相关信息及数据来源于辽阳市人民政府官方网站 http://www.liaoyang.gov.cn.html。

t 多端东毒	tʰ 讨天甜突	n 脑南难能	l 老蓝连路
ts 早贼装张	tsʰ 草寸抽茶		s 丝三酸山
tʂ 资租竹主	tʂʰ 刺祠		ʂ 书手双十
tɕ 酒九绝菊	tɕʰ 清全轻权	ȵ 年泥女牛	ɕ 想谢响县
k 哥高共谷	kʰ 开口宽阔		x 好很灰活
∅ 熬问热日			

说明：

（1）ts、tsʰ、s 发音部位稍微偏后。

（2）tʂ、tʂʰ、ʂ 发音部位稍微偏前，实际音值介于 tʂ、tʂʰ、ʂ 与 tʃ、tʃʰ、ʃ 之间。

（3）tʂ、tʂʰ、ʂ 与 ts、tsʰ、s 一部分字混读，一部分字自由变读，没有明显的音韵分布规律可循。不过与词汇使用有一定的联系，在词组中，当平舌音字位于词组中第二的位置时容易读成翘舌。如：白菜 pai³⁵tʂʰai⁰｜算算 suan⁵¹ʂuan⁰。

（4）老男口中无 ʐ 声母，但偶尔"如、入"两字会读为 ʐ 声母，其他字都读零声母

二　韵母（37个）

ɿ 次此丝	i 米戏急一	u 苦五猪出	y 雨橘绿局
ʅ 直尺十字			
ər 儿耳二			
a 大法茶八	ia 家俩牙鸭	ua 刷花瓦刮	
	ie 写鞋接热		ye 靴月雪掘
ɤ 歌车盒婆			
		uo 坐过活国	
ai 开排埋色		uai 摔快坏外	
ei 赔飞贼北		uei 对水鬼胃	
au 宝饱烧勺	iau 表桥笑药		
ou 豆走口狗	iou 牛九油肉		
an 南站山半	ian 减盐片年	uan 短官关穿	yan 权院元悬
ən 森深根身	in 心今新斤	uən 寸滚春顺	yn 均群熏云
aŋ 糖唱方绑	iaŋ 响样讲腔	uaŋ 床光王双	
əŋ 灯升争蒙	iŋ 冰病星硬	uŋ 东红农共	yŋ 兄永熊用
		uəŋ 翁瓮	

说明：

（1）元音 a 作为单韵母时实际音值为 ʌ；在韵尾-n 前舌位偏前偏高，实际音值接近 ɛ；在-i 前舌位更高，实际音值接近 æ；在-u、-ŋ 前舌位偏后，实际音值接近 ɑ。

（2）韵母 uo 中的 o 唇形舒展，实际音值接近 ɤ

（3）i 作单韵母时，舌位偏高；做韵尾的时候，舌位偏低，接近 ɪ；

（4）零声母合口呼音节中的 u 具有唇齿化色彩，近似 v；

（5）零声母开口呼音节以纯元音起头，齐口呼、撮口呼、合口呼音节带有轻微的唇舌同部位摩擦；

（6）语流中 au、ai 内部动程较短，且韵尾元音舌位低，有合音化趋向，分别近似 ɔ、æ

（7）韵母 ie、ye、ei 中的 e 的实际音值是 ɛ

（8）iŋ 的元音与韵尾间有一个较短的过渡元音 ə

三　声调（4个）

阴平 44　东该灯风通开天春　哭拍切
阳平 35　门龙牛油铜皮糖红　节急毒白盒罚
上声 213　懂古鬼九统苦讨草买老五有　谷百塔
去声 51　冻怪半四痛快寸去卖路硬乱洞地饭树　近　麦叶月

说明：

（1）阴平有时为 33，多数情况下为 44，记为 44。
（2）阳平 35 有时接近 24。
（3）上声有时为 212，多数情况下为 213，记为 213。
（4）去声有时为 41，多数情况下为 51，记为 51。

叁　连读变调

辽阳方言连续变调总体上与普通话中的连续变调基本趋同，主要规律如下表所示：

表 5　　　　　　　　　辽阳方言两字组连读规律表

前字＼后字	阴平 44	阳平 35	上声 213	去声 51	轻声
阴平 44	44+44	44+35	44+213	44+51	44+0
阳平 35	35+44	35+35	35+213	35+51	35+0
上声 213	21+44	21+35	35+213	21+51	21+0
去声 51	51+44	51+35	51+213	51+51	51+0

肆　异读

老年男性的 ts、tsʰ、s 与 tʂ、tʂʰ、ʂ 一部分字存在混读，如 ts 组混入 tʂ 组：子 tʂʅ²¹³，tʂ 组混入 ts 组：窄 tsai²¹³；一部分字自由变读，如：菜 tsʰai⁵¹/tʂʰai⁵¹｜早 tsau²¹³/tʂau²¹³｜车 tsʰɤ⁴⁴/tʂʰɤ⁴⁴。这种混读和自由变读没有明显的音韵规律可循。有时同一句话中前后出现的同一个字的读音都会不同。调查发现，一个比较明显的现象是：在双字词组中，平舌音字处于第二位置而且读轻声时，容易读成翘舌。例如：白菜 pai³⁵tʂʰai⁰｜算算（这多少钱你算算）suan⁵¹ʂuan⁰。此外，精组平舌音字较多地容易读成翘舌，但会有个体差异。

伍　儿化

辽阳方言有较多的儿化韵，儿化韵和本韵之间存在完整的对应规律，大致有三类情况：一类是在单元音韵母基础上直接儿化形成儿化音，一类是主要元音发生变化加儿化辅助形成儿化音，一类是鼻音韵尾直接脱落或主要元音鼻韵化再加儿化辅助形成儿化音。如下表所示：

表 6　　　　　　　　　　辽阳方言儿化韵表

儿化韵	本韵	例词
ar	a	花儿 xuar⁴⁴
ɔr	o	锅儿 kuɔr⁴⁴
er	e	台阶儿 tʰai³⁵tɕier⁴⁴
ur	u	水珠儿 suei²¹tsur⁴⁴
iər	i	皮儿 pʰiər³⁵
yɔr	y	小驴儿 ɕiau²¹lyɔr³⁵
ər	ɿ	丝儿 sər⁴⁴
	ʅ	侄儿 tʂər³⁵
	ei	老妹儿 lau²¹mər⁵¹
uer	uei	水儿 ʂuer²¹
iər	in	今儿个 tɕiər⁴⁴kɤ⁰
ar	an	伴儿 par⁵¹
	ai	塑料袋儿 suo⁰liau⁵¹tar⁵¹
iar	ian	脸儿 liar²¹³

儿化韵	本韵	例词
uar	uan	玩儿 uar³⁵
yɔr	yn	裙儿 tɕʰyɔr³⁵
ər	ən	树根儿 su⁵¹kər⁴⁴
ãr	aŋ	鞋帮儿 ɕie³⁵pãr⁴⁴
ũr	uŋ	龙儿 lũr
ə̃r	əŋ	钢镚儿 kaŋ³³pə̃r⁵¹
iə̃r	iŋ	瓶儿 pʰiə̃r³⁵

陆 其他主要音变

一 语气词、助词音变

辽阳方言部分语气词、助词、数词存在明显的音变情况,其中"了、呢、着、的、个"五字的韵母是 ɤ,在读轻声时韵母音变为 ə。"啊"的音变则相对复杂,如下表所示:

表7 "啊"音变表

		条件	过程	结果
啊	阴声韵	零声母或元音-i 韵尾	-i+a	累啊[ia]
		元音-u 韵尾	-u+a	好啊[ua]
	阳声韵	前鼻辅音-n 韵尾	na	难啊[na]
		后鼻辅音-ŋ 韵尾	ŋa	行啊[ŋa]

二 数词及否定词的音变

"一""七""八""不"的音变:辽阳方言"一""七""八""不"四字单念时的声调分别为阴平44、阴平44、阴平44、去声51,但与后字连读时声调会发生音变。规律如下所示:

表8　　　　　　　　　　"一""七""八""不"的音变表

	与阴平连读	与阳平连读	与上声连读	与去声连读
一（阴平44）	51+44（一张）	51+35（一瓶）	51+213（一口）	35+51（一粒）
七（阴平44）	44+44（七张）	44+35（七瓶）	44+213（七本）	35+51（七个）
八（阴平44）	44+44（八升）	44+35（八层）	44+213（八本）	35+51（八个）
不（去声51）	51+44（不多）	51+35（不行）	51+213（不走）	35+51（不去）

附录

（一）调查人

辽阳方言调查项目负责人为中国刑事警察学院欧阳国亮副教授。

项目参与人员主要有：中国刑事警察学院崔蒙老师、辽宁科技学院王龙老师、吉林工商学院顾静瑶老师、沈阳航空航天大学高亚楠老师（现工作于辽宁大学）、辽宁师范大学文学院当时在读研究生范凡同学、巴黎第四大学在读博士谭颂。

（二）方言发音人

角色	姓名	出生年月	职业	文化程度	居住辖区
方言老男	李鸿	1956年8月	退休职工	初中	白塔区
方言青男	刘崇	1986年4月	不动产销售	初中	白塔区
方言老女	刘素贤	1952年10月	个体工商户	初中	白塔区
方言青女	陈红	1987年5月	自由职业者	高中	白塔区
口头文化发音人1	王吉川	1936年8月	乡土艺人	高中	白塔区
口头文化发音人2	韩福君	1947年3月	乡土艺人	小学	白塔区
口头文化发音人3	姚秋萍	1959年10月	退休职工	初中	白塔区
口头文化发音人4	曹丽娥	1963年2月	个体工商户	初中	白塔区
地普发音人1	李姝	1972年3月	供暖公司工人	高中	白塔区
地普发音人2	王鑫	1984年10月	警察	大学	白塔区
地普发音人3	孙丽华	1964年4月	下岗职工	初中	白塔区

（三）调查情况

本次调查时间为2016年7月10日至8月30日，调查地点为辽阳市教师进修学校、辽阳浩瑀酒店。

调查所用的录音录像设备：语保专用摄录软件、SAMSON话筒、罗技摄像头（单字、词汇、句子摄像）、SONYFDR-AX3摄像机（长篇语料摄像）。

辽阳市语委办刘娟主任协助了发音人选拔工作，辽阳市乡土文化研究会王吉川会长也给予了大力支持。暨南大学博士生导师范俊军教授、中国语言资源保护研究中心黄晓东老师提供了技术方面的指导。

第四节 海城方音

壹 概况

海城市是鞍山市所属的县级市，位于辽东半岛腹地、鞍山市南部，东部与辽阳市辽阳县和鞍山市区相连，西部与营口市大石桥市相邻，南部与鞍山市岫岩满族自治县相接，北靠盘锦市大洼县、盘山县和鞍山市台安县。

海城市地理坐标为东经122.75°，北纬40.85°，全境总面积2732平方公里。海城市地貌复杂，有山地、丘陵、平原、洼地，东南高，西北低。

1948年11月起海城县划属辽东省管辖，1954年起海城县归辽宁省辽阳专署领导，1959年改属鞍山市，1965年又转属辽南专属，1967年3月成立海城县革命委员会，隶属于营口市，1973年起隶属于鞍山市，1985年1月经中华人民共和国国务院批准，撤销海城县，成立海城市（县级市），隶属于鞍山市。

截至2018年，海城市共辖27个镇区，2个开发区（海城经济开发区和腾鳌开发区）。全市常住人口107.1万人。

海城方言属于东北官话吉沈片通溪小片，常住居民主要使用海城话交流。西北部的高坨镇、温香镇、耿庄镇、望台镇与台安县，盘山县相邻，受东北官话哈阜片长锦小片影响，带有盘锦口音，人口约36440人。西南的西柳镇、感王镇、芙蓉镇、岔沟镇、孤山镇与大石桥、岫岩相邻，受胶辽官话影响，带有一定的胶辽官话口音，人口约71500人。整个海城老城区口音，基本属于东北官话，但一定程度上受到胶辽官话的影响，连读变调表现得较为明显。

调查选择的是属于海州街道为代表的海城老城区方言。

海城高跷、海城皮影等为国家级和省级非物质文化遗产。

贰 声韵调

一 声母（20个）

p 八兵病别　　pʰ 派片爬扑　　m 马门麦明　　f 飞风饭副

t 多端东毒　　tʰ 讨天甜突　　n 拿脑南内　　　　　　　　l 老蓝连路
tʂ 资张纸装　　tʂʰ 刺抽初春　　　　　　ʂ 丝山手十　　ʐ 软荣热日
tɕ 酒九绝菊　　tɕʰ 清全轻权　　ȵ 年女泥捏　　ɕ 想谢响县
k 歌高共谷　　kʰ 开口宽阔　　　　　　　x 好很灰活
ø 味问云药

说明：
（1）tʂ、tʂʰ、ʂ 组声母卷舌不够，近似 tʃ、tʃʰ、ʃ，有时卷舌更靠后，个别字近似 ts、tsʰ、s，此处统一记为 tʂ、tʂʰ、ʂ。
（2）零声母音节前带有摩擦，但没有区别意义作用，统一记为零声母。

二　韵母（36个）

ɿ 师丝十尺　　　　i 米戏急七　　　　u 苦五猪骨　　　y 雨橘绿局
ɚ 二儿耳
a 茶塔法辣　　　　ia 家俩牙鸭　　　　ua 沙花瓦刮
　　　　　　　　　iɛ 写鞋接贴　　　　　　　　　　　yɛ 靴月学掘
ɤ 歌盒壳色　　　　　　　　　　　　　uɤ 坐过活托
ai 开排白色　　　　　　　　　　　　　uai 摔快坏外
ei 赔飞贼北　　　　　　　　　　　　　uei 对水鬼胃
au 宝饱烧勺　　　　iau 笑桥药壳
əu 豆走口肉　　　　iəu 牛九油六
an 南站山半　　　　ian 减盐片年　　　uan 短官关穿　　yan 权院元悬
ən 森深根身　　　　in 心今新斤　　　uən 寸滚春顺　　yn 均群熏云
aŋ 糖唱方绑　　　　iaŋ 响样讲腔　　　uaŋ 床光王双
əŋ 灯升争横　　　　iŋ 冰病星硬　　　uŋ 东红农共
　　　　　　　　　　　　　　　　　　uəŋ 翁瓮
　　　　　　　　　iuŋ 兄永熊用

说明：
（1）ɤ、uɤ 有时近似 ə、uə，特别是在轻声音节中，统一记为 ɤ、uɤ。个别 uɤ 韵母前重后轻，其中的 ɤ 偏央，统一记为 uɤ。
（2）ai、au 的滑动不够，但有动程，此处记为双元音。
（3）ai、uai 中的 i 实际音值接近 e。

（4）au、iau、əu、iəu 中的 u 实际音值接近 o。
（5）əu、iəu 实际音值主元音略圆唇。
（6）iɛ、yɛ 中 ɛ 的实际发音较高，近似 ᴇ。
（7）a 作单韵母时发音为 ᴀ 在韵尾 i、n 前发音较高，近似 ɛ，在 u、ŋ 前发音靠后，发音为 ɑ。
（8）ər 在去声音节读作 ɐr，统一记为 ər。
（9）in 韵母有时发音接近 iən，自由变读，统一记为 in。
（10）y 韵母在轻声音节中圆唇度不够，不区别意义，统一记为 y。

三　声调（4 个）

阴平 44　　东该灯风通开天春　搭　哭拍切
阳平 35　　门龙牛油铜皮糖红　节急　毒白盒罚
上声 214　懂古鬼九统苦讨草　买老五有　谷百塔
去声 51　　动罪近后　冻怪半四痛快寸去　卖路硬乱洞地饭树　刻　六麦叶月
说明：
（1）阴平 44 有时缓降为 442，统一记为 44。
（2）阳平 35 有时起点较低，近似 24，统一记为 35。
（3）上声 214 有时读为 213、212，统一记为 214。上声有嘎裂色彩。
（4）去声 51 有时读为 52、53，统一记为 51。

叁　连读变调

表 9　　　　　　　　　　海城两字组连读变调表

前字＼后字	阴平 44	阳平 35	上声 214	去声 51	轻声
阴平 44	44+44 35+44	44+35	44+214	44+51	44+2 35+3
阳平 35	35+44	35+35	35+214	35+51	35+3
上声 214	21+44 35+44	21+35	35+214	21+51	214+4 21+4 35+3
去声 51	51+44	51+35	51+214	53+51	51+1

海城两字组连读变调具有以下特点：
（1）阴平+阴平，有时读为 44+44，有时读为 35+44，属于自由变读，记实际读音。
（2）上声+阴平，有时读为 21+44，有时读为 35+44，属于自由变读，记实际读音。

（3）阴平+轻声，多数读为 44+2，例如星星 ɕiŋ⁴⁴ɕiŋ⁰；个别读为 35+3，据调查，前字变 35 的如：东西 tuŋ³⁵ɕi⁰｜胳膊 kɤ³⁵pɤ⁰｜收拾 ʂəu³⁵ʂʅ⁰｜出去 tʂʰu³⁵tɕʰy⁰｜出来 tʂʰu³⁵lai⁰，记实际读音。

（4）上声+轻声，多数读为 214+4，语流中个别近似 21+4，属于自由变读，不区别意义，统一记为 214+4。个别读为 35+3，据调查，前字变 35 的有：脊梁 tɕi³⁵ȵiaŋ⁰｜打扮 ta³⁵pan⁰｜主意 tʂu³⁵i⁰｜媳妇 ɕi³⁵fər⁰｜指头 tʂʅ³⁵tʰəu⁰ 几个，其中"媳妇"前字也自由变读为 214，记实际读音。

（5）上声作为前字，语速较慢时不变调，21 仍读为 214，如：往年 uaŋ²¹ȵian³⁵，不区别意义，统一记为 21。

（6）上声作为后字，个别上升不明显，如：凉水儿 liaŋ³⁵ʂuər²¹⁴，不区别意义，统一记为 214。

（7）在词汇和语法记音中，轻声一律记作 0。

（8）单字调自由变读的变调现象在双字组也同样存在，如单字调阴平 44 在双字组也有读为 442 的变体，如：天头儿 tʰian⁴⁴tʰəur⁰｜高粱 kau⁴⁴liaŋ⁰，统一记为 44。

（9）去声在语流中可能只降到 53，没有降至最低，不区别意义，统一记为 51。

（10）y 韵母在轻声音节中圆唇度不够，如进去 tɕin⁵¹tɕʰy⁰，不区别意义，统一记为 y。

肆　异读

一　声母差异

青男较老男而言，tʂ、tʂʰ、ʂ 组声母个别发音部位略靠前，接近 ts、tsʰ、s。

二　韵母差异

老男通摄合口三等用韵读音为 iuŋ，青男通摄合口三等用韵读音为 yŋ。

三　声调差异

老男清入归阳平较多，如"搭""哭""切"，青男清入归阴平较多，如"搭""哭""切"。

伍　儿化

海城话 36 个韵母除 ər 外，其他 35 个韵母都有对应的儿化韵，其中一些韵母的儿化韵有合并现象，因此 35 个韵母共对应 28 个儿化韵。

表 10　　　　　　　　　　　　　海城儿化韵表

儿化韵	本韵	例词
ar	a	大裤衩儿 ta⁵³kʰu⁵¹tʂʰar²¹⁴ ｜ 把儿 par⁵¹
iar	ia	抽匣儿 tʂʰəu⁴⁴ɕiar³⁵ ｜ 马甲 ma²¹tɕiar³⁵
uar	ua	花儿 xuar⁴⁴ ｜ 猪爪儿 tʂu⁴⁴tʂuar²¹⁴
iɐr	iɛ	蝴蝶儿 xu³⁵tʰiɐr²¹⁴ ｜ 姑爷儿 ku⁴⁴iɐr⁰
yɐr	yɛ	正月儿 tʂəŋ⁴⁴yɐr⁰ ｜ 喜鹊儿 ɕi²¹tɕʰyɐr⁵¹
ɐr	ai	猪崽儿 tʂu⁴⁴tʂɐr²¹⁴ ｜ 瓶盖儿 pʰiŋ³⁵kɐr⁵¹
ɐr	an	门槛儿 mən³⁵kʰɐr²¹⁴ ｜ 丫蛋儿 ia⁴⁴tɐr⁵¹
iɐr	ian	啥前儿 ʂa³⁵tɕʰiɐr³⁵ ｜ 后边儿 xəu⁵¹piɐr⁰
uɐr	uai	凉快儿 liaŋ³⁵kʰuɐr⁰ ｜ 血块儿 ɕiɛ²¹kʰuɐr⁵¹
uɐr	uan	下晚儿 ɕia⁵¹uɐr²¹⁴ ｜ 弯儿 uɐr⁴⁴
yɐr	yan	手绢儿 ʂəu²¹tɕyɐr⁵¹ ｜ 烟卷儿 ian⁴⁴tɕyɐr²¹⁴
ər	ɿ	三十儿 ʂan⁴⁴ʂər³⁵ ｜ 羹匙儿 kən⁴⁴tʂʰər³⁵
ər	ei	姊妹儿 tsɿ²¹⁴mər⁰ ｜ 眼泪儿 ian²¹lər⁵¹
ər	ən	洗脸盆儿 ɕi³⁵lian²¹pʰər³⁵ ｜ 串门儿 tʂʰuan⁵¹mər³⁵
iər	i	花生粒儿 xua⁴⁴ʂəŋ⁴⁴liər⁵¹ ｜ 净意儿 tɕiŋ⁵¹iər²¹⁴
iər	in	得劲儿 tɤ²¹tɕiər⁵¹ ｜ 背心儿 pei⁵¹ɕiər⁴⁴
uər	uei	裤腿儿 kʰu⁵¹tʰuər²¹⁴ ｜ 味儿 uər⁵¹
uər	uən	打盹儿 ta³⁵tuər²¹⁴ ｜ 外孙儿 uai⁵¹ʂuər⁴⁴
yər	y	饭局儿 fan⁵¹tɕyər⁵¹ ｜ 小曲儿 ɕiau³⁵tɕʰyər²¹⁴
yər	yn	连衣裙儿 lian³⁵i⁴⁴tɕʰyər³⁵ ｜ 小军儿 ɕiau³⁵tɕyər⁴⁴
ɤr	ɤ	围脖儿 uei³⁵pɤr³⁵ ｜ 唠嗑儿 lau⁵¹kʰɤr⁴⁴
uɤr	uɤ	冰果儿 piŋ⁴⁴kuɤr²¹⁴ ｜ 下货儿 ɕia⁵³xuɤr⁵¹
ur	u	眼珠儿 ian²¹tʂur⁴⁴ ｜ 里屋儿 li³⁵ur⁴⁴
aur	au	豆腐脑儿 təu⁵¹fu⁰naur²¹⁴ ｜ 桃儿 tʰaur³⁵
iaur	iau	雀儿 tɕʰiaur²¹⁴ ｜ 口条儿 kʰəu²¹tʰiaur³⁵
əur	əu	扣儿 kʰəur⁵¹ ｜ 小偷儿 ɕiau³⁵tʰəur⁴⁴
iəur	iəu	袄袖儿 au²¹ɕiəur⁵¹ ｜ 球儿 tɕʰiəur³⁵
ãr	aŋ	电棒儿 tian⁵³pãr⁵¹ ｜ 翅膀儿 tʂʰɿ⁵¹pãr²¹⁴
iãr	iaŋ	啥样儿 ʂa³⁵iãr⁵¹ ｜ 新娘儿 ɕin⁴⁴niãr³⁵
uãr	uaŋ	蛋黄儿 tan⁵¹xuãr³⁵ ｜ 汪汪儿 uaŋ⁵¹uãr⁰

续表

儿化韵	本韵	例词
ə̃r	əŋ	缝儿 fə̃r⁵¹ ｜ 水坑儿 ʂuei³⁵kʰə̃r⁴⁴
iə̃r	iŋ	银杏儿 in³⁵ɕiə̃r⁵¹ ｜ 打鸣儿 ta²¹miə̃r³⁵
uə̃r	uəŋ	瓮儿 uə̃r⁵¹ ｜ 嗡儿嗡儿 uə̃r⁴⁴uə̃r⁴⁴
ũr	uŋ	换盅儿 xuan⁵¹tʂũr⁴⁴ ｜ 胡同儿 xu³⁵tʰũr⁵¹
iũr	iuŋ	小熊儿 ɕiau²¹ɕiũr³⁵ ｜ 哭穷儿 kʰu⁴⁴tɕʰiũr³⁵

特殊音变：

（1）"明儿个儿"中"明儿"的儿化读音不是 miə̃r，而是 mier。"今儿个儿"中"今儿"的儿化读音不是 tɕiər，而是 tɕier。

（2）"媳妇"的"妇"单字音为 fu，儿化韵读为 fər。

小称音变规律：海城话表小称的手段主要是儿化，规律同上。

陆　其他主要音变

在词汇、语法、话语和口头文化记音中，有下面音变规律：

（1）轻声音节韵母有弱化色彩，可能由复元音变为单元音或元音央化，例如：笤帚 tʰiau³⁵ʂəu⁰ ｜ 头发 tʰəu³⁵fɤ⁰，记实际读音。轻声音节有阴阳对转现象，例如：鼻涕 pi³⁵tʰiŋ⁰ ｜ 亲戚 tɕʰin⁴⁴tɕʰin⁰，记实际读音。轻声音节韵母可能圆唇度不够，如"上去"，不区别意义，记本来读音。个别轻声音节中后缀"子"的韵母有央化色彩，接近 ə，统一记为 ʅ。

（2）轻声音节声母有浊化色彩，特别是轻声音节中的后缀"子"的声母有浊化色彩，实际读音接近 dz̞，个别接近 z̞，如"山丘子""山沟子"；个别带有舌面色彩，接近 dʑ̞，如"橘子"，统一记为 tʂ；再如"个"为后字的轻声词，如"明儿个儿"，声母也有浊化色彩，只是声母的轻浊没有区别意义的作用，统一记为清声母。

（3）来自全浊声母 p、pʰ、t、tʰ 的个别字有混读现象，例如：蝶=铁，记实际读音。

（4）部分山摄、咸摄入声韵普通话读为 ɤ 韵母的字，海城方言读为 a，例如：疙=嘎，记实际读音。

（5）鼻辅音在语流音变中有同化现象，如羹匙 kəŋ⁴⁴tʂʰʅ³⁵，记实际读音。

（6）个别带有 u 的儿化韵在轻声音节具有鼻化色彩，如"晌儿午儿"，没有区别意义的作用，不记出鼻化音。

（7）在多字组连读变调中，阴平前面的去声有略降的现象，如"赖蛛子"，不区别意义，统一记为 51。

附录

（一）调查人

调查负责人为辽宁师范大学文学院王虎教授；

主要调查人为辽宁师范大学文学院王虎教授、张明辉副教授；

辅助调查人为七位研究生：王聪、朱红雨、孟璐、赵欣、刘昌昊、段成文、曹姗姗。

（二）方言发音人

角色	姓名	出生年月	职业	文化程度	居住辖区
方言老男	崔政国	1958年11月	保安	初中	海州街道
方言青男	黄希彬	1985年5月	教练	中专	海州街道
方言老女	张平	1957年10月	营业员	初中	海州街道
方言青女	唐祎明	1993年08月	个体	中专	海州街道
口头文化发音人1	高世伟	1972年02月	教师	大专	海州街道
口头文化发音人2	王隽	1978年01月	大专	个体	海州街道
口头文化发音人3	唐祎明	1993年08月	个体	中专	海州街道
口头文化发音人4	张平	1957年10月	营业员	初中	海州街道
地普发音人1	王隽	1978年01月	大专	个体	海州街道
地普发音人2	高世伟	1972年02月	教师	大专	海州街道
地普发音人3	崔政国	1958年11月	保安	初中	海州街道

（三）调查情况

本次调查时间为2018年6月10日至2018年7月10日，调查地点为海城市北关小学和辽宁师范大学文学院语言科技实验室。

本次调查使用的录音话筒为 SAMSON C03U，录音声卡为 Realtek High Definition Audio，摄像机为 SONY FDR-AX30。

海城市教育局马显峰主任，海城市海州管理区中心校教委副主任金海营等在工作中给予了大力支持和帮助。

第五节　开原方音

壹　概况

  开原市是辽宁省铁岭市下辖县级市，位于辽宁省东北部、铁岭市中部地区，西部、北部、东部分别与铁岭县、昌图县、西丰县和铁岭市清河区相接，南部与抚顺市清原满族自治县毗连。开原老城是明代兴建最早的古城之一，素有"辽北古城"之称。

  开原市地理坐标为东经 123.96°，北纬 42.57°。县域总面积 2813 平方公里，占全省陆地总面积的 1.9%。市域地势东高西低，中部属于半丘陵半平原地带；东部多丘陵地带，东南多山，西部地势低平。

  截至 2019 年，开原市辖 3 个街道、16 个镇、1 个乡、273 个建制村。2019 年末开原市境内户籍在册人口 194578 户，556634 人。2010 年第六次人口普查显示，开原境内有 32 个民族，多为蜀、滇、黔、鄂、湘、疆等省区经商结婚人口，常年在开原居住，活跃在开原城乡集贸市场。[①]

  开原方言属东北官话吉沈片通溪小片，除西南部柴河流域外，方言内部一致性较高，但以老男为代表的老开原方言和以青男为代表的新开原方言之间已经发生了较大变化。开原方言受普通话影响，处于较剧烈的演变过程中。南柴河流域的黄旗寨满族乡、上肥地满族乡、下肥地满族乡、靠山镇地区方言与开原市其他地区方言差异较大，与抚顺市和本溪市方言较接近。调查选择的是以新城街道为代表的开原老城区方言。

  开原市历史悠久，境内文物古迹众多；文化积淀丰厚，是东北二人转的发源地之一，以该地区二人转为引领的东北娱乐文化对当代中国娱乐业产生了重要影响。评剧在当地也有很好的群众基础。

贰　声韵调

一　声母（23 个）

p 八兵病别	pʰ 派片爬铺	m 马麦门明	f 飞风副蜂	
t 多东毒灯	tʰ 讨天甜图	n 脑南内怒		l 老蓝连路
ts 贼最醉字	tsʰ 财次此擦		s 晒岁送锁	
tʂ 资早租字	tʂʰ 刺草寸祠		ʂ 丝三酸事	ʐ 热肉日入
tɕ 酒九几剧	tɕʰ 清全轻权	ȵ 年泥聂牛	ɕ 想谢响县	

[①] 开原市人民政府 http://www.lnky.gov.cn/tlkys/index/index.html

k 高改贵共　　kʰ 开看刻哭　　　　　　x 好恨灰活

∅ 味问热软

　　说明：

　　（1）tʂ、tʂʰ、ʂ 和 ts、tsʰ、s 之间存在自由变读现象，固定的 ts、tsʰ、s 声母字很少。

　　（2）零声母字"未""问"等发音时声母位置带有明显的 v 色彩。

二　韵母（36 个）

ɿ 石字资次	i 米戏急七	u 苦五猪骨	y 雨橘绿局
ʅ 师丝试十			
ər 二儿而耳			
a 茶塔法辣	ia 牙鸭家俩	ua 瓦刮花瓜	
	iɛ 写鞋接贴		yɛ 靴月学雪
ɤ 歌盒热特		uɤ 坐过活托	
ai 开排来白		uai 快坏外摔	
ei 赔飞北贝		uei 对鬼灰水	
au 宝饱烧老	iau 笑桥药表		
ou 豆走口头	iou 油六牛九		
an 南山半短	ian 盐年见片	uan 短官穿晚	yan 权远圈选
ən 深根很盆	in 心新近亲	uən 寸滚春顺	yn 云群军熏
aŋ 糖帮上炕	iaŋ 响讲羊量	uaŋ 床王双逛	
əŋ 灯升争横	iŋ 硬病星听	uŋ 东红共龙	yŋ 兄用熊穷

　　说明：

　　（1）a 作为单韵母时实际音值为 ᴀ，在韵尾 u、ŋ 前实际音值为 ɑ，音位统一归为 a。

　　（2）"二 ər⁵¹"的实际音值为 ɐr⁵¹。

　　（3）iɛ、yɛ 的实际音值分别为 iE、yE。

　　（4）iŋ、uŋ、yŋ 的实际音值为 iəŋ、uəŋ、yəŋ，其中 uəŋ、yəŋ 的主要元音接近圆唇。

三　声调（4 个）

　　阴平 44　　东该灯风通开天春　搭哭拍切

阳平 35　　门龙牛油铜皮糖红　节急刻　毒白盒罚
上声 213　 懂古鬼九统苦讨草 买老五有 谷百节塔
去声 51　　动罪近后 冻怪半四痛快寸去 卖路硬乱洞地饭树 刻 六麦叶月
说明：
（1）阳平的实际调值接近 25。
（2）部分上声实际调值接近 435，以升为主。
（3）部分去声的实际调值接近 52。

叁　连读变调

3.1　两字组连读变调

表 11　　　　　　　　　　开原方言两字组连读规律表

前字＼后字	阴平 44	阳平 35	上声 213	去声 51	轻声
阴平 44	44+44	44+35	44+213	44+51	44+0
阳平 35	35+44	35+35	35+213	35+51	35+0
上声 213	21+44	21+35	35+213	21+51	21+0
去声 51	53+44	53+35	53+213	53+51	51+0 53+0

开原两字组连读变调具有以下特点：
（1）两字组中存在变调现象的只有前字，后字没有变调的情况。
（2）前字为阴平、阳平，后字无论调类为何，前字都不变调。
（3）在词汇、语法和口头文化记音中，轻声一律记作 0。
（4）上声的变调形式比较丰富：
①前字为上声，后字为非上声（轻声除外），前字调值由 213 变为 21。例如：
上声+阴平：母猫 mu²¹mau⁴⁴ | 结婚 tɕiɛ²¹xuən⁴⁴ | 水沟 ʂuei²¹kou⁴⁴ | 水坑儿 ʂuei²¹kʰɚr⁴⁴。
上声+阳平：纸钱儿 tʂʅ²¹tɕʰiɐr³⁵ | 赶集 kan²¹tɕi³⁵ | 打雷 ta²¹lei³⁵ | 水泥 ʂuei²¹ni³⁵。
上声+去声：考试 kʰau²¹ʂʅ⁵¹ | 演戏 ian²¹ɕi⁵¹ | 水泡 ʂuei²¹pʰau⁵¹ | 礼拜 li²¹pai⁵¹。
②前后字皆为上声，则前字调值由 213 变为 35。例如：老虎 lau³⁵xu²¹³ | 打闪 ta³⁵ʂan²¹³ | 母狗 mu³⁵kou²¹³ | 洗澡儿 ɕi³⁵tsaur²¹³。
（5）前字为去声时，后字无论调类为何，前字由 51 变为 53。例如：辣椒 la⁵³tɕiau⁴⁴ | 酱油 tɕiaŋ⁵³iou³⁵ | 大水 ta⁵³ʂuei²¹³ | 看病 kʰan⁵³piŋ⁵¹
（6）后字为轻声，前字无论调类为何，都不变调。

3.2　"一、三、七、八、不" 的变调

开原 "一、三、七、八" 单念阴平 44，"不" 单念去声 51，它们作前字存在

变调现象。

①当后字为去声字时，"一、三、七、八、不"调值变为 35，读同阳平。例如：一个 i³⁵kɤ⁵¹ | 一辈子 i³⁵pei⁵³tsə⁰ | 不是 pu³⁵ʂʅ⁵¹ | 不去 pu³⁵tɕʰy⁵¹ | 三个 ʂan³⁵kɤ⁵¹ | 三遍 ʂan³⁵pian⁵¹ | 七个 tɕʰi³⁵kɤ⁵¹ | 七万 tɕʰi³⁵uan⁵¹ | 八个 pa³⁵kɤ⁵¹ | 八遍 pa³⁵pian⁵¹。

②"一、不"在阴平、阳平、上声字前调值变为 53。例如：一千 i⁵³tɕʰian⁴⁴ | 不抽 pu⁵³tʂʰou⁴⁴ | 一年 i⁵³ȵian³⁵ | 不来 pu⁵³lai³⁵ | 一百 i⁵³pai²¹³ | 不打 pu⁵³ta²¹³。

③"三、七、八"在阴平、阳平、上声字前不变调。例如：七千 tɕʰi⁴⁴tɕʰian⁴⁴ | 八张 pa⁴⁴tʂaŋ⁴⁴ | 七年 tɕʰi⁴⁴ȵian³⁵ | 八环 pa⁴⁴xuan³⁵ | 七百 tɕʰi⁴⁴pai²¹³ | 八两 pa⁴⁴liaŋ²¹³。

肆 异读

一 声母差异

老男的 tʂ、tʂʰ、ʂ 和 ts、tsʰ、s 之间存在自由变读现象。青男 tʂ、tʂʰ、ʂ 和 ts、tsʰ、s 之间存在自由变读现象，有些声母发音介于舌尖前音和舌尖后音之间，例如：0222 师、0358 州、0886 尺等。

二 韵母差异

青男较老男而言，单元音韵母 ɤ 在轻声音节中的实际音值为 ə，记为 ə。

三 声调差异

老男阳平的实际调值接近 25。青男阴平调的实际调值接近 33。

伍 儿化

开原话 36 个韵母（ər 除外）中的 35 个韵母都有对应的儿化韵，其中一些韵母的儿化韵有合并现象，35 个韵母共对应 26 个儿化韵。

表 12　　　　　　　　　　开原儿化韵表

儿化韵	本韵	例词
ər	ʅ	事儿 ʂər⁵¹
	ɿ	羹匙儿 kəŋ⁴⁴tʂʰər³⁵	三十儿 san⁴⁴ʂər³⁵
	ei	下晚儿黑儿 ɕia⁵³uɐr²¹xər⁴⁴
	ən	串门儿 tʂʰuaŋ⁵³mər³⁵
iər	i	劲=意儿 tɕiŋ⁵³iər²¹³
	in	今儿个 tɕiər⁴⁴kə⁰

续表

儿化韵	本韵	例词
iour	iou	手镏儿 sou²¹liour³⁵
uɐr	uai	一块儿 i³⁵kʰuɐr⁵¹
	uan	饭馆儿 fan⁵³kuɐr²¹³ ｜ 下晚儿 ɕia⁵³uɐr²¹³
yər	y	女婿儿 ny²¹ɕyər⁰
	yn	裙儿 tɕʰyər⁵¹
ar	a	吃啊儿 tʂʰʅ⁴⁴tʂar⁴⁴ ｜ 个儿把儿 kɤr⁵³par⁴⁴
ɐr	ai	小孩儿 ɕiau²¹xɐr³⁵ ｜ 手指盖儿 sou²¹tʂʅ³⁵kɐr⁵¹
	an	衬衫儿 tʂʰən⁵³ʂɐr⁴⁴
our	ou	花生豆儿 xua⁴⁴ʂəŋ⁴⁴tour⁵¹ ｜ 山沟儿 ʂan⁴⁴kour⁴⁴
iar	ia	抽匣儿 tʂʰou⁴⁴ɕiar³⁵
iɛr	iɛ	蝴蝶儿 xu³⁵tiɛr²¹³
yɐr	yɛ	正月儿 tʂəŋ⁴⁴yɐr⁰
uar	ua	猪爪儿 tʂu⁴⁴tʂuar²¹³
uər	uei	嘬嘴儿 tʂuɤ⁵³tʂuər²¹³ ｜ 那会儿 nei⁵³xuər²¹³
	uən	光棍儿 kuaŋ⁴⁴kuər⁵¹ ｜ 冰棍儿 piŋ⁴⁴kuər⁵¹
iãr	iaŋ	对象儿 tuei⁵³ɕiãr⁵¹ ｜ 长相儿 tʂaŋ²¹ɕiãr⁰
uãr	uaŋ	一对双儿 i³⁵tuei⁵¹ʂuãr⁵¹
yə̃r	yŋ	小熊儿 ɕiau²¹ɕyə̃r³⁵
ur	u	地图儿 ti⁵³tʰur³⁵ ｜ 屯部儿 tʰuən³⁵pur⁵¹
ɤr	ɤ	个儿把儿 kɤr⁵³par⁴⁴ ｜ 下巴颏儿 ɕia⁵³pa⁰kʰɤr³⁵
aur	au	枣儿 tʂaur²¹³ ｜ 道儿 taur⁵¹
uɤr	uɤ	昨儿个 tʂuɤr³⁵kə⁰
iaur	iau	面条儿 mian⁵³tʰiaur³⁵ ｜ 雀儿 tɕʰiaur²¹³
iɐr	ian	辫儿 piɐr⁵¹ ｜ 河沿儿 xɤ³⁵iɐr⁵¹
yɐr	yan	手绢儿 sou²¹tɕyɐr⁵¹ ｜ 旋儿 ɕyɐr⁵¹
ãr	aŋ	插秧儿 tʂʰa²¹iãr⁴⁴
ə̃r	əŋ	蜜蜂儿 mi⁵³fə̃r⁴⁴ ｜ 水坑儿 suei²¹kʰə̃r⁴⁴
iə̃r	iŋ	杏儿 ɕiə̃r⁵¹ ｜ 星星儿 ɕiŋ⁴⁴ɕiə̃r⁰
uə̃r	uŋ	胡同儿 xu³⁵tʰuə̃r⁵¹

说明：单元音韵母 u 儿化后一般读为 ur，如：蛛蛛儿 tʂu³⁵tʂur⁰｜儿媳妇儿 ər³⁵ɕi³⁵fur⁰ 等，但男子称呼自己妻子时读为"媳妇儿"，读为 ɕi²¹fər⁰。

陆　其他主要音变

（1）单元音韵母 ɤ 在轻声音节中的实际音值为 ə，记为 ə。

（2）名词词尾"子"的变韵。"子"做名词词尾时主要有 tʂə⁰、tʂʅ⁰ 两种轻声读音，如：橘子 tɕy³⁵tʂə⁰｜沙子 ʂa⁴⁴tʂʅ⁰ 等，其中读为 tʂə⁰ 的较为普遍。

附录

（一）调查人

调查负责人为渤海大学文学院朱红教授；

主要调查人为朱红教授、安拴军博士、李薇薇博士、武海江老师；

辅助调查人为两位研究生：王鹏飞、那琳。

（二）方言发音人

角色	姓名	出生年月	职业	文化程度	居住辖区
方言老男	杨光	1958 年 07 月	工人	初中	新城街道
方言青男	李闯	1990 年 01 月	教师	大专	新城街道
方言老女	李斌	1954 年 12 月	自由职业	初中	新城街道
方言青女	黄天娇	1982 年 08 月	自由职业	高中	新城街道
口头文化发音人 1	杨光	1958 年 07 月	工人	初中	新城街道
口头文化发音人 2	胡杰	1958 年 04 月	工人	初中	新城街道
地普发音人 1	黄天娇	1982 年 08 月	自由职业	高中	新城街道
地普发音人 2	杨光	1958 年 07 月	工人	初中	新城街道
地普发音人 3	胡杰	1958 年 04 月	工人	初中	新城街道

（三）调查情况

本次调查时间为 2017 年 7 月 20 日至 2017 年 8 月 25 日，调查地点为渤海大学实验楼。

本次调查使用的录音话筒为 SAMSON C03U，录音声卡为话筒内置声卡，摄像机为索尼（SONY）HDR-PJ670。

铁岭开原市教育局局长张国明和副局长刘国臣在方言发音人遴选等工作中给予了大力支持。开原市教育局齐双全老师自始至终全力参与开原方言的发音人遴选和方言调查工作，同时提供了很多当地的人文资料，保证了项目的顺利完成。开原市摄影协会主席刘大庆参与了照片拍摄工作。

第六节　锦州方音

壹　概况

　　锦州市位于辽宁省西南部、"辽西走廊"东部，是连接华北和东北两大区域的交通枢纽，北依松岭和医巫闾山山脉与朝阳市、阜新市接壤，东隔绕阳河同沈阳、盘锦、鞍山等市毗邻，南临渤海辽东湾和营口市、大连市对望，西靠虹螺山与葫芦岛市相连。

　　锦州市地理坐标处在东经120°44′至122°36′，北纬40°47′至42°08′之间，东北至西南斜长188公里，东西相距143公里，南北相距114公里。

　　1949年1月成立辽西省，省政府驻锦州；1954年8月辽东辽西省合并为辽宁省，锦州市为省辖市，以后两次成立锦州专区；1968年专区撤销后实行市领导县体制；1980年，锦州市革委会撤销，成立锦州市人民政府。

　　截至2020年，锦州市下辖凌海、北镇两市，黑山、义县两县，古塔、凌河、太和3个行政区以及滨海新区（国家级开发区）、松山新区（国家高新区）2个经济区（行政区划上均属于太和区）。全市现有12个乡、55个镇、49个街道。全市户籍人口293.4万人。其中，城镇人口124.4万人，占户籍人口的比重为42.4%；乡村人口169.0万人，占57.6%。有30个民族，少数民族人口90.6万人。主要少数民族有满族（82.8万人）、蒙古族（3.4万人）、回族（2.2万人）、锡伯族（2.2万人）、朝鲜族（1827人）土家族（255人）。[1]

　　锦州话属东北官话哈阜片长锦小片。[2]分布在锦州市区及周边各乡镇，为本地普遍通用的方言。近年来变化较快，正在向普通话靠拢。

　　老年男性发音人来自松山新区松山街道，代表的是城区方言。

　　二人转、评剧、皮影戏在当地比较流行，2006年，黑山二人转获批"国家级非物质文化遗产"，2010年黑山县被评为"中国民间艺术之乡"。2006年锦州市古塔区申报锦州皮影戏为省级非物质文化遗产保护项目，并成立锦州皮影学会。

贰　声韵调

一　声母（20个）

p 八兵病别	p^h 派片爬扑	m 马门明麦	f 飞风饭副
t 多端东毒	t^h 讨天甜突	n 脑南难能	l 老蓝连路

---

[1] 锦州市人民政府网 http://www.jz.gov.cn/
[2] 中国社会科学院语言研究所、中国社会科学院民族学与人类学研究所、香港城市大学语言资讯科学研究中心：《中国语言地图集：第2版·汉语方言卷》，商务印书馆2012年版。

tʂ 资早装俊	tʂʰ 茶刺草圈		ʂ 山酸涩选	ʐ 荣热日如
tɕ 酒九绝菊	tɕʰ 清轻茄曲	ȵ 年泥鸟孽	ɕ 想谢响县	
k 哥高共谷	kʰ 开口宽阔		x 好很灰活	
∅ 味云药软				

说明：

（1）无舌尖前音声母，普通话中读为舌尖前音 ts、tsʰ、s 的声母一律读为舌尖后音 tʂ、tʂʰ、ʂ。

（2）普通话中声母为 ʐ 的部分字今读零声母，如日母字"软 yan²¹³ | 绕 iau⁵¹"。

（3）普通话中声母为零声母开口韵的字在锦州方言中分为三类，一类读为 n，如疑母字"鹅 nɤ³⁵ | 饿 nɤ⁵¹"；一类读为零声母，如影母字"爱 ai⁵¹"；一类今有两读，一读为老派读法 n，一读为新派读法 ∅，如疑母字"熬 nau⁵⁵ | au³⁵"，影母字"暗 nan⁵¹ | an⁵¹"。

（4）普通话中声母为 tɕ、tɕʰ、ɕ 的字在锦州方言中分为三类，一类读作 tʂ、tʂʰ、ʂ，如精组山摄合口三等舒声字"选 ʂuan⁵⁵"、见组山摄合口三等舒声字"圈 tʂʰuan⁵⁵ | 权 tʂʰuan³⁵"、见晓组臻摄合口三等舒声字"熏 ʂuən⁵⁵"；一类读为 tɕ、tɕʰ、ɕ，如见晓组臻摄合口三等舒声字"均 tɕyn⁵⁵"；一类两种读法都有，如精组臻摄合口三等舒声字"俊 tʂuən⁵¹ | tɕyn⁵¹"。

（5）n 与洪音韵母相拼时音位归为 n，与细音韵母相拼时音位归为 ȵ。如女 nʯ²¹³ | 泥 ȵi³⁵ | 鸟 ȵiau²¹³ | 牛 ȵiou³⁵ 等字归为 ȵ。

（6）鼻辅音 m 有单独成音节的现象，m²¹³ 在锦州方言中表示"我们""我的"义。

二　韵母（35 个）

ʯ 师试丝尺	i 弟米戏一	u 苦五猪出	y 雨橘绿局
ər 儿耳二			
a 大马茶八	ia 家俩牙鸭	ua 花瓜瓦刮	
	ie 写鞋接贴		ye 靴月雪掘
ɤ 歌盒破磨			
		uo 坐活郭国	
ai 开排埋白		uai 摔快坏外	
ei 赔飞贼北		uei 对水鬼胃	
au 宝饱烧勺	iau 表桥笑药		
ou 豆走口藕	iou 牛九油六		
an 南站山半	ian 减盐片年	uan 短官权传	yan 原冤远院

ən 森深根身	in 心今新斤	uən 寸滚春熏	yn 云军均匀
aŋ 糖唱方绑	iaŋ 响样讲腔	uaŋ 床光王双	
əŋ 灯升争蒙	iŋ 冰病星硬	uŋ 东红农翁	yŋ 兄永熊用

说明：

（1）a 作为单韵母时实际音值为 A；在韵尾 i、n 前实际音值为 a；在韵尾 u、ŋ 前实际音值为 ɑ；a 在 i、n 之间音值为 ɛ。语音描写时统一记为 a。

（2）无单元音韵母 o。普通话中的单元音 o 在锦州方言中读为 ɤ。例如：破 pʰɤ⁵¹｜婆 pʰɤ³⁵｜磨 mɤ³⁵｜佛 fɤ³⁵。

（3）部分 ər 韵母的实际音值为 ɐr。例如：二 ər⁵¹。

（4）翁 uŋ⁵⁵ 的实际音值为 uəŋ⁵⁵。

（5）零声母音节 ian 中的 a 实际音值为 ɑ。例如：岩 ian³⁵｜验 ian⁵¹｜厌 ian⁵¹｜盐 ian³⁵｜严 ian³⁵。

（6）单元音韵母 ɤ 在轻声音节中的实际音值为 ə，记为 ə。

三　声调（4 个）

阴平 55　东该灯风通开天春　搭哭拍切
阳平 35　门龙牛铜皮糖红　急毒白盒罚
上声 213　懂古鬼九统苦讨草买老五有　谷百节塔
去声 51　冻怪半四痛快寸去卖路硬乱洞地饭树　动罪近后　刻六麦叶月

说明：

（1）去声 51 发音动程较短。

叁　连读变调

3.1　两字组连读变调

表 13　　　　　　　　锦州方言两字组连读规律表①

前字＼后字	阴平 55	阳平 35	上声 213	去声 51	轻声 0
阴平 55	—	—	—	—	55+0 35+0
阳平 35	—	—	—	—	—
上声 213	21+55	21+35	35+213	21+51	21+0
去声 51	53+55	53+35	53+213	53+51	—

① 表中每格第一行为前后字的单字调，"+"前为前字，"+"后为后字；第二行、第三行为连读变调；"—"表示该组合前后字均不变调。下同。

说明：

锦州市两字组连读变调具有以下特点：

（1）平声字在一个词或一个句子的末尾时音高往往有所下降，实际调值有时为44。

（2）前字为阴平，后字为轻声，前字调值由55变为35，例如：干净 kan³⁵tɕiŋ⁰。

（3）前字为去声，后字非轻声，则前字调值由51变为53。例如：大葱 ta⁵³tʂʰuŋ⁵⁵｜地瓜 ti⁵³kua⁵⁵｜自杀 tʂʅ⁵³sa⁵⁵｜后妈 xou⁵³ma⁵⁵｜放牛 faŋ⁵³niou³⁵｜酱油 tɕiaŋ⁵³iou³⁵｜拜堂 pai⁵³tʰaŋ³⁵｜上坟 ʂaŋ⁵³fən³⁵。

（4）上声的变调形式比较丰富：

①前字为上声，后字为非上声，前字调值由213变为21。例如：

上声+阴平：养猪 iaŋ²¹tʂu⁵⁵｜母鸡 mu²¹tɕi⁵⁵｜老叔 lau²¹ʂou⁵⁵｜改锥 kai²¹tsuei⁵⁵

上声+阳平：以前 i²¹tɕʰian³⁵｜暖壶 nan²¹xu³⁵｜眼眉 ian²¹mei³⁵｜保媒 pau²¹mei³⁵

上声+去声：柳树 liou²¹ʂu⁵¹｜整菜 tʂəŋ²¹tʂʰai⁵¹｜满月 man²¹ye⁵¹｜保佑 pau²¹iou⁵¹

上声+轻声：早上 tsau²¹ʂaŋ⁰｜晌午 ʂaŋ²¹xuŋ⁰｜晚上 uan²¹ʂaŋ⁰｜起来 tɕʰi²¹lai⁰

②前后字皆为上声，则前字调值由213变为35。例如：打闪 ta³⁵ʂan²¹³｜老虎 lau³⁵xu²¹³｜母狗 mu³⁵kou²¹³｜小产 ɕiau³⁵tʂʰan²¹³。

3.2 "一、不"的变调

锦州"一"单念阴平55，"不"单念去声51，它们作前字存在变调现象。

①当后字为去声时，"一、不"调值变为35，读同阳平。例如：一辈子 i³⁵pei⁵¹tsə⁰｜一万 i³⁵uan⁵¹｜不是 pu³⁵ʂʅ⁵¹｜不会 pu³⁵xuei⁵¹｜不认得 pu³⁵in⁵¹ti⁰。

②"一、不"在阴平、阳平、上声字前调值变为53。例如：一千 i⁵³tɕʰian⁵⁵｜一年 i⁵³nian³⁵｜一百 i⁵³pai²¹³｜不说 pu⁵³ʂuo⁵⁵｜不行 pu⁵³ɕiŋ³⁵｜不想 pu⁵³ɕiaŋ²¹³。

肆　异读

一　新老异读

1.1 声母差异

锦州老男无舌尖前音声母，普通话中 ts、tsʰ、s 声母的字一律读为舌尖后音 tʂ、tʂʰ、ʂ。锦州青男则与之不同，普通话中 tʂ、tʂʰ、ʂ 声母的字锦州青男仍读舌尖后音，普通话中 ts、tsʰ、s 声母的字锦州青男存在自由变读现象，如"子"有时读成 ts，有时读成 tʂ。摄录时记录的是自然状态下的实际发音。在音位处理时，将其处理为一个音位 tʂ、tʂʰ、ʂ。1000个单字中读为 ts、tsʰ、s 声母的字有：紫、刺、死、四、子、字、丝、灶、伞、笋、作、索、僧、塞、宋。其中"色"有两读，分别为 sɤ⁵¹/ʂai²¹²；"择"有两读，分别为 tsɤ³⁵/tʂai³⁵。

普通话中声母为 tɕ、tɕʰ、ɕ 的字锦州青男仍读舌面前音，锦州老男则分为三类，一类读作 tʂ、tʂʰ、ʂ，例如：选 ʂuan²¹³｜圈 tʂʰuan⁵⁵｜权 tʂʰuan³⁵｜熏 ʂuən⁵⁵；一类读为 tɕ、tɕʰ、ɕ，例如：均 tɕyn⁵⁵；一类两种读法都有，例如：俊 tsuən⁵¹/tɕyn⁵¹。

普通话中声母为 ʐ 的字锦州青男仍读 ʐ，锦州老男部分字今读零声母，例如：软 yan²¹³｜绕 iau⁵¹。

1.2 韵母差异

锦州青男部分合口呼零声母字开头的 u 实际音值接近 v，例如：完 uan³⁵｜弯 uan⁵⁵。部分韵母 i 的实际音值为 ɿ，例如：列 lie⁵¹｜笔 pi²¹²｜栗 li⁵¹｜两 lian²¹³。部分韵母 y 的实际音值为 ʏ，例如：绿 ly⁵¹。部分韵母 iŋ 的实际音值为 iəŋ，例如：迎 iŋ³⁵。

1.3 声调差异

锦州青男阴平 55，部分阴平字调值接近 554，例如：西 ɕi⁵⁵｜鸡 tɕi⁵⁵｜溪 ɕi⁵⁵。部分阴平字调值接近 44，例如：多 tuo⁵⁵｜拖 tʰuo⁵⁵｜兄 ɕyŋ⁵⁵。阳平 35，部分阳平字实际调值为 354，例如：梨 li³⁵｜煤 mei³⁵｜雷 lei³⁵。上声 212，部分上声字实际调值为 2121，例如：狗 kou²¹³｜口 kʰou²¹³｜藕 ou²¹³。个别上声字实际调值为 211，例如：感 kan²¹³。

1.4 文白异读差异

老男和青男在文白异读方面存在一些差别，年轻人多用文读音形式，白读的说法越来越少。主要体现在两方面：

第一，青男有文白异读的字较老男大大减少。1000 个单字中，青男只有"熬剥角壳色更择宿熟"等少数字存在文白异读现象，而老男异读的字要多出不少。

第二，个别字青男有文白异读，而老男只有白读形式。例如："宿"，老男只有 ɕy²¹³ 一种白读音，青男有 ɕy²¹² 白读音和 ʂu⁵¹ 文读音。

二 文白异读

2.1 声母

咸山臻摄开口一等影母舒声部分字和效摄开口一等疑母部分字白读 n，文读零声母。例如：暗 nan⁵¹/an⁵¹｜熬 nau⁵⁵/nau³⁵/au³⁵。

蟹摄开口二等见组部分字白读 k，文读 tɕ。例如：街 kai⁵⁵/tɕie⁵⁵｜解 kai²¹³/tɕie²¹³。

江摄开口二等见组部分入声字文读 tɕʰ，白读 kʰ。例如：壳 tɕʰiau⁵¹/kʰɤ³⁵。

臻摄合口三等精母个别字白读 tʂ，文读 tɕ。例如：俊 tʂuən⁵¹/tɕyn⁵¹。

2.2 韵母

韵母的文白异读主要体现在宕江曾梗通五摄入声字：宕摄开口三等药韵，江摄开口二等觉韵，曾摄开口三等职韵，梗摄开口二等映韵、陌韵，通摄合口三等屋韵。

宕江摄入声字韵母白读 iau，文读 ye、ɤ。例如：约 iau⁵⁵/ye⁵⁵｜角 tɕiau²¹³/tɕye³⁵｜雀 tɕʰiau²¹³/tɕʰye⁵¹｜学 ɕiau³⁵/ɕye³⁵。

曾摄开口三等入声字和梗摄开口二等澄母字白读 ai，文读 ɤ。例如：色 ʂai²¹³/ʂɤ⁵¹｜择 tʂai³⁵/tʂɤ³⁵｜侧 tʂai⁵⁵/tʂʰɤ⁵¹。

梗摄开口二等部分见组入声字白读 ie，文读 ɤ。例如：客 tɕʰie²¹³/kʰɤ⁵¹｜隔 tɕie⁵¹/kɤ³⁵。

梗摄开口二等部分见组去声字白读 iŋ，文读 əŋ。例如：更 tɕiŋ⁵⁵/kəŋ⁵⁵。

通摄合口三等屋韵入声字韵母白读 ou，文读 u。例如：叔 ʂou⁵⁵/ʂu⁵⁵｜熟 ʂou³⁵/ʂu³⁵。

其他韵摄部分舒声字的韵母也存在文白异读的情况。例如：取 tɕʰiou²¹³/tɕʰy²¹³。

2.3 声调

声调的异读也主要出现于入声字。

异读多具有一定的词汇条件。例如：结 tɕie⁵⁵ ~果/tɕie³⁵ 这事~了/tɕie²¹³ 团~。

2.4 多重异读

上文所列文白异读有些不限于声母、韵母或声调某一成分的单一异读，同时存在声韵调两两结合或三者结合的异读情况，可称为多重异读。

声韵异读：街 kai⁵⁵/tɕie⁵⁵｜解 kai²¹³/tɕie²¹³｜俊 tsuan⁵¹/tɕyn⁵¹｜更 tɕiŋ⁵⁵/kəŋ⁵⁵。

韵调异读：色 ʂai²¹³/ʂɤ⁵¹｜择 tʂai³⁵/tʂɤ³⁵｜角 tɕiau²¹³/tɕye³⁵。

声韵调异读：客 tɕʰie²¹³/kʰɤ⁵¹｜隔 tɕie⁵¹/kɤ³⁵。

伍 儿化

锦州方言中无小称音变，但存在儿化现象，儿化音变规律见下表：

表 14　　　　　　　　　　锦州儿化韵表

儿化韵	本韵	例词
ur	u	鼠儿 ʂur²¹³｜屋儿 ur⁵⁵｜相门户儿 ɕiaŋ⁵⁵mən³⁵xur⁰
ər	ɿ	大年三十儿 ta⁵³ȵian³⁵ʂan⁵⁵ʂər³⁵｜羹匙儿 kən⁵⁵tʂʰər³⁵｜侄儿 tʂər³⁵ 鸡子儿 tɕi⁵⁵tsər²¹³｜事儿 ʂər⁵¹
	ei	眼泪儿 ian²¹lər⁵¹｜姐妹儿 tɕie²¹mər⁰
	ən	婶儿 ʂər²¹³｜本儿 pər²¹³｜根儿 kər⁵⁵｜阵儿 tʂər⁵¹
ar	a	唖儿 tsar⁵⁵｜变戏法儿 pian⁵³ɕi⁵³far²¹³｜个儿把儿 kɤ⁵³par⁵⁵
iar	ia	娘俩儿 ȵiaŋ³⁵liar²¹³｜豆芽儿 tou⁵³iar³⁵｜架儿 tɕiar⁵¹
uar	ua	花儿 xuar⁵⁵｜猪爪儿 tʂu⁵⁵tʂuar²¹³｜连环画儿 lian³⁵xuan³⁵xuar⁵¹
ier	ie	树叶儿 ʂu⁵³ier⁵¹｜节儿 tɕier³⁵｜蝴蝶儿 xu³⁵tʰier²¹³
ɤr	ɤ	对个儿 tuei⁵¹kɤr⁰｜手推车儿 ʂou²¹tʰuei⁵⁵tʂʰɤr⁵⁵｜打折儿 ta²¹tʂɤr³⁵ 唠嗑儿 lau⁵³kʰɤr⁵⁵
iər	i	猪蹄儿 tʂu⁵⁵tʰiər³⁵｜断气儿 tuan⁵³tɕʰiər⁵¹｜粒儿 liər⁵¹ 堂兄弟儿 tʰaŋ³⁵ɕyŋ⁵⁵tiər⁵¹
	in	挎栏儿背心儿 kʰua⁵³lər³⁵pei⁵³ɕiər⁵⁵｜胡琴儿 xu³⁵tɕʰiər⁰ 得劲儿 tei²¹tɕiər⁵¹

续表

儿化韵	本韵	例词
uər	uei	嘬嘴儿 tsuo⁵³tsuər²¹³ ｜ 味儿 uər⁵¹ ｜ 会儿 xuər⁵¹
	uən	冰棍儿 piŋ⁵⁵kuər⁵¹ ｜ 光棍儿 kuaŋ⁵⁵kuər⁵⁵ ｜ 打盹儿 ta³⁵tuər²¹³
yər	y	小雨儿 ɕiau³⁵yər²¹³ ｜ 有趣儿 iou²¹tɕʰyər⁵¹ ｜ 小驴儿 ɕiau²¹lyər³⁵ 马驹儿 ma²¹tɕyər⁵⁵ ｜ 小曲儿 ɕiau³⁵tɕʰyər²¹³
	yn	合群儿 xɤ³⁵tɕʰyər³⁵
yer	ye	正月儿 tʂəŋ⁵⁵yer⁰ ｜ 小雪儿 ɕiau³⁵ɕyer²¹³ ｜ 缺儿 tɕʰyer⁵⁵
ɐr	ai	盖儿 kɐr⁵¹ ｜ 小孩儿 ɕiau²¹xɐr³⁵
	an	床单儿 tʂʰuaŋ³⁵tɐr⁵⁵ ｜ 汗衫儿 xan⁵³ʂɐr⁵⁵ ｜ 肝儿 kɐr⁵⁵ 双身板儿 ʂuaŋ⁵⁵ʂən⁵⁵pɐr²¹³ ｜ 算盘儿 ʂuan²¹pʰɐr³⁵
iɐr	ian	前儿 tɕʰiɐr³⁵ ｜ 礼拜天儿 li²¹pai⁵³tʰiɐr⁵⁵ ｜ 面儿 miɐr⁵¹ 嗓子眼儿 ʂaŋ²¹tsə⁰iɐr²¹³ ｜ 随便儿 ʂuei³⁵piɐr⁵¹
uɐr	uai	块儿 kʰuɐr⁵¹
	uan	那晚儿 na⁵³uɐr²¹³ ｜ 新郎官儿 ɕin⁵⁵laŋ³⁵kuɐr⁵⁵ ｜ 玩儿 uɐr³⁵ 手绢儿 ʂou²¹tsuɐr⁵¹
yɐr	yan	院儿 yɐr⁵¹
aur	au	枣儿 tsaur²¹³ ｜ 书包儿 ʂu⁵⁵paur⁵⁵ ｜ 打唠儿 ta²¹laur⁵¹ 藏猫儿猫儿 tsʰaŋ³⁵maur⁵⁵maur⁰ ｜ 道儿 taur⁵¹
iaur	iau	犄角儿 tɕi⁵⁵tɕiaur²¹³ ｜ 当腰儿 taŋ⁵⁵iaur⁵⁵ ｜ 老雕儿 lau²¹tɕʰiaur⁵⁵ 面条儿 mian⁵³tʰiaur³⁵ ｜ 连桥儿 lian³⁵tɕʰiaur³⁵
our	ou	小水沟儿 ɕiau³⁵ʂuei²¹kour⁵⁵ ｜ 土豆儿 tʰu²¹tour⁵¹ ｜ 扣儿 kʰour⁵¹ 年头儿 nian³⁵tʰour³⁵
iour	iou	讲讲究儿 tɕiaŋ³⁵tɕiaŋ²¹tɕiour⁰ ｜ 左溜=儿 tsuo²¹liour⁰
uor	uo	洋火儿 iaŋ³⁵xuor²¹³ ｜ 下货儿 ɕia⁵³xuor⁵¹ ｜ 干活儿 kan⁵³xuor³⁵ 朵儿 tuor²¹³
ãr	aŋ	建房儿 tɕian⁵³fãr³⁵ ｜ 头晌儿 tʰou³⁵ʂãr²¹³ ｜ 电棒儿 tian⁵³pãr⁵¹ 趟儿 tʰãr⁵¹
iãr	iaŋ	伏凉儿 fu³⁵liãr³⁵ ｜ 相对象儿 ɕiaŋ⁵⁵tuei⁵³ɕiãr⁵¹ ｜ 插秧儿 tʂʰa²¹iãr⁵⁵
uãr	uaŋ	小窗儿 ɕiau²¹tʂʰuãr⁵⁵ ｜ 筐儿 kʰuãr⁵⁵ ｜ 网儿 uãr²¹³
ə̃r	əŋ	缝儿 fə̃r⁵¹ ｜ 蜜蜂儿 mi⁵³fə̃r⁵⁵ ｜ 花生儿 xua⁵⁵ʂə̃r⁵⁵ ｜ 跳绳儿 tʰiau⁵³ʂə̃r³⁵
iə̃r	iŋ	杏儿 ɕiə̃r⁵¹ ｜ 名儿 miə̃r³⁵ ｜ 洋钉儿 iaŋ³⁵tiə̃r⁵⁵
uə̃r	uŋ	胡同儿 xu³⁵tʰuə̃r⁵¹ ｜ 没空儿 mei³⁵kʰuə̃r⁵¹ ｜ 小葱儿 ɕiau²¹tʂʰuə̃r⁵⁵
yə̃r	yŋ	小熊儿 ɕiau²¹ɕyə̃r³⁵

说明：单元音韵母 u 儿化后一般读为 ur，如：鼠儿 ʂur²¹³ ｜屋儿 ur⁵⁵ ｜相门户儿 ɕiaŋ⁵⁵mən³⁵xur⁰ 等，但"媳妇儿"读为 ɕi²¹fər⁰。

陆　其他主要音变

锦州方言中的"子"位于词尾时读为 tʂə⁰，如：儿子 ər³⁵tʂə⁰ ｜茄子 tɕʰie³⁵tʂə⁰ ｜小小子 ɕiau³⁵ɕiau²¹tʂə⁰ ｜绳子 ʂəŋ³⁵tʂə⁰ 等。

附录

（一）调查人

调查负责人为渤海大学文学院夏中华教授；

主要调查人为渤海大学文学院夏中华教授；

辅助调查人为渤海大学文学院朱红教授、安拴军副教授、李薇薇博士。

（二）方言发音人

角色	姓名	出生年月	职业	文化程度	居住辖区
方言老男	王志华	1959 年 11 月	司机	高中	松山新区松山街道
方言青男	李浩	1985 年 10 月	自由职业	中专	古塔区古城街道
方言老女	郑淑玲	1957 年 2 月	工人	初中	凌河区锦铁街道
方言青女	蒋艳鲜	1981 年 3 月	自由职业	初中	松山新区松山街道
口头文化发音人 1	王志华	1959 年 11 月	司机	高中	松山新区松山街道
口头文化发音人 2	郑淑玲	1957 年 2 月	工人	初中	凌河区锦铁街道
口头文化发音人 3	蒋艳鲜	1981 年 3 月	自由职业	初中	松山新区松山街道
口头文化发音人 4	张恒	1974 年 1 月	司机	初中	凌河区锦铁街道
地普发音人 1	蒋艳鲜	1981 年 3 月	自由职业	初中	松山新区松山街道
地普发音人 2	郑淑玲	1957 年 2 月	工人	初中	凌河区锦铁街道
地普发音人 3	王志华	1959 年 11 月	司机	高中	松山新区松山街道

（三）调查情况

2016 年 7 月 25 日至 8 月 2 日，在锦州市渤海大学人文楼进行方言老男和青男的方言纸笔调查工作；2016 年 8 月 4 日至 8 月 25 日，在渤海大学实验楼进行锦州方言、地普和口头文化音频、视频的录制工作。

本次调查使用的录音话筒为 SAMSONC03U，录音声卡为 TASCAM US-144MKK11，摄像机为索尼摄像机。

锦州市语委办主任杜军等同志在工作中给予了大力支持和帮助。

第七节　盘锦方音

壹　概况

盘锦市位于辽宁省西南部，东、东北邻鞍山市，东南隔大辽河与营口市相望，西、西北邻锦州市，南临渤海辽东湾。[①]盘锦市是中国重要的石油、石化工业基地，辽宁沿海经济带重要的中心城市之一。

盘锦市地理坐标为东经 116°39′，北纬 39°91′，全市土地面积共 4102.9 平方公里，海域面积 1425 平方公里，海岸线长 107 公里，滩涂面积 392 平方公里。盘锦市地面平坦、多水无山，地势地貌北高南低，由北向南逐渐倾斜。

1948 年 1 月 9 日，盘山县民主政府成立，先后隶属辽宁省第五专区、第二专区管辖。8 月，盘山县划归辽宁省直接领导。1949 年 4 月，盘山县隶属辽西省。同年在大洼县境内成立盘山农场，隶属东北行政委员会农林部。1950 年，盘山农场改为辽西省盘山第一稻田农场。1955 年，改为辽宁省盘锦国营农场管理局。1956 年 2 月，盘山县划归辽阳专署领导。11 月，盘锦地区国营农场管理局改为盘锦农垦局，直属农垦部。1961 年 4 月，在盘锦农垦局管辖地区设置盘锦区人民委员会，归营口市领导。1962 年 4 月，辽滨苇场所属的大辽河东岸苇田划给营口县和海城县。1966 年 1 月，盘山县与盘锦农垦局合并为盘锦垦区，试行政场合一制，直属辽宁省。1970 年 1 月，在盘锦垦区内分设盘山区和大洼区（县级）。7 月 15 日，将盘锦垦区改为盘锦地区，辖盘山区和大洼区，直属辽宁省。1975 年 11 月，盘锦地区与营口市合并。原地区所辖盘山区、大洼区改为盘山县、大洼县，均属营口市辖。同时将台安县划归鞍山市。1978 年，将原营口市河北街从辽滨苇场划出，归营口市西市区管辖。1984 年 6 月 5 日，撤销盘山县，设立盘锦市（地级），直属辽宁省。1985 年 3 月，石山种畜场划归盘锦市。1986 年 11 月，撤销盘锦市郊区，恢复盘山县，以原盘锦市郊区的行政区域为盘山县的行政区域。将盘锦市盘山区更名为双台子区。2016 年 3 月，撤销大洼县，设立盘锦市大洼区，以原大洼县的行政区域为大洼区的行政区域。[②]

截至 2019 年 4 月，盘锦市下辖一县三区，即：盘山县、双台子区、兴隆台区、大洼区。共有 21 个镇、27 个街道、284 个村、247 个社区。2019 年末全市常住人口 144 万人，其中汉族 135.1 万人；满族 4 万多人；朝鲜族 1 万多人；蒙古族 6000 多人；回族 4000 多人；锡伯族 700 多人。

盘锦方言属于东北官话哈阜片长锦小片。常住居民主要使用盘锦话、普通话交流。（盘锦北部与锦州北镇相接，受锦州话影响，辽河口开发区胡家农场等地口

[①] 盘锦市人民政府网站 http://www.PANJIN.gov.cn/html/1597/2020-06-12/content-1351.html
[②] 盘锦市人民政府地方志办公室：《盘锦年鉴》，辽海出版社 2017 年版，第 48 页。

语语调重而尾音上扬,约 5 万人;盘山县石新镇发音普遍为卷舌音,平舌音少,约 1.4 万人;南部与营口盖州相接,受胶辽官话影响但并不明显。在其境内的东郭镇朝鲜屯、甜水镇二创村、大洼县荣兴街道等地,有 1 万人左右使用朝鲜语。)

本次调查选择的是以双台子区、兴隆台区为代表的盘锦老城区方言。

其地方曲艺为二人转、评剧和拉场戏。

贰　声韵调

一　声母（23 个）

p 八兵病布	pʰ 派片爬泼	m 麦明猫摸	f 飞风副蜂
t 多东毒凳	tʰ 讨天甜特	n 脑南熬安	l 老蓝连路
ts 资早字贼	tsʰ 刺草寸祠		s 丝三酸双
tʂ 租张竹争	tʂʰ 抽茶初床		ʂ 事山手书　ʐ 热日如入
tɕ 酒九匠镜	tɕʰ 清全轻权	ȵ 年泥捏女	ɕ 想谢响县
k 高共宫过	kʰ 开阔哭课		x 好灰活号
∅ 味问热软			

说明:部分 ts、tsʰ、s 和 tʂ、tʂʰ、ʂ 存在自由变读。

二　韵母（37 个）

ɿ 丝资刺四	i 米戏急七	u 苦五猪骨	y 雨橘绿局
ʅ 师试十直			
ər 二耳儿			
a 茶塔法辣	ia 牙鸭嫁下	ua 瓦刮化挂	
	iɛ 写鞋接贴		yɛ 靴月学雀
ɤ 歌盒热壳			
		uo 坐过活托	
ai 开排色白		uai 快怪怀歪	
ei 赔飞北贝		uei 对鬼回会	
au 宝饱抱帽	iau 笑桥药壳		
ou 豆走偷凑	iou 油六流袖		
an 南山半暗	ian 盐年验剑	uan 短官赚断	yan 权选圆院

ən 深根恨恩　　　iən 心新进认　　　uən 寸滚春困　　　yən 云均熏运
aŋ 糖帮浪上　　　iaŋ 响讲亮像　　　uaŋ 床王双壮
əŋ 灯升争横　　　iəŋ 硬病星蝇　　　uəŋ 东懂冻通　　　yəŋ 兄用永穷
m̩ 母木目

说明：

（1）a 作单韵母时实际音值为 A；在韵尾 i、n 前音值接近 a；在韵尾 ŋ 前音值为 ɑ；在韵尾 u 前音值接近 ɔ；a 在 i、n 之间和 y、n 之间音值接近 ɛ，语音描写时统一记为 a。

（2）单元音韵母 ɤ 在轻声音节中的实际音值为 ə，记为 ə。

（3）y、i 舌位靠后，实际音值接近 ʉ、ɨ。

（4）m̩ 为声化韵母，个别字自成音节，如"母 0331、木 0936、目 0963"。

（5）iən、uən、yən、ian 有明显的鼻化色彩。

（6）合口呼零声母时，部分字有轻微的唇齿音色彩。

三　声调（4个）

阴平 55　　东该灯风通开天春　搭拍哭切
阳平 35　　门龙牛油铜皮糖红　急节 2 毒白盒罚　节 2：~约
上声 213　　懂古鬼九统苦讨草　买老五有　谷百节 1 塔　节 1：过~
去声 51　　冻怪半四痛快寸去　动罪近后　刻六麦叶月　卖路硬乱洞地饭树

说明：

上声音值不稳定，有时为 212、有时为 224、有时为 213，此处统一记为 213。

叁　连读变调

3.1　两字组连读变调

表 15　　　　　　　　盘锦方言两字组连读规律表

前字＼后字	阴平 55	阳平 35	上声 213	去声 51
阴平 55	55+55　—	55+35	55+213	55+51
阳平 35	35+55	35+35	35+213	35+51
上声 213	213+55　21+55	213+35　21+35	213+213　35+213	213+51　21+51
去声 51	51+55　—	51+35　53+35	51+213　—	51+51　53+51

盘锦两字组连读变调具有以下特点：
（1）在词汇和语法记音中，轻声一律记作 0。
（2）上声的变调形式比较丰富：
①上声+上声，前字调值变为 35，后字不变调。例如：
马桶 ma³⁵tʰuaŋ²¹³ ｜ 米酒 mi³⁵tɕiou²¹³ ｜ 老本儿 lau³⁵pər²¹³
②前字为上声，后字为非上声，前字调值由 213 变为 21。例如：
上声+阴平：牡丹 m²¹tan⁵⁵ ｜ 养猪 iaŋ²¹tʂu⁵⁵ ｜ 宰猪 tsai²¹tʂu⁵⁵
上声+阳平：眼前 ian²¹tɕʰian³⁵ ｜ 母牛 m²¹ɲiou³⁵ ｜ 剪头 tɕian²¹tʰou³⁵
上声+去声：柏树 pai²¹ʂu⁵¹ ｜ 小麦 ɕiau²¹mai⁵¹
（3）前字为去声，后字为阴平、上声不变调；后字为阳平、去声，前字由 51 变为 53。例如：
阳平+去声：太阳 tʰai⁵³iaŋ³⁵ ｜ 稻田 tau⁵³tʰian³⁵ ｜ 地蚕 ti⁵³tʂʰan³⁵
去声+去声：大坝 ta⁵³pa⁵¹ ｜ 大麦 ta⁵³mai⁵¹ ｜ 号脉 xau⁵³mai⁵¹

3.2 "一、三、七、八、不"的变调

盘锦方言中"一、三、七、八"单念阴平 55，"不"单念去声 51，它们作前字存在变调现象。
（1）当后字为去声字时，"一、三、七、八、不"调值变为 35，读同阳平。例如：一万 i³⁵uan⁵¹ ｜ 一辈子 i³⁵pei⁵¹tsə⁰ ｜ 不是 pu³⁵ʂʅ⁵¹ ｜ 不会 pu³⁵xuei⁵¹ ｜ 七个 tɕʰi³⁵kɤ⁵¹ ｜ 七万 tɕʰi³⁵uan⁵¹ ｜ 八个 pa³⁵kɤ⁵¹ ｜ 八月 pa³⁵ye⁵¹。
（2）"一"在阴平、阳平、上声字前调值变为 51。例如：一千 i⁵¹tɕʰian⁵⁵ ｜ 一张 i⁵¹tʂaŋ⁵⁵ ｜ 一年 i⁵¹ɲian³⁵ ｜ 一连 i⁵¹lian³⁵ ｜ 一百 i⁵¹pai²¹³ ｜ 一起 i⁵¹tɕʰi²¹³。
（3）"三、七、八、不"在阴平、阳平、上声字前不变调。例如：三十 san⁵⁵ʂʅ³⁵ ｜ 三百 san⁵⁵pai²¹³ ｜ 七千 tɕʰi⁵⁵tɕʰian⁵⁵ ｜ 八张 pa⁵⁵tʂaŋ⁵⁵ ｜ 不行 pu⁵³ɕiəŋ³⁵ ｜ 七年 tɕʰi⁵⁵ɲian³⁵ ｜ 七百 tɕʰi⁵⁵pai²¹³ ｜ 八两 pa⁵⁵liaŋ²¹³ ｜ 不懂 pu⁵³tuəŋ²¹³。

肆　异读

一　声母差异

盘锦方言中老男和青男都有 23 个声母，其不同之处在于老男发音中部分 ts、tsʰ、s 读作 tʂ、tʂʰ、ʂ，部分 tʂ、tʂʰ、ʂ 读作 ts、tsʰ、s，部分 ts、tsʰ、s 和 tʂ、tʂʰ、ʂ 存在自由变读。而在青男发音中只有少数 tʂ、tʂʰ、ʂ 在与 u、a 作韵腹的韵母相拼时变为 ts、tsʰ、s，个别 ts、tsʰ、s 在与 a 作韵腹的韵母相拼时变为 tʂ、tʂʰ、ʂ。

二　韵母差异

老男有 37 个韵母，青男有 36 个韵母。老男韵母系统中多了一个声化韵母 m̩，个别字如"母""木""目"m̩ 自成音节。
老男在读合口呼零声母时，部分字有轻微的唇齿音色彩。

伍　儿化

盘锦方言37个韵母除了 y、ər、yən、uaŋ、m 以外，其他 32 个韵母都有对应的儿化韵，其中一些韵母的儿化韵有合并现象，因此 32 个韵母对应 25 个儿化韵。

表 16　　　　　　　　　　　　　盘锦儿化韵表

儿化韵	本韵	例词
ar	a	啊儿 tṣar⁵⁵｜把儿 par⁵¹｜哪儿 nar²¹³
iar	ia	角儿 tɕiar²¹³ 抽匣儿 tṣʰou⁵⁵ɕiar³⁵｜不远狭儿 pu⁵¹yan²¹ɕiar³⁵
uar	ua	花儿 xuar⁵⁵
iɛr	iɛ	蝴蝶儿 xu³⁵tʰiɛr⁰
ɐr	ai	盖儿 kɐr⁵¹｜手盖儿 ʂou²¹kɐr⁵¹｜小孩儿 ɕiau²¹xɐr³⁵
	an	汗衫儿 xan⁵¹ʂɐr⁰｜双身板儿 suaŋ⁵⁵ʂən⁵⁵pɐr²¹³｜钢板儿 kaŋ⁵⁵pɐr²¹³
iɐr	ian	河沿儿 xɤ³⁵iɐr⁵¹｜窟窿眼儿 kʰu⁵⁵lu⁰iɐr²¹³｜烟儿 iɐr⁵⁵
uɐr	uai	一块儿 i³⁵kʰuɐr⁵¹
	uan	新郎倌儿 ɕiən⁵⁵laŋ³⁵kuɐr⁵⁵｜闹玩儿 nau⁵³uɐr³⁵｜蔓儿 uɐr⁵¹
yɐr	yan	烟卷儿 ian⁵⁵tɕyɐr²¹³｜旋儿 ɕyɐr⁵¹
ɤr	ɤ	荷儿花儿 xɤr³⁵xuar⁵⁵｜下巴颏儿 ɕia⁵¹pa⁰kʰɤr³⁵｜折儿 tṣɤr³⁵
ər	ɿ	刺儿 tsʰər⁵¹｜鸡子儿 tɕi⁵⁵tsər²¹³
	ʅ	大年儿三十儿 ta⁵³ɲiər³⁵san⁵⁵ʂər³⁵｜羹匙儿 kən⁵⁵tṣʰər³⁵ 办喜事儿 pan⁵¹ɕi²¹ʂər⁵¹
	ei	傍黑儿 paŋ⁵¹xər⁵⁵｜眼泪儿 ian²¹lər⁵¹｜姊妹儿 tsɿ²¹mər⁰
	ən	大门儿 ta⁵³mər³⁵｜洗脸盆儿 ɕi³⁵lian²¹pʰər³⁵｜扎针儿 tṣa⁵⁵tṣər⁵⁵
iər	i	地儿 tiər⁵¹｜没气儿 mei³⁵tɕʰiər⁵¹｜断气儿 tuan⁵³tɕʰiər⁵¹
	iən	不得劲儿 pu⁵¹tɤ²¹tɕiər⁵¹｜得劲儿 tɤ²¹tɕiər⁵¹｜胡琴儿 xu³⁵tɕʰiər³⁵
uər	uei	味儿 uər⁵¹｜斗嘴儿 tou⁵¹tsuər²¹³｜会儿 xuər²¹³
	uən	冰棍儿 piəŋ⁵⁵kuər⁵⁵｜外孙儿 uai⁵¹suər⁵⁵｜棍儿 kuər⁵¹
yər	yɛ	天狗吃月儿 tʰian⁵⁵kou²¹tṣʰʅ⁵⁵yər⁵¹｜正月儿 tṣəŋ³⁵yər⁵¹
ur	u	蛛儿蛛儿 tṣur³⁵tṣur⁰｜兔儿 tʰur⁵¹｜轱辘儿 ku³⁵lur³⁵
uor	uo	昨儿个 tsuor³⁵kə⁰｜水果儿 suei³⁵kuor²¹³｜窝儿 uor⁵⁵
aur	au	马勺儿 ma²¹ʂaur³⁵｜姥姥儿 lau²¹laur⁰｜外号儿 uai⁵³xaur⁵¹

续表

儿化韵	本韵	例词
iaur	iau	家雀儿 tɕia⁵⁵tɕʰiaur²¹³ ｜ 裤脚儿 kʰu⁵¹tɕiaur²¹³ ｜ 面条儿 mian⁵³tʰiaur³⁵
our	ou	黄豆儿 xuaŋ³⁵tour⁵¹ ｜ 豇豆儿 tɕiaŋ⁵⁵tour⁵¹ ｜ 猴儿 xour³⁵
iour	iou	水溜儿 suei²¹liour⁵¹ ｜ 打滴流儿 ta²¹ti⁵⁵liour³⁵ ｜ 左溜儿 tsuo²¹liour⁵¹
ãr	aŋ	前晌儿 tɕʰian³⁵ʂãr⁰ ｜ 头晌儿 tʰou³⁵ʂãr⁰ ｜ 草房儿 tsʰau²¹fãr³⁵
iãr	iaŋ	看对象儿 kʰan⁵³tuei⁵³ɕiãr⁵¹ ｜ 插秧儿 tʂʰa⁵⁵iãr⁵⁵ 讲想儿想儿 tɕiaŋ³⁵ɕiãr²¹ɕiãr⁰
ə̃r	əŋ	缝儿 fə̃r⁵¹ ｜ 水坑儿 suei²¹kə̃r⁵⁵
iə̃r	iəŋ	明儿个 miə̃r³⁵kə⁰ ｜ 杏儿 ɕiə̃r⁵¹ ｜ 打鸣儿 ta²¹miə̃r³⁵
ũr	uəŋ	胡同儿 xu³⁵tʰũr⁵¹
yə̃r	yəŋ	熊儿 ɕyə̃r³⁵

个别词语中儿化韵不符合规律，例如：

媳妇儿 ɕi³⁵fər⁰：妇 u 韵，按规律儿化韵应为 ur。说媳妇儿 ʂuo⁵⁵ɕi³⁵fər⁰ ｜ 娶媳妇儿 tɕʰy²¹ɕi³⁵fər⁰ ｜ 新媳妇儿 ɕin⁵⁵ɕi³⁵fər⁰ ｜ 儿媳妇儿 ər³⁵ɕi³⁵fər⁰，都是如此。

附录

（一）调查人

调查负责人为辽宁师范大学文学院洪飏教授；
主要调查人为渤海大学文学院李薇薇讲师；辽宁师范大学文学院朱添讲师；
辅助调查人为两位研究生：蔡悦、侯台风。

（二）方言发音人

角色	姓名	出生年月	职业	文化程度	居住辖区
方言老男	张学民	1962 年 3 月	工人	大专	双台子区
方言青男	张忠宝	1986 年 11 月	警察	大专	兴隆台区
方言老女	柳欣	1964 年 4 月	书店职工	大专	兴隆台区
方言青女	郭琛	1985 年 2 月	社区工作人员	大专	双台子区
口头文化发音人 1	柳欣	1964 年 4 月	书店职工	大专	兴隆台区
口头文化发音人 2	张学民	1962 年 3 月	工人	大专	双台子区
口头文化发音人 3	张忠宝	1986 年 11 月	警察	大专	兴隆台区

续表

角色	姓名	出生年月	职业	文化程度	居住辖区
口头文化发音人4	郭琛	1985年2月	社区工作人员	大专	双台子区
地普发音人1	郭琛	1985年2月	社区工作人员	大专	双台子区
地普发音人2	张忠宝	1986年11月	警察	大专	兴隆台区
地普发音人3	柳欣	1964年4月	书店职工	大专	兴隆台区

（三）调查情况

本次调查时间为2019年6月23日—2019年7月13日，调查地点为盘锦市教师进修学院及辽宁师范大学文学院语言科技实验室。

本次调查使用的录音话筒为SAMSON C03U，录音声卡为内置声卡，摄像机为SONY FDR-AX30。

盘锦市语委办主任吴力复，盘锦市语委办干事王馨禾在工作中给予了大力支持和帮助。渤海大学李薇薇博士、辽宁师范大学原新梅教授、赵建军副教授参与完成发音人遴选等工作。

第八节 兴城方音

壹 概况

兴城市是辽宁省葫芦岛市所属的县级市，地处辽宁省西南，辽东湾西岸，居"辽西走廊"中部。东南部濒临渤海，东北倚热河丘陵，毗邻葫芦岛市龙港区、连山区，西南隔六股河与绥中县相望，西北同建昌县接壤。辽圣宗统和八年（990年），在此地设兴城县（治所桃花岛郡今钓鱼台街道海口），这是兴城这一名称的最早由来。

兴城市地理坐标为东经120.70°，北纬40.60°，全市总面积2113平方公里。兴城市依山傍水，东南沿海为平原，中部多为丘陵，西北部为山区，为松岭山脉延续分布丘陵地带。

中华人民共和国成立后，为兴城县，隶属辽西省，后改属辽宁省。1986年12月，经国务院批准撤销兴城县设兴城市（县级），由省直辖，后改由葫芦岛市代管。

截至2018年，兴城市共辖28个乡（镇）、街道，总人口为56万人。有满族、蒙古族、回族等共16个少数民族。

兴城方言属东北官话哈阜片长锦小片，常住居民主要使用兴城话交流。

老年男性发音人来自兴城市古城街道，代表的是兴城老城区方言。

兴城满族秧歌、兴城民间绣活、全羊席制作技艺被列入辽宁省非物质文化遗产名录，二人转和评剧是当地群众喜闻乐见的戏曲形式。

<h2 style="text-align:center">贰　声韵调</h2>

一　声母（20个）

p 八兵病别	pʰ 派片爬铺	m 马麦门明	f 飞风副蜂
t 多东毒灯	tʰ 讨天甜图	n 脑南内怒	l 老蓝连路
tʂ 资字张争	tʂʰ 刺祠抽抄	ʂ 丝事山顺	ʐ 热肉日褥
tɕ 酒九几剧	tɕʰ 清全轻权	ȵ 泥年聂牛	ɕ 想谢响县
k 高改谷共	kʰ 开看刻哭		x 好恨灰活
∅ 味软王用			

说明：

（1）tʂ、tʂʰ、ʂ 在口语中有 tʂ、tʂʰ、ʂ 和 ts、tsʰ、s 两种自由变读形式，记音时只记录音位 tʂ、tʂʰ、ʂ。

（2）tʂ、tʂʰ、ʂ、ʐ 发音接近 tʃ、tʃʰ、ʃ、ʒ，舌叶音特征明显。

（3）部分古山摄、臻摄合口三等字在兴城方言中有新老两类读音，其中声母读为 tʂ、tʂʰ、ʂ 的为老读，声母读为 tɕ、tɕʰ、ɕ 的为新读，新读字在方言中使用更加普遍，如：圈、劝、选、权等。

（4）部分古疑母、影母字今声母可读为 ∅ 或 n，其中声母读为 n 是老读形式，声母读为 ∅ 是新读形式，如：熬、鹅、爱、恩等。新读形式和老读形式在兴城方言中的使用都比较普遍。

二　韵母（36个）

ɿ 丝十直尺	i 米戏急七	u 苦五骨谷	y 雨橘绿局
ər 二儿而耳			
a 茶塔法辣	ia 牙鸭家俩	ua 瓦刮花瓜	
	ie 写鞋接节		ye 靴月学绝
ɤ 歌盒热特			
		uo 坐活托国	
ai 开排来白		uai 快外坏摔	
ei 赔飞北碑		uei 对鬼水为	
au 宝饱烧老	iau 笑桥药聊		
ou 豆走口楼	iou 油六牛酒		

an 南山半看　　　ian 盐年脸天　　　uan 短官权 1 晚　　　yan 全元圈选
ən 深根很盆　　　in 心新近亲　　　uən 寸滚春顺　　　yn 云群军熏
aŋ 糖帮上炕　　　iaŋ 响讲羊量　　　uaŋ 床王双逛
əŋ 灯升争横　　　iŋ 硬病星听　　　uŋ 东红共龙　　　yŋ 兄用熊穷
m 母

说明：

（1）a 作为单韵母时实际音值为 A；在韵尾 i、n 前实际音值为 a；在韵尾 u、ŋ 前实际音值为 ɑ；a 在 i、n 之间音值为 ε，但在零声母音节中 a 舌位偏后，实际音值应为 ɑ。音位统一归为 a。

（2）二 ər^{51} 的实际音值为 ɐr^{51}。

（3）部分日母三等字读为零声母时，韵母读音接近 iu，比 iou 发音动程短，且尾音接近 y，统一记为 iou，如：如、入、褥等。

（4）"翁" uŋ^{44} 的实际音值为 uəŋ^{44}。

（5）单元音韵母 ɤ 在轻声音节中的实际音值为 ə，记为 ə。

（6）m 有单独成音节现象，m^{213} 在兴城方言中表示"我们""我"义。

三　声调（4 个）

阴平 44　东该灯风通开天春　搭哭拍切
阳平 35　门龙牛油铜皮糖红　节 1 急毒白盒罚
上声 213　懂古鬼九统苦讨草买老五有　谷百节 2 塔
去声 51　动罪近后　冻怪半四痛快寸去　卖路硬乱洞地饭树　刻六麦叶月

说明：去声 51 的实际音值接近 52。

叁　连读变调

3.1　两字组连读变调

表 17　　　　　　　　兴城方言两字组连读规律表

前字／后字	阴平 44	阳平 35	上声 213	去声 51	轻声
阴平 44	44+44	44+35	44+213	44+51	44+0
阳平 35	35+44	35+35	35+213	35+51	35+0
上声 213	21+44	21+35	35+213	21+51	21+0
去声 51	51+44	51+35	51+213	51+51	51+0

兴城两字组连读变调具有以下特点：

（1）在词汇、语法和口头文化记音中，轻声一律记作 0。

（2）两字组中存在变调现象的只有前字，后字没有变调的情况。
（3）前字为阴平、阳平、去声，后字无论调类为何，前字都不变调。
（4）上声的变调形式比较丰富：

①前字为上声，后字为阴平，前字调值由 213 变为 21。例如：母猫 mu²¹mau⁴⁴ | 卷烟 tṣuan²¹ian⁴⁴ | 点心 tian²¹ɕin⁴⁴。

②前字为上声，后字为阳平，前字调值由 213 变为 21。例如：水田 ʂuei²¹tʰian³⁵ | 保媒 pau²¹mei³⁵ | 母牛 mu²¹ȵiou³⁵。

③前字为上声，后字为上声，前字调值由 213 变为 21。例如：老虎 lau³⁵xu²¹³ | 打闪 ta³⁵ʂan²¹³ | 左手 tṣuo³⁵ʂou²¹³。

④前字为上声，后字为去声，前字调值由 213 变为 21。例如：长相 tṣan²¹ɕian⁵¹ | 考试 kʰau²¹ʂɿ⁵¹ | 米饭 mi²¹fan⁵¹。

⑤前字为上声，后字为轻声，前字调值由 213 变为 21。例如：枕头 tṣən²¹tʰou⁰ | 爪子 tṣua²¹tṣɿ⁰ | 椅子 i²¹tṣɿ⁰。

3.2 "一、三、七、八、不"的变调

兴城方言"一、三、七、八"单念阴平 44，"不"单念去声 51，它们做前字存在变调现象。

①当后字为去声时，"一、三、七、八、不"调值变为 35，读同阳平。例如：一遍 i³⁵pian⁵¹ | 三面 ʂan³⁵mian³⁵ | 七块 tɕʰi³⁵kʰuai⁵¹ | 八件 pa³⁵tɕian⁵¹ | 不去 pu³⁵tɕʰy⁵¹。

②"一、三、七、八"在阴平、阳平、上声字前不变调。例如：一天 i⁴⁴tʰian⁴⁴ | 三年 ʂan⁴⁴ȵian³⁵ | 七楼 tɕʰi⁴⁴lou³⁵ | 八匹 pa⁴⁴pʰi²¹³。

③"不"在阴平、阳平、上声前调值为 44，读同阴平，例外较少。例如：不抽 pu⁴⁴tṣʰou⁴⁴。

3.3 "子"的变调

"子"做名词词尾时因轻声程度不同可读为 tṣɿ⁰/tṣə⁰。例如：儿子可读为 ər³⁵tṣɿ⁰/ər³⁵tṣə⁰。

肆　异读

一　声母差异

老男声母 tṣ、tṣʰ、ʂ 有两种自由变读形式：tṣ、tṣʰ、ʂ 和 ts、tsʰ、s，但话语中出现 ts、tsʰ、s 类声母的情况较少。青男声母 tṣ、tṣʰ、ʂ 的有三种自由变读形式：除了 tṣ、tṣʰ、ʂ 与 ts、tsʰ、s 外，还有一套介于舌尖前音和舌尖后音的声母，话语中各类变读都很常见，该类声母的发音随意性较大，混读现象普遍。老男声母 tṣ、tṣʰ、ʂ、ʐ 的发音接近 tʃ、tʃʰ、ʃ、ʒ，舌叶音特征明显，而青男声母 tṣ、tṣʰ、ʂ、ʐ 的发音比较标准。部分古山摄、臻摄合口三等字在兴城方言中有新老两类读音，其中老男读为 tṣ、tṣʰ、ʂ，青男读为 tɕ、tɕʰ、ɕ，如：圈、劝、选、权等。部分古疑母、影母字今声母可读为 ∅ 或 n，其中老男读为 n，青男读为 ∅，如：熬、鹅、

爱、恩等。古日母字声母老男的读音分为四类：（1）读为有舌叶音色彩的声母 ʐ，如：热、日；（2）读为 l，如：扔；（3）读为 ∅，如：软；（4）读为 ∅ 或 ʐ，如：入、褥，古日母字声母青男的读音基本都读为 ʐ。

二 韵母差异

老男有 36 个韵母，青男有 37 个韵母。青男较老男而言，多出声母 o。老男韵母 a 在 i、n 之间音值为 ɛ，但在零声母音节中 a 舌位偏后，实际音值应为 ɑ，青男韵母 a 在零声母音节中的实际音值仍为 ɛ。在部分日母三等字读为零声母时，老男的韵母读音接近 iu，比 iou 发音动程短，且尾音接近 y。如：如、入、褥等，青男的这部分字受普通话影响，声母和韵母都发生了变化，韵母为 u。

三 声调差异

老男与青男均是 4 个调类。老男去声 51 的实际音值接近 52，青男上声 213 不稳定，有时变读为 212 或 24。

伍 儿化

兴城话 36 个韵母除了 ər、m̩ 外，其他 34 个韵母都有对应的儿化韵，其中一些韵母的儿化韵有合并现象，34 个韵母共对应 27 个儿化韵。

表 18　　　　　　　　　　兴城儿化韵表

儿化韵	本韵	例词
ar	a	呷儿 tʂar³⁵ ｜ 变戏法儿 pian⁵¹ɕi⁵¹far²¹³
iar	ia	娘俩儿 ɲiaŋ³⁵liar²¹³ ｜ 豆芽儿 tou⁵¹iar³⁵ ｜ 架儿 tɕiar⁵¹
uar	ua	花儿 xuar⁴⁴ ｜ 猪爪儿 tʂu⁴⁴tʂuar²¹³
ier	ie	树叶儿 ʂu⁵¹ier⁵¹ ｜ 节儿 tɕier²¹³ ｜ 蝴蝶儿 xu³⁵tʰier²¹³
yer	ye	正月儿 tʂəŋ⁴⁴yer⁰ ｜ 缺儿 tɕʰyer⁴⁴
ɐr	ai	盖儿 kɐr⁵¹ ｜ 小孩儿 ɕiau²¹xɐr³⁵ ｜ 小白菜儿 ɕiau²¹pai³⁵tʂʰɐr⁵¹
	an	肝儿 kɐr⁴⁴ ｜ 双身板儿 ʂuaŋ⁴⁴ʂən⁰pɐr²¹³ ｜ 算盘儿 ʂuan⁵¹pʰɐr⁰
iɐr	ian	前儿 tɕʰiɐr²¹³ ｜ 礼拜天儿 li²¹pai⁵¹tʰiɐr⁴⁴
uɐr	uai	块儿 kʰuɐr⁵¹
	uan	na⁵¹uɐr²¹³ ｜ ɕin⁴⁴laŋ³⁵kuɐr⁴⁴ ｜ 玩儿 uɐr³⁵
yɐr	yan	院儿 yɐr⁵¹
ər	ʅ	羹匙儿 kəŋ⁴⁴tʂʰər³⁵ ｜ 侄儿 tʂər³⁵ ｜ 事儿 ʂər⁵¹
	ei	眼泪儿 ian²¹lər⁵¹ ｜ 姐妹儿 tɕie²¹mər⁰ ｜ 辈儿 pər⁵¹
	ən	串门儿 tʂʰuan⁵¹mər³⁵ ｜ 婶儿 ʂər²¹³ ｜ 根儿 kər⁴⁴

续表

儿化韵	本韵	例词
iər	i	猪蹄儿 tʂu⁴⁴tʰiər³⁵｜粒儿 liər⁵¹
	in	买卖人儿 mai²¹mai⁰iər³⁵｜背心儿 pei⁵¹ɕiər⁴⁴ 脚印儿
uər	uei	噘嘴儿 tʂuo⁵¹tʂuər²¹³｜味儿 uər⁵¹｜会儿 xuər²¹³
	uən	冰棍儿 piŋ⁴⁴kuər⁵¹｜打盹儿 ta³⁵tuər²¹³
yər	y	小雨儿 ɕiau³⁵yər²¹³｜小曲儿 ɕiau³⁵tɕʰyər³⁵
	yn	合群儿 xɤ³⁵tɕʰyər³⁵
ɤr	ɤ	对个儿 tuei⁵¹kɤr⁵¹｜打折儿 ta²¹tʂɤr³⁵｜唠嗑儿 lau⁵¹kʰɤr⁴⁴
ur	u	二胡儿 ər⁵¹xur³⁵｜眼珠儿 ian²¹tʂur⁴⁴
uor	uo	昨儿 tʂuor³⁵｜干活儿 kan⁵¹xuor³⁵
aur	au	枣儿 tʂaur²¹³｜书包儿 ʂu⁴⁴paur⁴⁴｜道儿 taur⁵¹
iaur	iau	犄角儿 tɕi⁴⁴tɕiaur⁰｜雀儿 tɕʰiaur²¹³｜面条儿 mian⁵¹tʰiaur³⁵
our	ou	土豆儿 tʰu²¹tour⁵¹｜扣儿 kʰour⁵¹
iour	iou	左溜儿 tʂuo²¹liour⁵¹｜打出溜儿 ta²¹tʂʰu⁴⁴liour⁰
ãr	aŋ	建房儿 tɕian⁵¹fãr³⁵｜头晌儿 tʰou³⁵ʂãr²¹³｜电棒儿 tian⁵¹pãr⁵¹
iãr	iaŋ	相对象儿 ɕian⁴⁴tuei⁵¹ɕiãr⁵¹｜照相儿 tʂau⁵¹ɕiãr⁵¹
uãr	uaŋ	小窗儿 ɕiau²¹tʂʰuãr⁴⁴｜眼镜框儿 ian²¹tɕiŋ⁵¹kʰuãr⁵¹
ə̃r	əŋ	缝儿 fə̃r⁵¹｜蜜蜂儿 mi⁵¹fə̃r⁴⁴｜跳绳儿 tʰiau⁵¹ʂə̃r³⁵
iə̃r	iŋ	杏儿 ɕiə̃r⁵¹｜名儿 miə̃r³⁵
uə̃r	uŋ	胡同儿 xu³⁵tʰuə̃r⁵¹｜小葱儿 ɕiau²¹tʂʰuə̃r⁴⁴
yə̃r	yŋ	小熊儿 ɕiau²¹ɕyə̃r³⁵

说明：

单元音韵母 u 儿化后一般读为 ur，如：二胡儿、眼珠儿等，但"媳妇儿"读为 ɕi²¹fər⁰。

附录

（一）调查人

调查负责人为渤海大学文学院朱红教授；

主要调查人为渤海大学朱红教授、李薇薇博士、安拴军副教授、武海江老师；辅助调查人为研究生王鹏飞。

（二）方言发音人

角色	姓名	出生年月	职业	文化程度	居住辖区
方言老男	张福志	1954年5月	工人	初中	古城街道
方言青男	韩云飞	1982年10月	工人	大专	宁远街道
方言老女	李振荣	1955年8月	职员	初中	古城街道
方言青女	张冰	1982年5月	自由职业者	初中	古城街道
口头文化发音人1	张福志	1954年5月	工人	初中	古城街道
口头文化发音人2	韩云飞	1982年10月	工人	大专	宁远街道
口头文化发音人3	李久国	1956年7月	工人	初中	古城街道
口头文化发音人4	高铁骑	1977年4月	二人转演员	初中	红崖子镇
口头文化发音人5	李海艳	1993年8月	二人转演员	初中	红崖子镇
地普发音人1	韩云飞	1982年10月	工人	大专	宁远街道
地普发音人2	张冰	1982年5月	自由职业者	初中	古城街道
地普发音人3	张福志	1954年5月	工人	初中	古城街道

（三）调查情况

本次调查时间为2016年7月25日至8月25日，调查地点为兴城市教育局与渤海大学实验楼。

本次调查使用的录音话筒为 SAMSON C03U，录音声卡为 TASCAM US-144MKII，摄像机为索尼摄像机。

葫芦岛市语委办主任刘芳菲、兴城市教育局副局长李久仁、兴城市教育局刘瑞、兴城市教育局赵靖剑等在工作中给予了大力支持和帮助，尤其是刘瑞老师，为本次项目研究做了大量工作，保证了项目的顺利完成。渤海大学文学院夏中华教授参与了方言发音人遴选等工作。

第九节　绥中方音

壹　概况

绥中县位于辽宁省葫芦岛市西南部，地处辽西走廊西端，故称"关外第一县"。东隔六股河与兴城市为邻，南临渤海辽东湾，西与河北省秦皇岛市山海关区、抚宁县、青龙满族自治县接壤，北靠建昌县。东距省会沈阳市374公里，距葫芦岛市 74 公里，西距首都北京 375 公里。

绥中县地理坐标为东经 119°，北纬 40°，全境总面积 2780.26 平方公里。地形地势受燕山山脉影响，燕山山脉的东延部分在县内形成若干山脉。这些山脉呈扇形延伸至京沈铁路沿线，构成全县地形的基本骨架。由于山脉多呈西北至东南走向，地势呈现西北高、东南低的特征。西北山区的山脉、丘陵与河谷交错分布，各河流下游是冲积平原和沿海平原。

1986 年，绥中县隶属于辽宁省锦州市管辖；1989 年 6 月 12 日，绥中县改属辽宁省锦西市；1994 年 9 月 20 日，锦西市更名为葫芦岛市，绥中县隶属于葫芦岛市。

截至 2018 年末，绥中县下辖 14 个镇，11 个乡，共 25 个乡镇，县人民政府驻绥中镇，有满、回、蒙古、朝鲜等 31 个少数民族，总人口 63.91 万人。

绥中方言属于东北官话哈阜片长锦小片，常住居民主要使用绥中话交流。该县的语音分为三个区域：一是绥中镇至宽邦、黄家、前所一带，二是西甸子至万家、李家堡、永安堡一带，三是明水至加碑岩一带，发音各具特征。大体是舌尖前后音不分，以舌尖后音为主，整体调值偏低，大部分乡镇有四种调类，但有少部分有三种调类，其方言语音典型的代表了辽西小片方言的特征，折射出方言的较多层次。

调查选择的是绥中镇，代表绥中老城区方言。

贰 声韵调

一 声母（21 个）

p 八兵病别　　pʰ 派片爬扑　　m 麦明马门　　f 飞凤副饭　　v 王瓦外歪

t 多端东毒　　tʰ 讨天甜突　　n 脑南难能　　　　　　　　　l 老蓝连路

tʂ 资早租贼　　tʂʰ 刺草寸祠　　　　　　　　ʂ 丝三酸事　　ʐ 热用染任

tɕ 酒九绝菊　　tɕʰ 清全轻权　　ȵ 年女鸟牛　　ɕ 想谢十县

k 哥高共谷　　kʰ 开口宽阔　　　　　　　　　x 好灰活很

ø 味问软熬安云药

说明：

（1）古精组洪音字与知庄章组字声母合流，且部分字音有舌叶音色彩，这里统一记为舌尖后音 tʂ、tʂʰ、ʂ。

二 韵母（35 个）

ɿ 丝师试事　　　　i 米戏急一　　　　u 苦五骨谷　　　　y 雨出橘裕

ər 二儿而耳

a 茶塔法辣　　　　　ia 牙鸭家俩　　　　ua 刷刮花瓜

　　　　　　　　　　iɛ 写鞋接贴　　　　　　　　　　　　yɛ 靴月学雪

ɤ 歌盒壳色　　　　　　　　　　　　　　uo 坐过活托

ai 开排埋白　　　　　　　　　　　　　　uai 快坏拐摔

ei 赔飞北贝　　　　　　　　　　　　　　uei 鬼灰水卫

au 宝饱烧老　　　　　iau 笑桥表条

ou 豆走口头　　　　　iou 油六牛九

an 南山半短　　　　　ian 盐年减片　　　uan 官关穿短　　yan 远院元悬

ən 深根身森　　　　　in 心新今斤　　　uən 寸滚春顺　　yn 云群均熏

aŋ 糖唱方帮　　　　　iaŋ 响讲杨样　　　uaŋ 床狂双光

əŋ 灯升争横　　　　　ieŋ 硬病星冰　　　uəŋ 东红农共　　yəŋ 兄永熊穷

说明：

（1）a 作为单韵母时实际音值为ᴀ；在韵尾 i、n 前实际音值为 a；在韵尾 u、ŋ 前实际音值为 ɑ；a 在 i、n 之间音值为 æ，但在零声母音节中 a 舌位偏后，实际音值应为 ɑ，音位统一归为 a；

（2）后鼻韵母 ieŋ 在与声母 p、pʰ、m 拼合时实际发音接近 iŋ，这里统一记为 ieŋ。

（3）复合韵母 uo 在与声母 p、pʰ、m 拼合时有明显的展唇动作，同时韵母 u 弱化，如：破、莫、磨、佛等，记音时统一记作 uo。

（4）韵母 ɤ 有时的实际音值为偏前的 ə，如的、得、特等，这里统一记为 ɤ。

三　声调（4个）

阴平 55　　东该灯风通开天春　拍

阳平 35　　龙铜皮糖红 门牛油 白盒罚 急哭搭切毒

上声 213　 懂古鬼九统苦讨草 买老五有 谷百节塔

去声 51　　动罪近后 冻怪半四痛快寸去 卖刻路硬乱洞地饭树 六叶月麦

说明：

（1）阴平，个别字音实际音值略低，接近 44，这里统一记作 55。

（2）上声，上声为曲折调，个别字实际音值接近 212，不够稳定，这里记作 213。

（3）去声，个别字起点高度略低，实际音值接近 41，这里记作 51。

叁　连读变调

表 19　　　　　　　　　　　　绥中方言两字组连读规律表

前字 后字	阴平 55	阳平 35	上声 213	去声 51	轻声 0
阴平 55	55+55 —	55+35 —	55+213 —	55+51 —	55+0 —
阳平 35	35+55 —	35+35 —	35+213 —	35+51 —	35+0 —
上声 213	21+55 —	21+35 —	35+213 —	21+51 —	21+0 —
去声 51	51+55 —	51+35 —	51+213 —	51+51 —	51+0 —

绥中两字组连读变调具有以下特点：

（1）轻声音节因受前一字音声调不同的影响它的音高不固定。一般地说，上声字后头的轻声字音高比较高，阴平、阳平字后头的轻声字音高偏低，去声字后头的轻声字音高最低。在词汇、语法和口头文化的描写中，轻声词的轻声音节一律标记为 0。

（2）上声在非上声（阴平、阳平、去声、轻声）字前一般变为半上，即由 213 变为 21。

上声+阴平：雪糕、水坑；
上声+阳平：手镯，水泥；
上声+去声：买卖、准备；
上声+轻声：剪子、尾巴；

（3）上声和上声相连时，第一个上声变成近似阳平，即由 213 变成接近 35。例如米酒。

肆　异读

一　声母差异

老男舌尖前后音有舌叶音色彩，青男的舌尖前后音均读为舌尖后音，即 tʂ、tʂʰ、ʂ。

二　韵母差异

青男读前鼻音韵母 an、ən 在部分音节中会变成鼻化韵 æ̃、ẽ，老男没有。

三 声调差异

老男和青男在声调方面差异不大。

伍 儿化

绥中话35个韵母 ər 除外，其他34个韵母都有对应的儿化韵，其中一些韵母的儿化韵有合并现象，因此34个韵母共对应25个儿化韵。

表20　　　　　　　　　　　绥中儿化韵表

儿化韵	本韵	例词
ar	a	把儿 par^{51} ｜ 那儿 nar^{51}
iar	ia	角儿 tɕiar^{213}
uar	ua	牡丹花儿 mu^{21}tan^{55}xuar^{55} ｜ 猪爪儿 tʂu^{55}tʂuar^{213}
ier	iɛ	麦秸儿 mai^{51}tɕier^{55} ｜ 蝴蝶儿 xu^{35}tʰier^{213}
yɐr	yɛ	正月儿 tʂəŋ^{55}yɐr^{0} ｜ 腊月儿 la^{51}yɐr^{0}
ɐr	ai	垄台儿 luəŋ^{21}tʰɐr^{35}
	an	门槛儿 mən^{35}kʰɐr^{213}
iɐr	ian	礼拜天儿 li^{21}pai^{51}tʰiɐr^{55} ｜ 上面儿 ʂaŋ^{51}miɐr^{0}
uɐr	uai	块儿 kʰuɐr^{51}
	uan	玩儿 uɐr^{35}
yɐr	yan	手绢儿 səu^{21}tɕyɐr^{51}
ər	ɤ	洋车儿 iaŋ^{35}tʂʰər^{55}
	ɿ	侄儿 tʂər^{35} ｜ 事儿 ʂər^{51}
	ei	姐妹儿 tɕiɛ^{21}mər^{0}
	ən	㾿儿颏头 pər^{35}lou^{0}tʰou^{35}
iər	i	表兄弟儿 piau^{21}ɕyəŋ^{55}tiər^{0} ｜ 地儿 tiər^{51}
	in	今儿个 tɕiər^{55}kɤ^{0} ｜ 背心 pei^{55}ɕiər^{55}
uər	uei	做嘴儿 tʂuo^{51}tʂuər^{213} ｜ 裤腿儿 kʰu^{51}tʰuər^{213}
	uo	水果儿 suei^{35}kuər^{213} ｜ 洋火儿 iaŋ^{35}xuər^{213}
	uən	嘴唇儿 tʂuei^{21}tʂʰuər^{35}
yər	y	小鱼儿 ɕiau^{21}yər^{35}
	yn	围裙儿 uei^{35}tɕʰyər^{0}

儿化韵	本韵	例词
ur	u	花骨朵儿 xua⁵⁵ku⁵⁵tur⁰｜蛛蛛儿 tʂu³⁵tʂur⁰
aor	au	姥儿 laor²¹³｜豆腐脑儿 tou⁵¹fu⁰naor²¹³
iaor	iau	面条儿 mian⁵¹tʰiaor⁵¹
our	ou	妯儿娌 tʂour³⁵li⁰｜山沟儿 ʂan⁵⁵kour⁵⁵
iour	iou	石榴儿 ʂʅ³⁵liəur⁰｜油儿笔 iəur³⁵pi²¹³
ãr	aŋ	翅膀儿 tʂʰʅ⁵¹pãr²¹³｜草房儿 tʂʰau²¹fãr³⁵
iãr	iaŋ	相对象儿 ɕiaŋ⁵⁵tuei⁵¹ɕiãr⁰
uãr	uaŋ	蛋黄儿 tan⁵¹xuãr³⁵
ə̃r	əŋ	缝儿 fə̃r⁵¹
iə̃r	iəŋ	名儿 miə̃r³⁵
uə̃r	uəŋ	胡同儿 xu³⁵tʰuə̃r⁵¹
yə̃r	yəŋ	小熊儿 ɕiau²¹ɕyə̃r³⁵

部分韵母儿化卷舌不充分，听感上不纯正，可能是处于过渡的状态，这里记儿化。

陆　其他主要音变

一　"一"的变调

（1）"一" i⁵⁵ 在去声 51 前变为阳平调 35。
例如：我一着忙算错了，我再算一遍。
（2）"一" i⁵⁵ 在非去声 55、35、213 前为去声调 21。
例如：那个卖假药儿的骗了他一千块钱。

二　"三"的变调

（1）"三" ʂan⁵⁵ 在去声 51 前变为阳平调 35。
例如：很快写出了三份报告
（2）"三" ʂan⁵⁵ 在非去声 55、35、213 前仍读为阴平调 55。
例如：他家一下死了三头猪。

三　"七"的变调

（1）"七" tɕʰi⁵⁵ 在去声 51 前变为阳平调 35。

例如：我有七个兄弟。
（2）"七" tɕʰi⁵⁵在非去声55、35、213前仍读为阴平调55。
例如：七加一得八。

四 "八"的变调

（1）"八" pa⁵⁵在去声51前变为阳平调35。
例如：八月节
（2）"八" pa⁵⁵在非去声55、35、213前仍读为阴平调55。
例如：八十五

五 "不"的变调

（1）"不" pu⁵¹在去声51前变为阳平调35。
例如：我都洗完澡了，我不去打篮球了。
（2）"不" pu⁵¹在非去声55、35、213前一般读为阴平调55，例外较少。
例如：你抽烟吗？不抽。

六 "子"的变调

"子"做名词词尾时因轻声程度不同可读为 tʂʅ⁰ 或 tʂɤ⁰，如：儿子、小小儿子等。

七 "的"的变调

"的"做助词表示所属关系时有时读作 tiɛ，如我的、他的

八 "这"的变调

"这"在语流中有时读作 tʂei⁵¹、tʂən⁵¹。

九 "那"的变调

"那"在语流中有时读作 nei⁵¹、nai⁵¹、nən⁵¹。

十 "了"的变调

"了"做助词有时读作 la、lou。

附录

（一）调查人
调查负责人为辽宁工程技术大学马丽娟副教授；
主要调查人为辽宁教育学院教师张鹏、中国刑警学院教师崔蒙；
辅助调查人为两位学生：李文君、李世远。

（二）方言发音人

角色	姓名	出生年月	职业	文化程度	居住辖区
方言老男	单英杰	1954年11月	工人	高中	绥中镇兴隆街道
方言青男	崔野	1985年6月	工人	大学	绥中镇新兴街道
方言老女	韩玉玲	1962年8月	工人	高中	绥中镇内东街道
方言青女	李颂	1989年11月	教师	大学	绥中镇兴隆街道
口头文化发言人	韩玉玲	1962年8月	工人	高中	绥中镇内东街道

（三）调查情况

本次调查时间为2018年7月1日至2017年11月10日，调查地点为辽宁工程技术大学传媒与艺术学院录音棚。

本次调查使用的录音话筒为 SAMSON C03U，录音声卡为 Realtek High Definition Audio，摄像机为松下[panasonic]AJ-PX298MC。

葫芦岛市语委办，绥中县市语委办，辽宁师范大学原新梅教授、赵建军副教授，渤海大学夏中华教授参与完成发音人遴选等工作。

第十节　义县方音

壹　概况

义县位于辽宁省西部、锦州市之北，东邻北镇市，南接凌海市，西界北票市，北靠阜新市清河门区，区位优势明显，是辽宁沿海经济开发开放的重要区域，也是国家"一带一路"中蒙俄经济走廊的一个重要节点。义县是行走"辽西故道"的重要补给之地，享有"辽西故道神奇义县"的美誉。

义县地处东经120.52°，北纬41.17°，西南至东北长约88千米，东南至西北宽约54.4千米，周围长约265千米，总面积2476.50平方千米。境内山岭起伏，峰峦叠嶂，凌水横贯境内，宛如玉带系腰，构成"六山一水三分田"的地貌。

1949年1月辽西省成立后，义县属辽西省。1954年8月，辽西、辽东两省合并为辽宁省，义县属辽宁省。1955年12月1日成立辽宁省锦州专区，义县属锦州专区。1959年1月锦州专区撤销，改为市辖县制，义县属锦州市。1965年12月恢复专区制，义县再属锦州专区。1968年12月锦州专区再度撤销，义县再属锦州市。

截至2018年，义县现有2个街道、13个镇、3个乡，下辖14个社区、239个村。其总人口约45万人，有汉、满、蒙古、锡伯、回族、朝鲜等15个民族。[①]

[①] 义县人民政府 http://www.lnyx.gov.cn/

义县方言属东北官话哈阜片长锦小片。其主要特点有二：一是平翘舌声母存在自由变读现象，但无论义县老派读法或新派读法，读平舌情况都多于翘舌，甚至有一些字已经固定为平舌读法。二是单韵母 o 唇形不圆，实际读音为 ɤ，同时在复韵母中 o 尾也有向 ɤ 变化的趋势。义县话分布在义县各乡镇，使用人口约四十多万，为本地普遍通用方言，近年来向普通话发展靠拢。

老年男性发音人来自义县义州镇，代表的是老城区方言。

义县当地比较流行的方言曲艺主要是评剧、二人转、京剧等。

贰 声韵调

一 声母（20 个）

p 八兵病别	pʰ 派片爬拍	m 麦明马门	f 飞风饭副	
t 多端东毒	tʰ 讨天甜脱	n 脑南熬闹		l 老蓝莲路
tʂ 资早租字	tʂʰ 刺草寸祠		ʂ 丝三酸十	ʐ 热软日荣
tɕ 酒九局静	tɕʰ 清全轻权	ȵ 年泥鸟孽	ɕ 想谢响县	
k 高共隔谷	kʰ 开壳看口		x 好灰活回	
∅ 味问月安				

说明：

义县话有 tʂ、tʂʰ、ʂ 和 ts、tsʰ、s 两套声母，但存在自由变读现象，如"草"的声母有时读为 tsʰ，有时读为 tʂʰ；"茶"的声母有时读为 tsʰ，有时读为 tʂʰ。音视频录制时以调查时发音人自然状态下的发音为准，描写时统一处理为舌尖后音 tʂ、tʂʰ、ʂ。

二 韵母（35 个）

ɿ 丝师试十	i 鼻米戏一	u 苦五猪出	y 雨橘绿局
ər 二耳儿			
a 打骂茶八	ia 牙鸭哑嫁	ua 瓦刮画花	
	iɛ 写鞋接贴		yɛ 靴月雪绝
ɤ 可歌盒热		uo 坐过活国	
ai 开排白改		uai 快怀拐坏	
ei 赔飞北妹		uei 对鬼柜围	
au 宝饱闹朝	iau 桥笑药小		
ou 豆走偷肉	iou 油六修九		
an 南山半犯	ian 盐年典天	uan 短官换传	yan 权冤卷圈
ən 深根针恨	in 心新紧勤	uən 寸滚春纯	yn 云军裙运

aŋ 糖帮浪张　　　　iaŋ 响讲娘浆　　　　uaŋ 床王双光

əŋ 灯升争棚　　　　iŋ 病星硬冰　　　　uŋ 东铜孔红　　　　yŋ 兄用永穷

说明：

（1）元音 a 单用时近似 ʌ；在-i、-n 前偏前偏高，近似 æ；在-u、-ŋ 前偏后，近似 ɑ。

（2）个别 ər 的主要元音实际音值舌位略低，近似 ɐ，如"二 ər⁵¹"。

（3）"翁 uŋ⁴⁴"的实际音值为 uəŋ⁴⁴，记为 uŋ⁴⁴。

三　声调（4个）

阴平 44　东该灯风　通开天春　搭　急 1①　哭拍切刻 1②

阳平 35　门龙牛油　铜皮糖红　节 1③急 2④　毒白盒罚

上声 213　懂古鬼九　统苦讨草　买老五有　谷百节 2⑤　塔

去声 51　动罪近后　冻怪半四　痛快寸去　卖路硬乱　洞地饭树　刻 2⑥六麦叶月

说明：

上声调存在变体，大部分字读为 213。部分字往往音高下降后上升幅度不足，实际调值有时是 212。部分字音值不稳，实际调值有时是 312。个别字近似升调，如五 u²¹³；个别字近似平调，如有 iou²¹³。

叁　连读变调

3.1　两字组连读变调

表 21　　　　　　　　　义县方言两字组连读规律表⑦

后字＼前字	阴平 44	阳平 35	上声 213	去声 51	轻声 0
阴平 44	—	—	—	—	44+0 35+0
阳平 35	—	—	—	—	—
上声 213	21+44	21+35	35+213	21+51	21+0
去声 51	53+44	53+35	53+213	53+51	—

---

① 急 1：～眼。

② 刻 1：[kʰɤ⁴⁴]～字。

③ 节 1：～日。

④ 急 2：着～。

⑤ 节 2：过～。

⑥ 刻 2：[kʰɤ⁵¹]立～。

⑦ 表中每格第一行为前后字的单字调，"+"前为前字，"+"后为后字；"—"表示该组合前后字均不变调。

义县两字组连读变调具有以下特点：

（1）平声字在一个词或一个句子的末尾时音高往往有所下降，实际调值有时为 33。

（2）两个阳平字相拼时，前字有时为 24。

（3）轻声音节因受前一字音声调不同的影响它的音高不固定。一般地说，上声字后头的轻声字的音高比较高，阴平、阳平字后头的轻声音节偏低，去声字后头的轻声字最低。阳平字后的轻声和其他声调后的轻声调值不同，类似于一个低降调，其他声调后的轻声类似于一个平调。在词汇、语法和口头文化的描写中，轻声词的轻声音节一律标记为"0"。

（4）上声的变调形式比较丰富：

①前字为上声，后字为阴平，前字调值由 213 变为 21。例如：女猫 ly²¹mau⁴⁴｜里屋 li²¹u⁴⁴｜养猪 iaŋ²¹tʂu⁴⁴。

②前字为上声，后字为阳平，前字调值由 213 变为 21。例如：眼眉 ian²¹mei³⁵｜保媒 pau²¹mei³⁵。

③前字为上声，后字为上声，前字调值由 213 变为 35。例如：老虎 lau³⁵xu²¹³｜母狗 mu³⁵kou²¹³｜蚂蚁 ma³⁵˙i²¹³。

④前字为上声，后字为去声，前字调值由 213 变为 21。例如：柳树 liou²¹ʂu⁵¹｜炒菜 tʂʰau²¹tʂʰai⁵¹｜考试 kau²¹ʂʅ⁵¹。

（5）前字为去声，后字为阴平、阳平、上声或去声，前字调值均由 51 变为 53。例如：辣椒 la⁵³tɕiau⁴⁴｜酱油 tɕian⁵³iou³⁵｜稻草 tau⁵³tʂʰau²¹³｜地震 ti⁵³tʂən⁵¹。

（6）后字为轻声，前字为阳平或去声不变调；前字为阴平，可分为两种情况：一种是前字保持原有调值 44 不变，例如：天头 tʰian⁴⁴tʰou⁰｜窟窿 kʰu⁴⁴luŋ⁰；另一种是前字由 44 变为 35。例如：知道 tʂʅ³⁵tau⁰｜干净 kan³⁵tɕiŋ⁰；前字为上声，前字由 213 变为 21。例如：起来 tɕʰi²¹lai⁰｜李子 li²¹tʂʅ⁰。

3.2 "一、三、七、八、不"的变调

义县"一、三、七、八"单念阴平 44，"不"单念去声 51，它们做前字存在变调现象。

①当后字为去声时，"一、三、七、八、不"调值变为 35，读同阳平，例如：一辈子 i⁵¹pei⁵³tʂʅ⁰｜一万 i³⁵uan⁵¹｜一块儿 i³⁵kʰuɐr⁵¹｜一看 i³⁵kʰan⁵¹｜三个 ʂan³⁵kɤ⁵¹｜三万 ʂan³⁵uan⁵¹｜三块 ʂan³⁵kʰuai⁵¹｜七个 tɕʰi³⁵kɤ⁵¹｜七万 tɕʰi³⁵uan⁵¹｜七块 tɕʰi³⁵kʰuai⁵¹｜八个 pa³⁵kɤ⁵¹｜八万 pa³⁵uan⁵¹｜八块 pa³⁵kʰuai⁵¹｜不是 pu³⁵ʂʅ⁵¹｜不会 pu³⁵xuei⁵¹｜不认得 pu³⁵zən⁵¹ti⁰｜不快 pu³⁵kʰuai⁵¹。

②"一"在非去声字前调值变为 53。例如：一千 i⁵³tɕʰian⁴⁴｜一边儿 i⁵³piɐr⁴⁴｜一年 i⁵³nian³⁵｜一百 i⁵³pai²¹³。

③"三、七、八、不"在非去声前不变调。例如：三十 ʂan⁴⁴ʂʅ³⁵｜三百 ʂan⁴⁴pai²¹³｜三千 ʂan⁴⁴tɕʰian⁴⁴｜三年 ʂan⁴⁴nian³⁵｜七千 tɕʰi⁴⁴tɕʰian⁴⁴｜七条 tɕʰi⁴⁴tʰiau³⁵｜七百

tɕʰi⁴⁴pai²¹³｜八千 pa⁴⁴tɕʰian⁴⁴｜八条 pa⁴⁴tʰiau³⁵｜八百 pa⁴⁴pai²¹³｜八里 pa⁴⁴li²¹³｜不熟 pu⁵³ʂou³⁵｜不行 pu⁵³ɕiŋ³⁵｜不管 pu⁵³kuan²¹³｜不懂 pu⁵³tuŋ²¹³。

肆　异读

一　新老差异

1.1　声母差异

山摄开口一等疑母字老男读 n 声母和零声母，青男只读零声母。

1.2　韵母差异

个别精母字青男有合口呼和开口呼异读，老男只有合口呼一读。例如：俊 tsuən⁵¹-俊 tsuən⁵¹（白）/tɕyn⁵¹（文）。①

个别山摄泥母字老男只有开口呼，青男只有合口呼。例如：暖 nau²¹³（白）/nan²¹³（白）-暖 nuan²¹³（文）。

1.3　文白异读差异

义县老男和青男在文白异读方面存在的差异较小。主要体现在少数字上，例如：岸 nan⁵¹（白）/an⁵¹（文）-岸 an⁵¹（文）。上述字老男存在文白异读，而青男只有文读。个别字老男只有白读，青男还有文读。例如：俊 tsuən⁵¹（白）-俊 tsuən⁵¹（白）/tɕyn⁵¹（文）。

二　文白异读

2.1　声母

果、效、山摄开口一等疑母和蟹摄开口二等影母字白读为 n 声母，文读为零声母。例如：鹅 nɤ³⁵（白）/ɤ³⁵（文）｜饿 nɤ⁵¹（白）/ɤ⁵¹（文）｜熬 nau³⁵（白）/au³⁵（文）｜岸 nan⁵¹（白）/an⁵¹（文）｜矮 nai²¹³（白）/ai²¹³（文）。

梗江摄部分入声字白读 kʰ/tɕʰ，文读 tɕʰ/kʰ。例如：壳 kʰɤ³⁵（白）/tɕʰiau⁵¹（文）｜客 tɕʰie²¹³（白）/kʰɤ⁵¹（文）。

蟹摄开口二等见母字白读 k，文读 tɕ。例如：街 kai⁴⁴（白）/tɕiɛ⁴⁴（文）｜解 kai²¹³（白）/tɕiɛ²¹³（文）。

2.2　韵母

韵母的文白异读主要体现在宕江曾梗通五摄入声字：宕摄药韵，江摄觉韵、曾摄职韵，梗摄陌韵，通摄屋韵。

宕江摄入声字韵母白读 iau、au，文读 yɛ、ɤ。例如：雀 tɕʰiau²¹³（白）/tɕʰyɛ⁵¹（文）｜削 ɕiau⁴⁴（白）/ɕyɛ²¹³（文）/ɕyɛ⁴⁴（文）｜约 iau⁴⁴（白）/yɛ⁴⁴（文）｜剥 pau⁴⁴（白）/pɤ⁴⁴（文）｜学 ɕiau³⁵（白）/ɕyɛ³⁵（文）。

个别江摄觉韵字白读 ɤ，文读 iau。例如：壳 kʰɤ³⁵（白）/tɕʰiau⁵¹（文）。

---

① "-"前为老男读音，后为青男读音。

曾梗摄入声字韵母文读 ɤ，白读 iɛ、ai。例如：侧 tṣai⁴⁴（白）/tṣʰɤ⁵¹（文）｜择 tṣai³⁵（白）/tṣɤ³⁵（文）｜客 tɕʰiɛ²¹³（白）/kʰɤ⁵¹（文）｜隔 tɕiɛ⁵¹（白）/kɤ³⁵（文）｜色 ṣai²¹³（白）/ṣɤ⁵¹（文）。

通摄合口三等屋韵入声字韵母白读 ou，文读 u。例如：熟 ṣou³⁵（白）/ṣu³⁵（文）｜叔 ṣou⁴⁴（白）/ṣu³⁵（文）。

其他韵摄部分舒声字的韵母也存在文白异读的情况。例如：取 tɕʰiou²¹³（白）/tɕʰy²¹³（文）｜街 kai⁴⁴（白）/tɕiɛ⁴⁴（文）｜解 kai²¹³（白）/tɕiɛ²¹³（文）｜尾 i²¹³（白）/uei²¹³（文）。

2.3 多重异读

上文所列文白异读有些不限于声母、韵母或声调某一成分的单一异读，同时存在声韵调两两结合或三者结合的异读情况，可称为多重异读。

声母和韵母异读：街 kai⁴⁴（白）/tɕiɛ⁴⁴（文）｜解 kai²¹³（白）/tɕiɛ²¹³（文）。

韵母和声调异读：雀 tɕʰiau²¹³（白）/tɕʰyɛ⁵¹（文）｜削 ɕiau⁴⁴（白）/ɕyɛ²¹³（文）/ɕyɛ⁴⁴（文）｜色 ṣai²¹³（白）/ṣɤ⁵¹。

声韵调异读：侧 tṣai⁴⁴~歪(白)/tṣʰɤ⁵¹（文）｜客 tɕʰiɛ²¹³（白）/kʰɤ⁵¹（文）｜隔 tɕiɛ⁵¹（白）/kɤ³⁵（文）｜壳 kʰɤ³⁵（白）/tɕʰiau⁵¹（文）。

伍　儿化

义县方言中无小称音变，但存在儿化现象。义县方言 35 个韵母除 ər 外，其他 34 个韵母都有对应的儿化韵，其中一些韵母的儿化韵有合并现象，34 个韵母共对应 27 个儿化韵。

表 22　　　　　　　　　　义县儿化韵表

儿化韵	本韵	例词
ur	u	圆乎儿 yan³⁵xur⁰｜蛛儿蛛儿 tṣur³⁵tṣur⁰
ər	ɿ	鸡子儿 tɕi⁴⁴tṣər²¹³｜三十儿晚上 ṣan⁴⁴ṣər³⁵uan²¹ṣaŋ⁰
	ei	老妹儿 lau²¹mər⁵¹
	ən	老爷们儿 lau²¹iɛ³⁵mər⁰｜洗脸盆儿 ɕi³⁵lian²¹pʰər³⁵
ar	a	变戏法儿 pian⁵³ɕi⁵³far²¹³｜把儿 par⁵¹
iar	ia	抽匣儿 tṣʰou⁴⁴ɕiar³⁵
uar	ua	花儿 xuar⁴⁴｜梅花儿 mei³⁵xuar⁴⁴
iɛr	iɛ	蝴蝶儿 xu³⁵tʰiɛr²¹³｜姑爷儿 ku⁴⁴iɛr³⁵
ɤr	ɤ	下巴颏儿 ɕia⁵¹pa⁰kʰɤr³⁵｜打扑克儿 ta²¹pʰu³⁵kʰɤr⁰
iər	i	笛儿 tiər³⁵｜隔壁儿 tɕiɛ⁵¹piər²¹
	in	挎篮儿背心儿 kua⁵³lər⁵³pei⁵³ɕiər⁴⁴｜得劲儿 tei²¹tɕiər⁵¹

续表

儿化韵	本韵	例词
uɚr	uei	裤腿儿 kʰuei⁵³tʰuɚr²¹³ | 一块儿堆儿 i³⁵kʰuɚr⁵³tuɚr⁴⁴
	uən	冰棍儿 piŋ⁴⁴kuɚr⁵¹ | 打盹儿 ta³⁵tuɚr²¹³
yɚr	y	鱼儿 yɚr³⁵
	yn	合群儿 xɤ³⁵tɕʰyɚr³⁵
yɛr	yɛ	正月儿 tʂəŋ⁴⁴yɛr⁰
ɚr	ai	手指盖儿 ʂou²¹tʂʅ³⁵kɚr⁵¹ | 小孩儿 ɕiau²¹xɚr³⁵
	an	门槛儿 mən³⁵kʰɚr²¹ | 床单儿 tʂʰuaŋ³⁵tɚr⁴⁴
iɚr	ian	馅儿 ɕiɚr⁵¹ | 前儿 tɕʰiɚr³⁵ | 礼拜天儿 li²¹pai⁵³tʰiɚr⁴⁴
uɚr	uai	块儿 kʰuɚr⁵¹
	uan	蔓儿 uɚr⁵¹ | 新郎官儿 ɕin⁴⁴laŋ³⁵kuɚr⁴⁴ | 玩儿 uɚr³⁵
yɚr	yan	手绢儿 ʂou²¹tɕyɚr⁵¹ | 烟卷儿 ian⁴⁴tɕyɚr²¹³
aur	au	桃儿 tʰaur³⁵ | 豆腐脑儿 tou⁵¹fu⁰naur²¹³ | 打唠儿 ta²¹laur⁵¹
iaur	iau	当腰儿 taŋ⁴⁴iaur⁴⁴ | 面条儿 mian⁵³tʰiaur³⁵
our	ou	后儿个 xour⁵¹kɤ⁰ | 挎兜儿 kʰua⁴⁴tour⁰ | 扣儿 kʰour⁵¹
iour	iou	讲讲究儿 tɕiaŋ³⁵tɕiaŋ²¹tɕiour⁰
uor	uo	昨儿个 tʂuor³⁵kɤ⁰ | 大伙儿 ta⁵³xuor⁵¹ | 洋火儿 iaŋ³⁵xuor²¹³
ãr	aŋ	头晌儿 tʰou³⁵ʂãr²¹³ | 双棒儿 ʂuaŋ⁵¹pãr⁰ | 行儿 xãr³⁵
iãr	iaŋ	相对象儿 ɕiaŋ⁴⁴tuei⁵³ɕiãr⁵¹ | 小姑娘儿 ɕiau²¹ku⁴⁴n̠iãr⁰
uãr	uaŋ	小王儿 ɕiau²¹uãr³⁵
ə̃r	əŋ	钢镚儿 kaŋ⁴⁴pə̃r⁵¹ | 田埂儿 tʰian³⁵kə̃r²¹³
iə̃r	iŋ	杏儿 ɕiə̃r⁵¹ | 名儿 miə̃r³⁵ | 觉病儿 tɕiau²¹piə̃r⁵¹
uə̃r	uŋ	胡同儿 xu³⁵tʰuə̃r⁵¹
yə̃r	yŋ	小熊儿 ɕiau²¹ɕyə̃r³⁵

说明：

（1）单元音韵母 u 儿化后一般读为 ur，如：圆乎儿 yan³⁵xur⁰ | 蛛儿蛛儿 tʂur³⁵tʂur⁰ 等，但"媳妇儿"读为 ɕi²¹fər⁰。

（2）单元音韵母 a 儿化后一般读为 ar，如：变戏法儿 pian⁵³ɕi⁵³far²¹³ | 把儿 par⁵¹" 等，但"那儿""哪儿"分别读为 nɐr⁵¹、nɐr²¹³。

（3）单元音韵母 ɤ 儿化后一般读为 ɤr，如：下巴颏儿 ɕia⁵¹pa⁰kʰɤr³⁵ | 对个儿

tuei⁵¹kɤr⁰|唱歌儿 tʂʰaŋ⁵³kɤr⁴⁴ 等,但"这儿"有时读为 tʂer⁵¹。

（4）iŋ 的儿化个别字鼻化不明显,如词汇"明儿个 miə̃r³⁵kɤ⁰"。

（5）有些儿化韵里的卷舌特征不是很明显,如词汇"头晌儿 tʰou³⁵ʂãr²¹³"。

陆　其他主要音变

轻声变韵

（1）单元音韵母 ɤ 在轻声音节中的实际音值近似 ə,描写时仍统一记本韵。

（2）义县话中的"子"位于词尾时部分字弱化为 tsə⁰ 或 tʂə⁰,如：雹子、水沟子、沙子、屯子,描写时统一处理为 tʂɿ⁰。

附录

（一）调查人

调查负责人为渤海大学文学院曹起副教授；

主要调查人为渤海大学文学院曹起副教授；

辅助调查人分别为渤海大学文学院李薇薇博士、实验中心助理实验师武海江老师；研究生郭鸿宇、李清华。

（二）方言发音人

角色	姓名	出生年月	职业	文化程度	居住辖区
方言老男	张才丰	1955 年 8 月	行政内勤	高中	义州镇
方言青男	梁绪	1990 年 4 月	外勤	高中	义州镇
方言老女	王维芝	1958 年 8 月	服务员	高中	义州镇
方言青女	李阳	1983 年 1 月	个体商贩	初中	义州镇
口头文化发音人 1	王维芝	1958 年 8 月	服务员	高中	义州镇
口头文化发音人 2	张才丰	1955 年 8 月	行政内勤	高中	义州镇
口头文化发音人 3	赵俊元	1956 年 7 月	工人	高中	义州镇
口头文化发音人 4	刘华	1959 年 7 月	服务员	高中	义州镇
口头文化发音人 5	杨桂英	1963 年 12 月	工人	高中	义州镇
口头文化发音人 6	杨桂双	1957 年 6 月	内勤工作人员	初中	义州镇
地普发音人 1	梁绪	1990 年 4 月	外勤	高中	义州镇
地普发音人 2	李阳	1983 年 1 月	个体商贩	初中	义州镇
地普发音人 3	张才丰	1955 年 8 月	行政内勤	高中	义州镇

（三）调查情况

本次调查时间为 2018 年 7 月 8 日至 2018 年 8 月 30 日，调查地点为辽宁省锦州市义县教育局义县教师进修学校、渤海大学实验楼。

本次调查使用的录音话筒为 SAMSON C03U，录音声卡为话筒内置声卡，摄像机为索尼（SONY）HDR-PJ670。

本次调查于 2018 年 7 月 8 日至 2018 年 7 月 18 日在辽宁省锦州市义县教师进修学校遴选发音人并对老男、青男进行纸笔调查；7 月 19 日至 8 月 3 日整理老男、青男音系；8 月 4 日至 8 月 18 日在渤海大学实验楼进行录音录像工作；8 月 18—30 日，调查团队对音视频等材料进行修剪及整理工作。另外，义县教师进修学校的魏世敏、姚辉等人也在工作中给予了大力支持和帮助。

第十一节　北票方音

壹　概况

北票市是朝阳市所属的县级市，位于朝阳市的东北部，大凌河中游。东与阜新蒙古自治县毗邻，南与锦州市义县、凌海市相邻，西、西南与朝阳市区、朝阳县接壤，北与内蒙古自治区敖汉旗、奈曼旗交界。北票市是辽冀蒙中心区域，环渤海经济圈的重要组成部分。

北票市地处东经 120°15′至 121°18′，北纬 41°23′至 42°17′之间。东西 83.25 公里，南北长 129.5 公里，面积 4469 平方千米。

1946 年设北票县，1949 年 5 月 5 日，划归热河省，撤销北阜义县。5 月 8 日，撤销北票县土默特中旗联合政府，恢复北票县建制，隶属热河省。1955 年 7 月 18 日，国务院十五次会议通过决议，撤销热河省，将北票县划归辽宁省。1985 年 4 月 5 日，撤县建市，成立北票市，隶属于辽宁省朝阳市。

截至 2019 年，北票市辖 30 个乡镇、4 个街道办事处、1 个省级经济开发区。北票市共有 24 个民族，总人口 573836 人。其中汉族人口 538405 人，占总人口的 93.83%；蒙、满、回、锡伯、朝鲜、俄罗斯、鄂伦春、达斡尔等少数民族 23 个，人口 35431 人，占总人口的 6.17%；少数民族中蒙古族人口最多，有 30641 人，占全市总人口的 5.34%；其次是满族、回族、朝鲜族，占总人口的 0.79%；其他少数民族人口占总人口的 0.04%。[①]

[①] 北票市人民政府门户网站 http://www.bp.gov.cn/zgbp/

北票方言属于东北官话哈阜片长锦小片。[①]北票话分布在北票各乡镇，使用人口约 57 万，为本地普遍通用方言，近年来变化较快，正在向普通话靠拢。

老年男性发音人来自北票市南街街道，代表的是老城区方言。

二人转、京剧、评戏在当地较为流行。北票市先后荣获"全国科技进步示范县""中国民间艺术之乡""辽宁省群众文化艺术基地"的称号，北票民间故事被列为国家非物质文化遗产保护名录。

贰 声韵调

一 声母（23 个）

p 八兵病别	pʰ 派片爬扑	m 马门明麦	f 飞风饭副
t 多端东毒	tʰ 讨天甜突	n 脑南难能	l 老蓝连路
ts 资早坐贼	tsʰ 刺草寸祠		s 丝三酸涩
tʂ 纸张装竹	tʂʰ 茶抽春吃	ʂ 山手双十	ʐ 软荣热日
tɕ 酒九绝菊	tɕʰ 清全轻权	ȵ 年泥鸟孽	ɕ 想谢响县
k 哥高共谷	kʰ 开口宽阔		x 好很灰活
∅ 味问云药			

说明：

（1）合口呼零声母部分字的读音有轻微的唇齿音色彩，实际音值为 ʋ，描写时声母统一记为零声母。

二 韵母（36 个）

ɿ 资次丝	i 弟米戏一	u 苦五猪出	y 雨橘绿局
ʅ 师试十尺			
ər 儿耳二			
a 大马茶八	ia 家俩牙鸭	ua 花瓜瓦刮	
	iɛ 写鞋接贴		yɛ 靴月雪掘
ɣ 歌盒破磨			
		uo 坐活郭国	

[①] 中国社会科学院语言研究所、中国社会科学院民族学与人类学研究所、香港城市大学语言资讯科学研究中心：《中国语言地图集. 汉语方言卷》，商务印书馆 2012 年第 2 版。

ai 开排埋白　　　　　　　　　uai 摔快坏外

ei 赔飞贼北　　　　　　　　　uei 对水鬼胃

au 宝饱烧勺　　　iau 表桥笑药

ou 豆走口肉　　　iou 牛九油六

an 南站山半　　　ian 减盐片年　　uan 短官关穿　　yan 权院元悬

ən 森深根身　　　iən 心今新斤　　uən 寸滚春顺　　yən 均群熏云

aŋ 糖唱方绑　　　iaŋ 响样讲腔　　uaŋ 床光王双

əŋ 灯升争蒙　　　iəŋ 冰病星硬　　uəŋ 东红农翁　　yəŋ 兄永熊用

说明：

（1）元音 a 单用时为 ᴀ；在 -i、-n 前偏前偏高，为 æ，在 -u、-ŋ 前偏后，为 ɑ。部分 ai、uai 类韵母 a 在向 i 滑动时的动程较短，实际音值为 ae、uae，部分字有单元音化的倾向。部分 au、iau 类韵母 a 在向 u 滑动时的动程较短。

（2）iən、uən、yən 自成音节时，i、n 间的 ə 较为明显，和其他声母相拼时不明显。

（3）iəŋ、uəŋ、yəŋ 自成音节时，i、ŋ 间的 ə 较为明显，和其他声母相拼时不明显。

三　声调（4 个）

阴平 44　　东该灯风通开天春　搭急 1[1]哭拍切刻 1[2]

阳平 35　　门龙牛油铜皮糖红　节 1[3]急 2[4]毒白盒罚

上声 213　懂古鬼九统苦讨草买老五有　谷百节 2[5]塔

去声 51　　冻怪半四痛快寸去卖路硬乱洞地饭树　动罪近后　刻 2[6]六麦叶月

说明：

（1）上声调值不稳定，部分字音高下降后上升幅度不足，实际调值为 212；部分字降幅不明显，以升调为主，实际调值为 24，此处统一记为 213。

---

[1] 急 1：～眼。

[2] 刻 1：[khɤ⁴⁴]～字。

[3] 节 1：～日。

[4] 急 2：着～。

[5] 节 2：过～。

[6] 刻 2：[khɤ⁵¹]立～。

叁 连读变调

3.1 两字组连读变调

表23　　　　　　　　　　北票方言两字组连读规律表①

前字＼后字	阴平 44	阳平 35	上声 213	去声 51	轻声 0
阴平 44	—	—	—	—	44+0 35+0
阳平 35	—	—	—	—	—
上声 213	21+44	21+35	35+213	21+51	21+0
去声 51	53+44	53+35	53+213	53+51	—

说明：

北票市两字组连续变调具有以下特点：

（1）平声字在词尾时，音高有时会有所下降，实际调值为 33。例如：公鸡 kuəŋ⁴⁴tɕi⁴⁴｜白天 pai³⁵tʰian⁴⁴｜黑天 xei⁴⁴tʰian⁴⁴｜农村 nuəŋ³⁵tsʰuən⁴⁴；有时会略有上升，实际调值为 45。例如：打溜须 ta²¹liou⁴⁴ɕy⁴⁴｜吹牛屄 tsʰuei²¹ȵiou³⁵pi⁴⁴。

（2）两个阳平字相连时，前字有时为 24。

（3）上声字在词尾时，往往下降后上升不足，有时调值为 212。例如：大水 ta⁵³ʂuei²¹³；有时为 21。例如：着火 tsau³⁵xuo²¹³，描写时统一记为 213。此外，部分字有向轻声发展的趋势。例如：凉水 liaŋ³⁵ʂuei⁰｜热水 zʅ⁵¹ʂuei⁰｜开水 kʰai⁴⁴ʂuei⁰｜家里 tɕia⁴⁴li⁰｜城里 tʂʰəŋ³⁵li⁰，记为轻声。

（4）轻声音节因受前一字音声调不同的影响，音高不固定。一般地说，上声字后头的轻声字的音高比较高，阴平、阳平字后头的轻声字偏低，去声字后头的轻声字最低。在词汇、语法和口头文化的描写中，轻声词的轻声音节一律标记为"0"。

（5）上声的变调形式比较丰富：

①前字为上声，后字为非上声，前字调值由 213 变为 21。例如：

上声+阴平：养猪 iaŋ²¹tʂu⁴⁴｜老叔 lau²¹ʂou⁴⁴｜整天 tʂəŋ²¹tʰian⁴⁴｜母鸡 mu²¹tɕi⁴⁴

上声+阳平：暖壶 nan²¹xu³⁵｜眼眉 ian²¹mei³⁵｜保媒 pau²¹mei³⁵｜老人 lau²¹zən³⁵

上声+去声：炒菜 tsʰau²¹tsʰai⁵¹｜米饭 mi²¹fan⁵¹｜旅店 ly²¹tian⁵¹｜演戏 ian²¹ɕi⁵¹

上声+轻声：老鸹 lau²¹kuo⁰｜里头 li²¹tʰou⁰｜起来 tɕʰi²¹lai⁰｜李子 li²¹tsʅ⁰

②前后字皆为上声，则前字调值由 213 变为 35。例如：老虎 lau³⁵xu²¹³｜母狗

---
① 表中每格第一行为前后字的单字调，"+"前为前字，"+"后为后字；第二、三行为连读变调；"—"表示该组合前后字均不变调。下同。

mu³⁵kou²¹³ | 小产 ɕiau³⁵tʂʰan²¹³ | 蚂蚁 ma³⁵i²¹³。

（6）前字为阴平，后字为轻声，前字调值由44变为35。例如：出来 tʂʰu³⁵lai⁰ | 出去 tʂʰu³⁵tɕʰi⁰。

（7）前字为去声，后字非轻声，则前字调值由51变为53。例如：辣椒 la⁵³tɕiau⁴⁴ | 饭锅 fan⁵³kuo⁴⁴ | 菜刀 tsʰai⁵³tau⁴⁴ | 旱烟 xan⁵³ian⁴⁴ | 放牛 faŋ⁵³ȵiou³⁵ | 炕席 kʰaŋ⁵³ɕi³⁵ | 拜堂 pai⁵³tʰaŋ³⁵ | 下雨 ɕia⁵³y²¹³ | 中暑 tʂuəŋ⁵³ʂu²¹³。

3.2 "一、三、七、八、不"的变调

北票"一、三、七、八"单念阴平44，"不"单念去声51，它们做前字存在变调现象。

① 当后字为去声时，"一、三、七、八、不"调值变为35，读同阳平，例如：一辈子 i³⁵pei⁵¹tsɿ⁰ | 一万 i³⁵uan⁵¹ | 三个 san³⁵kɤ⁵¹ | 三万 san³⁵uan⁵¹ | 七个 tɕʰi³⁵kɤ⁵¹ | 七万 tɕʰi³⁵uan⁵¹ | 八个 pa³⁵kɤ⁵¹ | 八万 pa³⁵uan⁵¹ | 不是 pu³⁵ʂɿ⁵¹ | 不会 pu³⁵xuei⁵¹。

② "一、不"在阴平、阳平、上声字前调值变为53。例如：一千 i⁵³tɕʰian⁴⁴ | 一年 i⁵³ȵian³⁵ | 一百 i⁵³pai²¹³ | 不说 pu⁵³ʂuo⁴⁴ | 不行 pu⁵³ɕiəŋ³⁵ | 不想 pu⁵³ɕiaŋ²¹³。

③ "三、七、八"在阴平、阳平、上声字前不变调。例如：三千 san⁴⁴tɕʰian⁴⁴ | 七千 tɕʰi⁴⁴tɕʰian⁴⁴ | 八张 pa⁴⁴tʂaŋ⁴⁴ | 三条 san⁴⁴tʰiau³⁵ | 七条 tɕʰi⁴⁴tʰiau³⁵ | 八条 pa⁴⁴tʰiau³⁵ | 三两 san⁴⁴liaŋ²¹³ | 七百 tɕʰi⁴⁴pai²¹³ | 八两 pa⁴⁴liaŋ²¹³。

肆　异读

一　新老异读

1.1 声母差异

老男与青男都有23个声母。青男较老男而言，部分 tʂ、tʂʰ、ʂ 声母具有舌叶音色彩。

个别深摄开口三等照母字，老男有 tʂ 和 ts 异读，青男只有 tʂ 一读。例如：汁 tʂɿ⁴⁴ 果~儿/tsɿ⁴⁴ 墨~汁-tʂɿ⁴⁴。①

1.2 韵母差异

老男和青男都有36个韵母。个别泥母字和精母字青男有合口呼和开口呼异读，老男只有开口呼一读。例如：粽 tsəŋ⁵¹-tsəŋ⁵¹/tsuəŋ⁵¹ | 脓 nəŋ³⁵-nəŋ³⁵/nuəŋ³⁵。

个别见母字老男有合口呼和开口呼异读，青男只有开口呼一读。例如：过 kuo⁵¹/kɤ⁵¹-kuo⁵¹。

1.3 文白异读差异

老男和青男在文白异读方面存在一些差别，但差异较小，主要体现在少数字上。例如：做 tsou⁵¹ 白，~饭/tsuo⁵¹ 文，~法-tsuo⁵¹ | 爱 nai⁵¹ 白，~喝酒/ai⁵¹ 文，喜~-ai⁵¹ | 暗 nan⁵¹ 白，灯光太~了/an⁵¹ 文，~送秋波-an⁵¹。

---

① "-"前为老男读音，后为青男读音。

二 文白异读

2.1 声母

果效摄开口一等见组字、蟹摄开口一二等影组字和咸山摄开口一等影组字声母白读 n，文读零声母。例如：鹅 nɤ³⁵ 白，大~/ɤ³⁵ 文，~卵石｜饿 nɤ⁵¹ 白，~死了/ɤ⁵¹ 文，饥~｜爱 nai⁵¹ 白，~喝酒/ai⁵¹ 文，喜~｜熬 nau³⁵ 白，~夜/au³⁵ 文，煎~｜安 nan⁴⁴ 白，~排/an⁴⁴ 文，平~。

蟹摄开口二等见母字白读 k，文读 tɕ。例如：街 kai⁴⁴ 白，上~/tɕiɛ⁴⁴ 文，~道｜解 kai²¹³ 白，~开绳子/tɕiɛ²¹³ 文，~放。

曾梗摄部分入声字白读 tʂ、ʂ，文读 ts、tsʰ、s。例如：侧 tʂai⁴⁴ 白，~歪/tsʰɤ⁵¹ 文，~门｜择 tʂai³⁵ 白，~菜/tsɤ³⁵ 文，选~｜色 ʂai²¹³ 白，红~儿/sɤ⁵¹ 文，~狼。

梗摄部分入声字白读 tɕ、tɕʰ，文读 k、kʰ。例如：客 tɕʰiɛ²¹³ 白，来~了/kʰɤ⁵¹ 文，~厅｜隔 tɕiɛ⁵¹ 白，~壁子/kɤ³⁵ 文，~断。

另有臻摄合口三等精母舒声字存在声母异读。例如：俊 tsuən⁵¹ 白，长得真~/tɕyən⁵¹ 文，~俏。

2.2 韵母

韵母的文白异读主要体现在宕江山曾梗通六摄入声字：宕摄药韵，江摄觉韵，山摄曷韵、曾职韵，梗摄陌韵，通摄屋韵。

宕江摄入声字韵母白读 iau、au，文读 yɛ、ɤ。例如：雀 tɕʰiau²¹³ 白，家~子/tɕʰyɛ⁵¹ 文，~斑｜削 ɕiau⁴⁴ 白，~苹果/ɕyɛ²¹³ 文，~皮/ɕyɛ⁴⁴ 文，剥~｜约 iau⁴⁴ 白，~苹果/yɛ⁴⁴ 文，~会｜剥 pau⁴⁴ 白，~皮儿/pɤ⁴⁴ 文，~削｜学 ɕiau³⁵ 白，上~/ɕyɛ³⁵ 文，~识。

江摄开口二等觉韵溪母字白读 ɤ，文读 iau。例如：壳 kʰɤ³⁵ 白，鸡蛋~子/tɕʰiau⁵¹ 文，地~。

山摄曷韵入声字韵母白读 a，文读 ɤ。例如：割 ka⁴⁴ 白，~地/kɤ⁴⁴ 文，分~。

曾梗摄入声字韵母文读 ɤ，白读 iɛ、ai。例如：侧 tʂai⁴⁴ 白，~歪/tsʰɤ⁵¹ 文，~门｜择 tʂai³⁵ 白，~菜/tsɤ³⁵ 文，选~｜客 tɕʰiɛ²¹³ 白，来~了/kʰɤ⁵¹ 文，~厅｜隔 tɕiɛ⁵¹ 白，~壁子/kɤ³⁵ 文，~断｜额 iɛ⁴⁴ 白，~拉盖儿/ɤ³⁵ 文，~外。

通摄合口三等屋韵入声字韵母白读 ou，文读 u。例如：叔 ʂou⁴⁴ 白，老~/ʂu⁴⁴ 文，~~｜熟 ʂou³⁵ 白，我俩~/ʂu³⁵ 文，~练。

其他韵摄部分舒声字的韵母也存在文白异读的情况。例如：做 tsou⁵¹ 白，~饭/tsuo⁵¹ 文，~作业｜取 tɕʰiou²¹³ 白，~东西/tɕʰy²¹³ 文，~得｜街 kai⁴⁴ 白，上~/tɕiɛ⁴⁴ 文，~道｜解 kai²¹³ 白，~开绳子/tɕiɛ²¹³ 文，~放｜尾 i²¹³ 白，狗~巴花儿/uei²¹³ 文，~气｜俊 tsuən⁵¹ 白，长得真~/tɕyən⁵¹ 文，~俏。

2.3 声调

声调异读也主要出现于入声字。

异读多具有一定的词汇条件。例如：劈 pʰi⁴⁴ 动词/pʰi²¹³ ~柴(名词)｜作 tsuo⁵¹ ~业/tsuo⁴⁴ ~妖儿｜结 tɕiɛ²¹³ ~婚/tɕiɛ⁴⁴ 树上~果儿了/tɕiɛ³⁵ 了~。

2.4 多重异读

上文所列文白异读有些不限于声母、韵母或声调某一成分的单一异读，同时存在声韵调两两结合或三者结合的异读情况，可称为多重异读。

声母和韵母异读：街 kai⁴⁴ 白,上~/tɕiɛ⁴⁴ 文,~道 | 解 kai²¹³ 白,~开绳子/tɕiɛ²¹³ 文,~放 | 择 tṣai³⁵ 白,~菜/tsɤ³⁵ 文,选~。

韵母和声调异读：雀 tɕʰiau²¹³ 白,家~子/tɕʰyɛ⁵¹ 文,~斑 | 削 ɕiau⁴⁴ 白,~苹果/ɕyɛ²¹³ 文,~皮/ɕyɛ⁴⁴ 文,剥~ | 额 iɛ⁴⁴ 白,~拉盖儿/ɤ³⁵ 文,~外。

声韵调异读：侧 tṣai⁴⁴ 白,~歪/tṣʰɤ⁵¹ 文,~门 | 客 tɕʰiɛ²¹³ 白,来~/kʰɤ⁵¹ 文,~厅 | 隔 tɕiɛ⁵¹ 白,~壁子/kɤ³⁵ 文,~断 | 色 ṣai²¹³ 白,红~儿/sɤ⁵¹ 文,~狼。

三 其他异读

北票老男还有一些异读，既不属于新老异读，也不好归入文白读，我们称之为又读。例如：插 tṣʰa²¹³/tṣʰa⁴⁴ | 逼 pi³⁵/pi⁴⁴ | 摘 tṣai³⁵/tṣai⁴⁴。

伍 儿化

儿化现象丰富是北票话的主要特点之一。儿化在语音、词汇、语法乃至语用方面都具有重要意义。

表 24　　　　　　　　　　北票儿化韵表

儿化韵	本韵	例词
ur	u	小铺儿 ɕiau²¹pʰur⁵¹ | 果木儿 kuo²¹mur⁰
ɚ	ɿ	鸡子儿 tɕi⁴⁴tsər²¹³ | 刺儿 tsʰər⁵¹
	ʅ	大年三十儿 ta³⁵ȵian³⁵san⁴⁴ṣər³⁵ | 羹匙儿 kən⁴⁴tṣʰər³⁵ | 侄儿 tṣər³⁵ 来事儿 lai³⁵ṣər⁵¹
	ei	傍黑儿 paŋ⁵³xər⁴⁴
	ən	老爷们儿 lau²¹iɛ³⁵mər⁰ | 婶儿 ṣər²¹³ | 赔本儿 pʰei³⁵pər²¹³ 破谜儿 pʰɤ⁵³mər⁵¹ | 阵儿 tṣər⁵¹
ar	a	哑儿 tsar⁴⁴ | 妈儿妈儿 mar⁴⁴mar⁰ | 变戏法儿 pian⁵³ɕi⁵³far²¹³
iar	ia	抽匣儿 tṣʰou⁴⁴ɕiar³⁵
uar	ua	花儿 xuar⁴⁴
iɛr	iɛ	蝴蝶儿落落 xu³⁵tʰiɛr²¹lau⁵¹lau⁰ | 老爷儿 lau²¹iɛr³⁵ | 叶儿 iɛr⁵¹
ɤr	ɤ	老末儿 lau²¹mɤr⁵¹ | 对个儿 tuei⁵³kɤr⁵¹ | 唱歌儿 tṣʰaŋ⁵³kɤr⁴⁴ 唠嗑儿 lau⁵³kʰɤr⁴⁴ | 自个儿 tɕi⁵³kɤr²¹³ | 折儿 tṣɤr³⁵
iər	i	隔壁儿 tɕiɛ⁵³piər²¹³ | 堂兄弟儿 tʰaŋ³⁵ɕyəŋ⁴⁴tiər⁵¹
	iən	挎栏儿背心儿 kʰua⁵³lər³⁵pei⁴⁴ɕiər⁴⁴ | 胡琴儿 xu³⁵tɕʰiər⁰ | 得劲儿 tei²¹tɕiər⁵¹
uər	uei	亲嘴儿 tɕʰiən⁴⁴tsuər²¹³ | 会儿 xuər²¹³ | 一块堆儿 i³⁵kʰuər⁵³tuər⁴⁴
	uən	冰棍儿 piəŋ⁴⁴kuər⁵¹ | 打盹儿 ta³⁵tuər²¹³

续表

儿化韵	本韵	例词
yɚ	y	小鱼儿 ɕiau²¹yɚ³⁵ | 小曲儿 ɕiau³⁵tɕʰyɚ²¹³
	yən	合群儿 xɤ³⁵tɕʰyɚ³⁵
yɐɹ	yɛ	小雪儿 ɕiau³⁵ɕyɐɹ²¹³ | 缺儿 tɕʰyɐɹ⁴⁴
ɐɹ	ai	盖儿 kɐɹ⁵¹ | 小孩儿 ɕiau²¹xɐɹ³⁵
	an	床单儿 tʂʰuaŋ³⁵tɐɹ⁴⁴ | 算盘儿 suan⁵³pʰɐɹ³⁵
iɐɹ	ian	天儿 tʰiɐɹ⁴⁴ | 河边儿 xɤ³⁵piɐɹ⁴⁴ | 对面儿 tuei⁵³miɐɹ⁵¹ | 馅儿 ɕiɐɹ⁵¹ 前儿 tɕiɐɹ³⁵ | 上边儿 ʂaŋ⁵³piɐɹ⁴⁴ | 嗓子眼儿 saŋ²¹tsʐ⁰iɐɹ²¹³ | 键儿 tɕʰiɐɹ⁵¹
uɐɹ	uai	块儿 kʰuɐɹ⁵¹
	uan	新郎官儿 ɕiən⁴⁴laŋ³⁵kuɐɹ⁴⁴
yɐɹ	yan	手绢儿 ʂou²¹tɕyɐɹ⁵¹ | 烟卷儿 ian⁴⁴tɕyɐɹ²¹³ | 旋儿 ɕyɐɹ⁵¹
aur	au	桃儿 tʰaur³⁵ | 枣儿 tsaur²¹³ | 郎猫儿 laŋ³⁵maur⁴⁴ | 马勺儿 ma²¹ʂaur³⁵ | 豆腐脑儿 tou⁵¹fu⁰naur²¹³ | 外号儿 uai⁵³xaur⁵¹ | 书包儿 ʂu⁴⁴paur⁴⁴ | 洗澡儿 ɕi³⁵tsaur²¹³ | 打唠儿 ta²¹laur⁵¹
iaur	iau	当巴腰儿 taŋ⁴⁴pa⁰iaur⁴⁴ | 长豆角儿 tʂʰaŋ³⁵tou⁵³tɕiaur²¹³ | 雀儿 tɕʰiaur²¹³ | 面条儿 mian⁵³tʰiaur³⁵ | 猪口条儿 tʂu⁴⁴kʰou²¹tʰiaur³⁵
our	ou	后儿个儿 xour⁵¹kɤɹ⁰ | 茅楼儿 mau³⁵lour³⁵ | 扣儿 kʰour⁵¹
iour	iou	打滴流儿 ta²¹ti⁴⁴liour³⁵ | 圆子油儿 yan³⁵tsʐ²¹iour³⁵
uor	uo	水果儿 ʂuei³⁵kuor²¹³ | 干活儿 kan⁵³xuor³⁵ | 大伙儿 ta⁵¹xuor⁰
ãɹ	aŋ	电棒儿 tian⁵³pãɹ⁵¹ | 甜棒儿 tʰian³⁵pãɹ⁵¹
iãɹ	iaŋ	长相儿 tʂaŋ²¹ɕiãɹ⁵¹ | 相对象儿 ɕiaŋ⁴⁴tuei⁵³ɕiãɹ⁵¹
uãɹ	uaŋ	小窗儿 ɕiau³⁵tʂʰuãɹ⁴⁴ | 筐儿 kʰuãɹ⁴⁴
ə̃ɹ	əŋ	洋起灯儿 iaŋ³⁵tɕʰi⁵³tə̃ɹ⁴⁴ | 年成儿 nian³⁵tʂʰə̃ɹ³⁵ | 钢镚儿 kaŋ⁴⁴pə̃ɹ⁵¹ | 跳绳儿 tʰiau⁵³ʂə̃ɹ³⁵ | 缝儿 fə̃ɹ⁵¹
iə̃ɹ	iəŋ	杏儿 ɕiə̃ɹ⁵¹ | 打鸣儿 ta²¹miə̃ɹ³⁵ | 闹小病儿 nau⁵³ɕiau²¹piə̃ɹ⁵¹
uə̃ɹ	uəŋ	胡同儿 xu³⁵tʰuə̃ɹ⁵¹ | 没空儿 mei³⁵kʰuə̃ɹ⁵¹ | 小葱儿 ɕiau²¹tsʰuə̃ɹ⁴⁴
yə̃ɹ	yəŋ	小熊儿 ɕiau²¹ɕyə̃ɹ³⁵

说明：

（1）单元音韵母 u 儿化后一般读为 ur。例如：小铺儿 ɕiau²¹pʰur⁵¹ \| 果木儿 kuo²¹mur⁰，但"媳妇儿"读为 ɕi²¹fəɹ⁰。

（2）单元音韵母 a 儿化后一般读为 ar。例如：嗄儿 tsar⁴⁴｜妈儿妈儿 mar⁴⁴mar⁰｜变戏法儿 pian⁵³ɕi⁵³far²¹³，但"那儿""哪儿"分别读为 nɐr⁵¹、nɐr²¹³。

（3）单元音韵母 ɤ 儿化后一般读为 ɤr。例如：老末儿 lau²¹mɤr⁵¹｜对个儿 tuei⁵³kɤr⁵¹，但"这儿"有时读为 tʂɐr⁵¹。

陆　其他主要音变

1. 单元音韵母 ɤ 在轻声音节中的实际音值为 ə，描写过程中仍统一记本韵。

2. 北票方言中的"子"位于词尾时多读为 tsʅ⁰。例如：李子 li²¹tsʅ⁰｜橘子 tɕy³⁵tsʅ⁰｜柿子 ʂʅ⁵¹tsʅ⁰｜栗子 li⁵¹tsʅ⁰｜稻子 tau⁵¹tsʅ⁰；个别词中弱化为 tsə⁰，如：水泡子 ʂuei²¹pʰau⁴⁴tsʅ⁰｜爪子 tʂua²¹tsʅ⁰。描写过程中仍统一记为本韵 tsʅ⁰。

附录

（一）调查人

调查负责人为渤海大学文学院安拴军副教授；

主要调查人为渤海大学文学院安拴军副教授；

辅助调查人为渤海大学实验中心助理实验师武海江老师，研究生：李清华、孙智博、麻静。

（二）方言发音人

角色	姓名	出生年月	职业	文化程度	居住辖区
方言老男	房占先	1957年6月	司机	高中	南山街道
方言青男	李强	1986年10月	个体	初中	南山街道
方言老女	闫桂花	1958年1月	行政人员	小学	南山街道
方言青女	张宁宁	1987年4月	销售员	初中	冠山街道
口头文化发音人1	郝玉杰	1963年10月	职员	高中	南山街道
口头文化发音人2	吴凯玉	1963年8月	职员	高中	南山街道
口头文化发音人3	费丽萍	1959年3月	工人	高中	冠山街道
口头文化发音人4	吕素云	1964年2月	工人	高中	冠山街道
口头文化发音人5	房占先	1957年6月	司机	高中	南山街道
口头文化发音人6	郭丰久	1944年1月	行政职员	高中	城关街道
口头文化发音人7	赵金然	1958年2月	职员	初中	南山街道
地普发音人1	张宁宁	1987年4月	销售员	初中	冠山街道
地普发音人2	李强	1986年10月	个体	初中	南山街道
地普发音人3	房占先	1957年6月	司机	高中	南山街道

（三）调查情况

本次方言调查从 2019 年 1–3 月起，参加申报立项工作，编制课题经费预算，组建调查团队。2019 年 4–5 月，开展试点调查工作；6 月在北票市语委办协助下进行发音人招募宣传和遴选工作；7 月 11 日–7 月 18 日在北票市语委办协助下按中国语言保护工程方言调查手册要求遴选出合格发音人，并在当地对老男和青男进行纸笔调查；7 月 19–29 日整理老男、青男音系，发音人概况，检查摄录器材，做好录音录像的前期准备工作；7 月 30–8 月 10 日进行老男、青男、老女、青女、口头文化、地普等的录音录像工作；8 月 11 日以后进行音视频等材料的整理工作。

本次调查使用的录音话筒为 SAMSONC03U，录音声卡为话筒内置声卡，摄像机为索尼（SONY）HDR-PJ670。

北票市教育局副局长王凤海、语委办主任李尚云等同志在工作中给予了大力支持和帮助。

第十二节　阜新方音

壹　概况

阜新市南接辽西走廊，北邻科尔沁草原，为山海关东西、柳条边内外、汉族与蒙古族居住区的交汇点。

阜新市地理坐标为东经 121.66°，北纬 42.01°。

截至 2018 年，全市人口 185 万，其中汉族人口 150.83 万。根据第六次全国人口普查统计，人口超千人的少数民族人口有蒙古族 20 万、满族 5.2 万、回族 0.7 万、锡伯族 0.3 万。蒙语主要分布在阜新市下辖的阜新蒙古族自治县和彰武县，使用人口 8 万。其中，70 岁以上老人倾向说蒙语；25–70 岁的阶层说蒙语和汉语；25 岁以下的年轻人很少说蒙语，倾向于说汉语。

阜新方言属于东北官话方言区下属的哈阜片中的蛟宁小片。由于邻区的渐染、居民移入，阜新人说的东北官话，大同中又有诸多小异。按地域分大致可分作四个区域：高新铁路线南部，受黑山、北镇、义县的影响，语音接近锦州，口语语调重而上扬；西北区语音与朝阳、赤峰接近，有鼻化韵母，复元音韵母发音动程不够，有单元音倾向；彰武一带为东区，语音与吉林、东蒙相似，部分声母舌尖前音与舌尖后音不分，舌间前音易发作齿间音，舌尖后音接近舌面音；市内老区所辖地口音与其他三个区域均有所差异，部分复元音韵母发音动程不够，如 au、iau 等；普通话中的单韵母 o 都说成 ɤ；uŋ、iŋ 等韵母的实际音值为 uəŋ、iəŋ；普通话零声母开口韵的字多有两读，如"安"nan[55] 或 an[55]。

当地流行的主要曲艺形式有歌谣、二人转、拉场戏、评剧、快板等。

贰 声韵调

声韵调反映的是阜新市老城区（细河区）老年人的语音系统。

一 声母（23 个）

p 八兵病别	pʰ 派片爬扑	m 马门麦明	f 飞风副蜂
t 多东端毒	tʰ 讨天甜突	n 脑南熬安	l 老蓝莲路
ts 资早租字	tsʰ 刺草寸祠		s 丝三酸涩
tʂ 张竹装纸	tʂʰ 茶抽春抄	ʂ 事山顺手	ʐ 热软日任
tɕ 酒九绝菊	tɕʰ 清全轻权	ɲ 年泥女牛	ɕ 想谢响县
k 哥高共谷	kʰ 开口宽阔		x 好灰活很
∅ 味问月温			

说明：

（1）部分字声母存在 ts、tsʰ、s 与 tʂ、tʂʰ、ʂ 的自由变读。

（2）n 与洪音韵母相拼时音位归为 n，与细音韵母相拼时音值归为 ɲ。

（3）零声母合口呼复韵母 ua、uai、uei、uən、uaŋ、uŋ 中的 u 在语流中的实际音值接近 v，记为 u。

二 韵母（37 个）

ɿ 资次丝	i 米戏急七	u 苦五猪骨	y 雨橘绿局
ʅ 师试十直			
ər 儿耳二			
a 茶塔法辣	ia 家俩牙鸭	ua 瓜花瓦刮	
	iɛ 写鞋接贴		yɛ 靴月学掘
ɤ 歌盒破磨			
		uo 坐过活托	
ai 开排白改		uai 摔快坏外	
ei 赔飞贼北		uei 对水鬼胃	
au 宝饱烧勺	iau 笑桥药小		
ou 豆走口肉	iou 九牛油六		
an 南站山半	ian 减盐片年	uan 短官关穿	yan 权院元悬
ən 森深根身	in 心今新斤	uən 寸滚春顺	yn 均群熏云
aŋ 糖方唱绑	iaŋ 响样讲腔	uaŋ 床王双光	

əŋ 灯升争横　　　iŋ 硬冰病星　　　　uŋ 东红农共　　　yŋ 兄永用熊
　　　　　　　　　　　　　　　　　uəŋ 翁

说明：

（1）a 作为单韵母时实际音值为 ᴀ；在韵尾 i、n 前音值接近 a，个别字开口度比 a 略小；在韵尾 ŋ 前实际音值为 ɑ；在韵尾 u 前实际音值接近 ɔ；a 在 i、n 之间和 y、n 之间音值接近 ɛ，并带有鼻化韵色彩。语音描写时统一记为 a。

（2）个别 ər 韵母字的实际音值为 ɐr，记为 ər。

（3）单元音韵母 ɤ 在轻声音节中的实际音值为 ə，记为 ə。

（4）部分复韵母 ou、iou 中的 o 实际音值接近 ə，记为 o。

（5）au、iau 的实际音值为 ɔu、iɔu，记为 au、iau。

（6）韵母 uo 中的 o 偏低偏央。

（7）"翁" uŋ 的实际音值为 vəŋ，记为 uəŋ。部分复韵母 iŋ 的实际音值接近 iəŋ，记为 iŋ。

三　声调（4个）

阴平 55　东开灯风通开天春　哭拍切

阳平 35　门龙牛油铜皮糖红　节急毒白盒罚

上声 213　懂古鬼九统苦讨草买老五有　谷百塔

去声 51　动罪近后　冻怪半四痛快寸去卖路硬乱洞地饭树　切刻六麦叶月

说明：

（1）阳平调实际发音接近 24，记为 35。

（2）上声 213。

叁　连读变调

3.1　两字组连读变调

表 25　　　　　　　　阜新方言两字组连读规律表

前字 后字	阴平 55	阳平 35	上声 213	去声 51	轻声 0
阴平 55	55+55 —	55+35 —	55+213 —	55+51 —	55+0 —
阳平 35	35+55 —	35+35 —	35+213 —	35+51 —	35+0 —
上声 213	21+55 —	21+35 —	35+213 —	21+51 —	—
去声 51	53+55 —	53+35 —	53+213 —	53+51 —	51+0 —

说明：

（1）两字组连读变调时，前字变调，后字基本不变。

（2）前字为阴平或阳平，后字不变调。

（3）上声的变调形式比较丰富：

①前字为上声，后字为阴平、阳平或去声，前字调值由 213 变为 21。例如：养猪 iaŋ²¹tʂu⁵⁵│海洋 xai²¹iaŋ³⁵│柳树 liou²¹ʂu⁵¹。

②前字为上声，后字也为上声，前字调值由 213 变为 35。例如：打闪 ta³⁵ʂan²¹³│老虎 lau³⁵xu²¹³。

（4）前字为去声，调值由 51 变为 53。例如：地瓜 ti⁵³kua⁵⁵│放牛 faŋ⁵³ȵiou³⁵│热水 zɤ⁵³ʂuei²¹³│地动 ti⁵³tuŋ⁵¹。

（5）两字组的后字是轻声时，上声前字声调由 213 变读为 21，其他声调的前字不变调。

（6）平声字在一个词或一个句子的末尾时音高往往有所下降，实际调值有时为 44。

（7）后字是轻声的变调：

①在词汇、语法和口头文化的描写中，轻声词的轻声音节一律标记为 0。

②单元音韵母 ɤ 在轻声音节中读 ə。

③"子"缀在轻声音节中读 a，如"孩子 xai³⁵tsa⁰、雹子 pau³⁵tsa⁰等。

3.2 "一、七、八、不"的变调

阜新"一"为前字都变调，"三、七、八、不"在非去声 55、35、213 前不变调，在去声 51 前发生变调。

①"一"øi⁵⁵ 在去声 51 前变为阳平调 35。

例如：一辈子 i³⁵pei⁵¹tsa⁰│一万 i³⁵uan⁵¹│一块儿 i³⁵kʰuɐr⁵¹

②"一"øi⁵⁵ 在阴平 55、阳平 35 和上声 213 前变为 53。

例如：一千 i⁵³tɕʰian⁵⁵│一百 i⁵³pai²¹³

③"三、七、八"在去声 51 前变为阳平调 35，在非去声 55、35、213 前仍读阴平调 55。例如：三个 san³⁵kɤ⁵¹│三万 san³⁵uan⁵¹│三块 san³⁵kʰuai⁵¹│七个 tɕʰi³⁵kɤ⁵¹│七万 tɕʰi³⁵uan⁵¹│七块 tɕʰi³⁵kuai⁵¹│八个 pa³⁵kɤ⁵¹│八万 pa³⁵uan⁵¹│八块 pa³⁵kʰuai⁵¹│三千 san⁵⁵tɕʰian⁵⁵│三条 san⁵⁵tʰiau³⁵│三百 san⁵⁵pai²¹³│七千 tɕʰi⁵⁵tɕʰian⁵⁵│七条 tɕʰi⁵⁵tʰiau³⁵│七百 tɕʰi⁵⁵pai²¹³│八千 pa⁵⁵tɕʰian⁵⁵│八条 pa⁵⁵tʰiau³⁵│八百 pa⁵⁵pai²¹³

④"不"在去声 51 前变为阳平调 35，在非去声 55、35、213 前变为 53。

例如：不是 pu³⁵ʂʅ⁵¹│不会 pu³⁵xuei⁵¹│不快 pu³⁵kʰuai⁵¹│不认得 pu³⁵zən⁵¹ti⁰│不行 pu⁵³ɕiŋ³⁵│不好 pu⁵³xau²¹³│不懂 pu⁵³tuŋ²¹³。

肆 异读

一 声母差异

部分蟹摄开口一等影母字和果摄开口一等疑母字，青男多读零声母，老男存在零声母和 n 声母两读情况，如：爱 ai^{51}/nai^{51} ｜ 鹅 $\gamma^{35}/n\gamma^{35}$ ｜ 饿 $\gamma^{51}/n\gamma^{51}$。

二 韵母差异

老男在发 ɑu、iɑu 时的尾音接近 ɔ，如 "刀 0280、讨 0281、逃 0282、脑 0284、早 0286、草 0288" 等。青男跟普通话接近。

老男和青男在发 ian 和 yan 时，a 音值都接近 ɛ，老男带有鼻化韵色彩，青男没有鼻化韵。

三 声调差异

老男阳平调记为 35，实际发音起音和尾音略低。

四 文白异读

有些字的读音，存在老男和青男文白两种读音都有的情况，如：104 取、145 街、146 解、270 尾、751 雀、791 学、845 择、848 客、852 耕、856 隔。在交际中，青男使用的白读音较老男相对少些。

五 其他异读

新老异读：有些字的读音存在新老异读的差别。老男知道两种读音，但使用起来倾向于老式读音，青男倾向于新式读音，如：乱：lan^{51}老/$luan^{51}$新 ｜ 秤：$pəŋ^{51}$老/$tṣʰəŋ^{51}$新 ｜ 或：$xuei^{213}$老/xuo^{51}新。

又读：有些字存在两种读音，如老男和青男都说的：壮 $tṣuaŋ^{213}/tṣuaŋ^{51}$，仅老男说青男不说的：发 fa^{213} ｜ 条 $tiau^{55}$（一条鱼）。

伍 儿化

阜新话 37 个韵母（ər、uəŋ 除外）中的 35 个韵母都有对应的儿化韵，其中一些韵母的儿化韵有合并现象，35 个韵母共对应 25 个儿化韵。

表 26　　　　　　　　　　阜新儿化韵表

儿化韵	本韵	例词
ar	a	花儿 $xuar^{55}$ ｜ 嗄儿 $tsar^{55}$
iar	ia	角儿 $tɕiar^{213}$ ｜ 抽匣儿 $tṣʰou^{55}ɕiar^{35}$

续表

儿化韵	本韵	例词
uar	ua	花儿 xuar⁵⁵｜画儿 xuar⁵¹
iɛr	iɛ	叶儿 iɛr⁵¹
yɐr	yɐ	正月儿 tʂən⁵⁵ yɐr⁰
ɤr	ɤ	歌儿 kɤr⁵⁵
ɐr	ai	盖儿 kɐr⁵¹｜小孩儿 ɕiau²¹ xɐr³⁵
	an	波了盖儿 pɤ⁵⁵lə⁰kɐr⁵¹｜算盘儿 suan⁵¹pʰɐr³⁵
iɐr	ian	前儿 tɕʰiɐr³⁵｜礼拜天儿 li²¹pai⁵³tʰiɐr⁵⁵
uɐr	uai	块儿 kʰuɐr⁵¹
	uan	新郎官儿 ɕin⁵⁵laŋ³⁵kuɐr⁵⁵｜玩儿 uɐr³⁵
yɐr	yan	旋儿 ɕyɐr⁵¹
ər	ɿ	鸡子儿 tɕi⁵⁵tsər²¹³｜刺儿 tsʰər⁵¹
	ʅ	羹匙儿 kəŋ⁵⁵tʂʰər³⁵
	ei	眼泪儿 ian²¹lər⁵¹
	ən	老爷们儿 lau²¹iɛ³⁵mər⁰｜婶儿 ʂər²¹³
iər	i	堂兄弟儿 tʰaŋ³⁵ɕyŋ⁵⁵tiər⁵¹
	in	外屋地儿 uai⁵³u⁵⁵tiər⁵¹
uər	uei	柜儿 kuər⁵¹｜斗嘴儿 tou⁵³tsuər²¹³
	uən	村儿 tsʰuər⁵⁵
uor	uo	果儿 kuor²¹³｜洋火儿 iaŋ³⁵xuor³⁵
yər	y	马驹儿 ma²¹tɕyər⁵⁵｜小曲儿 ɕiau³⁵tɕʰyər²¹³
	yn	合群儿 xɤ³⁵tɕʰyər³⁵
ur	u	鼠儿 ʂur²¹³｜相门户儿 ɕiaŋ⁵⁵mən³⁵xur⁰
aur	au	桃儿 tʰaur³⁵｜枣儿 tsaur²¹³
iaur	iau	连桥儿 lian³⁵tɕʰiaur³⁵
our	ou	扣儿 kʰour⁵¹
iour	iou	圆珠油儿 yan³⁵tʂu⁵⁵iour³⁵ 讲讲究儿 tɕiaŋ³⁵tɕiaŋ²¹tɕiour⁰
ãr	aŋ	长相儿 tʂaŋ²¹ɕiãr⁵¹｜头晌儿 tʰou³⁵ʂãr²¹³
iãr	iaŋ	剃头匠儿 tʰi⁵³tʰou³⁵tɕiãr⁵¹｜插秧儿 tʂʰa⁵⁵iãr⁵⁵

续表

儿化韵	本韵	例词
uãr	uaŋ	筐儿 kʰuãr⁵⁵
ə̃r	əŋ	明儿个 miə̃r³⁵kə⁰ ｜ 缝儿 fə̃r⁵¹
iə̃r	iŋ	杏儿 ɕiə̃r⁵¹ ｜ 名儿 miə̃r³⁵
uə̃r	uŋ	胡同儿 xu³⁵tʰuə̃r⁵¹
yə̃r	yŋ	小熊儿 ɕiau²¹ɕyə̃r³⁵

说明：单元音韵母 u 儿化后一般读为 ur，如"鼠儿、屋儿、相门户儿"等，但"媳妇儿"读为 ɕi²¹fər⁰。

附录

（一）调查人

调查负责人为渤海大学文学院李薇薇博士。

主要调查人为渤海大学文学院李薇薇博士。

辅助调查人为辽宁科技学院人文艺术学院王龙老师、渤海大学国际教育学院王冲老师。

（二）方言发音人

角色	姓名	出生年月	职业	文化程度	居住辖区
方言老男	郭树文	1954 年 4 月	农民	高中	细河区四合镇
方言青男	郭宏宇	1990 年 6 月	环卫工人	初中	新邱区长营子镇
方言老女	郭秀茹	1958 年 6 月	待业	高中	太平区红树街道
方言青女	么丽丽	1982 年 12 月	护士	中专	海洲区平安西部街道
口头文化发音人 1	刘云志	1975 年 1 月	退休干部	初中	太平区高德街道
口头文化发音人 2	郭树文	1954 年 4 月	农民	高中	细河区四合镇
口头文化发音人 3	郭秀茹	1958 年 6 月	待业	高中	太平区红树街道
口头文化发音人 4	郭宏宇	1990 年 6 月	环卫工人	初中	新邱区长营子镇

续表

角色	姓名	出生年月	职业	文化程度	居住辖区
口头文化发音人5	安宏	1995年9月	自由职业者	初中	蒙古族自治县伊呜图镇
口头文化发音人6	马梦媛	1994年9月	自由职业者	初中	蒙古族自治县伊呜图镇
地普发音人1	郭宏宇	1990年6月	环卫工人	初中	新邱区长营子镇
地普发音人2	郭树文	1954年4月	农民	高中	细河区四合镇
地普发音人3	郭秀茹	1958年6月	待业	高中	太平区红树街道

（三）调查情况

本次调查时间为2017年6月30日至8月20日，调查地点为阜新市开发区中华路157号。

此次调查使用的话筒为SAMSON C03U，录音声卡为SAMSON C03U话筒内带声卡，摄像机为松下AG-200MC。

阜新市语委办主任王春艳、阜新市民政局任成在发音人的遴选、实地调查等工作中给予了大力支持和帮助。

第十三节 黑山方音

壹 概况

黑山县隶属辽宁省锦州市，位于辽宁省西部，锦州市东北端。东距沈阳市136公里，西距锦州市127公里。东与新民、辽中接壤，西与北镇为邻，南与台安连界，北与阜新毗邻。黑山县是中华民族沟通关内外的咽喉要道，是关内外进行政治经济联系和文化艺术交流的必经之路。

黑山县地理坐标为东经121.49°，北纬41.29°。全县区域面积2481平方公里，耕地205万亩。县内地势西北高、东南低。地形可分为西北部丘陵区，中部平原区和东部低洼易涝区。境内以平原为主，占48.3%，其他为洼地、丘陵、山地；绕阳河、东沙河和羊肠河均自北向南，穿境而过，汇辽河后注入渤海，形成一水二山七分田的自然格局。

截至2018年，黑山县下辖2个街道，4个乡，16个镇，24个社区，278个村，7个分场。全县共有24个民族，总人口为64.38万人，以汉族人口最多，约占78.9%。其余分布着满、蒙古、回、锡伯、朝鲜族等23个少数民族，人口数量约

13万。①

黑山话属于东北官话哈阜片长锦小片，常住居民主要使用黑山话交流。黑山话分布在黑山县各地区，使用人口60多万，为本地普遍通用的方言，近年来变化较快，正在向普通话靠拢。

本次调查点选择的是辽宁省锦州市黑山县的黑山镇，代表的是老城区方言。

黑山县流行的方言曲艺主要是二人转、评戏、京剧等。

贰 声韵调

一 声母（20个）

p 八兵病别	pʰ 派片爬拍	m 麦明马门	f 飞风饭副
t 多端东毒	tʰ 讨天甜脱	n 脑南熬（文）安（文）	l 老蓝连路
tʂ 资早租字	tʂʰ 刺草寸祠	ʂ 丝三双十	ʐ 软荣热日
tɕ 酒九菊静	tɕʰ 清全轻权	ȵ 年泥鸟孽	ɕ 想谢响县
k 高共隔谷	kʰ 开壳看口		x 好灰活回
∅ 熬（白）问云药			

说明：

（1）黑山话有 tʂ、tʂʰ、ʂ 和 ts、tsʰ、s 两套声母，但存在自由变读现象，描写时统一处理为舌尖后音 tʂ、tʂʰ、ʂ。

二 韵母（35个）

ɿ 师丝试十	i 鼻米戏一	u 苦五猪出	y 雨橘局曲
ər 二耳儿			
a 打骂茶八	ia 牙鸭哑嫁	ua 瓦刮画花	
	iɛ 写鞋接贴		yɛ 靴月雪绝
ɤ 可歌盒热			
		uo 坐过活托	
ai 开排白改		uai 快怀拐坏	
ei 赔飞北妹		uei 对鬼绿围	
au 宝饱闹朝	iau 笑桥药小		
ou 豆走偷粥	iou 油六修九		
an 南山半犯	ian 盐年典天	uan 短官换传	yan 权冤卷圈

---
① 黑山县人民政府门户网 http://www.heishan.gov.cn

ən 深根吞恨　　　　iən 心新紧勤　　　　uən 寸滚春纯　　　　yən 云军裙运
aŋ 糖帮浪张　　　　iaŋ 响讲娘浆　　　　uaŋ 床王双光
əŋ 灯升争棚　　　　iəŋ 硬病星冰　　　　uəŋ 东铜孔红　　　　yəŋ 兄用永穷

说明：

（1）元音 a 单用时为 A；在-i、-n 前偏前偏高，为 æ；在-u、-ŋ 前偏后，为 ɑ。

（2）iən、uən、yən 自成音节时，i、ŋ 间的 ə 较为明显，和其他声母相拼时不明显。

（3）iəŋ、uəŋ、yəŋ 自成音节时，i、ŋ 间的 ə 较为明显，和其他声母相拼时不明显。

三　声调（4 个）

阴平 44　　东该灯风通开天春搭　急₁①哭拍切刻₁②

阳平 35　　门龙牛油　铜皮糖红节₁③急₁④毒白盒罚

上声 213　 懂古鬼九　统苦讨草买老五有谷百节₂⑤塔

去声 51　　动罪近后　冻怪半四　痛快寸去卖路硬乱　洞地饭树　刻₂⑥六麦叶月

说明：

上声调值不稳定，大部分字读为 213；部分字往往音高下降后上升幅度不足，实际调值有时是 212 或 211；部分字读为升调，调值是 24，个别字读为平调。

叁　连读变调

3.1　两字组连读变调

表 27　　　　　　　　　　黑山方言两字组连读规律表⑦

前字 后字	阴平 44	阳平 35	上声 213	去声 51	轻声 0
阴平 44	—	—	—	—	44+0 35+0
阳平 35	—	—	—	—	—
上声 213	21+44	21+35	35+213	21+51	21+0
去声 51	53+44	53+35	53+213	53+51	—

---

① 急 1：～眼。

② 刻 1：～字。

③ 节 1：～日。

④ 急 2：着～。

⑤ 节 2：过～。

⑥ 刻 2：立～。

⑦ 表中"+"前为前字，"+"后为后字；第一行为本调，第二行为连读变调；若前后字连读无变调情况，则直接用"—"表示。

黑山两字组连读变调具有以下特点：

（1）平声字在一个词或一个句子的末尾时音高往往有所下降，实际调值有时为33，例如蹿稀 tʂʰuan⁴⁴ɕi⁴⁴。

（2）前字为平声，后字为阴平、阳平、上声、去声时不变调；后字为轻声时，可分为两种情况：

①前字保持原有调值44不变：天头 tʰian⁴⁴tʰou⁰ ｜ 芝麻 tʂʅ⁴⁴ma⁰

②前字变为35：知道 tʂʅ³⁵tau⁰ ｜ 干净 kan³⁵tɕiəŋ⁰

（3）两个阳平字相连时，前字有时为24，此处统一记为35。

（4）上声的变调形式比较丰富：

①前字为上声，后字为非上声，前字调值由213变为21。例如：

上声+阴平：整天 tʂəŋ²¹tʰian⁴⁴ ｜ 母鸡 mu²¹tɕi⁴⁴ ｜ 养猪 iaŋ²¹tʂu⁴⁴ ｜ 女猫 luei²¹mau⁴⁴

上声+阳平：眼眉 ian²¹mei³⁵ ｜ 保媒 pau²¹mei³⁵ ｜ 暖壶 nau²¹xu³⁵ ｜ 赶集 kan²¹tɕi³⁵

上声+去声：柳树 liou²¹ʂu⁵¹ ｜ 炒菜 tʂʰau²¹tʂʰai⁵¹ ｜ 考试 kau²¹ʂʅ⁵¹ ｜ 演戏 ian²¹ɕi⁵¹

上声+轻声：老鸹 lau²¹kua⁰ ｜ 起来 tɕʰiɛ²¹lai⁰ ｜ 李子 li²¹tsʅ⁰ ｜ 檩子 liən²¹tsʅ⁰

②前后字皆为上声，则前字调值由213变为35。例如：老虎 lau³⁵xu²¹³ ｜ 母狗 mu³⁵kou²¹³ ｜ 小产 ɕiau³⁵tʂʰan²¹³ ｜ 凉水 liaŋ³⁵ʂuei²¹³。

（5）上声字在词尾时，往往下降后上升不足，有时调值为212，如木耳 mu⁵³ər²¹³；有时为21，如左手 tsuo³⁵sou²¹³，描写时统一记为213；此外，部分字有向轻声发展的趋势，如家里 tɕia⁴⁴li⁰ ｜ 城里 tʂʰəŋ³⁵li⁰，记为轻声。

（6）前字为去声，后字为轻声时不变调；后字为阴平、阳平、上声、去声时，前字由51变为53。例如：辣椒 la⁵³tɕiau⁴⁴ ｜ 放牛 faŋ⁵³ȵiou³⁵ ｜ 热水 zɤ⁵³ʂuei²¹³ ｜ 地震 ti⁵³tʂən⁵¹。

（7）轻声音节因受前一字音声调的不同影响它的音高不固定。一般来说，上声字后头的轻声字的音高比较高，阴平、阳平字后头的轻声音节偏低，去声字后头的轻声字最低。阳平字后的轻声和其他声调后的轻声调值不同，类似于一个低降调，其他声调后的轻声类似于一个平调。在词汇、语法和口头文化的描写中，轻声词的轻声音节一律标记为"0"。

3.2 "一、三、七、八、不"的变调

黑山"一、三、七、八"单念阴平44，"不"单念去声51，它们做前字时存在变调现象。

①当后字为去声时，"一、三、七、八、不"调值变为35，读同阳平，例如：一辈子 i³⁵pei⁵¹tsʅ⁰ ｜ 一万 i³⁵uan⁵¹ ｜ 一块儿 i³⁵kʰuɚ⁵¹ ｜ 一看 i³⁵kʰan⁵¹ ｜ 三个 ʂan³⁵kɤ⁵¹ ｜ 三万 ʂan³⁵uan⁵¹ ｜ 三块 ʂan³⁵kʰuai⁵¹ ｜ 七万 tɕʰi³⁵uan⁵¹ ｜ 七块 tɕʰi³⁵kʰuai⁵¹ ｜ 八个 pa³⁵kɤ⁵¹ ｜ 八万 pa³⁵uan⁵¹ ｜ 八块 pa³⁵kʰuai⁵¹ ｜ 不是 pu³⁵ʂʅ⁵¹ ｜ 不会 pu³⁵xuei⁵¹ ｜ 不认得 pu³⁵iən⁵¹tiɛ⁰ ｜ 不快 pu³⁵kʰuai⁵¹。

②"一"在非去声字前调值变为53。例如：一千 i⁵³tɕʰian⁴⁴ ｜ 一边儿 i⁵³piɚ⁴⁴ ｜ 一划 i⁵³xua³⁵ ｜ 一百 i⁵³pai²¹³。

③ "三、七、八"在非去声前不变调。例如：三十 ṣan⁴⁴ṣʅ³⁵ | 三百 ṣan⁴⁴pai²¹³ | 三千 ṣan⁴⁴tɕʰian⁴⁴ | 三年 ṣan⁴⁴n̠ian³⁵ | 七千 tɕʰi⁴⁴tɕʰian⁴⁴ | 七条 tɕʰi⁴⁴tʰiau³⁵ | 七百 tɕʰi⁴⁴pai²¹³ | 八千 pa⁴⁴tɕʰian⁴⁴ | 八条 pa⁴⁴tʰiau³⁵ | 八百 pa⁴⁴pai²¹³ | 八里 pa⁴⁴li²¹³ | 不熟 pu⁵³ṣou³⁵ | 不行 pu⁵³ɕiəŋ³⁵ | 不管 pu⁵³kuan²¹³ | 不懂 pu⁵³tuəŋ²¹³。

肆　异读

一　新老异读

1.1　声母差异

青男读零声母的蟹咸二摄开口一等影母字和山摄开口一等疑母字，老男不仅读零声母还读 n 声母，如：爱 ai⁵¹（文）/nai⁵¹（白）-ai⁵¹ | 暗 an⁵¹（文）/nan⁵¹（白）-an⁵¹ | 岸 an⁵¹（文）/nan⁵¹（白）-an⁵¹。

老男读 n 的蟹摄开口二等影母字，青男既能读零声母，又能读 n 声母，如：矮 nai²¹³-ai²¹³（文）/nai²¹³（白）。

青男既读零声母又读 ʐ 声母的咸宕二摄开口三等日母字，老男读零声母，如：染 ian²¹³-ʐan²¹³（文）/ian²¹³（白）。

1.2　韵母差异

老男个别梗摄开口二等疑母字韵母有两读，而青男只有一读，如：额 ɤ³⁵（文）/iɛ⁴⁴（白）-ɤ³⁵。

1.3　文白异读差异

黑山老男和青男在文白异读方面存在的差异较小。主要体现在少数字上，例如：在"暗爱岸额"中，老男存在文白异读，而青男只有文读。

二　文白异读

2.1　声母

果效山摄开口一等疑组、蟹摄开口一二等影组和咸山宕摄开口一等影组字，声母白读 n，文读零声母。例如：鹅 nɤ³⁵（白）/ɤ³⁵（文）| 饿 nɤ⁵¹（白）/ɤ⁵¹（文）| 爱 nai⁵¹（白）/ai⁵¹（文）| 熬 nau³⁵（白）/au³⁵（文）| 岸 nan⁵¹（白）/an⁵¹（文）| 安 nan⁴⁴（白）/an⁴⁴（文）。

蟹摄开口二等见母字白读 k，文读 tɕ。例如：街 kai⁴⁴（白）/tɕiɛ⁴⁴（文）| 解 kai²¹³（白）/tɕiɛ²¹³（文）。

梗摄开口二等部分入声字白读 tɕ、tɕʰ，文读 k、kʰ。例如：客 tɕʰiɛ²¹³（白）/kʰɤ⁵¹（文）| 隔 tɕiɛ⁵¹（白）/kɤ³⁵（文）。

江摄开口二等溪母部分入声字白读 kʰ，文读 tɕʰ。例如：壳 kʰɤ³⁵（白）/tɕʰiau⁵¹（文）。

宕开三日母字，白读 ∅，文读 ʐ，如：弱 iau⁵¹（白）-ʐuo⁵¹（文）。

另有臻摄合口三等精母舒声字存在声母异读的情况。例如：俊 tṣuən⁵¹（白）/

tɕyən⁵¹（文）。

2.2 韵母

韵母的文白异读主要体现在宕江曾梗通五摄入声字上：宕摄药韵，江摄觉韵，曾摄职韵，梗摄陌韵麦韵，通摄屋韵。

宕江摄入声字韵母白读 iau、au，文读 ɤ、yɛ。例如：雀 tɕʰiau²¹³（白）/tɕʰyɛ⁵¹（文）｜削 ɕiau⁴⁴（白）/ɕyɛ²¹³（文1）/ɕyɛ⁴⁴（文2）｜约 iau⁴⁴（白）/yɛ⁴⁴（文）｜剥 pau⁴⁴（白）/pɤ⁴⁴（文）｜学 ɕiau³⁵（白）/ɕyɛ³⁵（文）。

个别江摄觉韵字白读 ɤ，文读 iau。例如：壳 kʰɤ³⁵（白）/tɕʰiau⁵¹（文）。

曾梗摄入声字韵母文读 ɤ，白读 iɛ、ai。例如：侧 tʂai⁴⁴（白）/tʂɤ⁵¹（文）｜择 tʂai³⁵（白）/tʂɤ³⁵（文）｜客 tɕʰiɛ²¹³（白）/kʰɤ⁵¹（文）｜隔 tɕiɛ⁵¹（白）/kɤ³⁵（文）｜额 iɛ⁴⁴（白）/ɤ³⁵（文）。

通摄合口三等屋韵入声字韵母白读 ou，文读 u。例如：叔 ʂou⁴⁴（白）/ʂu⁴⁴（文）｜熟 ʂou³⁵（白）/ʂu³⁵（文）。

其他韵摄部分舒声字的韵母也存在文白异读的情况。例如：街 kai⁴⁴（白）/tɕiɛ⁴⁴（文）｜解 kai²¹³（白）/tɕiɛ²¹³（文）｜尾 i²¹³（白）/uei²¹³（文）｜俊 tʂuən⁵¹（白）/tɕyən⁵¹（文）。

2.3 多重异读

上文所列文白异读有些不限于声母、韵母或声调某一成分的单一异读，同时存在声韵调两两结合或三者结合的异读情况，可称为多重异读。

声母和韵母异读：街 kai⁴⁴（白）/tɕiɛ⁴⁴（文）｜解 kai²¹³（白）/tɕiɛ²¹³（文）｜俊 tʂuən⁵¹（白）/tɕyən⁵¹（文）。

韵母和声调异读：雀 tɕʰiau²¹³（白）/tɕʰyɛ⁵¹（文）｜削 ɕiau⁴⁴（白）/ɕyɛ²¹³（文1）/ɕyɛ⁴⁴（文2）｜额 iɛ⁴⁴（白）/ɤ³⁵（文）｜色 ʂai²¹³（白）/ʂɤ⁵¹（文）。

声韵调异读：侧 tʂai⁴⁴（白）/tʂɤ⁵¹（文）｜客 tɕʰiɛ²¹³（白）/kʰɤ⁵¹（文）｜隔 tɕiɛ⁵¹（白）/kɤ³⁵（文）｜壳 kʰɤ³⁵（白）/tɕʰiau⁵¹（文）。

伍 儿化

黑山话 35 个韵母除 ər 外，其他 34 个韵母都有对应的儿化韵，其中一些韵母的儿化韵有合并现象，34 个韵母共对应 27 个儿化韵。

表 28　　　　　　　　　　黑山儿化韵表

儿化韵	本韵	例词
ur	u	蛛儿蛛儿 tʂur³⁵tʂur⁰｜屋儿 ur⁴⁴｜相门户儿 ɕiaŋ⁴⁴mən³⁵xur⁵¹
ər	ʅ	鸡子儿 tɕi⁴⁴tʂər²¹³｜刺儿 tʂʰər⁵¹｜羹匙儿 kən⁴⁴tʂʰər³⁵ 侄儿 tʂər³⁵｜事儿 ʂər⁵¹｜大年三十儿 ta⁵³ɲian³⁵san⁴⁴ʂər³⁵

续表

儿化韵	本韵	例词
ər	ei	姐妹儿 tɕiɛ²¹mər⁰ ｜ 宝贝儿 pau²¹pər⁵¹
	ən	老爷们儿 lau²¹iɛ³⁵mər⁰ ｜ 婶儿 ʂər²¹³ ｜ 破谜儿 pʰɤ⁵³mər⁵¹ 阵儿 tʂər⁵¹ ｜ 年根儿底 nian³⁵kər⁴⁴ti²¹³
ar	a	喳儿 tʂar⁴⁴ ｜ 变戏法儿 pian⁵³ɕi⁵³far²¹³ ｜ 把儿 par⁵¹
iar	ia	抽匣儿 tʂʰou⁴⁴ɕiar³⁵ ｜ 拉匣儿 la⁴⁴ɕiar³⁵
uar	ua	花儿 xuar⁴⁴ ｜ 山洼儿 ʂan⁴⁴uar⁴⁴ ｜ 荷花儿 xɤ³⁵xuar⁴⁴
iɛr	iɛ	蝴蝶儿 xu³⁵tʰiɛr²¹³ ｜ 姑爷儿 ku⁴⁴iɛr⁰ ｜ 叶儿 iɛr⁵¹ 窑姐儿 iau³⁵tɕiɛr²¹³
ɤr	ɤ	对个儿 tuei⁵³kɤr⁵¹ ｜ 唱歌儿 tʂʰaŋ⁵³kɤr⁴⁴ ｜ 唠嗑儿 lau⁵³kʰɤr⁴⁴ 自个儿 tɕi⁵³kɤr²¹³ ｜ 围脖儿 uei³⁵pɤr⁵¹
iər	i	肚脐儿 tu⁵³tɕʰiər³⁵ ｜ 粒儿 liər⁵¹ ｜ 尽意儿 tɕiəŋ⁵³iər²¹³
	iən	挎栏儿背心儿 kua⁵³lər³⁵pei⁴⁴ɕiər⁴⁴ ｜ 得劲儿 tei²¹tɕiər⁵¹
uər	uei	柜儿 kuər⁵¹ ｜ 裤腿儿 kʰu⁵³tʰuər²¹³ ｜ 会儿 xuər²¹³ ｜ 味儿 uər⁵¹
	uən	屯儿 tʰuər³⁵ ｜ 冰棍儿 piəŋ⁴⁴kuər⁵¹ ｜ 打盹儿 ta³⁵tuər²¹³ 保准儿 pau³⁵tʂuər²¹³ ｜ 单轮儿车 tan⁴⁴luər³⁵tʂʰɤ⁴⁴
yər	y	小鱼儿 ɕiau²¹yər³⁵
	yən	合群儿 xɤ³⁵tɕʰyər³⁵
yɛr	yɛ	正月儿 tʂəŋ⁴⁴yɛr⁰ ｜ 腊月儿 la⁵³yɛr⁵¹ ｜ 满月儿 man²¹yɛr⁵¹
ɐr	ai	盖儿 kɐr⁵¹ ｜ 小孩儿 ɕiau²¹xɐr³⁵ ｜ 手指盖儿 ʂou⁵³tʂʅ²¹kɐr⁵¹
	an	门槛儿 mən³⁵kʰɐr²¹³ ｜ 褥单儿 zu⁵³tɐr⁴⁴ ｜ 汗衫儿 xan⁵³ʂɐr⁴⁴ 猪肝儿 tʂu⁴⁴kɐr⁴⁴
iɐr	ian	面儿 miɐr⁵¹ ｜ 馅儿 ɕiɐr⁵¹ ｜ 前儿 tɕʰiɐr³⁵ ｜ 上边儿 ʂaŋ⁵³piɐr⁴⁴ 底垫儿 ti²¹tiɐr⁵¹ ｜ 毽儿 tɕʰiɐr⁵¹ ｜ 点儿 tiɐr²¹³
uɐr	uai	块儿 kʰuɐr⁵¹ ｜ 一块儿 i³⁵kʰuɐr⁵¹
	uan	新郎官儿 ɕiən⁴⁴laŋ³⁵kuɐr⁴⁴ ｜ 下晚儿 ɕia⁵³uɐr²¹ ｜ 玩儿 uɐr³⁵
yɐr	yan	手绢儿 ʂou²¹tɕyɐr⁵¹ ｜ 烟卷儿 ian⁴⁴tɕyɐr²¹³
aur	au	桃儿 tʰaur³⁵ ｜ 枣儿 tʂaur²¹³ ｜ 豆腐脑儿 tou⁵¹fu⁰naur²¹³ 外号儿 uai⁵³xaur⁵¹ ｜ 书包儿 ʂu⁴⁴paur⁴⁴
iaur	iau	当腰儿 taŋ⁴⁴iaur⁴⁴ ｜ 雀儿 tɕʰiaur²¹³ ｜ 面条儿 mian⁵³tʰiaur³⁵ 犄角儿 tɕi⁴⁴tɕiaur²¹³ ｜ 老雕儿 lau²¹tɕʰiaur⁴⁴

续表

儿化韵	本韵	例词
our	ou	石头儿 ʂɿ³⁵tʰour⁴⁴ ｜ 后儿个 xour⁵¹kɤ⁰ ｜ 土豆儿 tʰu²¹tour⁵¹ ｜ 挎兜儿 kʰua⁵³tour⁴⁴ ｜ 小偷儿 ɕiau²¹tʰour⁴⁴ ｜ 山沟儿 ʂan⁴⁴kour⁴⁴
iour	iou	讲讲究儿 tɕiaŋ³⁵tɕiaŋ²¹tɕiour⁰ ｜ 打滴流儿 ta²¹ti⁴⁴liour³⁵ ｜ 石榴儿 ʂɿ³⁵liour⁰ ｜ 袄袖儿 nau²¹ɕiour⁵¹
uor	uo	昨儿个 tʂuor³⁵kɤ⁰ ｜ 水果儿 ʂuei³⁵kuor²¹ ｜ 干活儿 kan⁵³xuor³⁵ ｜ 大伙儿 ta⁵³xuor²¹³ ｜ 下货儿 ɕia⁵³xuor⁵¹
ãr	aŋ	头晌儿 tʰou³⁵ʂãr²¹³ ｜ 过晌儿 kuo⁵³ʂãr²¹³ ｜ 双棒儿 ʂuaŋ⁵¹pãr⁰ ｜ 行儿 xãr³⁵
iãr	iaŋ	相对象儿 ɕiaŋ⁴⁴tuei⁵³ɕiãr⁵¹ ｜ 小姑娘儿 ɕiau²¹ku⁴⁴n̺iãr⁰ ｜ 秋凉儿 tɕʰiou⁴⁴liãr³⁵ ｜ 晴亮儿 tɕʰiəŋ³⁵liãr⁰
uãr	uaŋ	小王儿 ɕiau²¹uãr³⁵
ə̃r	əŋ	起灯儿 tɕʰi²¹tə̃r⁴⁴ ｜ 钢镚儿 kaŋ⁴⁴pə̃r⁵¹ ｜ 缝儿 fə̃r⁵¹ ｜ 田埂儿 tʰian³⁵kə̃r²¹³ ｜ 蜜蜂儿 mi⁵³fə̃r⁴⁴
iə̃r	iəŋ	杏儿 ɕiə̃r⁵¹ ｜ 名儿 miə̃r³⁵ ｜ 觉病儿 tɕiau²¹piə̃r⁵¹ ｜ 打鸣 ta²¹miə̃r³⁵
uə̃r	uəŋ	胡同儿 xu³⁵tʰuə̃r⁵¹
yə̃r	yəŋ	羼儿 ɕyə̃r³⁵ ｜ 小熊儿 ɕiau²¹ɕyə̃r³⁵

说明：

（1）单元音韵母 u 儿化后一般读为 ur，如蛛儿蛛儿 tʂur³⁵tʂur⁰ 等，但"媳妇儿"读为 ɕi²¹fər⁰。

（2）单元音韵母 a 儿化后一般读为 ar，如变戏法儿 pian⁵³ɕi⁵³far²¹³ ｜ 把儿 par⁵¹ 等，但那儿、哪儿分别读为 nɚ⁵¹、nɚ²¹³。

（3）单元音韵母 ɤ 儿化后一般读为 ɤr，如对个儿 tuei⁵³kɤr⁵¹ ｜ 唱歌儿 tʂʰaŋ⁵³kɤr⁴⁴ 等，但"这儿"有时读为 tʂɚ⁵¹。

（4）iəŋ 的儿化个别字鼻化不明显，如"明儿个 miə̃r³⁵kɤ⁰"。

陆　其他主要音变

1. 单元音韵母 ɤ 在轻声音节中的实际音值近似 ə，描写时仍统一记本韵。

2. 黑山话中的"子"位于词尾时大部分字弱化为 tsə⁰ 或 tʂə⁰，如：蚊子 uən³⁵tʂɿ⁰ ｜ 蝇子 iəŋ³⁵tʂɿ⁰ ｜ 鲤子 li²¹tʂɿ⁰，描写时统一处理为 tʂɿ⁰。

附录

（一）调查人

调查负责人为渤海大学文学院曹起副教授；

主要调查人为渤海大学文学院曹起副教授；

辅助调查人分别为：武海江、李清华、孙智博、谢文婷。

（二）方言发音人

角色	姓名	出生年月	职业	文化程度	居住辖区
方言老男	颜世杰	1961年10月	行政内勤	中专	黑山镇
方言青男	付帅	1989年6月	个体	中专	黑山镇
方言老女	胡静	1959年2月	行政内勤	高中	黑山镇
方言青女	李季	1985年8月	行政内勤	中专	黑山镇
口头文化发音人1	胡静	1959年2月	行政内勤	高中	黑山镇
口头文化发音人2	尤秀英	1950年10月	（无）	初中	黑山镇
口头文化发音人3	李武	1959年9月	行政内勤	高中	黑山镇
地普发音人1	李季	1985年8月	行政内勤	中专	黑山镇
地普发音人2	付帅	1989年6月	个体	中专	黑山镇
地普发音人3	颜世杰	1961年10月	行政内勤	中专	黑山镇

（三）调查情况

本次调查时间为2019年6月28日至2019年7月29日，调查地点为辽宁省锦州市黑山县教育局、渤海大学实验楼。

本次调查使用的录音话筒为SAMSON C03U，录音声卡为话筒内置声卡，摄像机为索尼（SONY）HDR-PJ670。

本次调查于2019年1-3月参加申报立项工作，编制课题经费预算，组建调查团队。2019年4-5月，开展试点调查工作。6月在黑山县语委办协助下进行发音人招募宣传和遴选工作，6月28日-7月3日在黑山县语委办协助下按中国语言保护工程方言调查手册要求遴选出合格发音人，并在当地对老男和青男进行纸笔调查。7月4-18日对老男、青男音系以及发音人概况进行整理，检查摄录器材，做好录音录像的前期准备工作；7月18-29日进行老男、青男、老女、青女、口头文化、地普等的录音录像工作；8月1日以后进行音视频等材料的整理工作。另外，黑山县教育局李红等人也在工作中给予了大力支持和帮助。

第十四节 昌图方音

壹 概况

　　昌图县位于辽宁省北部，辽河上游东岸，辽宁、吉林、内蒙古三省（区）交界处。北与吉林省的双辽县接壤，东与吉林省的四平市、梨树县相连，南毗开原、法库，西与康平县和内蒙古科尔沁左翼后旗以辽河为界。昌图，是全国著名的农业大县，东北最大的花生集散地，全国最大的粮食生产基地，畜禽生产加工基地。

　　昌图县地理坐标为东经 124.10°，北纬 42.78°，区域总面积为 4317 平方公里。全县地貌由东部低山丘陵向西部辽河平原过渡，根据地形、地貌和土壤类型大体划分为四个区：东部低山丘陵区，中部漫岗平原区，西部沿河区和西北风沙区。

　　1954 年，撤销昌图、昌北两县建置，合并建昌图县，政府驻地昌图城（今昌图老城），隶属辽宁省。1956 年，属铁岭专员公署辖。1958 年，隶属沈阳市。1962 年，县政府机关由昌图城迁到二道沟（今昌图镇）。1964 年，属沈阳专员公署辖。1964 年后，沈阳专员公署多次更名，昌图县仍为其所辖。1984 年，隶属辽宁省铁岭地区行政公署。1984 年 9 月，昌图县隶属铁岭市。

　　截至 2019 年，昌图县辖 33 个镇，60 个社区，425 个村。全县总人口 104 万人，境内共有满族、蒙古族、朝鲜族、锡伯族等 20 个少数民族，人口约 3.12 万人。[①]

　　昌图方言属于东北官话哈阜片长锦小片，常住居民主要使用昌图话进行交流。调查选择的是位于昌图县东南部，以东西街和北小壕地区为代表的昌图老城镇方言。

　　昌图民间剪纸、昌图民间刺绣和亮中桥干豆腐传统技艺同为市级非物质文化遗产。

贰 声韵调

一 声母（23 个）

p 八兵病败	pʰ 派片爬排	m 麦明埋门	f 飞风副蜂
t 多东毒搭	tʰ 讨天甜图	n 脑南能浓	l 老蓝连路
ts 贼嘴罪战	tsʰ 刺寸拆船		s 丝三酸山
tʂ 资早租字	tʂʰ 草祠抽茶		ʂ 事双顺手　ʐ 热弱入如
tɕ 酒九借急	tɕʰ 清全轻权	ȵ 年泥念捏	ɕ 想谢响县

---

① 昌图县人民政府 http://www.changtu.gov.cn/

k 高共宫瓜　　kʰ 开刻困坑　　　　　x 好灰活红

∅ 味问软熬

说明：

（1）有 tʂ、tʂʰ、ʂ 和 ts、tsʰ、s 两套声母，但存在自由变读现象，如"水、吃"的声母有时读为 s、tsʰ，有时读为 ʂ、tʂʰ。

（2）普通话中声母为 ʐ 的部分字今读零声母，如日母字"染 ian²¹³｜肉 iou⁵¹"。

二　韵母（36 个）

ɿ 制刺丝市　　　　i 米戏急七　　　　u 苦五猪骨　　　　y 雨橘绿局

ʅ 师试十直

ər 儿二耳

a 茶塔法辣　　　　ia 假牙鸭俩　　　　ua 瓦抓挖刮

　　　　　　　　　iɛ 写鞋接贴　　　　　　　　　　　　yɛ 靴月学缺

ɤ 歌盒壳色

　　　　　　　　　　　　　　　　　　uo 坐过活托

ai 开排色白　　　　　　　　　　　　uai 外怀拐快

ei 赔飞北贼　　　　　　　　　　　　uei 对灰随鬼

au 宝帽饱闹　　　　iau 笑桥药学

ou 豆走抽粥　　　　iou 酒牛油六

an 南山半饭　　　　ian 盐骗面年　　　uan 短官碗弯　　　yan 权圆劝远

ən 深根本门　　　　iən 心新银勤　　　uən 寸滚春蚊　　　yən 均匀裙云

aŋ 糖浪张纺　　　　iaŋ 娘两响讲　　　uaŋ 装床王双

əŋ 灯升争横　　　　iəŋ 硬病赢星　　　uəŋ 东葱翁龙　　　yəŋ 兄永雄用

说明：

（1）a 有 ᴀ、a、ɛ、ɑ 几个条件变体，单元音韵母 a 读为 ᴀ，在 ai、an 中读 a，在 ian 中读 ɛ，在 au、aŋ 中读 ɑ，实际记录中统一记为 a。

（2）单元音 ɤ 的实际发音为 ə，记为 ɤ。

（3）复元音韵母 uo 的主要元音有时为 ə，统一记为 uo。

三　声调（4 个）

阴平 33　东该灯风　通开天春　搭 哭拍切

阳平 35　门龙牛油　铜皮糖红　节急　毒白盒罚

上声 213　懂古鬼九　统苦讨草　买老五有　谷百　塔

去声 51　动罪近后　冻怪半四　痛快寸去　卖路硬乱　洞地饭树　刻　六麦叶月

说明：大部分单字的上声调值为 213，也存在一些单字的实际发音近似升调，调值为 224 或 24。

叁　连读变调

3.1　两字组连读变调

表 29　　　　　　　　　　昌图两字组连读变调表①

后字＼前字	阴平 33	阳平 35	上声 213	去声 51	轻声
阴平 33	—	—	—	—	—
阳平 35	—	—	—	—	—
上声 213	21+33	21+35	35+213	21+51	21+0
去声 51	—	—	—	53+51	—

昌图两字组连读变调具有以下特点：

（1）在词汇、语法和口头文化记音中，轻声调值一律记作 0。

（2）前字为阴平、阳平，后字无论调类为何，前字都不变调。

（3）上声的变调形式比较丰富：

①前字为上声，后字为非上声（包括轻声），前字调值由 213 变为 21。例如：

上声+阴平：养猪 iaŋ^{21}tṣu^{33} ｜ 打针 ta^{21}tṣən^{33} ｜ 小心 ɕiau^{21}ɕiən^{33}

上声+阳平：散白 san^{21}pai^{35} ｜ 眼眉 ian^{21}mei^{35} ｜ 老人 lau^{21}iən^{35}

上声+去声：闪电 san^{21}tian^{51} ｜ 炒菜 tṣʰau^{21}tṣʰai^{51} ｜ 眼泪 ian^{21}lei^{51}

上声+轻声：窄巴 tṣai^{21}pa^{0} ｜ 姥爷 lau^{21}iɛ^{0} ｜ 剪子 tɕian^{21}tsə^{0} ｜ 晚上 uan^{21}ṣaŋ^{0}

②前后字皆为上声，前字调值由 213 变为 35。例如：马桶 ma^{35}tʰuəŋ^{213} ｜ 彩礼 tsʰai^{35}li^{213}

（4）前字为去声，后字为阴平、阳平、上声和轻声时不变调；后字为去声，前字由 51 变为 53。例如：半夜 pan^{53}iɛ^{51} ｜ 看病 kʰan^{53}piəŋ^{51} ｜ 算卦 suan^{53}kua^{51}。

3.2　"一、七、八、不"的变调

昌图"一、七、八"单念阴平 33，"不"单念去声 51，它们做前字存在变调现象。

①当后字为去声字时，"一、七、八、不"调值变为 35，读同阳平。例如：一万 i^{35}uan^{51} ｜ 一辈子 i^{35}pei^{51}tsɿ^{0} ｜ 七万 tɕʰi^{35}uan^{51} ｜ 七块 tɕʰi^{35}kʰuai^{51} ｜ 八万 pa^{35}uan^{51} ｜ 八块

---

① 表中的"—"表示该组合前后字均不变调。

pa³⁵kʰuai⁵¹｜不是 pu³⁵ʂʅ⁵¹｜不会 pu³⁵xuei⁵¹。

②"一"在阴平、阳平、上声字前调值变为 51。例如：一千 i⁵¹tɕʰian³³｜一年 i⁵¹ɲian³⁵｜一两 i⁵¹liaŋ²¹³。

③"七、八、不"在阴平、阳平、上声字前不变调。例如：七千 tɕʰi³³tɕʰian³³｜七条 tɕʰi³³tʰiau³⁵｜七百 tɕʰi³³pai²¹³｜八千 pa³³tɕʰian³³｜八条 pa³³tʰiau³⁵｜八百 pa³³pai²¹³｜不说 pu⁵¹ʂuo³³｜不行 pu⁵¹ɕiəŋ³⁵｜不好 pu⁵¹xau²¹³。

肆　异读

一　新老异读

1.1　声母差异

普通话中声母为 ʐ 的字，青男仍读 ʐ，只有极个别存在零声母和声母 ʐ 自由变读的情况，例如：绕 iau⁵¹；而从老男的发音来看，声母为 ʐ 的大部分字今读零声母，例如：染 ian²¹³｜肉 iou⁵¹。

1.2　韵母差异

个别泥来母字，老男有开口呼和合口呼异读，青男只有合口呼一读。例如：暖 nan²¹³~壶/nuan²¹³~和-nuan²¹³｜乱 lan⁵¹/luan⁵¹-luan⁵¹｜弄 nəŋ⁵¹/nuəŋ⁵¹-nuəŋ⁵¹。①

1.3　声调差异

上声调值有差异：老男上声调值为 213，部分上声字调值接近 224，例如：瓦 ua²¹³｜猛 məŋ²¹³；还有部分上声字调值接近 24，例如：假 tɕia²¹³｜火 xuo²¹³。而青男上声调值为 224，部分上声字调值接近 213，例如：所 suo²²⁴｜胆 tan²²⁴。

1.4　文白异读差异

老男和青男在文白异读方面存在一些差别，青男多用文读音形式，白读的说法越来越少。

在 1000 个单字中，青男只有"饿雀学客"等少数字存在文白异读现象，而老男文白异读的字要多一些。例如："解"老男有 kai²¹³/tɕiɛ²¹³ 两种读音，而青男只有 tɕiɛ²¹³ 一种读音；"色"老男有 sai²¹³/sɤ⁵¹ 两种读音，青男则只有 sɤ⁵¹ 一种读音。

二　文白异读

2.1　声母

蟹摄开口二等见组部分字白读 k，文读 tɕ。例如：街 kai³³/tɕiɛ³³｜解 kai²¹³/tɕiɛ²¹³。宕江摄和梗开二入声部分字声母白读 tɕ 组，而文读 k 组。例如：隔 tɕiɛ⁵¹~壁邻右儿/kɤ³⁵~开｜客 tɕʰiɛ²¹³/kʰɤ⁵¹。

2.2　韵母

韵母的文白异读主要体现在宕江曾梗通五摄入声字：宕摄开口三等药韵，江

---

① "-"前为老男读音，后为青男读音。

摄开口二等觉韵，曾摄开口三等职韵，梗摄开口二等陌韵，通摄合口三等屋韵。

宕江摄入声字韵母白读 iau 韵，文读 yɛ 韵。例如：雀 tɕʰiau²¹³/tɕʰyɛ⁵¹ ｜ 学 ɕiau³⁵/ɕyɛ³⁵。

曾摄开口三等入声字韵母白读 ai 韵，文读 ɤ 韵。例如：色 sai²¹³/sɤ⁵¹。

梗摄开口二等部分见组入声字白读 iɛ 韵，文读 ɤ 韵。例如：客 tɕʰiɛ²¹³/kʰɤ⁵¹ ｜ 隔 tɕiɛ⁵¹ ~壁邻右儿/kɤ³⁵ ~开。

通摄合口三等屋韵入声字韵母白读 ou 韵，文读 u 韵。例如：熟 ʂou³⁵/ʂu³⁵。

除入声字外，深臻开口三等部分舒声字也存在韵母白读 in 韵，文读 ən 韵。例如：人 in³⁵/zən³⁵ ｜ 任 in⁵¹/zən⁵¹。

2.3 声调

声调异读也主要出现于入声字。

异读多具有一定的词汇条件。例如：结 tɕiɛ³³ ~果儿/tɕiɛ³⁵ 了~。

2.4 多重异读

上文所列文白异读有些不限于声母、韵母或声调某一成分的单一异读，而是同时存在声韵调两两结合或三者结合的异读情况，可称为多重异读。

声母和韵母异读：街 kai³³/tɕiɛ³³ ｜ 解 kai²¹³/tɕiɛ²¹³。

韵母和声调异读：色 sai²¹³/sɤ⁵¹。

声韵调异读：客 tɕʰiɛ²¹³/kʰɤ⁵¹ ｜ 隔 tɕiɛ⁵¹ ~壁邻右儿/kɤ³⁵ ~开。

伍 儿化

昌图话 36 个韵母中除 yən 和 yəŋ 外，其他 34 个韵母都有对应的儿化韵，其中一些韵母的儿化韵有合并现象，因此 36 个韵母共对应 26 个儿化韵。

表 30　　　　　　　　　　昌图儿化韵表

儿化韵	本韵	例词
ur	u	蛛蛛儿 tʂu³⁵tʂur⁰ ｜ 岁数儿大 suei⁵³ʂur⁰ta⁵¹
ɚ	ɿ	三十儿 san³³sɚ³⁵ ｜ 年三十儿 nian³⁵san³³sɚ³⁵
ɚ	ʅ	羹匙儿 kəŋ³³tʂʰɚ³⁵ ｜ 侄儿 tʂɚ³⁵
ɚ	ei	眼擦黑儿 ian²¹³tsʰa³³xɚ³³
ɚ	ən	脸盆儿 lian²¹pʰɚ³⁵ ｜ 老本儿 lau³⁵pɚ²¹³ ｜ 串门儿 tsʰuan⁵¹mɚ³⁵
ar	a	把儿 par⁵¹ ｜ 变戏法儿 pian⁵³ɕi⁵¹far²¹³
iar	ia	抽匣儿 tʂʰou³³ɕiar³⁵
uar	ua	花儿 xuar³³ ｜ 猪爪儿 tʂu³³tʂuar²¹³ ｜ 连环画儿 lian³⁵xuan³⁵xuar⁵¹
iɛr	iɛ	树叶儿 ʂu⁵³iɛr⁵¹ ｜ 蝴蝶儿 xu³⁵tʰiɛr²¹³

续表

儿化韵	本韵	例词
ɤr	ɤ	小河儿 ɕiau²¹xɤr³⁵ ｜ 下巴颏儿 ɕia⁵¹pa⁰kʰɤr³⁵
iər	i	哥兄弟儿 kɤ³³ɕyəŋ³³tiər⁵¹ ｜ 笛儿 tiər³⁵
	iən	今儿个儿 tɕiər³³kɤr⁰ ｜ 背心儿 pei³⁵ɕiər³³
uər	uei	灰儿 xuər³³ ｜ 味儿 uər⁵¹
	uən	老冰棍儿 lau²¹³piəŋ³³kuər⁵¹ ｜ 嘴唇儿 tsuei²¹tʂʰuər³⁵
yər	y	小鱼儿 ɕiau²¹yər³⁵
yɛr	yɛ	正月儿 tʂəŋ³³yɛr⁵¹ ｜ 腊月儿 la⁵¹yɛr⁰
ɐr	ai	盖儿 kɐr⁵¹ ｜ 小孩儿 ɕiau²¹xɐr³⁵
	an	门槛儿 mən³⁵kʰɐr²¹³ ｜ 猪肝儿 tʂu³³kɐr³³ ｜ 算盘儿 suan⁵¹pʰɐr³⁵
iɐr	ian	大晴天儿 ta⁵¹tɕʰiəŋ³⁵tʰiɐr³³ ｜ 眼儿 iɐr²²⁴ ｜ 前儿 tɕʰiɐr³⁵
uɐr	uai	块儿 kʰuɐr⁵¹
	uan	新郎倌儿 ɕiən³³laŋ³⁵kuɐr³³ ｜ 玩儿 uɐr³⁵
yɐr	yan	手绢儿 ʂou²¹tɕyɐr⁵¹ ｜ 老远儿 lau³⁵yɐr²¹³
aur	au	桃儿 tʰaur³⁵ ｜ 灶儿 tsaur⁵¹
iaur	iau	家雀儿 tɕia³³tɕʰiaur²¹³ ｜ 面条儿 mian⁵¹tʰiaur³⁵
our	ou	山沟儿 san³³kour³³
iour	iou	石榴儿 sʅ³⁵liour⁰ ｜ 小妞妞儿 ɕiau²¹ȵiou³³ȵiour⁰
uor	uo	花骨朵儿 xua³³ku³³tuor⁰ ｜ 水果儿 suei³⁵kuor²¹³
ãr	aŋ	翅膀儿 tʂʰʅ⁵¹pãr²¹³ ｜ 电棒儿 tian⁵³pãr⁵¹
iãr	iaŋ	放亮儿 faŋ⁵³liãr⁵¹ ｜ 那样儿 na⁵³iãr⁵¹
uãr	uaŋ	村庄儿 tsʰuən³³tsuãr³³
ə̃r	əŋ	缝儿 fə̃r⁵¹ ｜ 钢镚儿 kaŋ³³pə̃r⁵¹ ｜ 跳绳儿 tʰiau⁵¹ʂə̃r³⁵
iə̃r	iəŋ	星星儿 ɕiəŋ³³ɕiə̃r⁰ ｜ 杏儿 ɕiə̃r⁵¹ ｜ 瓶儿 pʰiə̃r³⁵
ũr	uəŋ	胡同儿 xu³⁵tʰũr⁵¹

个别词语中儿化韵不符合规律，例如：

娶媳妇儿 tɕʰy²¹ɕi³⁵fər⁰：妇 u 韵，按规律儿化韵应为 ur。新媳妇儿 ɕiən³³ɕi²¹fər⁰、兄弟媳妇儿 ɕyəŋ³³ti⁰ɕi²¹fər⁰、少媳妇儿 ʂau⁵¹ɕi²¹fər⁰ 都是如此。

陆　其他主要音变

昌图话韵母变化较多，主要体现在个别韵母脱落和轻声变韵两方面。

(1) 个别韵母脱落，例如：豆腐脑儿 tou⁵¹f⁰naur²¹³｜豆腐 tou⁵¹f⁰。

(2) 轻声变韵

①单元音韵母 ɤ 在轻声音节中的实际音值近似 ə。

②昌图方言中的"子"位于词尾时发音弱化，具体发音情况如下：

tsʅ⁰：柚子 iou⁵¹tsʅ⁰｜栗子 li²¹tsʅ⁰｜兔子 tʰu²¹tsʅ⁰｜筷子 kʰuai⁵¹tsʅ⁰｜辫子 pian⁵¹tsʅ⁰

tsə⁰：橘子 tɕy³⁵tsə⁰｜爪子 tʂua²¹tsə⁰｜剪子 tɕian²¹tsə⁰

tʂʅ⁰：稻子 tau⁵¹tʂʅ⁰

tʂə⁰：雹子 pau³⁵tʂə⁰｜谷子 ku²¹tʂə⁰｜斧子 fu²¹tʂə⁰

tsa⁰：蜂子 fəŋ³³tsa⁰｜房子 faŋ³⁵tsa⁰

ə⁰：耗子 xau⁵¹ə⁰｜柜子 kuei⁵¹ə⁰｜袜子 ua⁵¹ə⁰｜裤子 tɕiɛ⁵¹ə⁰

③昌图方言中的"的"位于词尾时发音弱化，具体发音情况如下：

tiɛ⁰：咱家里的 tsan³⁵tɕia³³li²¹³tiɛ⁰｜最后面儿的 tsuei⁵¹xou⁵³miɐr⁵¹tiɛ⁰｜有手艺的 iou³⁵ʂou²¹i⁵¹tiɛ⁰｜上灶儿的 ʂaŋ⁵³tʂaur⁵¹tiɛ⁰

ti⁰：阴呼啦的 iən³³xu⁰la³³ti⁰

tei⁰：女的 ny²¹tei⁰

附录

（一）调查人

调查负责人为沈阳师范大学文学院夏历教授；

主要调查人为沈阳师范大学文学院吴希斌老师、朱莹老师、陈新义老师；

辅助调查人为六位研究生郝增、王宁、郝剑昌、韩沈琳、祁慧、刘勃。

（二）方言发音人

角色	姓名	出生年月	职业	文化程度	居住辖区
方言老男	张长海	1959年5月	房产段瓦匠	小学	老城镇西街
方言青男	韩野	1991年4月	辅警	初中	老城镇北小壕
方言老女	解亚荣	1957年5月	食品站工人	初中	老城镇西街
方言青女	王佳莹	1993年7月	待业	大专	老城镇
口头文化发音人1	卢秋爽	1983年9月	个体工商户	高中	老城镇北小壕
口头文化发音人2	解亚荣	1957年5月	食品站工人	初中	老城镇西街
口头文化发音人3	张长海	1959年5月	房产段瓦匠	小学	老城镇西街
地普发音人1	王佳莹	1993年7月	待业	大专	老城镇
地普发音人2	卢秋爽	1983年9月	个体工商户	高中	老城镇北小壕
地普发音人3	曹天超	1982年11月	修车工人	初中	老城镇东街

（三）调查情况

本次调查时间为 2019 年 7 月 1 日至 2019 年 10 月 16 日，调查地点为昌图县佟韦学校和昌图县教师进修学校。

本次调查使用的录音话筒为 SAMSONC03U，录音声卡为内置声卡，摄像机 SONYFDR-AX30。

辽宁省语委办主任宋升勇、辽宁省语委办工作人员辛海春、铁岭市昌图县教育局局长高铁强、昌图县语委办负责人王淑梅、昌图县教育局语委办工作人员石镜渝、昌图县佟韦学校李友龙校长、昌图县教师进修学校刘勇校长和李东老师等在工作中给予了大力支持和帮助。渤海大学夏中华教授和辽宁师范大学原新梅教授在调查中给予了热情帮助。沈阳师范大学副校长刘铸、科研处处长李国德和文学院院长胡玉伟等在调查过程中给予了大力支持。

第十五节 大连方音

壹 概况

大连市是国家副省级城市、全国计划单列市，地处辽东半岛南端、黄渤海交界处，东濒黄海，西临渤海，南与山东半岛隔海相望，北倚辽阔的东北平原。大连，别称滨城，是东北、华北、华东以及世界各地的海上门户，是重要的港口、贸易、工业、旅游城市，有"东北之窗""北方明珠""浪漫之都"之称，先后获得国际花园城市、中国最佳旅游城市、国家环保模范城市、全国文明城市等荣誉，是世界经济论坛（WEF）夏季达沃斯的常驻举办城市。

大连市地理坐标为东经度 121.52°，北纬 38.95°，全市陆地总面积 12574 平方公里，（含老市区面积 2415 平方公里）。

截至 2018 年底，现辖 2 个县级市（瓦房店市、庄河市）、1 个县（长海县）和 7 个区（中山区、西岗区、沙河口区、甘井子区、旅顺口区、金州区、普兰店区）。另外，还有金普新区、保税区、高新技术产业园区 3 个国家级对外开放先导区，以及长兴岛临港工业区和花园口经济区等[①]。总人口 595.2 万人，市区人口 200 余万人。大连市人口以汉族为主，还有满族、朝鲜。等少数民族人。

大连市城内的汉语方言属于胶辽官话登连片下属的大岫小片和烟威小片。大岫小片包括旅顺口区、沙河口区、中山区、西岗区、甘井子区、金州区南部、瓦房店市；烟威小片包括金州区北部、普兰店区、长海县、瓦房店市郊、庄河市。其中除长海县外，皆不分尖团音。大连市区方言点和金州杏树点，2012 年被选为中国语言资源有声数据库辽宁试点。

调查范围主要是在大连市内四区，由于普通话的推广、普及，年轻人的方音

---

① 大连市政府门户网站中国大连《2018 年大连市国民经济和社会发展统计公报》。

受到普通话较大影响，语音整体向普通话靠拢。

大连贝雕、庄河剪纸、复州东北大鼓、大连吹咔乐、金州单鼓音乐等为各级非物质文化遗产。

本点是中国语言有声数据库项目，个别音位的归纳跟语保项目不一致。在编写资源集时为了保持相对一致，对个别音位进行了合并归纳。即 ɐr、ɻe 归并为一个音位 ər；a、ᴀ、ɑ 归并为一个音位 a。

贰　声韵调

一　声母（22个）

p 八兵病别	pʰ 派片爬扑	m 马门麦明	f 飞凤副蜂
t 多东端毒	tʰ 讨天甜突	n 脑南难能	l 老蓝连路
ts 资早租字	tsʰ 刺草寸祠		s 丝三酸事
tʃ 张柱主粥	tʃʰ 抽车城称		ʃ 手书十寿
tɕ 酒九绝菊	tɕʰ 清全轻权	ȵ 年女鸟牛	ɕ 想谢响县
k 高哥共谷	kʰ 开口宽阔		x 好灰很活
∅ 味问热软			

说明：

（1）零声母 u 在发音时圆唇度不够，并且双唇稍有摩擦，接近 w。

（2）本方言点没有舌尖后音 tʂ、tʂʰ、ʂ，普通话 tʂ、tʂʰ、ʂ 领属的字有些读成舌叶音 tʃ、tʃʰ、ʃ 领属，有些读成舌尖前音 ts、tsʰ、s 领属。

（3）本点没有舌尖后音 ʐ，普通话 ʐ 领属的字分别读成 i、y、l 领属。

（4）本点有舌面前鼻音声母 ȵ，发音条件是跟齐齿呼、撮口呼韵母相拼。

二　韵母（37个）

ɿ 师丝试紫	i 米戏急七	u 苦五猪骨	y 雨出橘绿
ʅ 十直尺制			
ər 二耳儿而			
a 茶塔法辣	ia 牙鸭假虾	ua 瓦刮瓜花	
ɛ 开排埋白	iɛ 写鞋接贴	uɛ 摔快坏外	yɛ 靴月学掘
e 赔对飞力	ue 鬼水胃卫		
ɤ 歌盒壳北			
		uə 坐过活托	
ɔ 宝饱烧勺	iɔ 笑桥药校		

əu 豆走口肉　　　　iəu 九牛油六

ã 南山半短　　　　iẽ 减盐片年　　　　uã 官关穿碗　　　　yẽ 权元院悬

ɔ̃ 深根寸身　　　　ĩ 心今新斤　　　　uɔ̃ 滚春顺婚　　　　ỹ 云群熏均

aŋ 糖方唱绑　　　　iaŋ 想响样讲　　　　uaŋ 床王光双

əŋ 灯升争横　　　　iŋ 冰硬病星　　　　uŋ 东红共动　　　　yŋ 兄永用熊

m 母木目

说明：

（1）语音系统中没有前鼻音韵尾 n，普通话中带有前鼻音韵尾的韵母，本方言点都丢失 -n 尾，其前主要元音鼻化。

（2）本点 mu 音节领属的字都读成 m 音，如：母、木、目。

（3）普通话韵母 uan、uən、uei 领属的字，在本方言点中跟声母 t、tʰ、n、l、ts、tsʰ、s 相拼时都丢韵头 u。

（4）a、ia、ua 韵母中的 a 的实际读音为央元音 ʌ，aŋ、iaŋ、uaŋ 韵母中的 a 的实际读音为后元音 ɑ。

（5）耳、二的实际读音为 ɚ。

三　声调（4 个）

阴平 312　　东该灯风通开天春　拍
阳平 34　　　门龙牛油铜皮糖红　急毒白盒罚
上声 213　　懂古鬼九统苦讨草买老五有　谷百节哭塔切刻麦搭
去声 52　　　冻怪半四痛快寸去卖路硬乱洞地饭树　六叶月　动罪近后

说明：

（1）阳平尾音略低，标记为 34 值。

（2）上声尾音略低，标记为 213 值。

叁　连读变调

3.1　两字组连读变调

表 31　　　　　　　　大连方言两字组连读规律表

前字＼后字	阴平 312	阳平 34	上声 213	去声 52	轻声
阴平 312	34+312	31+34	31+213	31+52	31+0
阳平 34	34+312	34+34	34+213	34+52	34+0
上声 213	34+312	21+34	34+213	21+52	21+0
去声 52	52+312	52+34	52+213	52+52	52+0

大连两字组连读变调具有以下特点：

（1）阳平和去声做前字时，两字连读不变调。

（2）在词汇、语法和口头文化记音中，轻声一律记作 0。

（3）阴平的变调形式比较丰富：

①前字为阴平，后字为阴平，前字调值由 312 变为 34。例如：香菇 ɕiaŋ³⁴ku³¹² ｜爹妈 tiɛ³⁴ma³¹²。

②前字为阴平，后字为阳平、上声和去声，前字调值由 312 变为 31。例如：砖头 tsuã³¹tʰəu³⁴ ｜丢人 tiəu³¹ĩ³⁴ ｜铅笔 tɕʰiɛ³¹pi²¹³ ｜多少 tuə³¹ʃɔ²¹³ ｜商店 ʃaŋ³¹tiɛ⁵² ｜鞭炮 piɛ³¹pʰɔ⁵²。

（4）上声的变调形式也比较丰富：

①前字为上声，后字为阴平或上声，前字调值由 213 变为 34。例如：整天 tʃəŋ³⁴tʰiɛ³¹² ｜种猪 tsuŋ³⁴tʃu³¹² ｜老虎 lɔ³⁴xu²¹³。

②前字为上声，后字为阳平或去声，前字调值由 213 变为 21。例如：斧头 fu²¹tʰəu³⁴ ｜本钱 pə̃²¹tɕʰiɛ³⁴ ｜小道儿 ɕiɔ²¹tɚ⁵² ｜旅店 ly²¹tiɛ⁵²。

（5）后字为轻声，前字为阳平或去声不变调；前字为阴平，前字由 312 变为 31；前字为上声，前字由 213 变为 21。例如：星星 ɕiŋ³¹ɕiŋ⁰ ｜晚上 uã²¹ʃaŋ⁰。

3.2 "一、不"的变调

大连 "一、不"单念上声 213，它们在两字组中处于前字位置时存在变调现象。后字为阴平、阳平和去声的时候，前字的变调规律跟其他上声变调规律一致。后字为上声的时候，前字调值变为 52，读同去声。例如：一起 i⁵²tɕʰi²¹³ ｜不懂 pu⁵²tuŋ²¹³。

肆　异读

一　声母差异

老男有 22 个声母，而青男有 23 个，较老男而言，多 ʐ 声母。青男没有舌尖后音 ʐ，普通话 ʐ 领属的字说话时有的分别读成 i、y、l 领属，朗读时多读成 ʐ 声母。

二　韵母差异

老男有 37 个韵母，青男有 36 个韵母。青男较老男而言，较老男而言，少 m。老男韵母中 mu 音节领属的字都读成 m 音，而青男 mu 音节领属的字韵母 u 发音很弱。

三　声调差异

青男受普通话影响，朗读中也会出现 44 值。

说明：此处只列举方言老男与方言青男发音中的差异之处，二者相同发音特征不再赘述。

伍　儿化

大连话 37 个韵母 ər、m 除外，其他 35 个韵母都有对应的儿化韵，其中一些韵母的儿化韵有合并现象，因此 35 个韵母共对应 27 个儿化韵。

表 32　　　　　　　　　　大连儿化韵表

儿化韵	本韵	例词
ar	a	落八儿 la³⁴par³¹² ｜ 呜呜嘎儿 miŋ⁵²miŋ⁰kar³⁴
iar	ia	角儿 tɕiar²¹³ ｜ 抽匣儿 tʃʰəu³¹ɕiar³⁴
uar	ua	花儿 xuar³¹² ｜ 梅花儿 me³⁴xuar³¹²
iɛr	iɛ	麦秸儿 mɤ³⁴tɕiɛr³¹² ｜ 蝴蝶儿 xu³⁴tʰiɛr²¹³
yɛr	yɛ	腊月儿 la⁵²yɛr⁰ ｜ 家雀儿 tɕia³¹tɕʰyɛr²¹³
ɐr	ã	甜秆儿 tʰiɛ̃³⁴kɐr³¹² ｜ 门槛儿 mə̃³⁴kʰɐr²¹³
	ɛ	盖儿 kɐr⁵² ｜ 指甲盖儿 tsʅ³⁴tɕia²¹kɐr⁵²
iɐr	iɛ̃	河沿儿 xɤ³⁴iɐr⁵² ｜ 窟窿眼儿 kʰu³¹luŋ⁰iɐr²¹³
uɐr	uã	新郎倌儿 ɕĩ³¹laŋ³⁴kuɐr³¹² ｜ 饭馆儿 fã⁵²kuɐr²¹³
	uɛ	块儿 kʰuɐr⁵²
yɐr	yɛ̃	手绢儿 ʃəu²¹tɕyɐr⁵² ｜ 烟卷儿 iɛ̃³¹tɕyɐr²¹³
ər	ə̃	年根儿 ȵiɛ̃³⁴kər³¹² ｜ 大门儿 ta⁵²mər³⁴
	ʅ	刺儿 tsʰər⁵² ｜ 鸡子儿 tɕi³¹tsər²¹³ ｜ 事儿 sər⁵²
	ʅ	年三十儿 ȵiɛ̃³⁴sã³¹ʃər³⁴
	e	裤腿儿 kʰu⁵²tʰər²¹³ ｜ 亲嘴儿 tɕʰĩ³¹tsər²¹³
iər	i	断气儿 tã⁵²tɕʰiər⁵²
	ĩ	今儿个 tɕiər³¹kə⁰
uər	ue	烟灰儿 iɛ̃³⁴xuər³¹² ｜ 灰儿 xuər³¹²
	uə̃	冰棍儿 piŋ³¹kuər⁵²
yər	ỹ	裙儿 tɕʰyər³⁴
	y	女婿儿 ȵy²¹ɕyər⁰
ur	u	晌午儿 ʃaŋ²¹ur⁰ ｜ 蝙蝠儿 piɛ²¹fur⁰
ɤr	ɤ	傍黑儿 paŋ³¹xɤr²¹³ ｜ 鹁鸽儿 pu³⁴kɤr³¹²
uɤr	uə	水果儿 sue³⁴kuɤr²¹³ ｜ 洋火儿 iaŋ³⁴xuɤr²¹³
ɔr	ɔ	小道儿 ɕiɔ²¹tɔr⁵² ｜ 枣儿 tsɔr²¹³

续表

儿化韵	本韵	例词
iɔr	iɔ	鸟儿 niɔr²¹³ ｜ 小咬儿 ɕiɔ³⁴iɔr²¹³
əur	əu	山沟儿 sã³⁴kəur³¹² ｜ 水沟儿 sue³⁴kəur³¹²
iəur	iəu	汗溜儿 xã⁵²liəur³¹²
ãr	aŋ	头晌儿 tʰəu³⁴ʃãr²¹³ ｜ 下晌儿 ɕia⁵²ʃãr²¹³
iãr	iaŋ	地场儿 ti⁵²tɕʰiãr⁰
uãr	uaŋ	蛋黄儿 tã⁵²xuãr³⁴
ə̃r	əŋ	年成儿 niɛ̃⁵²tʃʰə̃r⁰ ｜ 跳绳儿 tʰiɔ⁵²ʃə̃r³⁴
iə̃r	iŋ	蜓儿蜓儿 tʰiə̃r³¹tʰiə̃r⁰ ｜ 打鸣儿 ta²¹miə̃r³⁴
ũr	uŋ	胡同儿 xu³⁴tʰũr⁵²
yə̃r	yŋ	小熊儿 ɕiɔ²¹ɕyə̃r³⁴

附录

（一）调查人

调查负责人为辽宁师范大学文学院迟永长教授；
辅助调查人为辽宁师范大学文学院王功龙教授、迟文敬讲师、研究生班伟。

（二）方言发音人

角色	姓名	出生年月	职业	文化程度	家庭住址
方言老男	孙兆彦	1946年11月	职员	大专	兴工街道
方言青男	董章海	1978年12月	出租车司机	大专	八一路街道
方言老女	鞠丽华	1947年6月	职员	大专	兴工街道
方言青女	杜红烨	1970年12月	物业收费员	初中	南关岭镇
地普发音人1	董章海	1978年12月	出租车司机	大专	八一路街道
地普发音人2	杜红烨	1970年12月	物业收费员	初中	南关岭镇
地普发音人3	鞠丽华	1947年6月	职员	大专	兴工街道

（三）调查情况

本次调查时间为2012年3月20日至2012年11月20日，调查地点为大连市区点，摄录地点为辽宁师范大学文学院、影视学院。本次调查使用的录音话筒为 AKG C420（主话筒），AKG CK 91（次话筒），录音声卡为 Tascam US-144Ⅱ，摄像机为 SONY HDR-PJ600。

当地协助调查的其他人员有大连市语委办主任陈德京、大连市语委办罗玉娟。

第十六节　金州杏树方音

壹　概况

金州区，是辽宁省大连市辖区，位于辽东半岛南部，大连市中部。金州历史悠久，有"千年金州、百年大连"之说。金州区开放基础雄厚，拥有大连经济技术开发区、金石滩国家 5A 级旅游度假区、大连保税区、普湾经济区、金州经济开发区等多个功能区。2014 年 6 月，经国务院批准设立国家级新区：金普新区。包括大连市金州区全部行政区和大连市普兰店区的部分地区，总面积约 2299 平方公里。

1987 年 4 月，国务院批准金县撤县改区。至 2016 年金州区土地面积 1850 平方千米，户籍人口 110 万人，辖 27 个街道，杏树街道是其中之一。

杏树街道位于金州区东北部，东南临黄海盐大澳，与长海县隔海相望，西南与登沙河街道相连，西北与华家街道毗邻，北与普兰店区大刘家街道接壤。

杏树街道的地理坐标为东经 122.15°、北纬 39.26°，管辖面积 105.93 平方公里，海岸线长 21.67 公里，海域面积 130 平方公里。辖 16 个村，截至 2018 年底总人口 2.96 万。杏树中心渔港为国家级中心渔港。[①]

杏树街道内的汉语方言属于胶辽官话登连片烟威小片。本点主要是汉族人，有一小部分是满族人，无少数民族语言。本点和大连市区方言点，2012 年被选为中国语言资源有声数据库辽宁试点。

本点是中国语言有声数据库项目，个别音位归纳与语保项目不一致。在编写资源集时为了保持相对一致，对个别音位进行了合并归纳。即 ɐr、ər 归并为一个音位 ər；a、ᴀ、ɑ 归并为一个音位 a。

贰　声韵调

一　声母（19 个）

p 八兵病别　　pʰ 派片爬扑　　m 马门麦明　　f 飞风副蜂

t 多东端毒　　tʰ 讨天甜突　　n 脑南难能　　　　　　　l 老蓝莲路

[①] https://baike.so.com/doc/1832645-1938095.html

ts 资早租争   tsʰ 刺草寸祠   s 丝三酸事
tɕ 酒柱主九   tɕʰ 清全车轻   ȵ 年泥女鸟   ɕ 想谢书十
k 高哥共谷   kʰ 开口宽阔   x 好灰很活
ø 味问热软

说明：
（1）以 u 为韵头的零声母音节在发音时圆唇度不够，并且双唇稍有摩擦，接近 w。
（2）普通话 tʂ、tʂʰ、ʂ 领属的字有些读成舌尖前音 ts、tsʰ、s 领属，有些读成舌面前音 tɕ、tɕʰ、ɕ 领属。
（3）普通话 ʐ 领属的字分别读成 i、y、l 领属。
（4）本点有舌面前鼻音声母 ȵ，发音条件是跟齐齿呼、撮口呼韵母相拼。

二　韵母（35 个）

ɿ 丝师试紫   i 米戏十急   u 苦五骨谷   y 猪雨出橘
ɚ 二耳儿而
a 茶塔法辣   ia 家俩牙鸭   ua 花瓦刮瓜
ɛ 开排埋白   iɛ 写鞋接贴   uɛ 摔快坏外   yɛ 靴月药学
e 赔对贼飞   ue 鬼水胃卫
ɤ 歌盒壳北
                                    uə 坐过活托
ɔ 宝饱烧勺   iɔ 笑桥交校
əu 豆走口肉   iəu 九牛油六
ã 南山半短   iẽ 减盐片年   uã 官关穿碗   yẽ 权院悬元
ə̃ 深根寸身   ĩ 心新今斤   uə̃ 滚春顺婚   ỹ 均熏群云
aŋ 糖方唱绑   iaŋ 响讲想样   uaŋ 床王光双
əŋ 灯升争横   iŋ 冰硬病星   uŋ 东红共动   yŋ 兄用永熊

说明：
（1）语音系统中没有前鼻音韵尾 n，普通话中带有前鼻音韵尾的韵母，本方言点都丢失 -n 尾，其前主要元音鼻化。
（2）普通话韵母 uan、uən、uei 领属的字，在本方言点中与声母 t、tʰ、n、l、ts、tsʰ、s 相拼时都丢韵头 u。
（3）a、ia、ua 韵母中的 a 的实际读音为央元音 ᴀ，aŋ、iaŋ、uaŋ 韵母中的 a

的实际读音为后元音 ɑ。

（4）耳、二的实际读音为 er。

三　声调（3 个）

平声 312　　东该灯风通开天春门牛油

上声 213　　懂古鬼九统苦讨草买老五有　谷百搭节急哭拍塔切刻麦叶

去声 52　　冻怪半四痛快寸去卖路硬乱洞地饭树　六月毒白盒罚　动罪近后　龙铜皮糖红

说明：

（1）本点没有阳平调类，普通话阳平调领属的字分别读成平声、去声。

（2）上声尾音略低，标记为 213 值。

叁　连读变调

3.1　两字组连读变调

表 33　　　　　　　　　杏树方言两字组连读规律表

前字＼后字	平声 312	上声 213	去声 52	轻声
平声 312	31+312 34+312	31+213 34+213	31+52	31+0
上声 213	21+312 34+312	34+213	21+52	21+0
去声 52	52+312	52+213	52+52	52+0

说明：

（1）前字为平声，后字为平声或上声时，前字调值由 312 变为 31 或 34。例如：当央儿 taŋ^{31}iãr^{312}｜连襟 liɛ^{34}tɕi^{312}｜山谷 sã^{31}ku^{213}｜唖奶 tsa^{34}nɛ^{213}。

（2）前字为平声，后字为去声时，前字调值由 312 变为 31。例如：天亮 tʰiɛ^{31}liaŋ^{52}｜冬至 tuŋ^{31}tsɿ^{52}。

（3）上声变调形式较为丰富：

①前字为上声，后字为平声，前字调值由 213 变为 21 或 34。例如：往年 uaŋ^{21}ȵiɛ^{312}｜打工 ta^{34}kuŋ^{312}。

②前字为上声，后字为上声，前字调值由 213 变为 34。例如：母狗 mu^{34}kəu^{213}。

③前字为上声，后字为去声，前字调值由 213 变为 21。例如：女婿 ȵy^{21}ɕy^{52}｜水库 sue^{21}kʰu^{52}。

（4）前字为去声时，两字连读不变调。

（5）后字为轻声，前字为去声不变调；前字为平声，前字由 312 变为 31；前字为上声，前字由 213 变为 21。例如：天气 $t^hiɛ^{31}tɕ^hi^0$｜里面儿 $le^{21}miɐr^0$。

3.2 "一、不"的变调

杏树"一、不"单念上声 213，它们在两字组中处于前字位置时存在变调现象。后字为平声和去声的时候，前字的变调规律跟其他上声变调规律一致。后字为上声的时候，前字调值变为 52，读同去声。例如：一堆儿 $i^{52}tər^{213}$｜不懂 $pu^{52}tuŋ^{213}$。

肆 异读

一 声母差异

老男有 19 个声母，青男有 23 个声母，多出 tʃ、tʃʰ、ʃ、ʒ 4 个声母。

二 声调差异

老男有 3 个调值，青男有 5 个调值，多出 44 调和 34 调。

说明：此处只列举方言老男与方言青男发音中的差异之处，二者相同发音特征不再赘述。

伍 儿化

杏树话 35 个韵母除 ər 外，其他 34 个韵母都有对应的儿化韵，其中一些韵母的儿化韵有合并现象，因此 35 个韵母共对应 27 个儿化韵。

表 34　　　　　　　　　杏树儿化韵表

儿化韵	本韵	例词
ar	a	把儿 par^{52}｜变戏法儿 $piɛ^{52}ɕi^{52}far^{213}$
iar	ia	角儿 $tɕiar^{213}$
uar	ua	花儿 $xuar^{312}$｜连环画儿 $liɛ^{34}xuã^{31}xuar^{52}$
iɛr	iɛ	夜儿 $iɛr^{52}$｜窑姐儿 $io^{52}tɕiɛr^{213}$
	iẽ	白天儿 $pɛ^{52}t^hiɛr^{312}$｜前儿 $tɕ^hiɛr^{52}$
yɛr	yɛ	正月儿 $tsəŋ^{31}yɛr^0$｜家雀儿 $tɕia^{31}tɕ^hyɛr^{213}$
ɐr	ã	门槛儿 $mã^{52}k^hɐr^{213}$
	ɛ	手指盖儿 $səu^{34}tsʅ^{21}kɐr^{52}$
iɐr	iẽ	件儿 $tɕiɐr^{52}$｜边儿 $piɐr^{312}$
uɐr	uã	饭馆儿 $fã^{52}kuɐr^{213}$
	uɛ	块儿 $k^huɐr^{52}$

续表

儿化韵	本韵	例词
yɐr	yɛ̃	手绢儿 sɔu²¹tɕyɐr⁵² ｜ 烟卷儿 iɛ³¹tɕyɐr²¹³
ɚ	ə̃	老娘们儿 lɔ²¹ȵiaŋ⁵²mər⁰
	ɿ	事儿 sɚ⁵²
	e	姊妹儿 tsɿ²¹mər⁰
iər	i	年底儿 ȵiɛ̃³¹tiər²¹³
	ĩ	今儿 tɕiər³¹²
uər	ue	味儿 uər⁵²
	uə̃	冰棍儿 piŋ³¹kuər⁵²
yər	ỹ	裙儿 tɕʰyər³¹²
	y	女婿儿 ȵy²¹ɕyər⁰
ur	u	年初儿 ȵiɛ̃³⁴tsʰur³¹² ｜ 蝙蝠儿 pʰiɛ̃³⁴fur³¹²
ɤr	ɤ	对个儿 te⁵²kɤr⁵²
uɤr	uɤ	水果儿 sue³⁴kuɤr²¹³ ｜ 洋火儿 iaŋ⁵²xuɤr²¹³
ɔr	ɔ	书包儿 ɕy⁵²pɔr³¹² ｜ 枣儿 tsɔr²¹³
iɔr	iɔ	面条儿 miɛ̃⁵²tʰiɔr⁵²
əur	əu	水沟儿 sue³⁴kəur³¹²
iəur	iəu	汗溜儿 xã⁵²liəur³¹²
ãr	aŋ	头晌儿 tʰəu⁵²sãr²¹³ ｜ 过晌儿 kuə⁵²sãr²¹³
iãr	iaŋ	看对象儿 kʰã⁵²te⁵²ɕiãr⁵²
uãr	uaŋ	一对双儿 i²¹te⁵²suãr⁵²
ə̃r	əŋ	蜜蜂儿 mi⁵²fə̃r³¹² ｜ 缝儿 fə̃r⁵²
iə̃r	iŋ	蜓儿蜓儿 tʰiə̃r⁵²tʰiə̃r⁰ ｜ 星儿 ɕiə̃r³¹²
ũr	uŋ	胡同儿 xu²¹tʰũr⁵²
yə̃r	yŋ	小熊儿 ɕiɔ²¹ɕyə̃r⁵²

附录

（一）调查人

调查负责人为辽宁师范大学文学院王功龙教授；

辅助调查人为辽宁师范大学文学院迟永长教授、研究生班伟。

（二）方言发音人

角色	姓名	出生年月	职业	文化程度	家庭住址
方言老男	秦久馥	1950年12月	务农	高中	台子村
方言青男	单伟	1975年12月	务农	大专	猴石村
方言老女	宋桂兰	1950年03月	务农	初中	猴石村
方言青女	李秀丽	1974年05月	务农	初中	牌坊村
地普发音人1	李秀丽	1975年05月	务农	初中	牌坊村
地普发音人2	单伟	1975年12月	务农	大专	猴石村
地普发音人3	刘金涌	1944年10月	务农	初中	李屯村

（三）调查情况

本次调查时间为2012年3月20日至2012年11月20日，调查地点为杏树街道和辽宁师范大学文学院，摄录地点为影视学院。本次调查使用的录音话筒为AKG C420（主话筒），AKG CK 91（次话筒），录音声卡为Tascam US-144Ⅱ，摄像机为SONY HDR-PJ600。

当地协助调查的其他人员有大连市语委办主任陈德京、大连市语委办的罗玉娟。

第十七节　长海方音

壹　概况

长海县隶属于辽宁省大连市，是东北地区唯一海岛县、全国唯一海岛边境县，位于辽东半岛东侧，黄海北部海域，东与朝鲜半岛相望，西南与山东省庙岛相对，西部和北部海域毗邻大连市城区及普兰店市、庄河市。全县由195个海岛组成（其中有人居住海岛18个），这些海岛统称为长山群岛。陆域面积142平方公里，海域面积10324平方公里，海岸线长359公里。

长海地理坐标为东经122.97°，北纬39.68°。长海是国家级海洋公园，国家级海岛森林公园，国家级生态示范区，省级风景名胜区和国家海钓基地。

1945年8月抗日战争胜利，11月长山群岛解放，并设置长山区，属新金县。1949年9月，经东北人民政府批准，改为县级建制，11月10日正式成立长山县人民政府，隶属旅大行政公署。1953年1月31日，经中央人民政府内务部批复，长山县改称长海县，隶属旅大市（1981年2月改称大连市）。

长海县辖大长山岛、小长山岛、广鹿岛、獐子岛、海洋岛5个镇，行政村23

个，社区 7 个。截至 2018 年全县户籍总户数为 2.5 万户，总人口约 7.08 万人。有满、蒙、苗、回、达翰尔、朝鲜、藏、壮、土家、维吾尔和锡伯族等多个少数民族。①

长海方言属于胶辽官话区登连片下属的烟威小片。根据内部口音差异，可分为三个区域：一是长山区，包括大长山岛镇、小长山岛乡；二是獐海区，包括獐子岛镇、海洋乡；三是广鹿区，包括广鹿岛镇。

长海方言内部分歧较大，声母系统分两派，声调系统也分两派，互相还有交差。从声调上看，大体可分南北两片，一是南片包括獐子岛、海洋岛及其周围有居民的几个小岛，有阴平、阳平、上声、去声四个调类；二是北片包括大长山、小长山、广鹿、石城、王家诸岛，以大长山为代表，有平声、上声、去声三个调类。

当地人基本使用方言交流，但由于人口流动和普通话的推广，年轻人的方音受普通话影响较大。调查选择的是大长山岛镇所代表的长海方言。

长海号子是国家非物质文化遗产。

贰　声韵调

一　声母（22 个）

p 八兵病别	pʰ 派片爬扑	m 马麦明泥	f 飞凤副蜂
t 多东毒竹	tʰ 讨天甜初	n 脑南难能	l 老蓝连路
ts 资早字贼	tsʰ 刺草寸船		s 丝三酸事
tʃ 酒张主柱	tʃʰ 全抽拆车	ȵ 年女鸟牛	ʃ 想谢十顺
c 九急假举	cʰ 轻茄去区		ç 许鞋响县
k 高歌果瓜	kʰ 开口宽阔		x 好灰很活
∅ 味问热软			

说明：

（1）零声母音节中，合口呼韵母会带有摩擦，u 读为 ʋ。

（2）舌尖前音 ts、tsʰ、s 的实际发音部位靠前，有齿间音色彩。

（3）舌叶音 tʃ、tʃʰ、ʃ，与齐齿呼、撮口呼相拼时有部分演变为舌面前音，与开口呼、合口呼相拼时有部分有舌尖后音色彩，均与舌叶音不对立，故统一记为舌叶音。

（4）舌面中音 c、cʰ、ç 的实际部位介于舌面前与舌面中之间。

---

① 大连长海县政府网站 https://www.dlch.gov.cn/details/index/tid/517193.html

二　韵母（36个）

ɿ 丝师试市	i 米戏急一	u 苦五骨谷	y 猪雨出橘
ʅ 十直尺锡			
ər 二儿耳而			
a 茶塔法辣	ia 家俩牙鸭	ua 瓜花瓦刮	
	iɛ 写鞋接贴		yɛ 靴月学药
ɤ 歌盒壳色		uɤ 坐过活托	
ai 开排埋白		uai 摔快坏外	
ei 赔飞贼北		uei 鬼水对胃	
au 宝饱烧勺	iau 笑桥表条		
əu 豆走口肉	iəu 九牛油六		
an 南站山半	ian 减盐片年	uan 官短关穿	yan 权院元悬
ən 森深根身	iən 心今新斤	uən 滚春存顺	yn 均群熏云
aŋ 糖方唱绑	iaŋ 想响样讲	uaŋ 床王光双	
əŋ 灯升争横	iŋ 冰硬星病	uŋ 东红农共	yŋ 永兄用熊

说明：

（1）iɛ、yɛ 韵母中的 ɛ 舌位较高，近于 ᴇ。

（2）u 作为介音时舌位较低。

（3）舌叶音 tʃ、tʃʰ、ʃ 后的 i 介音较弱，很多音节中 i 介音脱落，变成开口呼。

（4）中古蟹止山臻四摄合口一三等端系字 u 介音大部分丢失，但也有些音节 u 介音没有丢失，两种读法存在自由变读现象。

（5）a、ia、ua 中的 a 舌位偏后，近于 ɑ。

（6）舌叶声母略带舌尖色彩，与舌叶声母相拼的 y、ɿ、ʅ 是舌叶兼舌尖元音，与舌面声母相拼的 y 不同。

三　声调（3个）

平声 31　东该灯风通开天春　门牛油　拍切

上声 214　懂古鬼九统苦讨草　买老五有　谷急哭刻百搭节塔　叶1月麦 叶1: 白读

去声 53　龙铜皮糖红　动罪近后　冻怪半四痛快寸去　卖路硬乱洞地饭树　六毒叶2白盒罚 叶2: 文读

说明：

（1）平声 31，开头比 3 略高，调型前降后平，实际音值为 311，此处记为 31。

（2）上声 214，上声调值不稳定，有的接近平调，有的是升调，有的是降升调，此处统一记为 214。

（3）中古阳平字，有小部分归入阴平（例如：门、牛、油），大部分归入去声。

（4）在连续语流中，在普通话中归入阳平字的平声字很多读升调，调值 24。

叁 连读变调

3.1 两字组连读变调

表35　　　　　　　　　长海方言两字组连读规律表

前字 \ 后字		平声 31	上声 214	去声 53	轻声
平声 31	阴平字	33+31 24+31	31+214	31+53	31+0
	阳平字	24+31	31+214	33+53	
上声 214		21+31 24+31	24+214 55+214	21+53	21+0 24+0
去声 53		53+31	53+214	53+53	53+0

长海两字组连读变调具有以下特点：

（1）上表中的阴平字、阳平字是指在普通话中的归属。

（2）前字去声后字平声，个别词前字读成高平调。例如：荷花：55+31

（3）平声后的轻声的实际调值为1，上声后的轻声实际调值为3，去声后的轻声实际调值为1。在词汇和语法记音中，轻声一律记作0。

（4）前字平声的变调形式比较丰富：

①前字是普通话中的阴平字，后字为平声，前字调值由 31 变为 33 或 24。例如：观音 kuan^{33}iən^{31}｜香菇 ɕiaŋ^{24}ku^{31}｜今年 ciən^{33}n.ian^{31}｜香油 ɕiaŋ^{24}iəu^{31}。

②前字是普通话中的阳平字，后字为平声，前字调值由 31 变为 24。例如：棉花 mian^{24}xua^{31}｜明年 miŋ^{24}n.ian^{31}。

③前字是普通话中的阳平字，后字为去声，前字调值由 31 变为 33。例如：鱼鳞 y^{33}liən^{53}｜蚊帐 uən^{33}tʃaŋ^{53}。

（5）前字上声的变调形式也比较丰富：

①前字为上声，后字为平声，前字调值由 214 变为 24 或 21。例如：打针 ta^{24}tʃən^{31}｜喜欢 ɕi^{24}xuan^{31}｜左边儿 tsuə^{21}piər^{31}｜小心 ɕiau^{21}ɕiən^{31}。

②前字为上声，后字为上声，前字调值由 214 变为 24 或者 55。例如：老叔 lau^{24}ʃy^{214}｜老虎 lau^{55}xu^{214}。

③前字为上声，后字为去声，前字调值由 214 变为 21。例如：眼前儿 ian^{21}

tʃʰier⁵³ | 出殡 tʃʰy²¹piən⁵³。

（6）后字为轻声，前字为平声或去声不变调；前字为上声变为 24 或 21。例如：谷子 ku²⁴tsʅ⁰ | 奶子 nai²¹tsʅ⁰。

3.2 "一、不"的变调

长海"一、不"单念上声 214，它们作前字存在变调现象。后字为平声和去声的时候，变调规律跟其他上声变调规律一致。后字为上声的时候，前字调值变为 53，读同去声。例如：一起 i⁵³cʰi²¹⁴ | 不懂 pu⁵³tuŋ²¹⁴。

肆　异读

一　新老异读

1.1　声母差异
老男有 22 个声母，而青男有 19 个声母，较青男而言，老男多 c、cʰ、ç。

1.2　韵母差异
老男有 36 个韵母，青男有 35 个韵母，较青男而言，多 ʅ。

1.3　声调差异
老男去声调值是 53，中古阳平字，有小部分归入阴平（例如：门、牛、油），大部分归入去声，青男去声调值是 51。

1.4　文白异读差异
老男和青男在文白异读方面存在一些差别，主要表现在青男多读文读，白读说法较少，只有"雀割渴"等少数字存在文白异读现象。

老男文白异读情况详见下节。

二　文白异读

2.1　声母
梗开二入声字部分声母白读ts组，文读tʃ组。例如：拆tsʰɤ²¹⁴（白）/ tʃʰai³¹（文）。

2.2　韵母
宕江摄入声字韵母白读 iau、au，文读 yɛ。例如：雀 tɕʰiau²¹⁴（白）/tɕʰyɛ²¹⁴（文）| 削 ʃau³¹（白）/ ʃyɛ²¹⁴（文）。

山摄曷韵入声字韵母白读 a，文读 ɤ。例如：割 ka²¹⁴（白）/kɤ²¹⁴（文）| 渴 kʰa²¹⁴（白）/kʰɤ²¹⁴（文）。

梗开二入声字部分韵母白读 ɤ，文读 ai。例如：白 pɤ⁵³（白）/ pai⁵³（文）| 窄 tsɤ²¹⁴（白）/ tsai²¹⁴（文）。

2.3　声调
声调异读也主要出现于入声字。

异读多具有一定的词汇条件。例如：叶 iɛ²¹⁴ ~子/iɛ⁵³ 树~。

2.4 多重异读

上文所列文白异读有些不限于声母、韵母或声调某一成分的单一异读，同时存在声韵调两两结合或三者结合的异读情况。

韵母和声调异读：削 ʃau³¹（白）/ ʃyɛ²¹⁴（文）。

声韵调异读：拆 tsʰɤ²¹⁴（白）/ tʃʰai³¹（文）。

伍　儿化

长海话 36 个韵母 ər 除外，其他 35 个韵母都有对应的儿化韵，其中一些韵母的儿化韵有合并现象，因此 35 个韵母共对应 27 个儿化韵。

表 36　　　　　　　　　　长海儿化韵表

儿化韵	本韵	例词
ar	a	把儿 par⁵³ ｜ 变戏法儿 pian⁵³ɕi³far²¹⁴
iar	ia	手丫儿 ʃəu²⁴iar³¹
uar	ua	荷花儿 xɤ⁵⁵xuar³¹
iɛr	iɛ	灶里爷儿 tsau⁵³li⁰iɛr³¹
yɛr	yɛ	腊月儿 la²⁴yɛr⁰
yɜr	yɛ	雀儿 tʃʰyɜr²¹⁴
ɐr	ai	小猪崽儿 ʃiau²¹tʃy³¹tsɐr²¹⁴ ｜ 小孩儿 ʃiau²¹xɐr⁵³
ɐr	an	算盘儿 san⁵³pʰɐr⁵³ ｜ 零蛋儿 liŋ⁵³tɐr⁵³
iɐr	ian	河边儿 xɤ²⁴piɐr³¹ ｜ 天儿 tʰiɐr³¹
uɐr	uai	块儿 kʰuɐr⁵³
uɐr	uan	饭馆儿 fan⁵³kuɐr²¹⁴ ｜ 下晚儿 ɕia⁵³uɐr²¹⁴
yɐr	yan	烟卷儿 ian³¹cyɐr²¹⁴
ɤr	ɤ	炕格儿 kʰaŋ⁵³kɤr²¹⁴
ər	ɿ	事儿 sər⁵³
ər	ʅ	侄儿 tʃər⁵³
ər	ei	姊妹儿 tsɿ²¹mər⁵³ ｜ 亲嘴儿 tʃʰiən³¹tsər²¹⁴
ər	ən	面粉儿 mian⁵³fər²¹⁴ ｜ 本儿 pər²¹⁴
iər	i	咽气儿 ian⁵³cʰiər⁰
iər	iən	今儿 ciər³¹
uər	uei	末尾儿 mɤ⁵³uər²¹⁴ ｜ 味儿 uər⁵³
uər	uə	水果儿 suei²⁴kuər²¹⁴
uər	uən	冰棍儿 piŋ³¹kuər⁵³

儿化韵	本韵	例词
yər	y	新女婿儿 ʃiən³¹ȵy²¹ʃyər⁰
	yn	裙儿 cʰyər⁵³
ur	u	年初儿 ȵian²⁴tʰur³¹ ｜ 轱辘儿 ku²⁴lur³¹
aur	au	姥儿 laur²¹⁴ ｜ 枣儿 tsaur²¹⁴
iaur	iau	角儿 ciaur²¹⁴
əur	əu	后儿 xəur⁵³ ｜ 水沟儿 suei²⁴kəur³¹
iəur	iəu	提溜儿 ti³¹liəur⁰ ｜ 石榴儿 ʃʅ²⁴liəur³¹
ãr	aŋ	头晌儿 tʰəu⁵³ʃãr²¹⁴
iãr	iaŋ	这样儿 tʃɤ⁵³iãr⁰
uãr	uaŋ	蛋黄儿 tan⁵³xuãr⁵³
ə̃r	əŋ	绳儿 ʃə̃r⁵³ ｜ 缝儿 fə̃r⁵³
iə̃r	iŋ	明儿 miə̃r⁵³
ũr	uŋ	胡同儿 xu²⁴tʰũr⁵³
yə̃r	yŋ	小熊儿 ʃiau²¹çyə̃r⁵³

陆　其他主要音变

子尾变韵分以下几种情况：

（1）一部分子尾声母弱化，但还有 ts 的音色。例如：李子 li²¹tsʅ⁰｜橘子 cy⁵³tsʅ⁰

（2）大部分子尾声母脱落后韵母变为 ə。例如：雹子 pa⁵³ə⁰｜地格子 ti⁵³kɤ²⁴ə⁰

（3）当前字是前鼻音韵尾时，子尾韵母变为 ən。例如：毽子 cian⁵³ən⁰｜胖卵子 pʰau³¹lan²¹ən⁰

（4）当前字是后鼻音韵尾时，前字韵尾脱离，韵腹鼻化，子尾声母脱落韵母变为 ən。例如：聋子 lũ³¹ən⁰｜房子 fã⁵³ən⁰

附录

（一）调查人

调查负责人为辽宁师范大学文学院赵建军副教授；

辅助调查人为四位研究生：宋佳、于蕊铭、徐祖熹、丁俊。

（二）方言发音人

角色	姓名	出生年月	职业	文化程度	居住辖区
方言老男	邹治安	1952年1月	个体	小学	大长山岛镇
方言青男	王永浩	1992年2月	警察	高中	大长山岛镇
方言老女	姜福娥	1958年9月	农民	小学	大长山岛镇
方言青女	王丽丽	1984年11月	个体	初中	大长山岛镇
口头文化发音人1	傅连春	1947年12月	工人	初中	大长山岛镇
口头文化发音人2	邹治安	1952年1月	个体	小学	大长山岛镇
口头文化发音人3	丛丽敏	1979年4月	个体	中专	大长山岛镇
口头文化发音人4	王永浩	1992年2月	警察	高中	大长山岛镇
地普发音人1	李华宇	1995年5月	警察	大专	大长山岛镇
地普发音人2	王永浩	1992年2月	警察	高中	大长山岛镇

（三）调查情况

本次调查时间为2018年6月10日至2018年8月5日，调查地点为长海县四块石小学，摄录地点为辽宁师范大学文学院语言科技实验室。

本次调查使用的录音话筒为SAMSONC03U，录音声卡为Realtek High Definition Audio，摄像机为SONY FDR-AX30。

大连市语委办主任陈德京、大连市语委办罗玉娟、长海县语委办李宇红等在工作中给予了大力支持和帮助。

辽宁省语委办于玲副主任和辛海春、辽宁师范大学原新梅教授参与了发音人遴选工作。

第十八节　庄河方音

壹　概况

庄河市是大连市所属的县级市，位于辽东半岛东侧南部、大连市东北部，东近丹东与东港市为邻，西以碧流河与普兰店区相接，南濒黄海与长海县隔海相望，北依群山与营口市的盖州、鞍山市的岫岩满族自治县相连。庄河，以庄庄有河而得名，是辽南地区重要的文化重镇。

庄河市地理坐标为东经122.97°，北纬39.68°，全境陆地总面积4113.6平方公里（含大连花园口经济区），海域面积2930余平方公里，自然海岸线长285公里。庄河市为低山丘陵区，属千山山脉南延部分，地势由南向北逐次升高。

1949年5月至1954年8月庄河直属辽东省，1954年8月至1956年5月直属辽宁省，1956年6月划归安东省专区，1959年1月划归旅大市（今大连市），1965年12月划归丹东市，1968年12月划归旅大市，1987年11月6日，经国务院批准列为国家边境县，1992年9月21日，经国务院批准撤县建市，属辽宁省县级市，由大连市代管。

截至2018年，庄河市共辖25个乡（镇）、街道。全市户籍居民总户数为26.1万户，总人口82.4万人。有满、回、蒙古、朝鲜等17个少数民族，人口7.56万人。[①]

庄河方言属于胶辽官话登连片烟威小片，常住居民主要使用庄河话交流。（庄河方言内部有差异，大致可分为四个区域：一是以庄河市为代表的南部沿海区域，包括市区在内的位于丹普路两侧及其以南沿海地区；二是海岛区域，包括石城岛、王家岛等；三是西北偏北区域，包括横道河、桂云花、步云山、荷花山一带；四是东北偏北区域，包括三架山、仙人洞、太平岭与大营子北部、光明山、平山、长岭等地。）

调查选择的是属于南部沿海区域的庄河市城关街道和兴达街道所代表的庄河老城区方言。

庄河剪纸、庄河民间故事等为国家级和省级非物质文化遗产。

贰　声韵调

一　声母（19个）

p 八兵病别	pʰ 派片爬扑	m 麦明马门	f 飞风副饭
t 多端东毒	tʰ 讨天甜突	n 脑南难能	l 老蓝连路
ts 资早租贼	tsʰ 刺草寸祠		s 丝三酸事
tɕ 酒九绝菊	tɕʰ 清全轻权	ȵ 年女鸟牛	ɕ 想谢十县
k 哥高共谷	kʰ 开口宽阔		x 好灰活很
∅ 味问热软			

说明：

（1）零声母音节中，合口呼韵母的字有时会有摩擦，u 读为 v 或 ʋ。

（2）ts、tsʰ、s 实际发音时的舌尖位于上齿背与齿龈之间，音值近似 tʃ、tʃʰ、ʃ。

二　韵母（36个）

ɿ 丝师试事	i 米戏急一	u 苦五骨谷	y 猪雨出橘

[①] 庄河人民政府 http://www.dlzh.gov.cn/show/main#

ər 二儿而耳

a 茶塔法辣　　　　ia 牙鸭家俩　　　　ua 瓦刮花瓜
　　　　　　　　　iɛ 写鞋接贴　　　　　　　　　　　　yɛ 靴月学雪
ə 歌盒壳色　　　　　　　　　　　　　uə 坐过活托
ai 开排埋白　　　　　　　　　　　　uai 快坏外摔
ei 赔对飞北　　　　　　　　　　　　uei 鬼灰水卫
ao 宝饱烧老　　　　iao 笑桥表条
ou 豆走口头　　　　iəu 油六牛九
an 南山半短　　　　ian 盐年减片　　　uan 官关穿碗　　　yan 权院元悬
ən 深根身森　　　　in 心新今斤　　　uən 寸滚春顺　　　yn 云群均熏
aŋ 糖唱方帮　　　　iaŋ 响讲杨样　　　uaŋ 床王双光
əŋ 灯升争横　　　　iŋ 硬病星冰　　　uŋ 东红农共　　　yŋ 兄用永熊
　　　　　　　　　　　　　　　　　uəŋ 翁瓮

说明：

（1）a 在韵母 a、ia、ua 中的实际音值为 ᴀ；在 i-、-n 之间音值接近 ɛ；在 -u、-ŋ 前舌位偏后，实际音值接近 ɑ。

（2）ə、uə 韵母中的 ə 的实际读音舌位有的接近央元音 ə，有的略靠后接近后元音 ɤ。

（3）u 作为介音时圆唇度偏低。

（4）复元音 ei 有明显单元音化的趋势，发音接近 e。在确定音位时将其定为复元音。

（5）前鼻音韵母 an、ən 在部分音节中会变成鼻化韵 æ̃、ẽ，主要是在平声字中。

（6）中古蟹止山臻四摄合口一三等端系字 u 介音大部分丢失，但也有些音节 u 介音没有丢失，两种读法存在变读现象。

（7）i、n 之间的 ə 以及 i、ŋ 之间的 ə 发音不明显，主要元音弱化，没有标出。

三　声调（3 个）

平声 31　　东该灯风通开天春　门牛油　拍
上声 213　懂古鬼九统苦讨草　买老五有　谷急哭刻百搭节塔切　麦
去声 51　　龙铜皮糖红　动罪近后　冻怪半四痛快寸去　卖路硬乱洞地饭树　六叶月毒白盒罚

说明：

上声 213 不稳定，有时也读作 212，此处统一记为 213。

叁　连读变调

3.1　两字组连读变调

表 37　　　　　　　　　　庄河方言两字组连读规律表

前字＼后字	平声 31	上声 213	去声 51	轻声
平声 31	24+31 33+31	31+213	31+51	31+0 24+0
上声 213	24+31 21+31	24+213	21+51	21+0
去声 51	51+31	51+213	53+51	51+0

庄河两字组连读变调具有以下特点：

（1）去声作前字时，后字为平声或上声时，实际调值为 52，此处统一记为 51。

（2）在词汇、语法和口头文化记音中，轻声一律记作 0。

（3）上声的变调形式比较丰富：

①前字为上声，后字为平声，前字调值由 213 变为 24 或 21。例如：打针儿 ta^{24}tsər^{31} | 喜欢 ɕi^{24}xuan^{31} | 往年 uaŋ^{21}ȵian^{31}。

②前字为上声，后字为上声，前字调值由 213 变为 24。例如：老虎 lao^{24}xu^{213} | 打闪 ta^{24}san^{213}。

③前字为上声，后字为去声，前字调值由 213 变为 21。例如：出殡 tɕʰy^{21}pin^{51} | 以后 i^{21}xəu^{51} | 眼前 ian^{21}tɕʰian^{51}。

（4）前字为平声，后字为上声和去声不变调；后字为平声，前字由 31 变为 24 或 33。例如：元宵 yan^{24}ɕiao^{31} | 公猫 kuŋ^{33}mao^{31} | 观音 kuan^{33}in^{31}。

（5）前字为去声，后字为平声和上声不变调；后字为去声，前字由 51 变为 53。例如：做饭 tsəu^{53}fan^{51} | 白面 pai^{53}mian^{51}。

（6）后字为轻声，前字为去声不变调；前字为平声不变调或者变为 24；前字为上声，前字由 213 变为 21。例如：星星 ɕiŋ^{31}ɕiŋ^{0} | 锤子 tsʰuei^{24}ə^{0} | 牡丹 m^{21}tan^{0} | 耳朵 ər^{21}tuə^{0}。

3.2　"一、不"的变调

庄河"一、不"单念上声 213，它们作前字存在变调现象。后字为平声和去声的时候，变调规律跟其他上声变调规律一致。后字为上声的时候，前字调值变为 51，读同去声。例如：一起 i^{51}tɕʰi^{213} | 不懂 pu^{51}tuŋ^{213}。

肆 异读

一 新老异读

1.1 声母差异

老男有 19 个声母，青男有 23 个声母。青男较老男而言，多出 tʂ、tʂʰ、ʂ、ʐ 四个声母。

1.2 韵母差异

老男有 36 个韵母，青男有 37 个韵母。青男较老男而言，多出声母 ɿ。老男读前鼻音韵母 an、ən 在部分音节中会变成鼻化韵 æ̃、ə̃，这种变化主要是在平声字中，青男没有这种变化。

1.3 声调差异

老男有 3 个调类，青男是 4 个调类。青男较老男而言，平声分阴平和阳平。

1.4 文白异读差异

老男和青男在文白异读方面存在一些差别，主要表现在青男多读文读，白读说法较少，只有"角窄雀"等少数字存在文白异读现象。青男多了很多又读，大多数是阳平和去声之间的又读。例如：桥 tɕʰiao^{352}（又）/tɕʰiao^{51}（又）｜楼 ləu^{352}（又）/ləu^{51}（又）｜城 tsʰəŋ^{352}（又）/tsʰəŋ^{51}（又）

老男文白异读情况详见下节。

二 文白异读

2.1 声母

蟹摄开口二等见母字声母白读 k，文读 tɕ。例如：街 kai^{31}（白）/tɕiɛ^{31}（文）。

2.2 韵母

宕江摄入声字韵母白读 iau、au，文读 yɛ。例如：雀 tɕʰiao^{213}（白）/tɕʰyɛ^{213}（文）｜脚 tɕiao^{213}（白）/tɕyɛ^{213}（文）。

山摄曷韵入声字韵母白读 a，文读 ə。例如：割 ka^{213}（白）/kə^{213}（文）。

遇摄合口一等暮韵字韵母白读 əu，文读 uə。例如：做 tsəu^{51}（白）/tsuə^{51}（文）。

2.3 多重异读

上文所列文白异读有些不限于声母、韵母或声调某一成分的单一异读，同时存在声韵调两两结合的异读情况。

声母和韵母异读：街 kai^{31}（白）/tɕiɛ^{31}（文）。

伍 儿化

庄河话 36 个韵母 ər、uəŋ 除外，其他 34 个韵母都有对应的儿化韵，其中一些韵母的儿化韵有合并现象，因此 34 个韵母共对应 25 个儿化韵。

表 38　　　　　　　　　　　　　庄河儿化韵表

儿化韵	本韵	例词
ar	a	把儿 par⁵¹ ｜ 旮旯儿 ka³¹lar⁰ ｜ 那儿 nar⁵¹
iar	ia	角儿 tɕiar²¹³
uar	ua	荷花儿 xɔ⁵¹xuar³¹ ｜ 连环画儿 lian²⁴xuan³³xuar⁵¹
iɛr	iɛ	叶儿 iɛr⁵¹ ｜ 大后尾儿 ta⁵³xəu⁵¹iɛr²¹³
yɛr	yɛ	满月儿 man²¹yɛr⁵¹ ｜ 腊月儿 la⁵¹yɛr⁰
ɐr	ai	盖儿 kɐr⁵¹ ｜ 小孩儿 ɕiao²¹xɐr⁵¹ ｜ 猪崽儿 tɕy³¹tsɐr²¹³
ɐr	an	算盘儿 suan⁵³pʰɐr⁵¹ ｜ 门槛儿 mən³¹kʰɐr²¹³
iɐr	ian	河边儿 xuɔ⁵¹piɐr³¹ ｜ 左面儿 tsuɔ²¹miɐr⁵¹ ｜ 上边儿 saŋ⁵¹piɐr⁰
uɐr	uai	块儿 kʰuɐr⁵¹
uɐr	uan	玩儿 uɐr³¹ ｜ 水湾儿 suei²⁴uɐr³¹
yɐr	yan	手绢儿 səu²¹tɕyɐr⁵¹ ｜ 烟卷儿 ian³¹tɕyɐr²¹³
ər	ə	围脖儿 uei⁵³pər⁵¹ ｜ 唱歌儿 tsʰaŋ⁵¹kər³¹
ər	ɿ	侄儿 tsər⁵¹ ｜ 事儿 sər⁵¹
ər	ei	傍黑儿 paŋ⁵¹xər²¹³ ｜ 提媒儿 tʰi²¹mər⁵¹
ər	ən	婶儿 sər²¹³ ｜ 赔本儿 pʰei⁵¹pər²¹³
iər	i	年底儿 ȵian³¹tiər²¹³ ｜ 咽气儿 ian⁵³tɕʰiər⁵¹
iər	in	今儿 tɕiər³¹ ｜ 媒人儿 mei⁵³iər⁵¹
uər	uei	亲嘴儿 tɕʰin³¹tsər⁵¹ ｜ 气味儿 tɕʰi⁵¹uər⁰
uər	uə	水果儿 suei²⁴kuər²¹³ ｜ 洋火儿 iaŋ⁵¹xuər²¹³
uər	uən	冰棍儿 piŋ³¹kuər⁵¹ ｜ 外孙儿 uai⁵¹suər³¹
yər	y	新女婿儿 ɕin³¹ȵy²¹ɕyər⁰
yər	yn	裙儿 tɕʰyər⁵¹
ur	u	年初儿 ȵian²⁴tsʰur³¹ ｜ 屋儿 ur³¹
aor	ao	姥儿 laor²¹³ ｜ 枣儿 tsaor²¹³
iaor	iao	小小儿 ɕiao²⁴ɕiaor²¹³ ｜ 面条儿 mian⁵³tʰiaor⁵¹
əur	əu	后儿 xəur⁵¹ ｜ 山沟儿 san³³kəur³¹
iəur	iəu	石榴儿 ɕi⁵¹liəur⁰ ｜ 油儿笔 iəur³¹pi²¹³
ãr	aŋ	电棒儿 tian⁵³pãr⁵¹ ｜ 肩膀儿 tɕian³¹pãr²¹³
iãr	iaŋ	模样儿 m⁵¹iãr⁰ ｜ 看对象儿 kʰan⁵³tei⁵³ɕiãr⁵¹

续表

儿化韵	本韵	例词
uãr	uaŋ	蛋黄儿 tan⁵³xuãr⁵¹
ə̃r	əŋ	坝埂儿 pa⁵¹kə̃r²¹³ | 缝儿 fə̃r⁵¹
iə̃r	iŋ	明儿 miə̃r⁵¹ | 银杏儿 in⁵³ɕiə̃r⁵¹
ũr	uŋ	胡同儿 xu²¹tʰũr⁵¹
yə̃r	yŋ	小熊儿 ɕiao²¹ɕyə̃r⁵¹

陆　其他主要音变

庄河话子尾音变现象丰富。子尾音变的主要特点是子尾弱化，大部分子尾声母 ts 脱落，韵母变化分以下几种情况：

（1）大部分子尾声母脱落后韵母变为 ə。例如：水泡子 suei²⁴pʰao³¹ə⁰ \| 桃子 tʰao⁵¹ə⁰ \| 椅子 i²¹ə⁰。

（2）当前字是前鼻音韵尾时，子尾韵母变为 nə 或 ən。例如：剪子 tɕian²¹ən⁰ \| 毽子 tɕian⁵¹ən⁰ \| 案子 an⁵¹nə⁰ \| 蚊子 uən⁵¹nə⁰。

（3）当前字是后鼻音韵尾时，前字韵尾脱离，韵腹鼻化，子尾声母脱落韵母变为 ə。例如：房子 fã⁵¹ə⁰ \| 粽子 tsə̃⁵¹ə⁰ \| 菜饼子 tsʰai⁵¹piə̃²¹ə⁰。

附录

（一）调查人

调查负责人为辽宁师范大学文学院原新梅教授；

主要调查人为辽宁师范大学文学院赵建军副教授、原新梅教授；

辅助调查人为三位研究生：李昕升、张乐、苏丽娜。

（二）方言发音人

角色	姓名	出生年月	职业	文化程度	居住辖区
方言老男	汤日增	1955 年 10 月	警察	高中	城关街道
方言青男	徐得壮	1990 年 12 月	裱花师	初中	兴达街道
方言老女	孟淑香	1955 年 11 月	营业员	初中	城关街道
方言青女	石晗桥	1992 年 12 月	书记员	大专	城关街道
口头文化发音人 1	徐得壮	1990 年 12 月	裱花师	初中	兴达街道
口头文化发音人 2	石晗桥	1992 年 12 月	书记员	大专	城关街道
口头文化发音人 3	张巧连	1988 年 10 月	待业	初中	兴达街道

续表

角色	姓名	出生年月	职业	文化程度	居住辖区
口头文化发音人4	臧文	1988年08月	公务员	本科	兴达街道
地普发音人1	臧文	1988年08月	公务员	本科	兴达街道
地普发音人1	张巧连	1988年10月	待业	初中	兴达街道
地普发音人1	徐得壮	1990年12月	裱花师	初中	兴达街道

（三）调查情况

本次调查时间为2017年7月1日至2017年11月20日，调查地点为庄河市红岩小学、庄河市《庄河记忆》编辑部和辽宁师范大学文学院语言科技应用实验室。

本次调查使用的录音话筒为SAMSON C03U，录音声卡为Realtek High Definition Audio，摄像机为SONY FDR-AX30。

大连市语委办主任陈德京、大连市语委办罗玉娟、庄河市语委办孙尚福、庄河市语委办曹鼎毅、庄河市教师进修学校赫荣莉、庄河市《庄河记忆》编辑部孙德宇和张传筠等在工作中给予了大力支持和帮助。沈阳师范大学夏历教授和张华副教授参与完成发音人遴选等工作。

第十九节　盖州方音

壹　概况

盖州市是营口市所属的县级市，位于辽东半岛西北部、营口市南部，东与鞍山市的岫岩满族自治县为邻，西靠渤海和鲅鱼圈区，南与大连市的瓦房店市、普兰店区、庄河市接壤，北与营口市区及大石桥市相连。盖州历史悠久，底蕴丰厚。早在汉代就是商贾云集的东北重镇。清代中叶，成为东北的"财货通衢""名闻八闽，声达三江"。建国后，素有辽南第一县之称。

盖州市地理坐标为东经122.35°，北纬40.44°，全境陆地总面积2930平方公里。盖州市属辽南丘陵地带。东部和东南部的低山和丘陵是千山地脉的延伸，西部和西北部是平原，形成东高西低的阶梯式地貌。西部沿海地区海拔5米，为全县最低点，平原地区海拔19米，丘陵地区海拔48米，低山区海拔170米。位于罗屯乡与庄河市交界的步云山海拔1130米，为辽南最高点。

中华人民共和国成立之初，盖平县属辽东省管辖，1954年属为营口市辖县，1958年10月成立盖平人民公社，1959年3月撤销盖平县公社，恢复盖平县人民委员会，1965年1月，经国务院决定，更名为盖县，1992年11月3日，经民政部批准，撤销盖县，设立盖州市（县级）。

截至 2018 年，盖州市共辖 27 个乡（镇）、街道。全市户籍居民总人口 68.7 万人。有满、回、蒙古、朝鲜等 16 个少数民族，人口 16.5 万人。

盖州市境内都属于胶辽官话营通片盖桓小片，常住居民主要使用盖州话交流。按口音区分，大体分西北部、东南部两种情况，西北的鼓楼街道、西城街道、东城街道、太阳升街道、团山街道、西海街道、九垄地街道、归州街道、高屯镇、团甸镇、徐屯镇是典型的盖州口音。东南九寨镇、杨运镇、矿洞沟镇与庄河、普兰店、瓦房店临近，带有登连片口音，卧龙泉镇与岫岩相邻，带有登连片口音。

调查选择的是鼓楼街道所代表的盖州老城区方言。

盖州市曲艺有东北二人转，与东北其他地域二人转并无明显差异。盖州风筝、盖州皮影、盖州高跷秧歌等为国家级和省级非物质文化遗产。

贰 声韵调

一 声母（19 个）

p 八兵病别	pʰ 派片爬扑	m 马麦明泥	f 飞凤饭副
t 多端东毒	tʰ 讨天甜拖	n 拿脑南内	l 老蓝连路
ts 资张纸装	tsʰ 刺抽初春		s 丝山手十
tɕ 酒九绝菊	tɕʰ 清全轻权	ȵ 年泥娘捏	ɕ 想谢响县
k 歌高共谷	kʰ 开口宽阔		x 好很灰活
ø 味云热药			

说明：

（1）ts、tsʰ、s 组声母有时读为 tʃ、tʃʰ、ʃ，属于自由变读，此处统一记为 ts、tsʰ、s。

（2）零声母音节前带有摩擦，但没有区别意义作用，统一记为零声母。

（3）新派读音中古日母字声母部分读为 ʐ。

二 韵母（36 个）

ɿ 师丝十尺	i 米戏急七	u 苦五猪骨	y 雨橘绿局
ər 二儿耳			
a 茶塔法辣	ia 家俩牙鸭	ua 抓花瓦刮	
	iɛ 写鞋接贴		yɛ 靴月学掘

ɤ 歌盒壳色　　　　　　　　　　　uɤ 坐过活托

ai 开排白色　　　　　　　　　　uai 摔快坏外

ei 赔飞贼北　　　　　　　　　　uei 对水鬼胃

au 宝饱烧勺　　　iau 笑桥药壳

əu 豆走口肉　　　iəu 牛九油六

an 南站山半　　　ian 减盐片年　　uan 短官关穿　　yan 权院元悬

ən 森深根身　　　in 心今新斤　　uən 寸滚春顺　　yn 均群熏云

aŋ 糖唱方绑　　　iaŋ 响样讲腔　　uaŋ 床光王双

əŋ 灯升争横　　　iŋ 硬病星冰　　uŋ 东红农共　　yŋ 兄用永熊

　　　　　　　　　　　　　　　　uəŋ 翁瓮

说明：

（1）uɤ 中 ɤ 的实际发音接近 ə。ɤ 在轻声音节接近 ə。

（2）ai 的实际音值为 aɪ。

（3）au、iau、əu、iəu 中的 u 实际音值接近 o。

（4）iɛ 中 ɛ 的实际发音较高，近似 E。

（5）a 作单韵母时发音为 A，在韵尾 i、n 前发音较高，近似 ɛ，在 u、ŋ 前发音靠后，发音为 ɑ。

（6）ɿ 在轻声音节有向央中靠近的趋势，近似 ə，此处统一记为 ɿ。

（7）ər 有时读作 er，此处统一记为 ər。

三　声调（4个）

阴平 412　东该灯风通开天春　搭拍

阳平 24　门龙牛油铜皮糖红　急　毒白盒罚

上声 213　懂古鬼九统苦讨草　买老五有　谷百节哭塔切刻（～字）

去声 51　动罪近后　冻怪半四痛快寸去　卖路硬乱洞地饭树　刻（倾～）　六麦叶月

说明：

（1）阳平 24 有时读得较高，近似 35。

（2）上声 213 有时读 212 或 214。

叁 连读变调

表 39 　　　　　　　　　　盖州两字组连读变调表

前字＼后字	阴平 412	阳平 24	上声 213	去声 51	轻声
阴平 412	24+412	412+24	412+213	412+51	412+13
阳平 24	24+412	24+24	24+213	24+51	24+2
上声 213	24+412	21+24	24+213	21+51	21+4 213+2
去声 51	51+412	51+24	51+213	51+51	51+2

盖州两字组连读变调具有以下特点：

（1）上声+阳平，有时也读 213+24，如鲫鱼 tɕi²¹y²⁴，此处统一将前字调值记为 21。

（2）阴平字作前字，后字为阳平、上声和去声时，前字的实际调值是 41，此处统一记为 412。

（3）去声作前字时，实际调值为 52，此处统一记为 51。

（4）在词汇和语法记音中，轻声一律记作 0。

肆　异读

一　声母差异

青男较老男而言，ts、tsʰ、s 组声母有时发音部位略靠后，接近齿龈部位，且成阻部位是舌尖靠后一点的位置，例如：吃 tsʰɿ²¹³｜粽 tsəŋ⁵¹｜族 tsu²⁴｜中 tsuŋ⁴¹²。主动发音器官用力较轻，成阻较松。

二　韵母差异

老男又读现象较青男多，如"蟹""刻""摘"。

三　声调差异

老男次清入归阴平字数量较老男多，如"切"。

四　文白异读

声韵异读：街 kai⁴¹²/tɕiɛ⁴¹²｜解 kai²¹³/tɕiɛ²¹³｜棉 ȵiau²⁴/mian²⁴｜泥 mi²⁴/ȵi²⁴
韵调异读：色 ʂai²¹³/ʂɤ⁵¹。

声韵调异读：蟹 k^hai^{412}/$\varepsilon i\varepsilon^{51}$

伍 儿化

盖州话 36 个韵母除 ər 外，其他 35 个韵母都有对应的儿化韵，其中一些韵母的儿化韵有合并现象，因此 35 个韵母共对应 28 个儿化韵。

表 40　　　　　　　　　　　盖州儿化韵表

儿化韵	本韵	例词
ar	a	大裤衩儿 $ta^{51}k^hu^{51}ts^har^{213}$ ｜ 把儿 par^{51}
iar	ia	抽屉儿 $ts^hou^{412}\varepsilon iar^{24}$ ｜ 角儿 $t\varepsilon iar^{213}$
uar	ua	花儿 $xuar^{412}$ ｜ 蹄爪儿 $t^hi^{24}tsuar^{213}$
iɛr	iɛ	蝴蝶儿 $xu^{24}ti\varepsilon r^{213}$ ｜ 姑爷儿 $ku^{412}i\varepsilon r^{0}$
yɛr	yɛ	腊月儿 $la^{51}y\varepsilon r^{0}$ ｜ 喜鹊儿 $\varepsilon i^{21}t\varepsilon^h y\varepsilon r^{51}$
ɐr	ai	猪崽儿 $tsu^{412}ts\varepsilon r^{213}$ ｜ 手指盖儿 $sou^{21}ts\gamma^{24}k\varepsilon r^{51}$
ɐr	an	门槛儿 $m\mathrm{ə}n^{24}k^h\varepsilon r^{51}$ ｜ 丫蛋儿 $ia^{412}t\varepsilon r^{51}$
iɐr	ian	打对面儿 $ta^{21}tuei^{51}mi\varepsilon r^{51}$ ｜ 小眼儿 $\varepsilon iau^{24}i\varepsilon r^{213}$
uɐr	uai	凉快儿 $lia\eta^{24}k^hu\varepsilon r^{0}$ ｜ 血块儿 $\varepsilon i\varepsilon^{21}k^hu\varepsilon r^{51}$
uɐr	uan	尿罐儿 $\mathrm{ɲ}iau^{51}ku\varepsilon r^{51}$ ｜ 五端儿 $u^{24}tu\varepsilon r^{412}$
yɐr	yan	手绢儿 $sou^{21}t\varepsilon y\varepsilon r^{51}$ ｜ 圆圈儿 $yan^{24}t\varepsilon^h y\varepsilon r^{412}$
ər	ɿ	油菜籽儿 $iou^{24}ts^hai^{51}ts\mathrm{ə}r^{213}$ ｜ 羹匙儿 $k\mathrm{ə}\eta^{412}ts^h\mathrm{ə}r^{24}$
ər	ei	姊妹儿 $ts\gamma^{21}m\mathrm{ə}r^{51}$ ｜ 眼泪儿 $ian^{21}l\mathrm{ə}r^{51}$
ər	ən	洗脸盆儿 $\varepsilon i^{24}lian^{21}p^h\mathrm{ə}r^{24}$ ｜ 串门儿 $ts^huan^{51}m\mathrm{ə}r^{24}$
iər	i	年底儿 $\mathrm{ɲ}ian^{24}ti\mathrm{ə}r^{213}$ ｜ 咽气儿 $ian^{51}t\varepsilon^hi\mathrm{ə}r^{51}$
iər	in	别人儿 $pi\varepsilon^{24}i\mathrm{ə}r^{24}$ ｜ 背心儿 $pei^{51}\varepsilon i\mathrm{ə}r^{412}$
uər	uei	裤腿儿 $k^hu^{51}t^hu\mathrm{ə}r^{213}$ ｜ 牌位儿 $p^hai^{24}u\mathrm{ə}r^{51}$
uər	uən	打盹儿 $ta^{24}tu\mathrm{ə}r^{213}$ ｜ 外孙儿 $uai^{51}su\mathrm{ə}r^{412}$
yər	y	地蛐蛐儿 $ti^{51}t\varepsilon^hy^{412}t\varepsilon^hy\mathrm{ə}r^{0}$ ｜ 饭局儿 $fan^{51}t\varepsilon y\mathrm{ə}r^{24}$
yər	yn	连衣裙儿 $lian^{24}i^{412}t\varepsilon^hy\mathrm{ə}r^{24}$ ｜ 小军儿 $\varepsilon iau^{24}t\varepsilon y\mathrm{ə}r^{412}$
ɤr	ɤ	围脖儿 $uei^{24}p\gamma r^{24}$ ｜ 媒婆儿 $mei^{24}p^h\gamma r^{24}$
uɤr	uɤ	冰果儿 $pi\eta^{412}ku\gamma r^{213}$ ｜ 罗锅儿 $lu\gamma^{24}ku\gamma r^{412}$
ur	u	眼珠儿 $ian^{24}tsur^{412}$ ｜ 打呼儿 $ta^{24}xur^{412}$

续表

儿化韵	本韵	例词
aur	au	豆腐脑儿 təu⁵¹fu⁰naur²¹³ ｜ 藏猫儿 tsʰaŋ²⁴maur⁴¹²
iaur	iau	家雀儿 tɕia⁴¹²tɕʰiaur²¹³ ｜ 口条儿 kʰəu²¹tʰiaur²⁴
əur	əu	扣儿 kʰəur⁴¹² ｜ 小偷儿 ɕiau²⁴tʰəur⁴¹²
iəur	iəu	袖儿 ɕiəur⁵¹
ãr	aŋ	电棒儿 tian⁵¹pãr⁵¹ ｜ 茅草房儿 mau²⁴tsʰau²¹fãr²⁴
iãr	iaŋ	老丈母娘儿 lau²¹tsaŋ⁵¹muⁿ⁰n̩iãr²⁴ ｜ 新娘儿 ɕin⁴¹²n̩iãr²⁴
uãr	uaŋ	一对双儿 i²⁴tuei⁵¹suãr⁵¹ ｜ 天窗儿 tʰian²⁴tsʰuãr⁴¹²
ə̃r	əŋ	田埂儿 tʰian²⁴kə̃r²¹³ ｜ 水坑儿 suei²⁴kʰə̃r⁴¹²
iə̃r	iŋ	银杏儿 in²⁴ɕiə̃r⁵¹ ｜ 瓶儿 pʰiə̃r²⁴
uə̃r	uəŋ	瓮儿 uə̃r⁵¹ ｜ 嗡儿嗡儿 uə̃r²⁴uə̃r⁴¹²
ũr	uŋ	换盅儿 xuan⁵¹tsũr⁴¹² ｜ 胡同儿 xu²⁴tʰũr⁵¹
yə̃r	yŋ	小熊儿 ɕiau²¹ɕyə̃r²⁴ ｜ 哭穷儿 kʰu²¹tɕʰyə̃r²⁴

特殊音变：

（1）"明儿个"中"明"的儿化读音不是 miə̃r，而是 miɛr。"今儿个"中"今"的儿化读音不是 tɕiər，而是 tɕiɛr。

（2）"媳妇"的"妇"单字音为 fu，但在语流中元音弱化脱落，儿化韵常常读为 fər。

陆　其他主要音变

（1）"子"作词缀构成的轻声词如"李子"，"子"元音有弱化倾向，接近但还未到达央 ə，统一记为 tsʅ。

（2）"个""了""的"等单字音分别为 kɤ、lɤ、tɤ，但在语流中常常读为 kə、lə、tə，此处统一分别记为 kɤ、lɤ、tɤ。

附录

（一）调查人

调查负责人为辽宁师范大学文学院张明辉副教授；
主要调查人为辽宁师范大学文学院张明辉副教授、王虎教授；
辅助调查人为六位研究生：王聪、孙宗美、杨笑笑、朱红雨、孟璐、赵欣。

（二）方言发音人

角色	姓名	出生年月	职业	文化程度	居住辖区
方言老男	李廷全	1954年10月	教师	初中	鼓楼街道
方言青男	刘忠德	1982年01月	个体	初中	鼓楼街道
方言老女	张恩艳	1957年03月	教师	初中	鼓楼街道
方言青女	白洋	1987年03月	个体	初中	鼓楼街道
口头文化发音人1	张恩艳	1957年03月	教师	初中	鼓楼街道
口头文化发音人2	刘爱华	1977年04月	教师	本科	鼓楼街道
口头文化发音人3	刘忠德	1982年01月	个体	初中	鼓楼街道
口头文化发音人4	李廷全	1954年10月	教师	初中	鼓楼街道
口头文化发音人5	王小丹	1980年10月	出纳	高中	鼓楼街道
地普发音人1	刘爱华	1977年04月	教师	本科	鼓楼街道
地普发音人2	王小丹	1980年10月	私企出纳	高中	鼓楼街道
地普发音人3	祁风琴	1959年7月	退休工人	初中	鼓楼街道

（三）调查情况

本次调查时间为2017年5月10日至2017年7月31日，调查地点为辽宁省盖州市语委办会议室和辽宁师范大学文学院语言科技实验室。

本次调查使用的录音话筒为SAMSON C03U，录音声卡为Realtek High Definition Audio，摄像机为SONY FDR-AX30。

盖州市语委主任李琳、盖州市语委副主任孙明媚等在工作中给予了大力支持和帮助。

第二十节　丹东方音

壹　概况

丹东市地处辽宁省东南部，鸭绿江与黄海交汇处，东与朝鲜民主主义人民共和国的新义州特别市隔江相望，南临黄海，西界鞍山，西南与大连市毗邻，北与本溪市接壤。

丹东市地理坐标为东经116.40°，北纬39.91°，行政区划面积1.52万平方公里，下辖元宝区、振兴区、振安区3个市辖区，凤城市、东港市2个县级市和1个宽甸满族自治县、1个国家级边境经济合作区。

丹东原名"安东"，源于唐代设置的安东督护府，自古就是我国东北的商贸重镇和军事要塞。1949年以来，先后隶属辽东省、辽宁省。现在是中国最大的边境城市，是中国对朝贸易最大的口岸城市，国家级边境合作区、全国沿边重点开发开放试验区和沿海开放城市。

截至2018年底，丹东市总人口239万人，是个多民族聚居的城市，是满族的发祥地之一，共有汉、满、蒙、回、朝鲜、锡伯等40个民族。少数民族中，满族人口最多，占全市总人口的32%，主要集中在凤城、宽甸满族自治县等；朝鲜族主要分布在丹东市城区。[①]

丹东市境内的汉语方言属于胶辽官话盖桓片。朝鲜语是当地常用的少数民族语言，可被用于日常生活、工作交流。

由于普通话的推广、普及，年轻人的方音受到普通话较大影响，语音整体向普通话靠拢。本次调查选择的是属于丹东市的元宝区和振兴区所代表的丹东老城区的方言。

本地有丹东单鼓和东北民歌、大鼓等艺术形式。

贰　声韵调

一　声母（23个）

p 八兵病别	pʰ 派片爬扑	m 马麦明泥	f 飞风副蜂
t 多端东毒	tʰ 讨天甜突	n 脑南闹奴	l 老蓝连路
ts 资早租字	tsʰ 刺草寸祠		s 丝三酸涩
tʂ 张竹柱纸	tʂʰ 茶抽春吃		ʂ 事山双顺　ʐ 如弱
tɕ 酒九绝菊	tɕʰ 清全轻权	ȵ 年女鸟牛	ɕ 想谢响县
k 哥高共谷	kʰ 开口宽阔		x 好灰活很
∅ 味问热软			

说明：

（1）微母、影母和云母的部分字的声母记为零声母，但实际发音介于唇齿浊擦音v和唇齿通音ʋ之间，发音人有时摩擦较重，有时摩擦较轻。

（2）知庄章组字声母记为舌尖后音。发音人实际发音时的舌尖后缩不到位，位于上齿背与齿龈之间，听感上带有舌叶音的色彩。

二　韵母（37个）

ɿ 紫刺资死	i 弟米戏一	u 苦注出五	y 猪雨绿局

[①] 丹东市人民政府网 http://www.dandong.gov.cn/

ɿ 师试十直

ər 二儿而耳

a 茶塔法辣　　　　ia 家俩牙鸭　　　　ua 瓜花瓦刮

　　　　　　　　　iɛ 写鞋接贴　　　　　　　　　　　　yɛ 靴月学掘

ɤ 歌盒壳色

　　　　　　　　　　　　　　　　　uo 坐过活托

ai 开排埋白　　　　　　　　　　　uai 摔快坏外

ei 赔飞贼北　　　　　　　　　　　uei 对水鬼胃

au 宝饱烧勺　　　　iau 表笑桥药

ou 豆走口肉　　　　iou 九牛油六

an 南站山半　　　　ian 减盐片年　　uan 短官关穿　　yan 权院元悬

ən 森深根身　　　　in 心今新斤　　uən 寸滚春顺　　yn 均群熏云

aŋ 糖唱方绑　　　　iaŋ 响样讲腔　　uaŋ 床光双王

əŋ 灯升争蒙　　　　iŋ 冰硬病星　　uŋ 东红农共　　yŋ 兄永用熊

　　　　　　　　　　　　　　　　　uəŋ 翁瓮

说明：

（1）a 在韵母 a、ia、ua 中的实际音值为 ᴀ；在 i-、-n 之间音值接近 ɛ；在 -u、-ŋ 前舌位偏后，实际音值接近 ɑ。

（2）ɤ 行韵母的实际读音舌位偏前，接近央元音 ə。

（3）u 列韵母的圆唇度偏低。

（4）i、n 之间的 ə 以及 i、ŋ 之间的 ə 发音不明显，主要元音弱化，没有标出。

三　声调（4个）

阴平 411 东该灯风通开天春　搭拍

阳平 24 门龙牛油铜皮糖红　急毒白盒罚

上声 213 懂古鬼九统苦讨草买老五有　谷百节哭塔切刻

去声 51 冻怪半四痛快寸去　六麦叶月　动罪近后　卖路硬乱洞地饭树

说明：

上声调值不稳定，同一个发音人会出现 212，213 等变体形式，此处记为 213。

叁 连读变调

3.1 两字组连读变调

表 41　　　　　　　　　　丹东方言两字组连读规律表

前字＼后字	阴平 411	阳平 24	上声 213	去声 51	轻声
阴平 411	44+411 24+411	411+24	411+213	411+51	411+0
阳平 24	24+411	24+24	24+213	24+51	24+0
上声 213	24+411	21+24	24+213	21+51	21+0
去声 51	51+411	51+24	51+213	53+51	51+0

丹东两字组连读变调具有以下特点：

（1）两字组连读变调时，前字变调，后字基本不变。

（2）前字为阴平，后字也为阴平时，前字调值由 411 变为 44 或 24。例如：香菇 ɕiaŋ⁴⁴ku⁴¹¹｜今天 tɕin⁴⁴tian⁴¹¹｜中秋 tʂuŋ²⁴tɕʰiou⁴¹¹。

（3）前字为去声，后字也为去声时，前字调值由 51 变为 53。例如：做饭 tsuo⁵³fan⁵¹｜孕妇 yn⁵³fu⁵¹。

（4）上声的变调形式比较丰富：

①前字为上声，后字为阴平或上声，前字调值由 213 变为 24。例如：打针 ta²⁴tʂən⁴¹¹｜打闪 ta²⁴ʂan²¹³。

②前字为上声，后字为阳平或去声，前字调值由 213 变为 21。例如：说媒 ʂuo²¹mei²⁴｜出殡 tʂʰu²¹pin⁵¹。

（5）后字为轻声，前字为阴平、阳平或去声不变调；前字为上声，前字由 213 变为 21。例如：牡丹 mu²¹tan⁰｜耳朵 ər²¹tuo⁰。

3.2 "一、不"的变调

丹东"一、不"单念上声 213，它们作前字存在变调现象。后字为阴平、阳平和去声的时候，变调规律跟其他上声变调规律一致。后字为上声的时候，前字调值变为 51，读同去声。例如：一百 i⁵¹pai²¹³｜不懂 pu⁵¹tuŋ²¹³。

肆 异读

一 新老异读

1.1 声母差异

老男舌尖后音 tʂ 组舌尖上翘幅度较小，位于上齿背与齿龈之间，听感上带有舌叶音的色彩。青男舌尖上翘幅度较大，位于龈后区。

1.2 韵母差异

老男有 37 个韵母。青男有 38 个韵母，较老男而言，多 o。

1.3 声调差异

老男古清音入声字大多读上声，也有部分读阴平（如：搭，拍）或者阳平（如：急）。青男古清音入声字部分读上声，也有部分读阴平（如：搭，哭，拍，切）、阳平（如：节，急）或者去声（如：刻）。在连续语流中，青男的阴平大多读平调（调值 44）。

二 文白异读（老男）

2.1 声母

蟹摄开口二等见母字声母白读 k，文读 tɕ。例如：街 kai^{411}（白）/tɕiɛ^{411}（文）。

2.2 韵母

止摄合口三等尾韵零声母字韵母白读 i，文读 uei。例如：尾 i^{213}（白）/uei^{213}（文）。

山摄曷韵入声字韵母白读 a，文读 ɤ。例如：割 ka^{213}（白）/kɤ^{411}（文）。

2.3 声调

声调异读也主要出现于入声字。例如：客 kʰɤ^{213}（白）/kʰɤ^{51}（文）。

2.4 多重异读

上文所列文白异读有些不限于声母、韵母或声调某一成分的单一异读，同时存在声韵调两两结合或三者结合的异读情况。

声母和韵母异读：街 kai^{411}（白）/tɕiɛ^{411}（文）。

韵母和声调异读：割 ka^{213}（白）/kɤ^{411}（文）。

伍 儿化

丹东话 37 个韵母 ər、uəŋ 除外，其他 35 个韵母都有对应的儿化韵。

表 42　　　　　　　　　丹东儿化韵表

儿化韵	本韵	例词
ar	a	把儿 par^{51}｜变戏法儿 pian^{51}ɕi^{51}far^{213}
iar	ia	抽匣儿 tʂʰou^{411}ɕiar^{24}
uar	ua	牙刷儿 ia^{24}ʂuar^{411}
uor	uo	白果儿 pai^{24}kuor^{213}｜洋火儿 iaŋ^{24}xuor^{213} 手镯儿 ʂou^{21}tʂuor^{24}｜罗锅儿 luo^{24}kuor^{411}
ɤr	ɤ	老媒婆儿 lau^{21}mei^{24}pʰɤr^{0}｜唱歌儿 tʂʰaŋ^{51}kɤr^{411} 打扑克儿 ta^{21}pʰu^{24}kʰɤr^{0}｜自个儿 tsɿ^{51}kɤr^{0}

续表

儿化韵	本韵	例词
iɛr	iɛ	麦秸儿 mai⁵¹tɕiɛr⁴¹¹｜蝴蝶儿 xu²⁴tiɛr²¹³
yɛr	yɛ	丑角儿 tʂʰou²¹tɕyɛr²⁴
ur	u	眼珠儿 ian²⁴tʂur⁴¹¹｜儿媳妇儿 ər²⁴ɕi²¹fur⁰ 摸瞎乎儿 mɤ⁴¹¹ɕia²⁴xur⁴¹¹｜打谱儿 ta²¹pʰur²¹³
aur	au	枣儿 tsaur²¹³｜外号儿 uai⁵³xaur⁵¹｜书包儿 ʂu⁴⁴paur⁴¹¹ 洗澡儿 ɕi²⁴tsaur²¹³
iaur	iau	角儿 tɕiaur²¹³｜家雀儿 tɕia⁴¹¹tɕʰiaur²¹³ 面条儿 mian⁵¹tʰiaur²⁴｜口条儿 kʰou²¹tʰiaur²⁴
our	ou	水沟儿 ʂuei²⁴kour⁴¹¹｜背后儿 pei⁵³xour⁵¹
iour	iou	提溜儿 ti⁴¹¹liour⁰
ɐr	ai	猪崽儿 tʂu⁴¹¹tsɐr²¹³｜手指盖儿 ʂou²¹tʂʅ²⁴kɐr⁵¹ 小孩儿 ɕiau²¹xɐr²⁴
ɐr	an	甜秆儿 tʰian²⁴kɐr⁴¹¹｜门槛儿 mən²⁴kʰɐr²¹³｜褥单儿 y⁵¹tɐr⁰｜土篮儿 tʰu²¹lɐr²⁴
uɐr	uei	亲嘴儿 tɕʰin⁴¹¹tsuɐr²¹³｜滋味儿 tsʅ⁴¹¹uɐr⁰
uɐr	uan	尿罐儿 ȵiau⁵³kuɐr⁵¹｜饭馆儿 fan⁵¹kuɐr²¹³｜玩儿 uɐr²⁴
uɐr	uai	块儿 kʰuɐr⁵¹｜这块儿 tʂei⁵³kʰuɐr⁵¹
iɐr	ian	河边儿 xɤ²⁴piɐr⁴¹¹｜上面儿 ʂaŋ⁵¹miɐr⁰ 嗓子眼儿 saŋ²¹tsʅ⁰iɐr²¹³｜转脸儿 tʂuan²⁴liɐr²¹³
yɐr	yan	旋儿 ɕyɐr⁵¹
ər	ʅ	字儿 tsər⁵¹
ər	ʅ	事儿 ʂər⁵¹
ər	ei	傍黑儿 paŋ⁵¹xər²¹³｜姊妹儿 tsʅ²¹mər⁵¹
ər	ən	脸盆儿 lian²¹pʰər²⁴｜脑门儿 nau²¹mər²⁴｜婶儿 ʂər²¹³
uər	uən	冰棍儿 piŋ⁴¹¹kuər⁵¹｜外孙儿 uai⁵¹suər⁴¹¹
iər	i	年底儿 ȵian²⁴tiər²¹³｜猪蹄儿 tʂu⁴¹¹tʰiər²⁴ 咽气儿 ian⁵³tɕʰiər⁵¹｜亲戚儿 tɕʰin⁴¹¹tɕʰiər⁰
iər	in	背心儿 pei⁵¹ɕiər⁴¹¹
yər	y	有趣儿 iou²¹tɕʰyər⁵¹
yər	yn	裙儿 tɕʰyər²⁴

续表

儿化韵	本韵	例词
ãr	aŋ	翅膀儿 tʂʰʅ⁵¹pãr⁰｜盖房儿 kai⁵¹fãr²⁴｜电棒儿 tian⁵³pãr⁵¹
iãr	iaŋ	丈母娘儿 tʂaŋ⁵¹mu⁰ȵiãr²⁴｜透亮儿 tʰou⁵¹liãr⁰
uãr	uaŋ	天窗儿 tʰian²⁴tʂʰuaŋ⁴¹¹
ə̃r	əŋ	田埂儿 tʰian²⁴kə̃r²¹³｜缝儿 fə̃r⁵¹｜蜜蜂儿 mi⁵¹fə̃r⁰ 调羹儿 tʰiau²⁴kə̃r²¹³
ũr	uŋ	胡同儿 xu²⁴tʰũr⁵¹
iə̃r	iŋ	打鸣儿 ta²¹miə̃r²⁴
yə̃r	yŋ	小熊儿 ɕiau²¹ɕyə̃r²⁴

附录

（一）调查人

调查负责人为辽宁师范大学文学院原新梅教授；

主要调查人为辽宁师范大学文学院赵建军副教授、原新梅教授；

辅助调查人为三位研究生：赵廷舒、郑雅凤、阎奕霏。

（二）方言发音人

角色	姓名	出生年月	职业	文化程度	居住辖区
方言老男	王新本	1952 年 04 月	技术工人	初中	元宝区
方言青男	藏越	1990 年 12 月	协警	高中	元宝区
方言老女	范喜花	1959 年 01 月	检查员	初中	元宝区
方言青女	王新	1982 年 09 月	无	中专	元宝区
口头文化发音人 1	范喜花	1959 年 01 月	检查员	初中	元宝区
口头文化发音人 2	藏越	1990 年 12 月	协警	高中	元宝区
口头文化发音人 3	王新	1982 年 09 月	无	中专	元宝区
口头文化发音人 4	王新本	1952 年 04 月	技术工人	初中	元宝区
口头文化发音人 5	方静	1980 年 07 月	无	中专	元宝区
地普发音人 1	梁贺	1978 年 11 月	工人	初中	振兴区
地普发音人 1	蒋秀娟	1988 年 10 月	无	初中	振兴区

（三）调查情况

本次调查时间为 2016 年 7 月 15 日至 2016 年 10 月 23 日，调查和摄录地点为丹东市教师进修学校和辽宁师范大学文学院。本次调查使用的录音话筒为 SAMSON C03U，录音声卡为 Realtek High Definition Audio，摄像机为 SONY FDR-AX30。

丹东市语委办主任孟曙光、丹东市语委办的于国蕾、元宝区语委办的苏志杰、丹东市福民街小学的郑晓晖、丹东市经山小学的马希玲等在发音人遴选工作中给予了大力支持和帮助。

第二十一节　建平方音

壹　概况

建平县隶属于辽宁省朝阳市，位于辽宁省西北部，燕山山脉向辽沈平原的过渡地带。东部与朝阳县交界，南部与喀喇沁左翼蒙古族自治县、凌源市接壤，西部和北部与内蒙古赤峰市的宁城、喀喇沁旗及松山区、元宝山区隔老哈河相望，东北与敖汉旗毗邻，是东北地区进关的重要通道。

建平县地理坐标为东经 119.64°，北纬 41.40°，全县总面积 4865 平方公里。境内群山起伏，沟壑纵横。努鲁尔虎山脉横贯中部，自东北延伸西南，将建平县分成南北两个不同的自然区，中部地势较高，是老哈河与大凌河的分水岭。

1949 年 7 月，撤销叶柏寿县，将辖波罗赤区划归朝阳县，甘招、半拉烧锅、羊角沟 3 个区划归喀喇沁左旗，其余 4 个区划归建平县。建平县共有 13 个区，234 个行政村。1955 年 7 月，热河省撤销，建平县划为辽宁省锦州地区专员公署。1959 年 2 月，划为辽宁省朝阳市人民政府。1964 年 3 月，属辽宁省朝阳地区专员公署（1968 年 5 月改称朝阳地区革命委员会，1978 年 8 月又改称为朝阳地区行政公署）。1984 年 9 月，复建为辽宁省朝阳市人民政府，建平县隶属之。[1]

截至 2018 年，建平县辖 7 个街道、17 个镇、7 个乡，户籍人口 58 万人。三家蒙古族乡人，主要居住在新乃里村、五十家子村、富兮村，其他少数民族有满族、回族、朝鲜族、维吾尔族、壮族、藏族等，居住在县城内，少数民族人口占 3.26%。

建平方言属于北京官话朝峰片，常住居民主要使用建平话交流。

调查选择的是叶柏寿街道和万寿街道（2004 年叶柏寿镇改为叶柏寿街道，2006 年万寿镇改为万寿街道）所代表的建平方言。

建平剪纸、建平十王会为世界和国家级非物质文化遗产，建平北部皮影、朱碌科镇黄河会、建平绒绣，以及建平评剧、建平刺绣为朝阳市非物质文化遗产，

---

[1] 建平人民政府 http://www.lnjp.gov.cn/

另外还有抬阁、背歌、转歌、建平年俗等为建平县非物质文化遗产。

贰　声韵调

一　声母（24个）

p 八帮兵病	pʰ 派片爬拍	m 明麦马买	f 飞凤副蜂	v 味问温王
t 多东毒端	tʰ 讨天甜脱	n 脑南熬安		l 老蓝连路
ts 资早租字	tsʰ 刺草寸祠		s 丝三酸孙	
tʂ 张竹柱争	tʂʰ 抽拆茶抄		ʂ 事山双顺	ʐ 热软让入
tɕ 酒九及绝	tɕʰ 清全轻权	ȵ 年泥女鸟	ɕ 想谢响县	
k 哥高共狗	kʰ 开口宽阔		x 好很灰活	
∅ 月云用药				

说明：

（1）tʂ 类声母发音部位略前，实际音值近于舌叶音。

（2）在普通话中，有些音节是以圆唇元音 u 开头的，建平方言发音时展唇动作不明显，唇齿动作不典型，应该是介于唇齿之间，记作 ʋ。

二　韵母（36个）

ɿ 丝资紫刺	i 米戏急七	u 苦五猪骨	y 雨橘绿局
ʅ 师试十直			
ər 尔儿耳二			
a 茶瓦塔法	ia 家俩牙鸭	ua 刮花抓刷	
	ie 写鞋接贴		ye 靴月学绝
ɤ 歌过盒热			
		uə 坐活托郭	
ɛ 开排色白		uɛ 快怪怀摔	
ei 赔北飞黑		uei 对灰鬼罪	
ɔ 宝毛刀烧	iɔ 笑桥药约		
əu 豆头走楼	iəu 油六修酒		
ã 南贪山汉	iẽ 盐年减点	uã 短官双欢	yẽ 权原选远

ɔ̃ 深山半根　　　　ĩ 心新进品　　　　uɔ̃ 寸滚春顺　　　　ỹ 云韵军裙

ã 糖王帮浪　　　　iã 讲响娘亮　　　　uã 床双壮光

əŋ 灯升争横　　　　iŋ 硬病星明　　　　uŋ 东空公红　　　　yŋ 兄用永凶

说明：

（1）建平方言中没有圆唇元音韵母 o，普通话中应该读 o 的韵母在方言中都读成央 ə，应该读成 ou 的韵母都读成 əu，应该读 iou 的韵母都读成 iəu。

（2）复元音 ai、ao 在建平音系中，表现为动程不足，实际音值分别为 ɛ、ɔ，有复元音单音化的特点，应该读成 uai 的韵母都读成 uɛ，应该读 iao 的韵母都读成 iɔ。

（3）韵母 ən、uən 的韵尾实际音值为 ɔ̃，韵母 in、yn 的韵尾实际音值分别为 ĩ、ỹ。

（4）鼻韵母鼻化现象突出，大多可记作鼻化韵，主要元音随鼻化而前后有较明显的变化与分工。例如前鼻音：南 nã³⁵、后鼻音：糖 tʰã³⁵，但梗、通两摄保持不变，记作本音，例如：硬东。即韵母 an、uan 的韵尾实际音值为 ã，韵母 ian、yan 的韵尾实际音值为 ɛ̃，韵母 aŋ、iaŋ、uaŋ 的韵尾实际音值为 ã。

（5）撮口呼 y 韵母已经形成，相对稳定，例如：雨驴。

（6）随着知庄章声母的变化，个别字韵母相混，如师丝。

（7）部分山摄合口一等恒、缓、换韵，泥组字介音丢失，如：暖 nã²¹³、卵 lã²¹³。

三　声调（4 个）

阴平 44　东该灯风通开天春　搭哭拍切　村

阳平 35　门龙牛油铜皮糖红　节急毒白盒罚雄竹菊急

上声 213　懂古鬼九统苦讨草买老五有　谷百塔

去声 53　动罪近后　冻怪半四痛快寸去卖路硬乱洞地饭树　刻六麦叶月

说明：

（1）阳平是低升调，调值为 35 调，阳平上扬程度不足 5 度，有时是 24，这里记做 35。

（2）上声是降升调，调值为 213，曲折调有个别字是 212 调值，但是不够稳定，这里记做 213。

（3）去声为高降，相对阳平，起点略高，降调不到底，有时是 42，这里记做 53。

叁　连读变调

表 43　　　　　　　　　　　建平方言两字组连读规律表

前字＼后字	阴平 44	阳平 35	上声 213	去声 53	轻声
阴平 44	—	—	—	—	—
阳平 35	—	—	—	—	—
上声 213	21+44 35+44	21+35	35+213	21+53	21+0 35+0
去声 53	—	—	—	42+53	—

建平两字组连读变调具有以下特点：

（1）在词汇、语法和口头文化记音中，轻声一律记作 0。

（2）上声的变调形式比较丰富：

①前字为上声，后字为阴平，前字调值由 213 变为 21 或 35。例如：母猪 mu^{21}tʂʰu^{44}｜简单 tɕiɛ̃^{21}tã^{44}｜早新 tsɔ^{35}ɕĩ^{44}。

②前字为上声，后字为阳平、去声、轻声，前字调值由 213 变为 21。例如：以前 i^{21}tɕʰiɛ̃^{35}｜暖壶 nã^{21}xu^{35}｜扫地 sɔ^{21}ti^{53}｜以后 i^{21}xəu^{53}｜考试 kʰɔ^{21}ʂɿ^{53}｜耳朵 ər^{21}tuə^{0}｜李子 li^{21}tsɿ^{0}。

③前字为上声，后字为上声，前字调值由 213 变为 35。例如：老虎 lɔ^{35}xu^{213}｜左手 tsuə^{35}ʂəu^{213}｜洗澡儿 ɕi^{35}tsɔr^{213}。

（3）前字为去声，后字为阴平、阳平和上声不变调；后字为去声，前字由 53 变为 42。例如：半夜 pã^{42}iɛ^{53}｜做饭 tsəu^{42}fã^{53}。

（4）"一、三、八、不"的变调

建平"一、三、八"单念阴平 44，"不"单念去声 53，它们作前字存在变调现象。

①当后字为去声字时，"一、三、八、不"调值变为 35，读同阳平。例如：一块儿 i^{35}kʰuɐr^{53}｜一万 i^{35}vã^{53}｜一件儿 i^{35}tɕiɛr^{53}｜三个 sã^{35}kɤ^{53}｜八月 pa^{35}yɛ^{53}｜不见 pu^{35}tɕiɛ̃^{53}｜不是 pu^{35}ʂɿ^{53}。

②"一"在阴平、阳平、上声字前调值变为 53 或 44。例如：一千 i^{53}tɕʰiɛ̃^{44}｜一头 i^{53}tʰəu^{35}｜一百 i^{53}pɛ^{213}｜一齐 i^{44}tɕʰi^{35}｜一起 i^{44}tɕʰi^{213}。

③"三、八、不"在阴平、阳平、上声字前不变调。例如：不知 pu^{53}tsɿ^{44}｜不回 pu^{53}xuei^{35}｜不想 pu^{53}ɕiɑ̃^{213}｜三十 sã^{44}ʂɿ^{35}｜三百 sã^{44}pɛ^{213}｜八千 pa^{44}tɕʰiɛ̃^{44}｜八年 pa^{44}niɛ̃^{35}。

肆 异读

一 声母差异

老男较青男而言，中古影、疑两母的开口一二等字（包括两个合口的字"讹、恶"）大部分读成 n 声母，变成泥母字。

二 韵母差异

方言青男较老男鼻化特点有强化的趋势。

三 声调差异

老男有阴阳异读，如村 tsʰuə̃⁴⁴/³⁵｜菊 tɕy⁴⁴/³⁵｜雄 ɕyŋ⁴⁴/³⁵，青男阴阳异读消失。

伍 儿化

建平话 36 个韵母 ər、yn、uaŋ、yŋ 除外，其他 32 个韵母都有对应的儿化韵，其中一些韵母的儿化韵有合并现象，因此 32 个韵母共对应 22 个儿化韵。

表 44   建平儿化韵表

儿化韵	本韵	例词
ar	a	大裤叉儿 ta⁴²ku⁵³tʂʰar²¹³｜把儿 par⁵³｜妈妈儿 ma⁴⁴mar⁰
uar	ua	花儿 xuar⁴⁴｜猪爪儿 tʂu⁴⁴tʂuar²¹³｜连环画儿 liẽ³⁵xuã³⁵xuar⁵³
iar	ia	角儿 tɕiar²¹³｜抽匣儿 tʂʰəu⁴⁴ɕiar³⁵
ɐr	ɛ	盖儿 kɐr⁵³｜小孩儿 ɕio²¹xɐr³⁵
	ã	破烂儿 pʰɣ⁴²lɐr⁵³｜要饭儿的 ɕi⁴²fɐr⁵³ti⁰｜闹着玩儿 nɔ⁵³tʂə⁰vɐr³⁵
uɐr	uɛ	一块儿 i³⁵kʰuɐr⁵³
	uã	新郎倌儿 ɕĩ⁴⁴lã³⁵kuɐr⁴⁴
iɐr	iɛ̃	窟窿眼儿 kʰu⁴⁴luŋ⁰iɐr²¹³｜礼拜天儿 li²¹pɛ⁵³tʰiɐr⁴⁴｜下边儿 ɕia⁵³piɐr⁴⁴
yɐr	yɛ̃	手绢儿 ʂəu²¹tɕyɐr⁵³｜烟卷儿 iɛ̃⁴⁴tɕyɐr²¹³
ier	ie	老爷儿 lɔ²¹ier⁰｜黑歇儿 xei⁴⁴ɕier⁰｜叶儿 ier⁵³
yer	y	仙女儿 ɕiɛ̃⁴⁴n̩yer²¹³
	ye	月儿科 yer⁵³kʰə⁰

续表

儿化韵	本韵	例词
ər	ə̃	年跟儿 niẽ³⁵kər⁴⁴｜洗脸盆儿 ɕiẽ³⁵liẽ²¹pʰər³⁵｜姐们儿 tɕie²¹mər⁰
	ɤ	今个儿 tɕĩ⁴⁴kər⁰｜打折儿 ta²¹tʂər³⁵｜唠嗑儿 lɔ⁵³kʰər⁴⁴
	ɿ	刺儿 tsʰər⁵³
	ʅ	摆饰儿 pɛ²¹ʂər⁰｜羹匙儿 kəŋ⁴⁴tʂʰər³⁵｜事儿 ʂər⁵³
iər	ei	眼泪儿 iẽ²¹lər⁵³｜擦黑儿 tsʰa⁴⁴xər⁴⁴｜味儿 vər⁵³｜滋味儿 tsɿ⁴⁴vər⁵³
	i	小鸡儿 ɕiɔ²¹tɕiər⁴⁴｜咽气儿 iẽ⁴²tɕʰiər³⁵｜表兄弟儿 piɔ²¹ɕyŋ⁴⁴tiər⁵³
	ĩ	背心儿 pei⁵³ɕiər⁴⁴｜头芯儿 tʰəu³⁵ɕiər⁵³
uər	uə	对过儿 tuei⁴²kuər⁵³｜朵儿 tʰuər²¹³｜大家伙儿 ta⁵³tɕia⁴⁴xuər²¹³
	uei	裤腿儿 kʰu⁵³tʰuər²¹³｜亲嘴儿 tɕʰĩ⁴⁴tsuər²¹³｜不大会儿 pu³⁵ta⁵³xuər⁵³
	uə̃	嘴唇儿 tsuei²¹tʂʰuər³⁵｜打盹儿 ta³⁵tuər²¹³
ɔr	ɔ	猫儿 mɔr⁴⁴｜姥姥儿 lɔ²¹lɔr⁰｜外号儿 vɛ⁴²xɔr⁵³｜洗澡儿 ɕi³⁵tsɔr²¹³
iɔr	iɔ	乞巧儿 tɕʰi²¹tɕʰiɔr⁰｜口条儿 kʰəu³⁵tʰiɔr³⁵｜连乔儿 liẽ³⁵tɕʰiɔr³⁵
ur	u	檐蝙蝠儿 yẽ³⁵pʰiɔr⁴⁴fur⁰｜兔儿 tur⁵³｜上岁数儿 ʂã⁴²suei⁵³ʂur⁰
əur	əu	山沟儿 sã⁴⁴kəur⁴⁴｜身后儿 ʂə̃⁴⁴xəur⁵³｜土豆儿 tʰu²¹təur⁵³
iəur	iəu	打滴流儿 ta²¹ti⁴⁴liəur³⁵｜圆子油儿 yẽ³⁵tsɿ⁰iəur³⁵｜直溜儿 tʂɿ³⁵liəur⁰
ãr	ã	过晌儿 kuə⁵³ʂãr²¹³｜肩膀儿 tɕiẽ⁴⁴pãr²¹³｜双棒儿 ʂuã⁵³pãr⁰
iãr	iã	着凉儿 tʂɔ³⁵liãr³⁵｜剪头匠儿 tɕiẽ²¹tʰəu³⁵tɕiãr³⁵
ə̃r	əŋ	水坑儿 ʂuei²¹kʰə̃r⁴⁴｜缝儿 fə̃r⁵³｜钢蹦儿 kã⁴⁴pə̃r⁵³｜跳绳儿 tʰiɔ⁵³ʂə̃r⁵³
iə̃r	iŋ	杏儿 ɕiə̃r⁵³｜打鸣儿 ta²¹miə̃r³⁵｜玩应儿 vã³⁵iə̃r⁰｜溜平儿 liəu⁴⁴pʰiə̃r⁴⁴
ũr	uŋ	换盅儿 xuã⁵³tʂũr⁴⁴｜有空儿 iəu²¹kʰũr⁵³

个别词语中儿化韵不符合规律，例如：

（1）窝儿 vər⁴⁴：窝 uə 韵，按规律儿化韵应为 uər。花骨朵儿 xua⁴⁴ku⁴⁴tur⁰：朵 uə 韵，按规律儿化韵应为 uər。

（2）被祆儿 pei⁵³xuər⁰：祆 u 韵，按规律儿化韵应为 ur。

（3）买卖人儿 mɛ²¹mɛ⁰zə̃r³⁵：人 ən 韵，按规律儿化韵应为 ər。老爷们儿 lɔ²¹ie³⁵mə̃r⁰：们 ən 韵，按规律儿化韵应为 ər。

（4）响晴儿 ɕiã²¹tɕʰĩr³⁵：晴 iŋ 韵，按规律儿化韵应为 iə̃r。

（5）小小子儿 ɕiɔ³⁵ɕiɔ²¹tsər：子 ɿ 韵，按规律儿化韵应为 ər。

（6）媳妇儿 ɕi²¹fər⁰：妇 u 韵，按规律儿化韵应为 ur。娶媳妇儿 tɕʰy³⁵ɕi²¹fər⁰、新媳妇儿 ɕĩ⁴⁴ɕi²¹fər⁰、兄弟媳妇儿 ɕyŋ⁴⁴ti⁰ɕi²¹fər⁰、儿媳妇儿 ər³⁵ɕi³⁵fər⁰ 都是如此。

附录

（一）调查人

调查负责人为辽宁师范大学文学院杨春宇教授；

其他调查人包括：辽宁师范大学文学院副教授李娜、赤峰学院教授张万有、朝阳广播电视大学书记萧辉嵩、辽宁科技学院讲师王龙和三位研究生管文慧、徐姝阳、宝帅。

（二）方言发音人

角色	姓名	出生年月	职业	文化程度	居住辖区
方言老男	乔树甫	1956年10月	农民	初中	万寿街道东城社区宋杖子村
方言青男	步显文	1983年12月	农民	初中	万寿街道东大帐子村
方言老女	孙凤珍	1953年12月	供销社职工	初中	万寿街道黄土梁子村
方言青女	钱玉平	1981年11月	饭店后厨	初中	万寿街道小平房村
口头文化发音人1	乔树甫	1956年10月	农民	初中	万寿街道东城社区宋杖子村
口头文化发音人2	孙凤珍	1953年12月	供销社职工	初中	万寿街道黄土梁子村
口头文化发音人3	步显文	1983年12月	农民	初中	万寿街道东大帐子村
口头文化发音人4	钱玉平	1981年11月	饭店后厨	初中	万寿街道小平房村
口头文化发音人5	苏玉富	1955年10月	会计	中专	万寿街道启工社区
口头文化发音人6	马会丽	1982年08月	陶瓷厂职工	初中	万寿镇宋杖子村
口头文化发音人7	冯海丰	1983年01月	个体	中专	叶柏寿镇顺治沟村
地普发音人1	苏玉富	1955年10月	会计	中专	万寿街道启工社区
地普发音人2	马会丽	1982年08月	陶瓷厂职工	初中	万寿镇宋杖子村
地普发音人3	冯海丰	1983年01月	个体	中专	叶柏寿镇顺治沟村

（三）调查情况

本次调查时间为2016年7月20日至2016年8月1日，调查地点为辽宁省建平县叶柏寿街道，建平县第二小学。

本次调查使用的录音话筒为 SUMSON CO3U，录音声卡为 TASCAMUS-144MKII，摄像机为摄像一体机。

朝阳建平县语委办刘亚娟、朝阳建平县第二小学马山等在工作中给予了大力支持和帮助。

第二十二节　凌源方音

壹　概况

　　凌源市是朝阳市所属的县级市，位于辽、冀、蒙三省区交汇处，北与建平县、内蒙古宁城县毗连，东及东北与喀左县接界，西及西北与河北省平泉县相邻，西南与河北省宽城县、平泉县接壤，南与建昌县、河北省青龙县相连，东南与建昌、喀左两县搭界，是连接京沈两大都市群，沟通内蒙古腹地与沿海港的重要交通接点城市。

　　凌源市地理坐标为北纬 40°35′50″—41°26′，东经 118°50′20″—119°37′40″。南北斜长 93.3 公里，东西宽 66.1 公里，周长 318 公里，总面积 3278 平方公里，约占全省总面积的 2.2%。

　　1948 年 12 月，凌源县隶属于热河省。1956 年 1 月，热河省撤销，凌源县划归辽宁省锦州区。1959 年 1 月，隶属于辽宁省朝阳市。1992 年 2 月 14 日，撤县设市，成立凌源市（县级市），仍隶属辽宁省朝阳市。[1]

　　截至 2016 年末，凌源市人口总数为 65.1 万人，共有 21 个民族，其中蒙古族、回族、满族、朝鲜族等少数民族 20 个，人口 4.59 万人，占全市总人口的 7%。[2]

　　凌源方言属北京官话朝峰片。[3]凌源处于辽、冀、蒙三省交界地带，兼具多个官话方言区的特点。虽然在行政区域上属于辽宁，但凌源方言平翘舌的发音十分清晰准确，和北京话相同；入声字派入上声较多，和东北官话相同。凌源话分布在凌源万元店镇、宋杖子镇、瓦房店镇、四官营子镇等乡镇，使用人口 60 多万，为本地普遍通用方言。方言变化较快，向普通话发展靠拢。

　　本次方言调查选择的老年男性发音人来自凌源市南街街道，代表的是老城区方言。

　　皮影戏、评戏、京剧、京韵大鼓、二人转和高跷秧歌在当地比较流行，其中凌源皮影戏于 2006 年列入第一批国家非物质遗产名录，高跷秧歌于 2009 年列入辽宁省第三批省级非物质文化遗产保护名录。

---

[1] 凌源市人民政府门户网站 http://www.lingyuan.gov.cn/
[2] 中共凌源市委员会，凌源市政府，《凌源年鉴（2016）》，人民教育出版社 2016 年版。
[3] 中国社会科学院语言研究所，中国社会科学院民族学与人类学研究所，香港城市大学语言资讯科学研究中心《中国语言地图集：第 2 版·汉语方言卷》，商务印书馆 2012 年版。

贰　声韵调

一　声母（24个）

p 八兵病别	pʰ 派片爬扑	m 马门麦明	f 飞风饭副	v 味问温王
t 多端东毒	tʰ 讨天甜突	n 脑南难能		l 老蓝连路
ts 资早坐贼	tsʰ 刺草寸祠		s 丝三酸涩	
tʂ 纸张装竹	tʂʰ 茶抽春吃		ʂ 山手双十	ʐ 软荣热日
tɕ 酒九绝菊	tɕʰ 清全轻权	ȵ 年泥鸟孽	ɕ 想谢响县	
k 哥高共谷	kʰ 开口宽阔		x 好很灰活	
ø 云用银药				

说明：

（1）凌源方言中，古微、影组及疑母字今声母统一记为 v，上齿接触下唇，且多带有不同程度的摩擦，读为 v 或 ʋ，个别字读为零声母或自由变读。

（2）ʐ 声母部分字的声母实际音值为 ɻ，非真浊音。

二　韵母（36个）

ɿ 资次丝	i 弟米戏一	u 苦五出谷	y 雨橘绿局
ʅ 师试十尺			
ər 儿耳二			
a 大马茶八	ia 家俩牙鸭	ua 抓刮花瓜	
	ie 写鞋接贴		ye 靴月雪掘
ɤ 歌盒破磨			
		uo 坐活郭国	
ai 开排埋白		uai 快摔坏拐	
ei 赔飞贼北		uei 对水罪鬼	
au 宝饱烧勺	iau 表桥笑药		
ou 豆走口肉	iou 牛九油六		
an 南站山半	iɛn 减盐片年	uan 短官关穿	yan 权院元悬
ən 森深根身	in 心今新斤	uən 寸滚春顺	yn 均群熏云
aŋ 糖唱方绑	iaŋ 响样讲腔	uaŋ 床光双黄	
əŋ 灯升蒙翁	iŋ 冰病星硬	uŋ 东红农共	yŋ 兄永熊用

说明：

（1）元音 a 单用时为 ᴀ，有时舌位比 ᴀ 靠后；在 -i、-n 前偏前偏高，为 æ，在

-u、-ŋ 前偏后，为 a。

（2）ai、uai 类韵母部分字 a 在向 i 滑动时的动程较短，近 aɛ；部分字有单元音化的倾向。例如：侧~歪 tṣai^{55} | 色~红~儿 ṣai^{214}。

（3）iɛn 逢零声母音节时，舌位略低。

（4）韵母 uo、ou、iou 中的 o 唇形略展，拢圆程度不够。例如：多 tuo^{55} | 头 tʰou^{35} | 酒 tɕiou^{214}；iou 类韵母部分字，实际发音无韵尾，实际音值为 io。例如：取~东西 tɕʰiou^{214}。

（5）ie、ye 中主要元音 e 的舌位偏低，实际音值为 ɛ。例如：茄 tɕʰie^{35} | 靴 ɕye^{55}。

（6）au、iau 类韵母部分字 a 在向 u 滑动时的动程较短。

（7）个别 ər 的主要元音实际音值略低，近于 ɐ。例如：二 ər^{51}。

（8）部分前鼻音韵尾字，实际发音韵尾较弱，主元音鼻化。

（9）部分 yŋ 韵母的字实际音值为 iuŋ。例如：兄 ɕyŋ^{55} | 用 yŋ^{51}。

三　声调（4个）

阴平 55　东该灯风通开天春　搭急 1①哭拍切刻 1②
阳平 35　门龙牛油铜皮糖红　节 1③急 2④毒白盒罚
上声 214　懂古鬼九统苦讨草买老五有　谷百节 2⑤塔刻 2⑥
去声 51　冻怪半四痛快寸去卖路硬乱洞地饭树　动罪近后　刻 3⑦六麦叶月

说明：上声字有时音高下降后上升幅度不足，为 213；有时降幅不明显，以升调为主，读音接近于阳平。例如：鬼 kuei^{214}。

叁　连读变调

3.1　两字组连读变调

表 45　　　　　　　　凌源方言两字组连读规律表⑧

前字＼后字	阴平 55	阳平 35	上声 214	去声 51	轻声 0
阴平 55	—	—	55+21	—	55+0 35+0

---

① 急 1：～眼。
② 刻 1：[khɤ^{55}]～字。
③ 节 1：～日。
④ 急 2：着～。
⑤ 节 2：过～。
⑥ 刻 2：[khei^{214}]～个小东西。
⑦ 刻 3：[khɤ^{51}]立～。
⑧ 表中每格第一行为前后字的单字调，"+"前为前字，"+"后为后字；第二行、第三行为连读变调；"—"表示该组合前后字均不变调。下同。

续表

后字 前字	阴平 55	阳平 35	上声 214	去声 51	轻声 0
阳平 35	—	—	35+21	—	—
上声 214	21+55	21+35	35+21	21+51	21+0
去声 51	53+55	53+35	53+21	53+51	—

凌源方言两字组连读具有以下特点：

（1）平声字在一个词或一个句子的末尾时音高往往有所下降，实际调值有时为 44。

（2）两个阳平字相拼时，前字有时为 24。

（3）轻声音节因受前一字音声调不同的影响，音高不固定。一般地说，上声字后头的轻声字的音高比较高，阴平、阳平字后头的轻声音节偏低，去声字后头的轻声字最低。在词汇、语法和口头文化的描写中，轻声词的轻声音节一律标记为"0"。

（4）两个去声相拼时，前字多变为 53，但也存在例外，例如：害怕 xai³⁵pʰa⁵¹ | 害臊 xai³⁵sau⁵¹，两例中的前字变为了 35。

（5）上声的变调形式比较丰富：

①前字为上声，后字为非上声，前字调值由 214 变为 21。例如：
上声+阴平：养猪 iaŋ²¹tʂu⁵⁵ | 老叔 lau²¹ʂou⁵⁵ | 整天 tʂəŋ²¹tʰiɛn⁵⁵ | 母鸡 mu²¹tɕi⁵⁵
上声+阳平：暖壶 nan²¹xu³⁵ | 眼眉 iɛn²¹mei³⁵ | 保媒 pau²¹mei³⁵ | 老人 lau²¹zən³⁵
上声+去声：炒菜 tʂʰau²¹tsʰai⁵¹ | 米饭 mi²¹fan⁵¹ | 旅店 ly²¹tiɛn⁵¹ | 演戏 iɛn²¹ɕi⁵¹
上声+轻声：老鸹 lau²¹kua⁰ | 里头 li²¹tʰou⁰ | 起来 tɕʰi²¹lai⁰ | 李子 li²¹tsɿ⁰

②前后字皆为上声，则前字调值由 214 变为 35。例如：老虎 lau³⁵xu²¹ | 母狗 mu³⁵kou²¹ | 小产 ɕiau³⁵tʂʰan²¹ | 蚂蚁 ma³⁵i²¹。

（6）前字为阴平，后字为轻声，前字调值由 55 变为 35。例如：出来 tʂʰu³⁵lai⁰ | 干净 kan³⁵tɕiŋ⁰，这种情况较少。

（7）前字为去声，后字为非轻声，则前字调值由 51 变为 53。例如：大街 ta⁵³tɕie⁵⁵ | 炕席 kʰaŋ⁵³ɕi³⁵ | 大水 ta⁵³ʂuei²¹ | 大坝 ta⁵³pa⁵¹。

3.2 "一、三、七、八、不"的变调

凌源"一、三、七、八"单念阴平 55，"不"单念去声 51，它们做前字存在变调现象。

①当后字为去声时，"一、三、七、八、不"调值变为 35，读同阳平，例如：一辈子 i³⁵pei⁵¹tsɿ⁰ | 一万 i³⁵van⁵¹ | 三个 san³⁵kɤ⁵¹ | 三块 san³⁵kʰuai⁵¹ | 七个 tɕʰi³⁵kɤ⁵¹ | 七万 tɕʰi³⁵van⁵¹ | 八个 pa³⁵kɤ⁵¹ | 八万 pa³⁵van⁵¹ | 不是 pu³⁵ʂɿ⁵¹ | 不会 pu³⁵xuei⁵¹。

②"一、不"在阴平、阳平、上声字前调值变为 53。例如：一千 i⁵³tɕʰiɛn⁵⁵｜一年 i⁵³nʲiɛn³⁵｜一百 i⁵³pai²¹⁴｜不说 pu⁵³ʂuo⁵⁵｜不行 pu⁵³ɕiŋ³⁵｜不想 pu⁵³ɕiaŋ²¹⁴。

③"三、七、八"在阴平、阳平、上声字前不变调。例如：三千 san⁵⁵tɕʰiɛn⁵⁵｜七千 tɕʰi⁵⁵tɕʰiɛn⁵⁵｜八张 pa⁵⁵tʂaŋ⁵⁵｜三条 san⁵⁵tʰiau³⁵｜七条 tɕʰi⁵⁵tʰiau³⁵｜八条 pa⁵⁵tʰiau³⁵｜三两 san⁵⁵liaŋ²¹⁴｜七百 tɕʰi⁵⁵pai²¹⁴｜八两 pa⁵⁵liaŋ²¹⁴。

肆　异读

一　新老异读

1.1　声母差异

凌源方言中，古微、影组及疑母字今声母为 v，上齿接触下唇，且多带有不同程度的摩擦，与老男相比，青男的擦化色彩更为明显。

1.2　韵母差异

与老男存在 ai 类变体的情况不同，青男的今 ai、uai 类韵母，a 在向 i 滑动时的动程普遍较短，部分字有单元音化的倾向。老男记为 ai、uai，青男记为 aɛ、uaɛ。

老男 au、iau 类韵母部分字 a 在向 u 滑动时的动程较短。与老男相比，青男的 au 类韵母动程更短，实际读音接近 aɔ。

老男部分前鼻音韵尾字，实际发音韵尾较弱，主元音鼻化。

1.3　文白异读差异

老男和青男在文白异读方面存在一些差别，年轻人多用文读音形式，白读的说法越来越少。主要体现在两个方面：

第一，青男文白异读的字较老男逐渐减少。1000 个单字中，青男只有"鹅饿做取尾熬安割棉俊雀削约剥壳学侧色择客额隔熟"等字存在文白异读现象，而老男异读的字要多出不少。

第二，青男有文白异读的一些字，而老男只有白读形式。例如：割、棉、俊、削、剥。老男有文白异读的字，青男只有文读形式。例如：爱、矮、藕、暗、岸、弱。

二　文白异读

2.1　声母

果蟹效咸山五摄见组、影组舒声部分字和个别梗摄入声见组字白读 n，文读零声母。例如：岸 nan⁵¹ 白, ~边儿/an⁵¹ 文, 伟~｜暗 nan⁵¹ 白, 灯光太~了/an⁵¹ 文, ~送秋波｜额 ie⁵⁵ 白, ~拉盖儿/nɤ³⁵ 白, ~头/ɤ³⁵ 文, ~外。

曾摄部分入声字白读 tʂ、ʂ，文读 tsʰ、s。例如：侧 tʂai⁵⁵ 白, ~歪/tsʰɤ⁵¹ 文, ~门｜色 ʂai²¹⁴ 白, 红~儿/sɤ⁵¹ 文, ~狼。

梗摄部分入声字白读 tɕ、tɕʰ，文读 k、kʰ。例如：客 tɕʰie²¹⁴ 白, 来~了/kʰɤ⁵¹ 文, ~厅

| 隔 tɕie⁵¹ 白，~壁子/kɤ³⁵ 文，~断。

个别江摄入声字白读 kʰ，文读 tɕʰ。例如：壳 kʰɤ³⁵ 白，鸡蛋~子/tɕʰiau⁵¹ 文，地~。

2.2 韵母

韵母的文白异读主要体现在遇摄合口一等暮韵、遇摄合口三等虞韵、止摄合口三等尾韵、宕摄开口三等药韵入声字、江摄开口二等觉韵入声字。

遇摄合口一等暮韵字韵母白读 ou 韵，文读 uo 韵。例如：做 tsou⁵¹ 白，~饭/tsuo⁵¹ 文，~法。

遇摄合口三等虞韵字韵母白读 iou 韵，文读 y 韵。例如：取 tɕʰiou²¹⁴ 白，~东西/tɕʰy²¹⁴ 文，~得。

止摄合口三等尾韵字韵母白读 i 韵，文读 ei 韵。例如：尾 i²¹⁴ 白，狗~巴花儿/vei²¹⁴ 文，~气。

宕摄开口三等药韵入声字和江摄开口二等觉韵入声字白读 iau 韵，文读 ye 韵。例如：雀 tɕʰiau²¹⁴ 白，家~子/tɕʰye⁵¹ 文，~斑 | 约 iau⁵⁵ 白，~摸着/ye⁵⁵ 文，~会 | 学 ɕiau³⁵ 白，上~/ɕye³⁵ 文，~识。

个别江摄开口二等觉韵入声字白读 ɤ，文读 iau。例如：壳 kʰɤ³⁵ 白，鸡蛋~子/tɕʰiau⁵¹ 文，地~。

梗摄开口二等入声字白读 ie 韵，文读 ɤ 韵。例如：客 tɕʰie²¹⁴ 白，来~了/kʰɤ⁵¹ 文，~厅 | 隔 tɕie⁵¹ 白，~壁子/kɤ³⁵ 文，~断 | 额 ie⁵⁵ 白，~拉盖儿/nɤ³⁵ 白，~头/ɤ³⁵ 文，~外。

2.3 声调

声调异读也主要出现于入声字。

异读多具有一定的词汇条件。例如：劈 pʰi⁵⁵ 动词/pʰi²¹⁴ ~柴（名词）| 结 tɕie²¹⁴ ~婚/tɕie⁵⁵ 树上~/果儿了/tɕie³⁵ 了~。

2.4 多重异读

上文所列文白异读有些不限于声母、韵母或声调某一成分的单一异读，同时存在声韵调两两结合或三者结合的异读情况，可称为多重异读。

韵母和声调异读：雀 tɕʰiau²¹⁴ 白，家~子/tɕʰye⁵¹ 文，~斑。

声韵调异读：客 tɕʰie²¹⁴ 白，来~了/kʰɤ⁵¹ 文，~厅 | 隔 tɕie⁵¹ 白，~壁子/kɤ³⁵ 文，~断 | 侧 tʂai⁵⁵ 白，~歪/tsʰɤ⁵¹ 文，~门 | 色 ʂai²¹⁴ 白，红~儿/sɤ⁵¹ 文，~狼。

三 其他异读

凌源老男还有一些异读，既不属于新老异读，也不好归入文白读，我们称之为又读。例如：插 tʂʰa²¹⁴/tʂʰa⁵⁵。

伍 儿化

儿化现象丰富是凌源方言的主要特点之一。儿化在语音、词汇、语法乃至语用方面都具有重要意义。

表 46　　　　　　　　　　　　凌源儿化韵表

儿化韵	本韵	例词
ur	u	小铺儿 ɕiau²¹pʰur⁵¹｜打呼噜儿 ta²¹xu⁵⁵lur⁰｜圆乎儿 yan³⁵xur⁰
ər	ɿ	鸡子儿 tɕi⁵⁵tsər²¹｜刺儿 tsʰər⁵¹
ər	ʅ	年三十儿 ȵien³⁵san⁵⁵ʂər³⁵｜羹匙儿 kən⁵⁵tʂʰər³⁵｜侄儿 tʂər³⁵ 来事儿 lai³⁵ʂər⁵¹
ər	ei	垄背儿 luŋ²¹pər⁵¹｜姐儿妹儿 tɕier²¹mər⁰
ər	ən	老爷们儿 lau²¹ie³⁵mər⁰｜婶儿 ʂər²¹⁴｜赔本儿 pʰei³⁵pər²¹ 破谜儿 pʰɤ⁵³mər⁵¹｜阵儿 tʂər⁵¹
ar	a	啊儿 tsar⁵⁵｜妈儿妈儿 mar⁵⁵mar⁰｜变戏法儿 piɛn⁵³ɕi⁵³far²¹｜把儿 par⁵¹
iar	ia	抽匣儿 tʂʰou⁵⁵ɕiar³⁵
uar	ua	花儿 xuar⁵⁵
ier	ie	蝴蝶儿 xu³⁵tʰier²¹｜窑姐儿 iau³⁵tɕier²¹｜老爷儿 lau²¹ier⁰｜叶儿 ier⁵¹
ɤr	ɤ	下巴颏儿 ɕia⁵¹pa⁵kʰɤr⁵⁵｜老末儿 lau²¹mɤr⁵¹｜对个儿 tei⁵³kɤr⁵¹ 小拇哥儿 ɕiau³⁵mu²¹kɤr⁵⁵｜唱歌儿 tʂʰaŋ⁵³kɤr⁵⁵｜唠嗑儿 lau⁵³kʰɤr⁵⁵ 自个儿 tsɿ⁵³kɤr²¹｜折儿 tʂɤr³⁵
iər	i	后尾儿 xou⁵³iər²¹｜隔壁儿 tɕie⁵³piər²¹｜堂兄弟儿 tʰaŋ³⁵ɕyŋ⁵⁵tiər⁵¹ 粒儿 liər⁵¹
iər	in	背心儿 pei⁵⁵ɕiər⁵⁵｜妗儿 tɕiər⁵¹｜胡琴儿 xu³⁵tɕʰiər⁰｜得劲儿 tei²¹tɕiər⁵¹
uər	uei	柜儿 kuər⁵¹｜裤腿儿 kʰu⁵³tʰuər²¹｜亲嘴儿 tɕʰin⁵⁵tsuər²¹｜会儿 xuər²¹⁴ 一块儿堆儿 i³⁵kʰuər⁵³tuər²¹
uər	uən	村儿 tsʰuər⁵⁵｜冰棍儿 piŋ⁵⁵kuər⁵¹｜打盹儿 ta³⁵tuər²¹
yər	y	小鱼儿 ɕiau²¹yər³⁵｜小曲儿 ɕiau³⁵tɕʰyər²¹
yər	yn	合群儿 xɤ³⁵tɕʰyər³⁵
yer	ye	小雪儿 ɕiau³⁵ɕyer²¹｜缺儿 tɕʰyer⁵⁵
ɐr	ai	盖儿 kɐr⁵¹｜小孩儿 ɕiau²¹xɐr³⁵
ɐr	an	门槛儿 mən³⁵kʰɐr²¹｜衬衫儿 tʂʰən⁵³ʂɐr⁵⁵｜猪肝儿 tʂu⁵⁵kɐr⁵⁵ 算盘儿 suan⁵³pʰɐr³⁵
iɐr	iɛn	河边儿 xɤ³⁵piɐr⁵⁵｜面儿 miɐr⁵¹｜馅儿 ɕiɐr⁵¹｜前儿 tɕʰiɐr³⁵ 傍黑天儿 paŋ⁵³xei⁵⁵tʰiɐr⁵⁵｜上边儿 ʂaŋ⁵¹piɐr⁰｜套间儿 tʰau⁵³tɕiɐr⁵⁵ 嗓子眼儿 saŋ²¹tsɿ³iɐr⁵¹｜好点儿了 xau³⁵tiɐr⁵¹lɤ⁰｜纸钱儿 tsɿ²¹tɕʰiɐr³⁵ 底垫儿钱 ti²¹tiɐr⁵³tɕʰien³⁵｜键儿 tɕiɐr⁵¹｜随便儿 suei³⁵piɐr⁵¹

续表

儿化韵	本韵	例词
uɐr	uai	块儿 kʰuɐr⁵¹
	uan	新郎官儿 ɕin⁵⁵laŋ³⁵kuɐr⁵⁵
yɐr	yan	手绢儿 ʂou²¹tɕyɐr⁵¹｜烟卷儿 ian⁵⁵tɕyɐr²¹｜旋儿 ɕyɐr⁵¹
aur	au	桃儿 tʰaur³⁵｜枣儿 tsaur²¹⁴｜郎猫儿 laŋ³⁵maur⁵⁵｜勺儿 ʂaur³⁵ 豆腐脑儿 tou⁵¹fu⁵³naur²¹｜外号儿 vai⁵³xaur⁵¹｜书包儿 ʂu⁵⁵paur⁵⁵ 洗澡儿 ɕi³⁵tsaur²¹｜打唠儿 ta²¹laur⁵¹
iaur	iau	当中腰儿 taŋ⁵⁵tʂuŋ⁵⁵iaur⁵⁵｜长豆角儿 tʂʰaŋ³⁵tou⁵³tɕiaur²¹ 雀儿 tɕʰiaur²¹⁴｜面条儿 mien⁵³tʰiaur³⁵｜猪口条儿 tʂu⁵⁵kʰou²¹tʰiaur³⁵ 连桥儿 liɛn³⁵tɕʰiaur³⁵
our	ou	后儿个儿 xour⁵¹kɤr⁰｜土豆儿 tʰu²¹tour⁵¹｜茅楼儿 mau³⁵lour³⁵ 挎兜儿 kʰua⁵⁵tour⁵⁵｜扣儿 kʰour⁵¹｜小偷儿 ɕiau²¹tʰour⁵⁵
iour	iou	打滴流儿 ta²¹ti⁵⁵liour³⁵｜小妞儿妞儿 ɕiau²¹ȵiour⁵⁵ȵiour⁰ 油儿笔 iour³⁵pi²¹
uor	uo	昨儿个儿 tsuor³⁵kɤr⁰｜水果儿 ʂuei³⁵kuor²¹｜罗锅儿 luo³⁵kuor⁵⁵ 干活儿 kan⁵³xuor³⁵｜暖和儿 nau²¹xuor⁰｜朵儿 tuor²¹⁴｜大伙儿 ta⁵³xuor⁵⁵
ãr	aŋ	头晌儿 tʰou³⁵ʂãr²¹｜手电棒儿 ʂou²¹tien⁵³pãr⁵¹｜肩膀儿 tɕien⁵⁵pãr²¹ 行儿 xãr³⁵
iãr	iaŋ	长相儿 tʂaŋ²¹ɕiãr⁵¹｜相对象儿 ɕiaŋ⁵⁵tuei⁵³ɕiãr⁵¹ 剃头匠儿 tʰi⁵³tʰou³⁵tɕiãr⁵¹
uãr	uaŋ	小窗儿 ɕiau²¹tʂʰuãr⁵⁵｜筐儿 kʰuãr⁵⁵
ə̃r	əŋ	起灯儿 tɕʰi²¹tə̃r⁵⁵｜年成儿 ȵien³⁵tʂʰə̃r³⁵｜钢镚儿 kaŋ⁵⁵pə̃r⁵¹ 跳绳儿 tʰiau⁵³ʂə̃r³⁵｜水坑儿 ʂuei²¹kʰə̃r⁵⁵｜缝儿 fə̃r⁵¹
iə̃r	iŋ	杏儿 ɕiə̃r⁵¹｜打鸣儿 ta²¹miə̃r³⁵｜害小病儿 xai⁵³ɕiau²¹piə̃r⁵¹ 算命儿 suan⁵³miə̃r⁵¹｜名儿 miə̃r³⁵
ũr	uŋ	胡同儿 xu³⁵tʰũr⁵¹｜没空儿 mei³⁵kʰũr⁵¹｜小葱儿 ɕiau²¹tsʰũr⁵⁵
yə̃r	yŋ	小熊儿 ɕiau²¹ɕyə̃r³⁵

说明：

（1）单元音韵母 a 的儿化卷舌不充分，听感上不纯正，可能是处于过渡的状态，仍记儿化，如：花儿记为 xuar⁵⁵。

（2）单元音韵母 u 儿化后一般读为 ur，如：小铺儿 ɕiau²¹pʰur⁵¹｜打呼噜儿

ta²¹xu⁵⁵lur⁰等,但"媳妇儿"较为特殊,读为 ɕi²¹fər⁰。

（3）单元音韵母 a 儿化后一般读为 ar,如:哑儿 tsar⁵⁵ | 妈儿妈儿 mar⁵⁵mar⁰ | 变戏法儿 pien⁵³ɕi⁵³far²¹ 等,但"那儿""哪儿"分别读为 nɐr⁵¹、nɐr²¹⁴。

（4）单元音韵母 ɤ 儿化后一般读为 ɤr,如:对个儿 tei⁵³kɤr⁵¹ | 小拇哥儿 ɕiau³⁵mu²¹kɤr⁵⁵ 等,但"这儿"有时读为 tʂɐr⁵¹。

陆　其他主要音变

1. 单元音韵母 ɤ 在轻声音节中的实际音值近似 ə,描写过程中仍统一记本韵。
2. 凌源方言中的"子"位于词尾时多读为 tsɿ⁰,如:山沟子 ʂan⁵⁵kou⁵⁵tsɿ⁰ | 小河叉子 ɕiau²¹xɤ³⁵tʂʰa⁵¹tsɿ⁰ | 竹子 tʂu³⁵tsɿ⁰;个别词中弱化为 tsə⁰,如:雹子 pau³⁵tsɿ⁰ | 筷子 kʰuai⁵¹tsɿ⁰ | 檩子 lin²¹tsɿ⁰ | 瓶子 pʰiŋ³⁵tsɿ⁰ | 筷子 kʰuai⁵¹tsɿ⁰。描写过程中仍统一记为本韵 tsɿ⁰。

附录

（一）调查人

调查负责人为渤海大学文学院安拴军副教授;

主要调查人为渤海大学文学院安拴军副教授;

辅助调查人为渤海大学文学院李薇薇博士、实验中心助理实验师武海江老师,研究生郭鸿宇、李清华。

（二）方言发音人

角色	姓名	出生年月	职业	文化程度	居住辖区
方言老男	张宝军	1961 年 3 月	工人	高中	南街街道
方言青男	钱佳齐	1986 年 8 月	保安	初中	南街街道
方言老女	李亚玲	1958 年 6 月	业务员	高中	南街街道
方言青女	孙守琪	1991 年 8 月	销售员	初中	城关街
口头文化发音人 1	杨桂芹	1963 年 10 月	内勤工作人员	专科（函授）	南街街道
口头文化发音人 2	李亚玲	1958 年 6 月	业务员	高中	南街街道
口头文化发音人 3	吴继广	1957 年 6 月	工人	高中	南街街道
口头文化发音人 4	刘井春	1950 年 10 月	文艺工作者	初中	宋杖子镇
口头文化发音人 5	刘兴梅	1973 年 11 月	文艺工作者	初中	宋杖子镇

续表

角色	姓名	出生年月	职业	文化程度	居住辖区
口头文化发音人6	田晓艳	1963年8月	内勤工作人员	本科（函授）	城关街道
口头文化发音人7	钱佳齐	1986年8月	保安	初中	南街街道
地普发音人1	胡光辉	1984年3月	内勤工作人员	本科（函授）	东街街道
地普发音人2	李亚玲	1958年6月	业务员	高中	南街街道
地普发音人3	张宝军	1961年3月	工人	高中	南街街道

（三）调查情况

本次调查于2018年6月28日至2018年7月7日在辽宁省朝阳市凌源市教育局遴选发音人并对老男、青男进行纸笔调查；7月8日至7月18日整理老男、青男音系；7月19日至8月3日进行录音录像工作；8月4日至8月28日，进行音视频等材料的修剪及整理工作。

本次调查使用的录音话筒为 SAMSONC03U，录音声卡为话筒内置声卡，摄像机为 SONY HDR-PJ670。

凌源市教育局马继文科长、李景珍主任，凌源中学臧玉峰老师等同志在调查工作中给予了大力支持和帮助。

第二章　字音对照

	0001 多	0002 拖	0003 大~小	0004 锣	0005 左	0006 歌	0007 个	0008 可
	果开一平歌端	果开一平歌透	果开一去歌定	果开一平歌来	果开一上歌精	果开一平歌见	果开一去歌见	果开一上歌溪
沈阳	tuo³³	tʰuo³³	ta⁴¹	luo³⁵	tsuo²¹³	kɤ³³	kɤ⁴¹	kʰɤ²¹³
本溪	tuo⁴⁴	tʰuo⁴⁴	ta⁵¹	luo³⁵	tsuo²²⁴	kɤ⁴⁴	kɤ⁵¹	kʰɤ²²⁴
辽阳	tuo⁴⁴	tʰuo⁴⁴	ta⁵¹	luo³⁵	tʂuo²¹³	kɤ⁴⁴	kɤ⁵¹	kʰɤ²¹³
海城	tuɤ⁴⁴	tʰuɤ⁴⁴	ta⁵¹	luɤ³⁵	tʂuɤ²¹⁴	kɤ⁴⁴	kɤ⁵¹	kʰɤ²¹⁴
开原	tuɤ⁴⁴	tʰuɤ⁴⁴	ta⁵¹	luɤ³⁵	tʂuɤ²¹³	kɤ⁴⁴	kɤ⁵¹	kʰɤ²¹³
锦州	tuo⁵⁵	tʰuo⁵⁵	ta⁵¹	luo³⁵	tʂuo²¹³	kɤ⁵⁵	kɤ⁵¹	kʰɤ²¹³
盘锦	tuo⁵⁵	tʰuo⁵⁵	ta⁵¹	luo³⁵	tsuo²¹³	kɤ⁵⁵	kɤ⁵¹	kʰɤ²¹³
兴城	tuo⁴⁴	tʰuo⁴⁴	ta⁵¹	luo³⁵	tʂuo²¹³	kɤ⁴⁴	kɤ⁵¹	kʰɤ²¹³
绥中	tuo⁵⁵	tʰuo⁵⁵	ta⁵¹	luo³⁵	tʂuo²¹³	kɤ⁵⁵	kɤ⁵¹	kʰɤ²¹³
义县	tuo⁴⁴	tʰuo⁴⁴	ta⁵¹	luo³⁵	tʂuo²¹³	kɤ⁴⁴	kɤ⁵¹	kʰɤ²¹³
北票	tuo⁴⁴	tʰuo⁴⁴	ta⁵¹	luo³⁵	tsuo²¹³	kɤ⁴⁴	kɤ⁵¹	kʰɤ²¹³
阜新	tuo⁵⁵	tʰuo⁵⁵	ta⁵¹	luo³⁵	tsuo²¹³	kɤ⁵⁵	kɤ⁵¹	kʰɤ²¹³
黑山	tuo⁴⁴	tʰuo⁴⁴	ta⁵¹	luo³⁵	tʂuo²¹³	kɤ⁴⁴	kɤ⁵¹	kʰɤ²¹³
昌图	tuo³³	tʰuo³³	ta⁵¹	luo³⁵	tʂuo²¹³	kɤ³³	kɤ⁵¹	kʰɤ²¹³
大连	tuə³¹²	tʰuə³¹²	ta⁵²	luə³⁴	tsuə²¹³	kɤ³¹²	kɤ⁵²	kʰɤ²¹³
金州杏树	tuə³¹²	tʰuə³¹²	ta⁵²	luə³¹²	tsuə⁵²	kɤ³¹²	kɤ⁵²	kʰɤ²¹³
长海	tuə³¹	tʰuə³¹	ta⁵³	luə³¹	tuə²¹⁴	kɤ³¹	kɤ⁵³	kʰɤ²¹⁴
庄河	tuə³¹	tʰuə³¹	ta⁵¹	luə³¹	tsuə²¹³	kə⁵¹	kə⁵¹	kʰə²¹³
盖州	tuɤ⁴¹²	tʰuɤ⁴¹²	ta⁵¹	luɤ²⁴	tsuɤ²¹³	kɤ⁴¹²	kɤ⁵¹	kʰɤ²¹³
丹东	tuo⁴¹¹	tʰuo⁴¹¹	ta⁵¹	luo²⁴	tsuo²¹³	kɤ⁴¹¹	kɤ⁵¹	kʰɤ²¹³
建平	tuə⁴⁴	tʰuə⁴⁴	ta⁵³	luə³⁵	tsuə²¹³	kɤ⁴⁴	kɤ⁵³	kʰɤ²¹³
凌源	tuo⁵⁵	tʰuo⁵⁵	ta⁵¹	luo³⁵	tsuo²¹⁴	kɤ⁵⁵	kɤ⁵¹	kʰɤ²¹⁴

	0009 鹅	0010 饿	0011 河	0012 茄	0013 破	0014 婆	0015 磨动	0016 磨名
	果开一 平歌疑	果开一 去歌疑	果开一 平歌匣	果开三 平戈群	果合一 去戈滂	果合一 平戈並	果合一 平戈明	果合一 去戈明
沈阳	ɤ³⁵	ɤ⁴¹	xɤ³⁵	tɕʰiɛ³⁵	pʰuo⁴¹	pʰuo³⁵	muo³⁵	muo⁴¹
本溪	ɤ³⁵	ɤ⁵¹	xɤ³⁵	tɕʰiɛ³⁵	pʰuo⁵¹	pʰuo³⁵	muo³⁵	muo⁵¹
辽阳	ɤ³⁵	ɤ⁵¹	xɤ³⁵	tɕʰiɛ³⁵	pʰɤ⁵¹	pʰɤ³⁵	mɤ³⁵	mɤ⁵¹
海城	ɤ³⁵	ɤ⁵¹	xɤ³⁵	tɕʰiɛ³⁵	pʰɤ⁵¹	pʰɤ³⁵	mɤ³⁵	mɤ⁵¹
开原	nɤ³⁵(老) ɤ³⁵(新)	nɤ⁵¹(老) ɤ⁵¹(新)	xɤ³⁵	tɕʰiɛ³⁵	pʰɤ⁵¹	pʰɤ³⁵	mɤ³⁵	mɤ⁵¹
锦州	nɤ³⁵	nɤ⁵¹	xɤ³⁵	tɕʰiɛ³⁵	pʰɤ⁵¹	pʰɤ³⁵	mɤ³⁵	mɤ⁵¹
盘锦	nɤ³⁵(老) ɤ³⁵(新)	nɤ⁵¹(老) ɤ⁵¹(新)	xɤ³⁵	tɕʰiɛ³⁵	pʰɤ⁵¹	pʰɤ³⁵	mɤ³⁵	mɤ⁵¹
兴城	nɤ³⁵(老) ɤ³⁵(新)	nɤ⁵¹(老) ɤ⁵¹(新)	xɤ³⁵	tɕʰiɛ³⁵	pʰɤ⁵¹	pʰɤ³⁵	mɤ³⁵	mɤ⁵¹
绥中	nɤ³⁵(老) ɤ³⁵(新)	nɤ⁵¹(老) ɤ⁵¹(新)	xɤ³⁵	tɕʰiɛ³⁵	pʰuo⁵¹	pʰuo³⁵	muo³⁵(白) muo⁵¹(文)	muo⁵¹
义县	nɤ³⁵(老) ɤ³⁵(新)	nɤ⁵¹(老) ɤ⁵¹(新)	xɤ³⁵	tɕʰiɛ³⁵	pʰɤ⁵¹	pʰɤ³⁵	mɤ³⁵	mɤ⁵¹
北票	nɤ³⁵(老) ɤ³⁵(新)	nɤ⁵¹(老) ɤ⁵¹(新)	xɤ³⁵	tɕʰiɛ³⁵	pʰɤ⁵¹	pʰɤ³⁵	mɤ³⁵	mɤ⁵¹
阜新	nɤ³⁵(老) ɤ³⁵(新)	nɤ⁵¹(老) ɤ⁵¹(新)	xɤ³⁵	tɕʰiɛ³⁵	pʰɤ⁵¹	pʰɤ³⁵	mɤ³⁵	mɤ⁵¹
黑山	nɤ³⁵(老) ɤ³⁵(新)	nɤ⁵¹(老) ɤ⁵¹(新)	xɤ³⁵	tɕʰiɛ³⁵	pʰɤ⁵¹	pʰɤ³⁵	mɤ³⁵	mɤ⁵¹
昌图	nɤ³⁵	nɤ⁵¹(老) ɤ⁵¹(新)	xɤ³⁵	tɕʰiɛ³⁵	pʰɤ⁵¹	pʰɤ³⁵	mɤ³⁵	mɤ⁵¹
大连	ɤ³⁴	ɤ⁵²	xɤ³⁴	tɕʰiɛ³⁴	pʰɤ⁵²	pʰɤ³⁴	mɤ³⁴	mɤ⁵²
金州杏树	uə³¹²	uə⁵²	xuə⁵²	tɕʰiɛ⁵²	pʰɤ⁵²	pʰɤ⁵²	mɤ³¹²	mɤ⁵²
长海	uə³¹	uə⁵³	xuə⁵³	ɕʰiɛ⁵³	pʰɤ⁵³	pʰɤ⁵³	mɤ³¹	mɤ⁵³
庄河	uə³¹	uə⁵¹	xuə⁵¹	tɕʰiɛ⁵¹	pʰə⁵¹	pʰə⁵¹	mə³¹	mə⁵¹
盖州	ɤ²⁴	uɤ⁵¹(老) ɤ⁵¹(新)	xɤ²⁴	tɕʰiɛ²⁴	pʰɤ⁵¹	pʰɤ²⁴	mɤ²⁴	mɤ⁵¹
丹东	ɤ²⁴	ɤ⁵¹	xɤ²⁴	tɕʰiɛ²⁴	pʰɤ⁵¹	pʰɤ²⁴	mɤ²⁴	mɤ⁵¹
建平	nɤ³⁵	nɤ⁵³	xɤ³⁵	tɕʰiɛ³⁵	pʰɤ⁵³	pʰɤ³⁵	mɤ³⁵	mɤ⁵³
凌源	nɤ³⁵(老) ɤ³⁵(新)	nɤ⁵¹(老) ɤ⁵¹(新)	xɤ³⁵	ɕʰiɛ³⁵	pʰɤ⁵¹	pʰɤ³⁵	mɤ³⁵(又) mɤ⁵¹(又)	mɤ⁵¹

	0017 躲	0018 螺	0019 坐	0020 锁	0021 果	0022 过~米	0023 课	0024 火
	果合一上戈端	果合一平戈来	果合一上戈从	果合一上戈心	果合一上戈见	果合一去戈见	果合一去戈溪	果合一上戈晓
沈阳	tuo²¹³	luo³⁵	tsuo⁴¹	suo²¹³	kuo²¹³	kuo⁴¹	kʰɤ⁴¹	xuo²¹³
本溪	tuo²²⁴	luo³⁵	tʂuo⁵¹	ʂuo²²⁴	kuo²²⁴	kuo⁵¹	kʰɤ⁵¹	xuo²²⁴
辽阳	tuo²¹³	luo³⁵	tʂuo⁵¹	suo²¹³	kuo²¹³	kuo⁵¹	kʰɤ⁵¹	xuo²¹³
海城	tuɤ²¹⁴	luɤ³⁵	tʂuɤ⁵¹	ʂuɤ²¹⁴	kuɤ²¹⁴	kuɤ⁵¹	kʰɤ⁵¹	xuɤ²¹⁴
开原	tuɤ²¹³	luɤ³⁵	tʂuɤ⁵¹	ʂuɤ²¹³	kuɤ²¹³	kuɤ⁵¹	kʰɤ⁵¹	xuɤ²¹³
锦州	tuo²¹³	luo³⁵	tʂuo⁵¹	ʂuo²¹³	kuo²¹³	kuo⁵¹	kʰɤ⁵¹	xuo²¹³
盘锦	tuo²¹³	luo³⁵	tʂuo⁵¹	ʂuo²¹³	kuo²¹³	kuo⁵¹	kʰɤ⁵¹	xuo²¹³
兴城	tuo²¹³	luo³⁵	tsuo⁵¹	suo²¹³	kuo²¹³	kuo⁵¹	kʰɤ⁵¹	xuo²¹³
绥中	tuo²¹³	luo³⁵	tsuo⁵¹	suo²¹³	kuo²¹³	kuo⁵¹	kʰɤ⁵¹	xuo²¹³
义县	tuo²¹³	luo³⁵	tsuo⁵¹	suo²¹³	kuo²¹³	kuo⁵¹	kʰɤ⁵¹	xuo²¹³
北票	tuo²¹³	luo³⁵	tsuo⁵¹	suo²¹³	kuo²¹³	kɤ⁵¹(又) kuo⁵¹(又)	kʰɤ⁵¹	xuo²¹³
阜新	tuo²¹³	luo³⁵	tsuo⁵¹	suo²¹³	kuo²¹³	kuo⁵¹	kʰɤ⁵¹	xuo²¹³
黑山	tuo²¹³	luo³⁵	tʂuo⁵¹	ʂuo²¹³	kuo²¹³	kuo⁵¹	kʰɤ⁵¹	xuo²¹³
昌图	tuo²¹³	luo³⁵	tʂuo⁵¹	suo²¹³	kuo²¹³	kuo⁵¹	kʰɤ⁵¹	xuo²¹³
大连	tuə²¹³	luə³⁴	tsuə⁵²	suə²¹³	kuə²¹³	kuə⁵²	kʰɤ⁵²	xuə²¹³
金州杏树	tuə²¹³	luə⁵²	tsuə⁵²	suə²¹³	kuə²¹³	kuə⁵²	kʰɤ⁵²	xuə²¹³
长海	tuə²¹⁴	luə⁵³	tuə⁵³	suə²¹⁴	kuə²¹⁴	kuə⁵³	kʰɤ⁵³	xuə²¹⁴
庄河	tuə²¹³	luə⁵¹	tsuə⁵¹	suə²¹³	kuə²¹³	kuə⁵¹	kʰə⁵¹	xuə²¹³
盖州	tuɤ²¹³	luɤ²⁴	tsuɤ⁵¹	suɤ²¹³	kuɤ²¹³	kuɤ⁵¹	kʰɤ⁵¹	xuɤ²¹³
丹东	tuo²¹³	luo²⁴	tsuo⁵¹	suo²¹³	kuo²¹³	kuo⁵¹	kʰɤ⁵¹	xuo²¹³
建平	tuə²¹³	luə³⁵	tsuə⁵³	suə²¹³	kuə²¹³	kɤ⁵³	kʰɤ⁵³	xuə²¹³
凌源	tuo²¹⁴	luo³⁵	tsuo⁵¹	suo²¹⁴	kuo²¹⁴	kuo⁵¹	kʰɤ⁵¹	xuo²¹⁴

	0025 货	0026 祸	0027 靴	0028 把量	0029 爬	0030 马	0031 骂	0032 茶
	果合一去戈晓	果合一上戈匣	果合三平戈晓	假开二上麻帮	假开二平麻並	假开二上麻明	假开二去麻明	假开二平麻澄
沈阳	xuo⁴¹	xuo⁴¹	ɕye³³	pa²¹³	pʰa³⁵	ma²¹³	ma⁴¹	tʂʰa³⁵
本溪	xuo⁵¹	xuo⁵¹	ɕyɛ⁴⁴	pa²²⁴	pʰa³⁵	ma²²⁴	ma⁵¹	tʂʰa³⁵
辽阳	xuo⁵¹	xuo⁵¹	ɕyɛ⁴⁴	pa²¹³	pʰa³⁵	ma²¹³	ma⁵¹	tʂʰa³⁵
海城	xuɤ⁵¹	xuɤ⁵¹	ɕyɛ⁴⁴	pa²¹⁴	pʰa³⁵	ma²¹⁴	ma⁵¹	tʂʰa³⁵
开原	xuɤ⁵¹	xuɤ⁵¹	ɕyɛ⁴⁴	pa²¹³	pʰa³⁵	ma²¹³	ma⁵¹	tʂʰa³⁵
锦州	xuo⁵¹	xuo⁵¹	ɕyɛ⁵⁵	pa²¹³	pʰa³⁵	ma²¹³	ma⁵¹	tʂʰa³⁵
盘锦	xuo⁵¹	xuo⁵¹	ɕyɛ⁵⁵	pa²¹³	pʰa³⁵	ma²¹³	ma⁵¹	tʂʰa³⁵
兴城	xuo⁵¹	xuo⁵¹	ɕyɛ⁴⁴	pa²¹³	pʰa³⁵	ma²¹³	ma⁵¹	tʂʰa³⁵
绥中	xuo⁵¹	xuo⁵¹	ɕyɛ⁵⁵	pa²¹³	pʰa³⁵	ma²¹³	ma⁵¹	tʂʰa³⁵
义县	xuo⁵¹	xuo⁵¹	ɕyɛ⁴⁴	pa²¹³	pʰa³⁵	ma²¹³	ma⁵¹	tʂʰa³⁵
北票	xuo⁵¹	xuo⁵¹	ɕyɛ⁴⁴	pa²¹³	pʰa³⁵	ma²¹³	ma⁵¹	tʂʰa³⁵
阜新	xuo⁵¹	xuo⁵¹	ɕyɛ⁵⁵	pa²¹³	pʰa³⁵	ma²¹³	ma⁵¹	tʂʰa³⁵
黑山	xuo⁵¹	xuo⁵¹	ɕyɛ⁴⁴	pa²¹³	pʰa³⁵	ma²¹³	ma⁵¹	tʂʰa³⁵
昌图	xuo⁵¹	xuo⁵¹	ɕyɛ³³	pa²¹³	pʰa³⁵	ma²¹³	ma⁵¹	tʂʰa³⁵
大连	xuə⁵²	xuə⁵²	ɕyɛ³¹²	pa²¹³	pʰa³⁴	ma²¹³	ma⁵²	tʂʰa³⁴
金州杏树	xuə⁵²	xuə⁵²	ɕyɛ³¹²	pa²¹³	pʰa⁵²	ma²¹³	ma⁵²	tʂʰa⁵²
长海	xuə⁵³	xuə⁵³	ɕyɛ³¹	pa²¹⁴	pʰa⁵³	ma²¹⁴	ma⁵³	tʂʰa⁵³
庄河	xuə⁵¹	xuə⁵¹	ɕyɛ³¹	pa²¹³	pʰa⁵¹	ma²¹³	ma⁵¹	tʂʰa⁵¹
盖州	xuɤ⁵¹	xuɤ⁵¹	ɕyɛ⁴¹²	pa²¹³	pʰa²⁴	ma²¹³	ma⁵¹	tʂʰa²⁴
丹东	xuo⁵¹	xuo⁵¹	ɕyɛ⁴¹¹	pa²¹³	pʰa²⁴	ma²¹³	ma⁵¹	tʂʰa²⁴
建平	xuə⁵³	xuə⁵³	ɕyɛ⁴⁴	pa²¹³	pʰa³⁵	ma²¹³	ma⁵³	tʂʰa³⁵
凌源	xuo⁵¹	xuo⁵¹	ɕyɛ⁵⁵	pa²¹⁴	pʰa³⁵	ma²¹⁴	ma⁵¹	tʂʰa³⁵

	0033 沙 假开二 平麻生	**0034 假**真~ 假开二 上麻见	**0035 嫁** 假开二 去麻见	**0036 牙** 假开二 平麻疑	**0037 虾** 假开二 平麻晓	**0038 下**方位 假开二 上麻匣	**0039 夏**春~ 假开二 去麻匣	**0040 哑** 假开二 上麻影
沈阳	sa³³	tɕia²¹³	tɕia⁴¹	ia³⁵	ɕia³³	ɕia⁴¹	ɕia⁴¹	ia²¹³
本溪	ʂa⁴⁴	tɕia²²⁴	tɕia⁵¹	ia³⁵	ɕia⁴⁴	ɕia⁵¹	ɕia⁵¹	ia²²⁴
辽阳	ʂa⁴⁴	tɕia²¹³	tɕia⁵¹	ia³⁵	ɕia⁴⁴	ɕia⁵¹	ɕia⁵¹	ia²¹³
海城	ʂa⁴⁴	tɕia²¹⁴	tɕia⁵¹	ia³⁵	ɕia⁴⁴	ɕia⁵¹	ɕia⁵¹	ia²¹⁴
开原	ʂa⁴⁴	tɕia²¹³	tɕia⁵¹	ia³⁵	ɕia⁴⁴	ɕia⁵¹	ɕia⁵¹	ia²¹³
锦州	ʂa⁵⁵	tɕia²¹³	tɕia⁵¹	ia³⁵	ɕia⁵⁵	ɕia⁵¹	ɕia⁵¹	ia²¹³
盘锦	ʂa⁵⁵	tɕia²¹³	tɕia⁵¹	ia³⁵	ɕia⁵⁵	ɕia⁵¹	ɕia⁵¹	ia²¹³
兴城	ʂa⁴⁴	tɕia²¹³	tɕia⁵¹	ia³⁵	ɕia⁴⁴	ɕia⁵¹	ɕia⁵¹	ia²¹³
绥中	ʂa⁵⁵	tɕia²¹³	tɕia⁵¹	ia³⁵	ɕia⁵⁵	ɕia⁵¹	ɕia⁵¹	ia²¹³
义县	ʂa⁴⁴	tɕia²¹³	tɕia⁵¹	ia³⁵	ɕia⁴⁴	ɕia⁵¹	ɕia⁵¹	ia²¹³
北票	ʂa⁴⁴	tɕia²¹³	tɕia⁵¹	ia³⁵	ɕia⁴⁴	ɕia⁵¹	ɕia⁵¹	ia²¹³
阜新	ʂa⁵⁵	tɕia²¹³	tɕia⁵¹	ia³⁵	ɕia⁵⁵	ɕia⁵¹	ɕia⁵¹	ia²¹³
黑山	ʂa⁴⁴	tɕia²¹³	tɕia⁵¹	ia³⁵	ɕia⁴⁴	ɕia⁵¹	ɕia⁵¹	ia²¹³
昌图	ʂa³³	tɕia²¹³	tɕia⁵¹	ia³⁵	ɕia³³	ɕia⁵¹	ɕia⁵¹	ia²¹³
大连	sa³¹²	tɕia²¹³	tɕia⁵²	ia³⁴	ɕia³¹²	ɕia⁵²	ɕia⁵²	ia²¹³
金州杏树	sa³¹²	tɕia²¹³	tɕia⁵²	ia³¹²	ɕia³¹²	ɕia⁵²	ɕia⁵²	ia²¹³
长海	sa³¹	ɕia²¹⁴	ɕia⁵³	ia³¹	ɕia³¹	ɕia⁵³	ɕia⁵³	ia²¹⁴
庄河	sa³¹	tɕia²¹³	tɕia⁵¹	ia³¹	ɕia³¹	ɕia⁵¹	ɕia⁵¹	ia²¹³
盖州	sa⁴¹²	tɕia²¹³	tɕia⁵¹	ia²⁴	ɕia⁴¹²	ɕia⁵¹	ɕia⁵¹	ia²¹³
丹东	ʂa⁴¹¹	tɕia²¹³	tɕia⁵¹	ia²⁴	ɕia⁴¹¹	ɕia⁵¹	ɕia⁵¹	ia²¹³
建平	ʂa⁴⁴	tɕia²¹³	tɕia⁵³	ia³⁵	ɕia⁴⁴	ɕia⁵³	ɕia⁵³	ia²¹³
凌源	ʂa⁵⁵	tɕia²¹⁴	tɕia⁵¹	ia³⁵	ɕia⁵⁵	ɕia⁵¹	ɕia⁵¹	ia²¹⁴

	0041 姐	0042 借	0043 写	0044 斜	0045 谢	0046 车~辆	0047 蛇	0048 射
	假开三上麻精	假开三去麻精	假开三上麻心	假开三平麻邪	假开三去麻邪	假开三平麻昌	假开三平麻船	假开三去麻船
沈阳	tɕie²¹³	tɕie⁴¹	ɕie²¹³	ɕie³⁵	ɕie⁴¹	tʂʰɤ³³	ʂɤ³⁵	ʂɤ⁴¹
本溪	tɕie²²⁴	tɕie⁵¹	ɕie²²⁴	ɕie³⁵	ɕie⁵¹	tʂʰɤ⁴⁴	ʂɤ³⁵	ʂɤ⁵¹
辽阳	tɕie²¹³	tɕie⁵¹	ɕie²¹³	ɕie³⁵	ɕie⁵¹	tʂʰɤ⁴⁴	ʂɤ³⁵	ʂɤ⁵¹
海城	tɕie²¹⁴	tɕie⁵¹	ɕie²¹⁴	ɕie³⁵	ɕie⁵¹	tʂʰɤ⁴⁴	ʂɤ³⁵	ʂɤ⁵¹
开原	tɕie²¹³	tɕie⁵¹	ɕie²¹³	ɕie³⁵	ɕie⁵¹	tʂʰɤ⁴⁴	ʂɤ³⁵	ʂɤ⁵¹
锦州	tɕie²¹³	tɕie⁵¹	ɕie²¹³	ɕie³⁵	ɕie⁵¹	tʂʰɤ⁵⁵	ʂɤ³⁵	ʂɤ⁵¹
盘锦	tɕie²¹³	tɕie⁵¹	ɕie²¹³	ɕie³⁵	ɕie⁵¹	tʂʰɤ⁵⁵	ʂɤ³⁵	ʂɤ⁵¹
兴城	tɕie²¹³	tɕie⁵¹	ɕie²¹³	ɕie³⁵	ɕie⁵¹	tʂʰɤ⁴⁴	ʂɤ³⁵	ʂɤ⁵¹
绥中	tɕie²¹³	tɕie⁵¹	ɕie²¹³	ɕie³⁵	ɕie⁵¹	tʂʰɤ⁵⁵	ʂɤ³⁵	ʂɤ⁵¹
义县	tɕie²¹³	tɕie⁵¹	ɕie²¹³	ɕie³⁵	ɕie⁵¹	tʂʰɤ⁴⁴	ʂɤ³⁵	ʂɤ⁵¹
北票	tɕie²¹³	tɕie⁵¹	ɕie²¹³	ɕie³⁵	ɕie⁵¹	tʂʰɤ⁴⁴	ʂɤ³⁵	ʂɤ⁵¹
阜新	tɕie²¹³	tɕie⁵¹	ɕie²¹³	ɕie³⁵	ɕie⁵¹	tʂʰɤ⁵⁵	ʂɤ³⁵	ʂɤ⁵¹
黑山	tɕie²¹³	tɕie⁵¹	ɕie²¹³	ɕie³⁵	ɕie⁵¹	tʂʰɤ⁴⁴	ʂɤ³⁵	ʂɤ⁵¹
昌图	tɕie²¹³	tɕie⁵¹	ɕie²¹³	ɕie³⁵	ɕie⁵¹	tʂʰɤ³³	ʂɤ³⁵	ʂɤ⁵¹
大连	tɕie²¹³	tɕie⁵²	ɕie²¹³	ɕie³⁴	ɕie⁵²	tʃʰɤ³¹²	ʃɤ³⁴	ʃɤ⁵²
金州杏树	tɕie²¹³	tɕie⁵²	ɕie²¹³	ɕie⁵²	ɕie⁵²	tɕʰie³¹²	ɕie⁵²	ɕie⁵²
长海	tʃie²¹⁴	tʃie⁵³	ʃie²¹⁴	ʃie⁵³	ʃie⁵³	tʃʰie³¹	ʃie⁵³	ʃie⁵³
庄河	tɕie²¹³	tɕie⁵¹	ɕie²¹³	ɕie⁵¹	ɕie⁵¹	tɕʰie³¹	sə⁵¹	sə⁵¹
盖州	tɕie²¹³	tɕie⁵¹	ɕie²¹³	ɕie²⁴	ɕie⁵¹	tʂʰɤ⁴¹²	ʂɤ²⁴	ʂɤ⁵¹
丹东	tɕie²¹³	tɕie⁵¹	ɕie²¹³	ɕie²⁴	ɕie⁵¹	tʂʰɤ⁴¹¹	ʂɤ²⁴	ʂɤ⁵¹
建平	tɕie²¹³	tɕie⁵³	ɕie²¹³	ɕie³⁵	ɕie⁵³	tʂʰɤ⁴⁴	ʂɤ³⁵	ʂɤ⁵³
凌源	tɕie²¹⁴	tɕie⁵¹	ɕie²¹⁴	ɕie³⁵	ɕie⁵¹	tʂʰɤ⁵⁵	ʂɤ³⁵	ʂɤ⁵¹

	0049 爷	0050 野	0051 夜	0052 瓜	0053 瓦名	0054 花	0055 化	0056 华中~
	假开三平麻以	假开三上麻以	假开三去麻以	假合二平麻见	假合二上麻疑	假合二平麻晓	假合二去麻晓	假合二平麻匣
沈阳	iɛ³⁵	iɛ²¹³	iɛ⁴¹	kua³³	va²¹³	xua³³	xua⁴¹	xua³⁵
本溪	iɛ³⁵	iɛ²²⁴	iɛ⁵¹	kua⁴⁴	ua²²⁴	xua⁴⁴	xua⁵¹	xua³⁵
辽阳	iɛ³⁵	iɛ²¹³	iɛ⁵¹	kua⁴⁴	ua²¹³	xua⁴⁴	xua⁵¹	xua³⁵
海城	iɛ³⁵	iɛ²¹⁴	iɛ⁵¹	kua⁴⁴	ua²¹⁴	xua⁴⁴	xua⁵¹	xua³⁵
开原	iɛ³⁵	iɛ²¹³	iɛ⁵¹	kua⁴⁴	ua²¹³	xua⁴⁴	xua⁵¹	xua³⁵
锦州	iɛ³⁵	iɛ²¹³	iɛ⁵¹	kua⁵⁵	ua²¹³	xua⁵⁵	xua⁵¹	xua³⁵
盘锦	iɛ³⁵	iɛ²¹³	iɛ⁵¹	kua⁵⁵	ua²¹³	xua⁵⁵	xua⁵¹	xua³⁵
兴城	iɛ³⁵	iɛ²¹³	iɛ⁵¹	kua⁴⁴	ua²¹³	xua⁴⁴	xua⁵¹	xua³⁵
绥中	iɛ³⁵	iɛ²¹³	iɛ⁵¹	kua⁵⁵	va²¹³	xua⁵⁵	xua⁵¹	xua³⁵
义县	iɛ³⁵	iɛ²¹³	iɛ⁵¹	kua⁴⁴	ua²¹³	xua⁴⁴	xua⁵¹	xua³⁵
北票	iɛ³⁵	iɛ²¹³	iɛ⁵¹	kua⁴⁴	ua²¹³	xua⁴⁴	xua⁵¹	xua³⁵
阜新	iɛ³⁵	iɛ²¹³	iɛ⁵¹	kua⁵⁵	ua²¹³	xua⁵⁵	xua⁵¹	xua³⁵
黑山	iɛ³⁵	iɛ²¹³	iɛ⁵¹	kua⁴⁴	ua²¹³	xua⁴⁴	xua⁵¹	xua³⁵
昌图	iɛ³⁵	iɛ²¹³	iɛ⁵¹	kua³³	ua²¹³	xua³³	xua⁵¹	xua³⁵
大连	iɛ³⁴	iɛ²¹³	iɛ⁵²	kua³¹²	ua²¹³	xua³¹²	xua⁵²	xua³⁴
金州杏树	iɛ³¹²	iɛ²¹³	iɛ⁵²	kua³¹²	ua²¹³	xua³¹²	xua⁵²	xua⁵²
长海	iɛ³¹	iɛ²¹⁴	iɛ⁵³	kua³¹	ua²¹⁴	xua³¹	xua⁵³	xua⁵³
庄河	iɛ³¹	iɛ²¹³	iɛ⁵¹	kua³¹	ua²¹³	xua³¹	xua⁵¹	xua⁵¹
盖州	iɛ²⁴	iɛ²¹³	iɛ⁵¹	kua⁴¹²	ua²¹³	xua⁴¹²	xua⁵¹	xua²⁴
丹东	iɛ²⁴	iɛ²¹³	iɛ⁵¹	kua⁴¹¹	ua²¹³	xua⁴¹¹	xua⁵¹	xua²⁴
建平	iɛ³⁵	iɛ²¹³	iɛ⁵³	kua⁴⁴	va²¹³	xua⁴⁴	xua⁵³	xua³⁵
凌源	iɛ³⁵	iɛ²¹⁴	iɛ⁵¹	kua⁵⁵	va²¹⁴	xua⁵⁵	xua⁵¹	xua³⁵

第二章　字音对照

	0057 谱家~	0058 布	0059 铺动	0060 簿	0061 步	0062 赌	0063 土	0064 图
	遇合一上模帮	遇合一去模帮	遇合一平模滂	遇合一上模並	遇合一去模並	遇合一上模端	遇合一上模透	遇合一平模定
沈阳	pʰu²¹³	pu⁴¹	pʰu³³	pu⁴¹	pu⁴¹	tu²¹³	tʰu²¹³	tʰu³⁵
本溪	pʰu²²⁴	pu⁵¹	pʰu⁴⁴	pu⁵¹	pu⁵¹	tu²²⁴	tʰu²²⁴	tʰu³⁵
辽阳	pʰu²¹³	pu⁵¹	pʰu⁴⁴	pu⁵¹	pu⁵¹	tu²¹³	tʰu²¹³	tʰu³⁵
海城	pʰu²¹⁴	pu⁵¹	pʰu⁴⁴	pu⁵¹	pu⁵¹	tu²¹⁴	tʰu²¹⁴	tʰu³⁵
开原	pʰu²¹³	pu⁵¹	pʰu⁴⁴	pu⁵¹	pu⁵¹	tu²¹³	tʰu²¹³	tʰu³⁵
锦州	pʰu²¹³	pu⁵¹	pʰu⁵⁵	pu⁵¹	pu⁵¹	tu²¹³	tʰu²¹³	tʰu³⁵
盘锦	pʰu²¹³	pu⁵¹	pʰu⁵⁵	pu⁵¹	pu⁵¹	tu²¹³	tʰu²¹³	tʰu³⁵
兴城	pʰu²¹³	pu⁵¹	pʰu⁴⁴	pu⁵¹	pu⁵¹	tu²¹³	tʰu²¹³	tʰu³⁵
绥中	pʰu²¹³	pu⁵¹	pʰu⁵⁵	pu⁵¹（又）puo³⁵（又）	pu⁵¹	tu²¹³	tʰu²¹³	tʰu³⁵
义县	pʰu²¹³	pu⁵¹	pʰu⁴⁴	pu⁵¹	pu⁵¹	tu²¹³	tʰu²¹³	tʰu³⁵
北票	pʰu²¹³	pu⁵¹	pʰu⁴⁴	pu⁵¹	pu⁵¹	tu²¹³	tʰu²¹³	tʰu³⁵
阜新	pʰu²¹³	pu⁵¹	pʰu⁵⁵	pu⁵¹	pu⁵¹	tu²¹³	tʰu²¹³	tʰu³⁵
黑山	pʰu²¹³	pu⁵¹	pʰu⁴⁴	pu⁵¹	pu⁵¹	tu²¹³	tʰu²¹³	tʰu³⁵
昌图	pʰu²¹³	pu⁵¹	pʰu³³	pɤ³⁵	pu⁵¹	tu²¹³	tʰu²¹³	tʰu³⁵
大连	pʰu²¹³	pu⁵²	pʰu³¹²	pɤ³⁴	pu⁵²	tu²¹³	tʰu²¹³	tʰu³⁴
金州杏树	pʰu²¹³	pu⁵²	pʰu³¹²	pu⁵²	pu⁵²	tu²¹³	tʰu²¹³	tʰu⁵²
长海	pʰu²¹⁴	pu⁵³	pʰu³¹	pu⁵³	pu⁵³	tu²¹⁴	tʰu²¹⁴	tʰu⁵³
庄河	pʰu²¹³	pu⁵¹	pʰu³¹	pu⁵¹	pu⁵¹	tu²¹³	tʰu²¹³	tʰu⁵¹
盖州	pʰu²¹³	pu⁵¹	pʰu⁴¹²	pu⁵¹	pu⁵¹	tu²¹³	tʰu²¹³	tʰu²⁴
丹东	pʰu²¹³	pu⁵¹	pʰu⁴¹¹	pu⁵¹	pu⁵¹	tu²¹³	tʰu²¹³	tʰu²⁴
建平	pʰu²¹³	pu⁵³	pʰu⁴⁴	pu⁵³	pu⁵³	tu²¹³	tʰu²¹³	tʰu³⁵
凌源	pʰu²¹⁴	pu⁵¹	pʰu⁵⁵	pu⁵¹	pu⁵¹	tu²¹⁴	tʰu²¹⁴	tʰu³⁵

	0065 杜	0066 奴	0067 路	0068 租	0069 做	0070 错对~	0071 箍~桶	0072 古
	遇合一上模定	遇合一平模泥	遇合一去模来	遇合一平模精	遇合一去模精	遇合一去模清	遇合一平模见	遇合一上模见
沈阳	tu⁴¹	nu³⁵	lu⁴¹	tsu³³	tsuo⁴¹	tsʰuo⁴¹	ku³³	ku²¹³
本溪	tu⁵¹	nu³⁵	lu⁵¹	tʂu⁴⁴	tʂuo⁵¹	tʂʰuo⁵¹	ku⁴⁴	ku²²⁴
辽阳	tu⁵¹	nu³⁵	lu⁵¹	tʂu⁴⁴	tʂuo⁵¹	tʂʰuo⁵¹	ku⁴⁴	ku²¹³
海城	tu⁵¹	nu³⁵	lu⁵¹	tʂu⁴⁴	tʂuɤ⁵¹	tʂʰuɤ⁵¹	ku⁴⁴	ku²¹⁴
开原	tu⁵¹	nu³⁵	lu⁵¹	tʂu⁴⁴	tsuɤ⁵¹	tsʰuɤ⁵¹	ku⁴⁴	ku²¹³
锦州	tu⁵¹	nu³⁵	lu⁵¹	tʂu⁵⁵	tʂuo⁵¹	tʂʰuo⁵¹	ku⁵⁵	ku²¹³
盘锦	tu⁵¹	nu³⁵	lu⁵¹	tʂu⁵⁵	tsuo⁵¹	tsʰuo⁵¹	ku⁵⁵	ku²¹³
兴城	tu⁵¹	nu³⁵	lu⁵¹	tʂu⁴⁴	tʂuo⁵¹	tʂʰuo⁵¹	ku⁴⁴	ku²¹³
绥中	tu⁵¹	nu³⁵	lu⁵¹	tʂu⁵⁵	tsuo⁵¹	tsʰuo⁵¹	ku⁵⁵	ku²¹³
义县	tu⁵¹	nu³⁵	lu⁵¹	tʂu⁴⁴	tʂuo⁵¹	tʂʰuo⁵¹	ku⁴⁴	ku²¹³
北票	tu⁵¹	nu³⁵	lu⁵¹	tsu⁴⁴	tsou⁵¹（白） tsuo⁵¹（文）	tsʰuo⁵¹	ku⁴⁴	ku²¹³
阜新	tu⁵¹	nu³⁵	lu⁵¹	tsu⁵⁵	tsuo⁵¹	tsʰuo⁵¹	ku⁵⁵	ku²¹³
黑山	tu⁵¹	nu³⁵	lu⁵¹	tʂu⁴⁴	tʂuo⁵¹	tʂʰuo⁵¹	ku⁴⁴	ku²¹³
昌图	tu⁵¹	nu³⁵	lu⁵¹	tʂu³³	tʂuo⁵¹（又） tsou⁵¹（又）	tsʰuo⁵¹	ku³³	ku²¹³
大连	tu⁵²	nu³⁴	lu⁵²	tsu³¹²	tsuə⁵²	tsʰuə⁵²	ku³¹²	ku²¹³
金州杏树	tu⁵²	nu⁵²	lu⁵²	tsu³¹²	tsuə⁵²	tsʰuə⁵²	ku³¹²	ku²¹³
长海	tu⁵³	nu⁵³	lu⁵³	tu³¹	tuə⁵³	tʰuə⁵³	ku³¹	ku²¹⁴
庄河	tu⁵¹	nuŋ⁵¹	lu⁵¹	tsu³¹	tsəu⁵¹（白） tsuə⁵¹（文）	tsʰuə⁵¹	ku³¹	ku²¹³
盖州	tu⁵¹	nu²⁴	lu⁵¹	tsu⁴¹²	tsuɤ⁵¹	tsʰuɤ⁵¹	ku⁴¹²	ku²¹³
丹东	tu⁵¹	nu²⁴	lu⁵¹	tsu⁴¹¹	tsuo⁵¹	tsʰuo⁵¹	ku⁴¹¹	ku²¹³
建平	tu⁵³	nu³⁵	lu⁵³	tsu⁴⁴	tsəu⁵³（白） tsuə⁵³（文）	tsʰuə⁵³	ku⁴⁴	ku²¹³
凌源	tu⁵¹	nu³⁵	lu⁵¹	tsu⁵⁵	tsou⁵¹（白） tsuo⁵¹（文）	tsʰuo⁵¹	ku⁵⁵	ku²¹⁴

	0073 苦 遇合一 上模溪	0074 裤 遇合一 去模溪	0075 吴 遇合一 平模疑	0076 五 遇合一 上模疑	0077 虎 遇合一 上模晓	0078 壶 遇合一 平模匣	0079 户 遇合一 上模匣	0080 乌 遇合一 平模影
沈阳	k^hu^{213}	k^hu^{41}	u^{35}	u^{213}	xu^{213}	xu^{35}	xu^{41}	u^{33}
本溪	k^hu^{224}	k^hu^{51}	u^{35}	u^{224}	xu^{224}	xu^{35}	xu^{51}	u^{44}
辽阳	k^hu^{213}	k^hu^{51}	u^{35}	u^{213}	xu^{213}	xu^{35}	xu^{51}	u^{44}
海城	k^hu^{214}	k^hu^{51}	u^{35}	u^{214}	xu^{214}	xu^{35}	xu^{51}	u^{44}
开原	k^hu^{213}	k^hu^{51}	u^{35}	u^{213}	xu^{213}	xu^{35}	xu^{51}	u^{44}
锦州	k^hu^{213}	k^hu^{51}	u^{35}	u^{213}	xu^{213}	xu^{35}	xu^{51}	u^{55}
盘锦	k^hu^{213}	k^hu^{51}	u^{35}	u^{213}	xu^{213}	xu^{35}	xu^{51}	u^{55}
兴城	k^hu^{213}	k^hu^{51}	u^{35}	u^{213}	xu^{213}	xu^{35}	xu^{51}	u^{44}
绥中	k^hu^{213}	k^hu^{51}	u^{35}	u^{213}	xu^{213}	xu^{35}	xu^{51}	u^{55}
义县	k^hu^{213}	k^hu^{51}	u^{35}	u^{213}	xu^{213}	xu^{35}	xu^{51}	u^{44}
北票	k^hu^{213}	k^hu^{51}	u^{35}	u^{213}	xu^{213}	xu^{35}	xu^{51}	u^{44}
阜新	k^hu^{213}	k^hu^{51}	u^{35}	u^{213}	xu^{213}	xu^{35}	xu^{51}	u^{55}
黑山	k^hu^{213}	k^hu^{51}	u^{35}	u^{213}	xu^{213}	xu^{35}	xu^{51}	u^{44}
昌图	k^hu^{213}	k^hu^{51}	u^{35}	u^{213}	xu^{213}	xu^{35}	xu^{51}	u^{33}
大连	k^hu^{213}	k^hu^{52}	u^{34}	u^{213}	xu^{213}	xu^{34}	xu^{52}	u^{312}
金州杏树	k^hu^{213}	k^hu^{52}	u^{52}	u^{213}	xu^{213}	xu^{52}	xu^{52}	u^{312}
长海	k^hu^{214}	k^hu^{53}	u^{53}	u^{214}	xu^{214}	xu^{53}	xu^{53}	u^{31}
庄河	k^hu^{213}	k^hu^{51}	u^{51}	u^{213}	xu^{213}	xu^{51}	xu^{51}	u^{31}
盖州	k^hu^{213}	k^hu^{51}	u^{24}	u^{213}	xu^{213}	xu^{24}	xu^{51}	u^{412}
丹东	k^hu^{213}	k^hu^{51}	u^{24}	u^{213}	xu^{213}	xu^{24}	xu^{51}	u^{411}
建平	k^hu^{213}	k^hu^{53}	vu^{35}	vu^{213}	xu^{213}	xu^{35}	xu^{53}	vu^{44}
凌源	k^hu^{214}	k^hu^{51}	vu^{35}	vu^{214}	xu^{214}	xu^{35}	xu^{51}	vu^{55}

	0081 女	0082 吕	0083 徐	0084 猪	0085 除	0086 初	0087 锄	0088 所
	遇合三上鱼泥	遇合三上鱼来	遇合三平鱼邪	遇合三平鱼知	遇合三平鱼澄	遇合三平鱼初	遇合三平鱼崇	遇合三上鱼生
沈阳	ȵy²¹³	ly²¹³	ɕy³⁵	tsu³³	tsʰu³⁵	tʂʰu³³	tʂʰu³⁵	suo²¹³
本溪	ȵy²²⁴	ly²²⁴	ɕy³⁵	tʂu⁴⁴	tʂʰu³⁵	tʂʰu⁴⁴	tʂʰu³⁵	ʂuo²²⁴
辽阳	ȵy²¹³	ly²¹³	ɕy³⁵	tʂu⁴⁴	tʂʰu³⁵	tʂʰu⁴⁴	tʂʰu³⁵	ʂuo²¹³
海城	ȵy²¹⁴	ly²¹⁴	ɕy³⁵	tʂu⁴⁴	tʂʰu³⁵	tʂʰu⁴⁴	tʂʰu³⁵	ʂuɤ²¹⁴
开原	ȵy²¹³	ly²¹³	ɕy³⁵	tʂu⁴⁴	tʂʰu³⁵	tʂʰu⁴⁴	tʂʰu³⁵	ʂuɤ²¹³
锦州	ȵy²¹³	ly²¹³	ɕy³⁵	tʂu⁵⁵	tʂʰu³⁵	tʂʰu⁵⁵	tʂʰu³⁵	ʂuo²¹³
盘锦	ȵy²¹³	ly²¹³	ɕy³⁵	tʂu⁵⁵	tʂʰu³⁵	tʂʰu⁵⁵	tʂʰu³⁵	suo²¹³
兴城	ȵy²¹³	ly²¹³	ɕy³⁵	tʂu⁴⁴	tʂʰu³⁵	tʂʰu⁴⁴	tʂʰu³⁵	ʂuo²¹³
绥中	ȵy²¹³	ly²¹³	ɕy³⁵	tʂu⁵⁵	tʂʰu³⁵	tʂʰu⁵⁵	tʂʰu³⁵	ʂuo²¹³
义县	ȵy²¹³	ly²¹³	ɕy³⁵	tʂu⁴⁴	tʂʰu³⁵	tʂʰu⁴⁴	tʂʰu³⁵	ʂuo²¹³
北票	ȵy²¹³	ly²¹³	ɕy³⁵	tʂu⁴⁴	tʂʰu³⁵	tʂʰu⁴⁴	tʂʰu³⁵	suo²¹³
阜新	ȵy²¹³	ly²¹³	ɕy³⁵	tʂu⁵⁵	tʂʰu³⁵	tʂʰu⁵⁵	tʂʰu³⁵	suo²¹³
黑山	nuei²¹³	luei²¹³	ɕy³⁵	tʂu⁴⁴	tʂʰu³⁵	tʂʰu⁴⁴	tʂʰu³⁵	ʂuo²¹³
昌图	ȵy²¹³	ly²¹³	ɕy³⁵	tʂu³³	tʂʰu³⁵	tʂʰu³³	tʂʰu³⁵	suo²¹³
大连	ȵy²¹³	ly²¹³	ɕy³⁴	tʃu³¹²	tʃʰu³⁴	tʃʰu³¹²	tʃʰu³⁴	suə²¹³
金州杏树	ȵy²¹³	ly²¹³	ɕy⁵²	tɕy³¹²	tɕʰy⁵²	tʂʰu³¹²	tʂʰu⁵²	suə²¹³
长海	ȵy²¹⁴	ly²¹⁴	ʃy⁵³	tʃy³¹	tʃʰy⁵³	tʰu³¹	tʰu⁵³	suə²¹⁴
庄河	ȵy²¹³	ly²¹³	ɕy⁵¹	tɕy³¹	tsʰu⁵¹	tsʰu³¹	tsʰu⁵¹	suə²¹³
盖州	ȵy²¹³	ly²¹³	ɕy²⁴	tsu⁴¹²	tsʰu²⁴	tsʰu⁴¹²	tsʰu²⁴	suɤ²¹³
丹东	ȵy²¹³	ly²¹³	ɕy²⁴	tʂu⁴¹¹	tʂʰu²⁴	tʂʰu⁴¹¹	tʂʰu²⁴	suo²¹³
建平	ȵy²¹³	ly²¹³	ɕy³⁵	tʂu⁴⁴	tʂʰu³⁵	tʂʰu⁴⁴	tʂʰu³⁵	tʂʰuə²¹³（白）suə²¹³（文）
凌源	ȵy²¹⁴	ly²¹⁴	ɕy²¹⁴（姓氏）ɕy³⁵	tʂu⁵⁵	tʂʰu³⁵	tʂʰu⁵⁵	tʂʰu³⁵	suo²¹⁴

第二章　字音对照

	0089 书	**0090 鼠**	**0091 如**	**0092 举**	**0093 锯**名	**0094 去**	**0095 渠**~道	**0096 鱼**
	遇合三平鱼书	遇合三上鱼书	遇合三平鱼日	遇合三上鱼见	遇合三去鱼见	遇合三去鱼溪	遇合三平鱼群	遇合三平鱼疑
沈阳	su³³	su²¹³	lu³⁵	tɕy²¹³	tɕy⁴¹	tɕʰy⁴¹	tɕʰy³⁵	y³⁵
本溪	ʂu⁴⁴	ʂu²²⁴	zu³⁵	tɕy²²⁴	tɕy⁵¹	tɕʰy⁵¹	tɕʰy³⁵	y³⁵
辽阳	ʂu⁴⁴	ʂu²¹³	y³⁵	tɕy²¹³	tɕy⁵¹	tɕʰy⁵¹	tɕʰy³⁵	y³⁵
海城	ʂu⁴⁴	ʂu²¹⁴	lu³⁵	tɕy²¹⁴	tɕy⁵¹	tɕʰy⁵¹	tɕʰy³⁵	y³⁵
开原	ʂu⁴⁴	ʂu²¹³	zu³⁵	tɕy²¹³	tɕy⁵¹	tɕʰy⁵¹	tɕʰy³⁵	y³⁵
锦州	ʂu⁵⁵	ʂu²¹³	zu³⁵	tɕy²¹³	tɕy⁵¹	tɕʰy⁵¹	tɕʰy³⁵	y³⁵
盘锦	ʂu⁵⁵	ʂu²¹³	zu³⁵	tɕy²¹³	tɕy⁵¹	tɕʰy⁵¹	tɕʰy³⁵	y³⁵
兴城	ʂu⁴⁴	ʂu²¹³	iou³⁵	tɕy²¹³	tɕy⁵¹	tɕʰy⁵¹	tɕʰy³⁵	y³⁵
绥中	ʂu⁵⁵	ʂu²¹³	zu³⁵	tɕy²¹³	tɕy⁵¹	tɕʰy⁵¹	tɕʰy³⁵	y³⁵
义县	ʂu⁴⁴	ʂu²¹³	zu³⁵	tɕy²¹³	tɕy⁵¹	tɕʰy⁵¹	tɕʰy³⁵	y³⁵
北票	ʂu⁴⁴	ʂu²¹³	zu³⁵	tɕy²¹³	tɕy⁵¹	tɕʰy⁵¹	tɕʰy³⁵	y³⁵
阜新	ʂu⁵⁵	ʂu²¹³	zu³⁵	tɕy²¹³	tɕy⁵¹	tɕʰy⁵¹	tɕʰy³⁵	y³⁵
黑山	ʂu⁴⁴	ʂu²¹³	zu³⁵	tɕy²¹³	tɕy⁵¹	tɕʰy⁵¹	tɕʰy³⁵	y³⁵
昌图	ʂu³³	ʂu²¹³	zu³⁵	tɕy²¹³	tɕy⁵¹	tɕʰy⁵¹	tɕʰy³⁵	y³⁵
大连	ʃu³¹²	ʃu²¹³	y³⁴	tɕy²¹³	tɕy⁵²	tɕʰy⁵²	tɕʰy³⁴	y³⁴
金州杏树	ɕy³¹²	ɕy²¹³	y⁵²	tɕy²¹³	tɕy⁵²	tɕʰy⁵²	tɕʰy⁵²	y³¹²
长海	ʃy³¹	ʃy²¹⁴	y⁵³	ɕy²¹⁴	ɕy⁵³	ɕʰy⁵³	ɕʰy⁵³	y³¹
庄河	ɕy³¹	su²¹³	y⁵¹	tɕy²¹³	tɕy⁵¹	tɕʰy⁵¹	tɕy⁵¹	y⁵¹
盖州	su⁴¹²	su²¹³	lu²⁴	tɕy²¹³	tɕy⁵¹	tɕʰy⁵¹	tɕʰy²⁴	y²⁴
丹东	ʂu⁴¹¹	ʂu²¹³	zu²⁴	tɕy²¹³	tɕy⁵¹	tɕʰy⁵¹	tɕʰy²⁴	y²⁴
建平	ʂu⁴⁴	ʂu²¹³	zu³⁵	tɕy²¹³	tɕy⁵³	tɕʰy⁵³	tɕʰy³⁵	y³⁵
凌源	ʂu⁵⁵	ʂu²¹⁴	zu³⁵	tɕy²¹⁴	tɕy⁵¹	tɕʰy⁵¹	tɕʰy³⁵	y³⁵

	0097 许	0098 余 剩~，多~	0099 府	0100 付	0101 父	0102 武	0103 雾	0104 取
	遇合三上鱼晓	遇合三平鱼以	遇合三上虞非	遇合三去虞非	遇合三上虞奉	遇合三上虞微	遇合三去虞微	遇合三上虞清
沈阳	ɕy²¹³	y³⁵	fu²¹³	fu⁴¹	fu⁴¹	u²¹³	u⁴¹	tɕʰiou²¹³（白）tɕʰy²¹³（文）
本溪	ɕy²²⁴	y³⁵	fu²²⁴	fu⁵¹	fu⁵¹	u²²⁴	u⁵¹	tɕʰiou²²⁴（白）tɕʰy²²⁴（文）
辽阳	ɕy²¹³	y³⁵	fu²¹³	fu⁵¹	fu⁵¹	u²¹³	u⁵¹	tɕʰiou²¹³（白）tɕʰy²¹³（文）
海城	ɕy²¹⁴	y³⁵	fu²¹⁴	fu⁵¹	fu⁵¹	u²¹⁴	u⁵¹	tɕʰiou²¹³（白）tɕʰy²¹⁴（文）
开原	ɕy²¹³	y³⁵	fu²¹³	fu⁵¹	fu⁵¹	u²¹³	u⁵¹	tɕʰiou²¹³（白）tɕʰy²¹³（文）
锦州	ɕy²¹³	y³⁵	fu²¹³	fu⁵¹	fu⁵¹	u²¹³	u⁵¹	tɕʰiou²¹³（白）tɕʰy²¹³（文）
盘锦	ɕy²¹³	y³⁵	fu²¹³	fu⁵¹	fu⁵¹	u²¹³	u⁵¹	tɕʰiou²¹³（白）tɕʰy²¹³（文）
兴城	ɕy²¹³	y³⁵	fu²¹³	fu⁵¹	fu⁵¹	u²¹³	u⁵¹	tɕʰiou²¹³（白）tɕʰy²¹³（文）
绥中	ɕy²¹³	y³⁵	fu²¹³	fu⁵¹	fu⁵¹	u²¹³	u⁵¹	tɕʰiou²¹³（白）tɕʰy²¹³（文）
义县	ɕy²¹³	y³⁵	fu²¹³	fu⁵¹	fu⁵¹	u²¹³	u⁵¹	tɕʰiou²¹³（白）tɕʰy²¹³（文）
北票	ɕy²¹³	y³⁵	fu²¹³	fu⁵¹	fu⁵¹	u²¹³	u⁵¹	tɕʰiou²¹³（白）tɕʰy²¹³（文）
阜新	ɕy²¹³	y³⁵	fu²¹³	fu⁵¹	fu⁵¹	u²¹³	u⁵¹	tɕʰiou²¹³（白）tɕʰy²¹³（文）
黑山	ɕy²¹³	y³⁵	fu²¹³	fu⁵¹	fu⁵¹	u²¹³	u⁵¹	tɕʰiou²¹³（白）tɕʰy²¹³（文）
昌图	ɕy²¹³	y³⁵	fu²¹³	fu⁵¹	fu⁵¹	u²¹³	u⁵¹	tɕʰy²¹³
大连	ɕy²¹³	y³⁴	fu²¹³	fu⁵²	fu⁵²	u²¹³	u⁵²	tɕʰy²¹³
金州杏树	ɕy²¹³	y⁵²	fu²¹³	fu⁵²	fu⁵²	u²¹³	u⁵²	tɕʰy²¹³
长海	ɕy²¹⁴	y⁵³	fu²¹⁴	fu⁵³	fu⁵³	u²¹⁴	u⁵³	tʃʰy²¹⁴
庄河	ɕy²¹³	y⁵¹	fu²¹³	fu⁵¹	fu⁵¹	u²¹³	u⁵¹	tɕʰy²¹³
盖州	ɕy²¹³	y²⁴	fu²¹³	fu⁵¹	fu⁵¹	u²¹³	u⁵¹	tɕʰy²¹³
丹东	ɕy²¹³	y²⁴	fu²¹³	fu⁵¹	fu⁵¹	u²¹³	u⁵¹	tɕʰy²¹³
建平	ɕy²¹³	y³⁵	fu²¹³	fu⁵³	fu⁵³	vu²¹³	vu⁵³	tɕʰiəu²¹³（白）tɕʰy²¹³（文）
凌源	ɕy²¹⁴	y³⁵	fu²¹⁴	fu⁵¹	fu⁵¹	vu²¹⁴	vu⁵¹	tɕʰiou²¹⁴（白）tɕʰy²¹⁴（文）

	0105 柱	**0106 住**	**0107 数**动	**0108 数**名	**0109 主**	**0110 输**	**0111 竖**	**0112 树**
	遇合三上虞澄	遇合三去虞澄	遇合三上虞生	遇合三去虞生	遇合三上虞章	遇合三平虞书	遇合三上虞禅	遇合三去虞禅
沈阳	tʂu⁴¹	tʂu⁴¹	ʂu²¹³	ʂu⁴¹	tʂu²¹³	ʂu³³	ʂu⁴¹	ʂu⁴¹
本溪	tʂu⁵¹	tʂu⁵¹	ʂu²²⁴	ʂu⁵¹	tʂu²²⁴	ʂu⁴⁴	ʂu⁵¹	ʂu⁵¹
辽阳	tʂu⁵¹	tʂu⁵¹	ʂu²¹³	ʂu⁵¹	tʂu²¹³	ʂu⁴⁴	ʂu⁵¹	ʂu⁵¹
海城	tʂu⁵¹	tʂu⁵¹	ʂu²¹⁴	ʂu⁵¹	tʂu²¹⁴	ʂu⁴⁴	ʂu⁵¹	ʂu⁵¹
开原	tʂu⁵¹	tʂu⁵¹	ʂu²¹³	ʂu⁵¹	tʂu²¹³	ʂu⁴⁴	ʂu⁵¹	ʂu⁵¹
锦州	tʂu⁵¹	tʂu⁵¹	ʂu²¹³	ʂu⁵¹	tʂu²¹³	ʂu⁵⁵	ʂu⁵¹	ʂu⁵¹
盘锦	tʂu⁵¹	tʂu⁵¹	ʂu²¹³	ʂu⁵¹	tʂu²¹³	ʂu⁵⁵	ʂu⁵¹	ʂu⁵¹
兴城	tʂu⁵¹	tʂu⁵¹	ʂu²¹³	ʂu⁵¹	tʂu²¹³	ʂu⁴⁴	ʂu⁵¹	ʂu⁵¹
绥中	tʂu⁵¹	tʂu⁵¹	ʂu²¹³	ʂu⁵¹	tʂu²¹³	ʂu⁵⁵	ʂu⁵¹	ʂu⁵¹
义县	tʂu⁵¹	tʂu⁵¹	ʂu²¹³	ʂu⁵¹	tʂu²¹³	ʂu⁴⁴	ʂu⁵¹	ʂu⁵¹
北票	tʂu⁵¹	tʂu⁵¹	ʂu²¹³	ʂu⁵¹	tʂu²¹³	ʂu⁴⁴	ʂu⁵¹	ʂu⁵¹
阜新	tʂu⁵¹	tʂu⁵¹	ʂu²¹³	ʂu⁵¹	tʂu²¹³	ʂu⁵⁵	ʂu⁵¹	ʂu⁵¹
黑山	tʂu⁵¹	tʂu⁵¹	ʂu²¹³	ʂu⁵¹	tʂu²¹³	ʂu⁴⁴	ʂu⁵¹	ʂu⁵¹
昌图	tʂu⁵¹	tʂu⁵¹	ʂu²¹³	ʂu⁵¹	tʂu²¹³	ʂu³³	ʂu⁵¹	ʂu⁵¹
大连	tʃu⁵²	tʃu⁵²	su²¹³	su⁵²	tʃu²¹³	ʃu³¹²	ʃu⁵²	ʃu⁵²
金州杏树	tɕy⁵²	tɕy⁵²	su²¹³	su⁵²	tɕy²¹³	ɕy³¹²	ɕy⁵²	ɕy⁵²
长海	tʃy⁵³	tʃy⁵³	su²¹⁴	su⁵³	tʃy²¹⁴	ʃy³¹	ʃy⁵³	ʃy⁵³
庄河	tsu⁵¹	tɕy⁵¹	su²¹³	su⁵¹	tsu²¹³	ɕy³¹	ɕy⁵¹	ɕy⁵¹
盖州	tsu⁵¹	tsu⁵¹	su²¹³	su⁵¹	tsu²¹³	su⁴¹²	su⁵¹	su⁵¹
丹东	tʂu⁵¹	tʂu⁵¹	ʂu²¹³	ʂu⁵¹	tʂu²¹³	ʂu⁴¹¹	ʂu⁵¹	ʂu⁵¹
建平	tʂu⁵³	tʂu⁵³	ʂu²¹³	ʂu⁵³	tʂu²¹³	ʂu⁴⁴	ʂu⁵³	ʂu⁵³
凌源	tʂu⁵¹	tʂu⁵¹	ʂu²¹⁴	ʂu⁵¹	tʂu²¹⁴	ʂu⁵⁵	ʂu⁵¹	ʂu⁵¹

	0113 句	0114 区 地~	0115 遇	0116 雨	0117 芋	0118 裕	0119 胎	0120 台 戏~
	遇合三去虞见	遇合三平虞溪	遇合三上虞疑	遇合三上虞云	遇合三去虞云	遇合三去虞以	蟹开一平咍透	蟹开一平咍定
沈阳	tɕy⁴¹	tɕʰy³³	y⁴¹	y²¹³	y⁴¹	y⁴¹	tʰai³³	tʰai³⁵
本溪	tɕy⁵¹	tɕʰy⁴⁴	y⁵¹	y²²⁴	y⁵¹	y⁵¹	tʰai⁴⁴	tʰai³⁵
辽阳	tɕy⁵¹	tɕʰy⁴⁴	y⁵¹	y²¹³	y⁵¹	y⁵¹	tʰai⁵¹	tʰai³⁵
海城	tɕy⁵¹	tɕʰy⁴⁴	y⁵¹	y²¹⁴	y⁵¹	y⁵¹	tʰai⁴⁴	tʰai³⁵
开原	tɕy⁵¹	tɕʰy⁴⁴	y⁵¹	y²¹³	y⁵¹	y⁵¹	tʰai⁴⁴	tʰai³⁵
锦州	tɕy⁵¹	tɕʰy⁵⁵	y⁵¹	y²¹³	y⁵¹	y⁵¹	tʰai⁵⁵	tʰai³⁵
盘锦	tɕy⁵¹	tɕʰy⁵⁵	y⁵¹	y²¹³	y⁵¹	y⁵¹	tʰai⁵⁵	tʰai³⁵
兴城	tɕy⁵¹	tɕʰy⁴⁴	y⁵¹	y²¹³	y⁵¹	y⁵¹	tʰai⁴⁴	tʰai³⁵
绥中	tɕy⁵¹	tɕʰy⁵⁵	y⁵¹	y²¹³	y³⁵（白）y⁵¹（文）	y⁵¹	tʰai⁵⁵	tʰai³⁵
义县	tɕy⁵¹	tɕʰy⁴⁴	y⁵¹	y²¹³	y⁵¹	y⁵¹	tʰai⁴⁴	tʰai³⁵
北票	tɕy⁵¹	tɕʰy⁴⁴	y⁵¹	y²¹³	y⁵¹	y⁵¹	tʰai⁴⁴	tʰai³⁵
阜新	tɕy⁵¹	tɕʰy⁵⁵	y⁵¹	y²¹³	y⁵¹	y⁵¹	tʰai⁵⁵	tʰai³⁵
黑山	tɕy⁵¹	tɕʰy⁴⁴	y⁵¹	y²¹³	y⁵¹	y⁵¹	tʰai⁴⁴	tʰai³⁵
昌图	tɕy⁵¹	tɕʰy³³	y⁵¹	y²¹³	y⁵¹	y⁵¹	tʰai³³	tʰai³⁵
大连	tɕy⁵²	tɕʰy³¹²	y⁵²	y²¹³	y⁵²	y⁵²	tʰε³¹²	tʰε³⁴
金州杏树	tɕy⁵²	tɕʰy³¹²	y⁵²	y²¹³	y⁵²	y⁵²	tʰε³¹²	tʰε⁵²
长海	ɕy⁵³	ɕʰy³¹	y⁵³	y²¹⁴	y⁵³	y⁵³	tʰai³¹	tʰai⁵³
庄河	tɕy⁵¹	tɕʰy³¹	y⁵¹	y²¹³	y⁵¹	y⁵¹	tʰai³¹	tʰai⁵¹
盖州	tɕy⁵¹	tɕʰy⁴¹²	y⁵¹	y²¹³	y⁵¹	y⁵¹	tʰai⁴¹²	tʰai²⁴
丹东	tɕy⁵¹	tɕʰy⁴¹¹	y⁵¹	y²¹³	y⁵¹	y⁵¹	tʰai⁴¹¹	tʰai²⁴
建平	tɕy⁵³	tɕʰy⁴⁴	y⁵³	y²¹³	y³⁵	y⁵³	tʰε⁴⁴	tʰε³⁵
凌源	tɕy⁵¹	tɕʰy⁵⁵	y⁵¹	y²¹⁴	y⁵¹	y⁵¹	tʰai⁵⁵	tʰai³⁵

	0121 袋 蟹开一去哈定	0122 来 蟹开一平哈来	0123 菜 蟹开一去哈清	0124 财 蟹开一平哈从	0125 该 蟹开一平哈见	0126 改 蟹开一上哈见	0127 开 蟹开一平哈溪	0128 海 蟹开一上哈晓
沈阳	tai⁴¹	lai³⁵	tsʰai⁴¹	tsʰai³⁵	kai³³	kai²¹³	kʰai³³	xai²¹³
本溪	tai⁵¹	lai³⁵	tʂʰai⁵¹	tʂʰai³⁵	kai⁴⁴	kai²²⁴	kʰai⁴⁴	xai²²⁴
辽阳	tai⁵¹	lai³⁵	tsʰai⁵¹	tsʰai³⁵	kai⁴⁴	kai²¹³	kʰai⁴⁴	xai²¹³
海城	tai⁵¹	lai³⁵	tʂʰai⁵¹	tʂʰai³⁵	kai⁴⁴	kai²¹⁴	kʰai⁴⁴	xai²¹⁴
开原	tai⁵¹	lai³⁵	tʂʰai⁵¹	tʂʰai³⁵	kai⁴⁴	kai²¹³	kʰai⁴⁴	xai²¹³
锦州	tai⁵¹	lai³⁵	tʂʰai⁵¹	tʂʰai³⁵	kai⁵⁵	kai²¹³	kʰai⁵⁵	xai²¹³
盘锦	tai⁵¹	lai³⁵	tʂʰai⁵¹	tʂʰai³⁵	kai⁵⁵	kai²¹³	kʰai⁵⁵	xai²¹³
兴城	tai⁵¹	lai³⁵	tʂʰai⁵¹	tʂʰai³⁵	kai⁴⁴	kai²¹³	kʰai⁴⁴	xai²¹³
绥中	tai⁵¹	lai³⁵	tʂʰai⁵¹	tʂʰai³⁵	kai⁵⁵	kai²¹³	kʰai⁵⁵	xai²¹³
义县	tai⁵¹	lai³⁵	tʂʰai⁵¹	tʂʰai³⁵	kai⁴⁴	kai²¹³	kʰai⁴⁴	xai²¹³
北票	tai⁵¹	lai³⁵	tsʰai⁵¹	tsʰai³⁵	kai⁴⁴	kai²¹³	kʰai⁴⁴	xai²¹³
阜新	tai⁵¹	lai³⁵	tsʰai⁵¹	tsʰai³⁵	kai⁵⁵	kai²¹³	kʰai⁵⁵	xai²¹³
黑山	tai⁵¹	lai³⁵	tsʰai⁵¹	tsʰai³⁵	kai⁴⁴	kai²¹³	kʰai⁴⁴	xai²¹³
昌图	tai⁵¹	lai³⁵	tsʰai⁵¹	tsʰai³⁵	kai³³	kai²¹³	kʰai³³	xai²¹³
大连	tɛ⁵²	lɛ³⁴	tsʰɛ⁵²	tsʰɛ³⁴	kɛ³¹²	kɛ²¹³	kʰɛ³¹²	xɛ²¹³
金州杏树	tɛ⁵²	lɛ³¹²	tsʰɛ⁵²	tsʰɛ⁵²	kɛ³¹²	kɛ²¹³	kʰɛ³¹²	xɛ²¹³
长海	tai⁵³	lai³¹	tsʰai⁵³	tsʰai⁵³	kai³¹	kai²¹⁴	kʰai³¹	xai²¹⁴
庄河	tai⁵¹	lai³¹	tsʰai⁵¹	tsʰai⁵¹	kai³¹	kai²¹³	kʰai³¹	xai²¹³
盖州	tai⁵¹	lai²⁴	tsʰai⁵¹	tsʰai²⁴	kai⁴¹²	kai²¹³	kʰai⁴¹²	xai²¹³
丹东	tai⁵¹	lai²⁴	tsʰai⁵¹	tsʰai²⁴	kai⁴¹¹	kai²¹³	kʰai⁴¹¹	xai²¹³
建平	tɛ⁵³	lɛ³⁵	tsʰɛ⁵³	tsʰɛ³⁵	kɛ⁴⁴	kɛ²¹³	kʰɛ⁴⁴	xɛ²¹³
凌源	tai⁵¹	lai³⁵	tsʰai⁵¹	tsʰai³⁵	kai⁵⁵	kai²¹⁴	kʰai⁵⁵	xai²¹⁴

	0129 爱 蟹开一去哈影	0130 贝 蟹开一去泰帮	0131 带动 蟹开一去泰端	0132 盖动 蟹开一去泰见	0133 害 蟹开一去泰匣	0134 拜 蟹开二去皆帮	0135 排 蟹开二平皆並	0136 埋 蟹开二平皆明
沈阳	ai⁴¹	pei⁴¹	tai⁴¹	kai⁴¹	xai⁴¹	pai⁴¹	pʰai³⁵	mai³⁵
本溪	ai⁵¹	pei⁵¹	tai⁵¹	kai⁵¹	xai⁵¹	pai⁵¹	pʰai³⁵	mai³⁵
辽阳	ai⁵¹	pei⁵¹	tai⁵¹	kai⁵¹	xai⁵¹	pai⁵¹	pʰai³⁵	mai³⁵
海城	ai⁵¹	pei⁵¹	tai⁵¹	kai⁵¹	xai³⁵(又) xai⁵¹(又)	pai⁵¹	pʰai³⁵	mai³⁵
开原	nai⁵¹(老) ai⁵¹(新)	pei⁵¹	tai⁵¹	kai⁵¹	xai⁵¹	pai⁵¹	pʰai³⁵	mai³⁵
锦州	ai⁵¹	pei⁵¹	tai⁵¹	kai⁵¹	xai⁵¹	pai⁵¹	pʰai³⁵	mai³⁵
盘锦	nai⁵¹(老) ai⁵¹(新)	pei⁵¹	tai⁵¹	kai⁵¹	xai⁵¹	pai⁵¹(又) pai³⁵(又)	pʰai³⁵	mai³⁵
兴城	ai⁵¹(又) nai⁵¹(又)	pei⁵¹	tai⁵¹	kai⁵¹	xai⁵¹	pai⁵¹	pʰai³⁵	mai³⁵
绥中	nai⁵¹(老) ai⁵¹(新)	pei⁵¹	tai⁵¹	kai⁵¹	xai⁵¹	pai⁵¹	pʰai³⁵	mai³⁵
义县	ai⁵¹	pei⁵¹	tai⁵¹	kai⁵¹	xai⁵¹	pai⁵¹	pʰai³⁵	mai³⁵
北票	nai⁵¹(老) ai⁵¹(新)	pei⁵¹	tai⁵¹	kai⁵¹	xai⁵¹	pai⁵¹	pʰai³⁵	mai³⁵
阜新	nai⁵¹(老) ai⁵¹(新)	pei⁵¹	tai⁵¹	kai⁵¹	xai⁵¹	pai⁵¹	pʰai³⁵	mai³⁵
黑山	nai⁵¹(老) ai⁵¹(新)	pei⁵¹	tai⁵¹	kai⁵¹	xai⁵¹	pai⁵¹	pʰai³⁵	mai³⁵
昌图	ai⁵¹	pei⁵¹	tai⁵¹	kai⁵¹	xai⁵¹	pai⁵¹	pʰai³⁵	mai³⁵
大连	ɛ⁵²	pɛ⁵²	tɛ⁵²	kɛ⁵²	xɛ⁵²	pɛ⁵²	pʰɛ³⁴	mɛ³⁴
金州杏树	ɛ⁵²	pɛ⁵²	tɛ⁵²	kɛ⁵²	xɛ⁵²	pɛ⁵²	pʰɛ⁵²	mɛ³¹²
长海	ai⁵³	pei⁵³	tai⁵³	kai⁵³	xai⁵³	pai⁵³	pʰai⁵³	mai³¹
庄河	ai⁵¹	pei⁵¹	tai⁵¹	kai⁵¹	xai⁵¹	pai⁵¹	pʰai⁵¹	mai³¹
盖州	ai⁵¹	pei⁵¹	tai⁵¹	kai⁵¹	xai⁵¹	pai⁵¹	pʰai²⁴	mai²⁴
丹东	ai⁵¹	pei⁵¹	tai⁵¹	kai⁵¹	xai⁵¹	pai⁵¹	pʰai²⁴	mai²⁴
建平	nɛ⁵³	pei⁵³	tɛ⁵³	kɛ⁵³	xɛ⁵³	pɛ⁵³	pʰɛ³⁵	mɛ³⁵
凌源	nai⁵¹(老) ai⁵¹(新)	pei⁵¹	tai⁵¹	kai⁵¹	xai⁵¹	pai⁵¹	pʰai³⁵	mai³⁵

	0137 戒 蟹开二 去皆见	0138 摆 蟹开二 上佳帮	0139 派 蟹开二 去佳滂	0140 牌 蟹开二 平佳並	0141 买 蟹开二 上佳明	0142 卖 蟹开二 去佳明	0143 柴 蟹开二 平佳崇	0144 晒 蟹开二 去佳生
沈阳	tɕie⁴¹	pai²¹³	pʰai⁴¹	pʰai³⁵	mai²¹³	mai⁴¹	tsʰai³⁵	sai⁴¹
本溪	tɕie⁵¹	pai²²⁴	pʰai⁵¹	pʰai³⁵	mai²²⁴	mai⁵¹	tsʰai³⁵	sai⁵¹
辽阳	tɕie⁵¹	pai²¹³	pʰai⁵¹	pʰai³⁵	mai²¹³	mai⁵¹	tsʰai³⁵	sai⁵¹
海城	tɕie⁵¹	pai²¹⁴	pʰai⁵¹	pʰai³⁵	mai²¹⁴	mai⁵¹	tʂʰai³⁵	ʂai⁵¹
开原	tɕie⁵¹	pai²¹³	pʰai⁵¹	pʰai³⁵	mai²¹³	mai⁵¹	tsʰai³⁵	sai⁵¹
锦州	tɕie⁵¹	pai²¹³	pʰai⁵¹	pʰai³⁵	mai²¹³	mai⁵¹	tsʰai³⁵	sai⁵¹
盘锦	tɕie⁵¹	pai²¹³	pʰai⁵¹	pʰai³⁵	mai²¹³	mai⁵¹	tsʰai³⁵	sai⁵¹
兴城	tɕi⁵¹（老） tɕie⁵¹（新）	pai²¹³	pʰai⁵¹	pʰai³⁵	mai²¹³	mai⁵¹	tʂʰai³⁵	ʂai⁵¹
绥中	tɕi⁵¹（老） tɕie⁵¹（新）	pai²¹³	pʰai⁵¹	pʰai³⁵	mai²¹³	mai⁵¹	tʂʰai³⁵	ʂai⁵¹
义县	tɕie⁵¹	pai²¹³	pʰai⁵¹	pʰai³⁵	mai²¹³	mai⁵¹	tʂʰai³⁵	ʂai⁵¹
北票	tɕie⁵¹	pai²¹³	pʰai⁵¹	pʰai³⁵	mai²¹³	mai⁵¹	tʂʰai³⁵	ʂai⁵¹
阜新	tɕie⁵¹	pai²¹³	pʰai⁵¹	pʰai³⁵	mai²¹³	mai⁵¹	tʂʰai³⁵	ʂai⁵¹
黑山	tɕie⁵¹	pai²¹³	pʰai⁵¹	pʰai³⁵	mai²¹³	mai⁵¹	tʂʰai³⁵	ʂai⁵¹
昌图	tɕie⁵¹	pai²¹³	pʰai⁵¹	pʰai³⁵	mai²¹³	mai⁵¹	tsʰai³⁵	sai⁵¹
大连	tɕie⁵²	pɛ²¹³	pʰɛ⁵²	pʰɛ³⁴	mɛ²¹³	mɛ⁵²	tsʰɛ³⁴	sɛ⁵²
金州 杏树	tɕie⁵²	pɛ²¹³	pʰɛ⁵²	pʰɛ⁵²	mɛ²¹³	mɛ⁵²	tsʰɛ⁵²	sɛ⁵²
长海	ɕie⁵³	pai²¹⁴	pʰai⁵³	pʰai⁵³	mai²¹⁴	mai⁵³	tsʰai⁵³	sai⁵³
庄河	tɕie⁵¹	pai²¹³	pʰai⁵¹	pʰai⁵¹	mai²¹³	mai⁵¹	tsʰai⁵¹	sai⁵¹
盖州	tɕie⁵¹	pai²¹³	pʰai⁵¹	pʰai²⁴	mai²¹³	mai⁵¹	tsʰai²⁴	sai⁵¹
丹东	tɕie⁵¹	pai²¹³	pʰai⁵¹	pʰai²⁴	mai²¹³	mai⁵¹	tʂʰai²⁴	ʂai⁵¹
建平	tɕie⁵³	pɛ²¹³	pʰɛ⁵³	pʰɛ³⁵	mɛ²¹³	mɛ⁵³	tsʰɛ³⁵	ʂɛ⁵³
凌源	tɕie⁵¹	pai²¹⁴	pʰai⁵¹	pʰai³⁵	mai²¹⁴	mai⁵¹	tʂʰai³⁵	ʂai⁵¹

	0145 街	0146 解 ~开	0147 鞋	0148 蟹	0149 矮	0150 败	0151 币	0152 制 ~造
	蟹开二 平佳见	蟹开二 上佳见	蟹开二 平佳匣	蟹开二 上佳匣	蟹开二 上佳影	蟹开二 去夬並	蟹开三 去祭並	蟹开三 去祭章
沈阳	kai³³（白） tɕiɛ³³（文）	kai²¹³	ɕiɛ³⁵	ɕiɛ⁴¹	ai²¹³	pai⁴¹	pi⁴¹	tʂʅ⁴¹
本溪	kai⁴⁴（白） tɕiɛ⁴⁴（文）	tɕiɛ²²⁴	ɕiɛ³⁵	ɕiɛ⁵¹	ai²²⁴	pai⁵¹	pi⁵¹	tʂʅ⁵¹
辽阳	kai⁴⁴（白） tɕiɛ⁴⁴（文）	tɕiɛ²¹³	ɕiɛ³⁵	ɕiɛ⁵¹	ai²¹³	pai⁵¹	pi⁵¹	tʂʅ⁵¹
海城	kai⁴⁴（白） tɕiɛ⁴⁴（文）	kai²¹⁴（白） tɕiɛ²¹⁴（文）	ɕiɛ³⁵	ɕiɛ⁵¹	ai²¹⁴	pai⁵¹	pi⁵¹	tʂʅ⁵¹
开原	kai⁴⁴（白） tɕiɛ⁴⁴（文）	kai²¹³（白） tɕiɛ²¹³（文）	ɕiɛ³⁵	ɕiɛ⁵¹	nai²¹³（老） ai²¹³（新）	pai⁵¹	pi⁵¹	tʂʅ⁵¹
锦州	kai⁵⁵（白） tɕiɛ⁵⁵（文）	kai²¹³（白） tɕiɛ²¹³（文）	ɕiɛ³⁵	ɕiɛ⁵¹	ai²¹³	pai⁵¹	pi⁵¹	tʂʅ⁵¹
盘锦	kai⁵⁵（白） tɕiɛ⁵⁵（文）	kai²¹³（白） tɕiɛ²¹³（文）	ɕiɛ³⁵	kai⁵¹（白） ɕiɛ⁵¹（文）	nai²¹³（老） ai²¹³（新）	pai⁵¹	pi⁵¹	tʂʅ⁵¹
兴城	kai⁴⁴（白） tɕiɛ⁴⁴（文）	kai²¹³（白） tɕiɛ²¹³（文）	ɕiɛ³⁵	ɕiɛ⁵¹	nai²¹³	pai⁵¹	pi⁵¹	tʂʅ⁵¹
绥中	kai⁵⁵（白） tɕiɛ⁵⁵（文）	kai²¹³（白） tɕiɛ²¹³（文）	ɕiɛ³⁵	ɕiɛ⁵¹	nai²¹³（老） ai²¹³（新）	pai⁵¹	pi⁵¹	tʂʅ⁵¹
义县	kai⁴⁴（白） tɕiɛ⁴⁴（文）	kai²¹³（白） tɕiɛ²¹（文）	ɕiɛ³⁵	ɕiɛ⁵¹	nai²¹³（老） ai²¹³（新）	pai⁵¹	pi⁵¹	tʂʅ⁵¹
北票	kai⁴⁴（白） tɕiɛ⁴⁴（文）	kai²¹³（白） tɕiɛ²¹³（文）	ɕiɛ³⁵	ɕiɛ⁵¹	nai²¹³（老） ai²¹³（新）	pai⁵¹	pi⁵¹	tʂʅ⁵¹
阜新	kai⁵⁵（白） tɕiɛ⁵⁵（文）	kai²¹³（白） tɕiɛ²¹（文）	ɕiɛ³⁵	ɕiɛ⁵¹	nai²¹³	pai⁵¹	pi⁵¹	tʂʅ⁵¹
黑山	kai⁴⁴（白） tɕiɛ⁴⁴（文）	kai²¹³（白） tɕiɛ²¹³（文）	ɕiɛ³⁵	ɕiɛ⁵¹	nai²¹³	pai⁵¹	pi⁵¹	tʂʅ⁵¹
昌图	kai³³（白） tɕiɛ³³（文）	kai²¹³（白） tɕiɛ²¹³（文）	ɕiɛ³⁵	ɕiɛ⁵¹	ai²¹³	pai⁵¹	pi⁵¹	tʂʅ⁵¹
大连	tɕiɛ³¹²	tɕiɛ²¹³	ɕiɛ³⁴	ɕiɛ⁵²	ɛ²¹³	pɛ⁵²	pi⁵²	tʃʅ²¹³
金州 杏树	tɕiɛ³¹²	tɕiɛ²¹³	ɕiɛ⁵²	ɕiɛ⁵²	ɛ²¹³	pɛ⁵²	pi⁵²	tɕi²¹³
长海	ɕiɛ³¹	ɕiɛ²¹⁴	ɕiɛ⁵³	ɕiɛ⁵³	ai²¹⁴	pai⁵³	pi⁵³	tʃʅ²¹⁴
庄河	kai³¹（白） tɕiɛ³¹（文）	tɕiɛ²¹³	ɕiɛ⁵¹	ɕiɛ⁵¹	ai²¹³	pai⁵¹	pi⁵¹	tɕi⁵¹
盖州	kai⁴¹²（白） tɕiɛ⁴¹²（文）	kai²¹³（白） tɕiɛ²¹³（文）	ɕiɛ²⁴	kʰai⁴¹²（白） ɕiɛ⁵¹（文）	ai²¹³	pai⁵¹	pi⁵¹	tʂʅ⁵¹
丹东	kai⁴¹¹（白） tɕiɛ⁴¹¹（文）	tɕiɛ²¹³	ɕiɛ²⁴	ɕiɛ⁵¹	ai²¹³	pai⁵¹	pi⁵¹	tʂʅ⁵¹
建平	tɕiɛ⁴⁴	tɕiɛ²¹³	ɕiɛ³⁵	ɕiɛ⁴⁴	nɛ²¹³	pɛ⁵³	pi⁵³	tʂʅ⁵³
凌源	tɕiɛ⁵⁵	tɕiɛ²¹⁴	ɕiɛ³⁵	ɕiɛ⁵¹	nai²¹⁴（老） ai²¹⁴（新）	pai⁵¹	pi⁵¹	tʂʅ⁵¹

	0153 世	**0154 艺**	**0155 米**	**0156 低**	**0157 梯**	**0158 剃**	**0159 弟**	**0160 递**
	蟹开三去祭书	蟹开三去祭疑	蟹开四上齐明	蟹开四平齐端	蟹开四平齐透	蟹开四去齐透	蟹开四上齐定	蟹开四去齐定
沈阳	ʂʅ⁴¹	i⁴¹	mi²¹³	ti³³	tʰi³³	tʰi⁴¹	ti⁴¹	ti⁴¹
本溪	ʂʅ⁵¹	i⁵¹	mi²²⁴	ti⁴⁴	tʰi⁴⁴	tʰi⁵¹	ti⁵¹	ti⁵¹
辽阳	ʂʅ⁵¹	i⁵¹	mi²¹³	ti⁴⁴	tʰi⁴⁴	tʰi⁵¹	ti⁵¹	ti⁵¹
海城	ʂʅ⁵¹	i⁵¹	mi²¹⁴	ti⁴⁴	tʰi⁴⁴	tʰi⁵¹	ti⁵¹	ti⁵¹
开原	ʂʅ⁵¹	i⁵¹	mi²¹³	ti⁴⁴	tʰi⁴⁴	tʰi⁵¹	ti⁵¹	ti⁵¹
锦州	ʂʅ⁵¹	i⁵¹	mi²¹³	ti⁵⁵	tʰi⁵⁵	tʰi⁵¹	ti⁵¹	ti⁵¹
盘锦	ʂʅ⁵¹	i⁵¹	mi²¹³	ti⁵⁵	tʰi⁵⁵	tʰi⁵¹	ti⁵¹	ti⁵¹
兴城	ʂʅ⁵¹	i⁵¹	mi²¹³	ti⁴⁴	tʰi⁴⁴	tʰi⁵¹	ti⁵¹	ti⁵¹
绥中	ʂʅ⁵¹	i⁵¹	mi²¹³	ti⁵⁵	tʰi⁵⁵	tʰi⁵¹	ti⁵¹	ti⁵¹
义县	ʂʅ⁵¹	i⁵¹	mi²¹³	ti⁴⁴	tʰi⁴⁴	tʰi⁵¹	ti⁵¹	ti⁵¹
北票	ʂʅ⁵¹	i⁵¹	mi²¹³	ti⁴⁴	tʰi⁴⁴	tʰi⁵¹	ti⁵¹	ti⁵¹
阜新	ʂʅ⁵¹	i⁵¹	mi²¹³	ti⁵⁵	tʰi⁵⁵	tʰi⁵¹	ti⁵¹	ti⁵¹
黑山	ʂʅ⁵¹	i⁵¹	mi²¹³	ti⁴⁴	tʰi⁴⁴	tʰi⁵¹	ti⁵¹	ti⁵¹
昌图	ʂʅ⁵¹	i⁵¹	mi²¹³	ti³³	tʰi³³	tʰi⁵¹	ti⁵¹	ti⁵¹
大连	ʂʅ⁵²	i⁵²	mi²¹³	ti³¹²	tʰi³¹²	tʰi⁵²	ti⁵²	ti⁵²
金州杏树	ɕi⁵²	i⁵²	mi²¹³	ti³¹²	tʰi³¹²	tʰi⁵²	ti⁵²	ti⁵²
长海	ʂʅ⁵³	i⁵³	mi²¹⁴	ti³¹	tʰi³¹	tʰi⁵³	ti⁵³	ti⁵³
庄河	ɕi⁵¹	i⁵¹	mi²¹³	ti³¹	tʰi³¹	tʰi⁵¹	ti⁵¹	ti⁵¹
盖州	ʂʅ⁵¹	i⁵¹	mi²¹³	ti⁴¹²	tʰi⁴¹²	tʰi⁵¹	ti⁵¹	ti⁵¹
丹东	ʂʅ⁵¹	i⁵¹	mi²¹³	ti⁴¹¹	tʰi⁴¹¹	tʰi⁵¹	ti⁵¹	ti⁵¹
建平	ʂʅ⁵³	i⁵³	mi²¹³	ti⁴⁴	tʰi⁴⁴	tʰi⁵³	ti⁵³	ti⁵³
凌源	ʂʅ⁵¹	i⁵¹	mi²¹⁴	ti⁵⁵	tʰi⁵⁵	tʰi⁵¹	ti⁵¹	ti⁵¹

	0161 泥 蟹开四平齐泥	0162 犁 蟹开四平齐来	0163 西 蟹开四平齐心	0164 洗 蟹开四上齐心	0165 鸡 蟹开四平齐见	0166 溪 蟹开四平齐溪	0167 契 蟹开四去齐溪	0168 系 联~ 蟹开四去齐匣
沈阳	ȵi³⁵	li³⁵	ɕi³³	ɕi²¹³	tɕi³³	ɕi³³	tɕʰi⁴¹	ɕi⁴¹
本溪	ȵi³⁵	li³⁵	ɕi⁴⁴	ɕi²²⁴	tɕi⁴⁴	ɕi⁴⁴	tɕʰi⁵¹	ɕi⁵¹
辽阳	mi³⁵	li³⁵	ɕi⁴⁴	ɕi²¹³	tɕi⁴⁴	ɕi⁴⁴	tɕʰi⁵¹	ɕi⁵¹
海城	ȵi³⁵	li³⁵	ɕi⁴⁴	ɕi²¹⁴	tɕi⁴⁴	ɕi⁴⁴	tɕʰi⁵¹	ɕi⁵¹
开原	ȵi³⁵	li³⁵	ɕi⁴⁴	ɕi²¹³	tɕi⁴⁴	ɕi⁴⁴	tɕʰi⁵¹	ɕi⁵¹
锦州	ȵi³⁵	li³⁵	ɕi⁵⁵	ɕi²¹³	tɕi⁵⁵	ɕi⁵⁵	tɕʰi⁵¹	ɕi⁵¹
盘锦	ȵi³⁵	li³⁵	ɕi⁵⁵	ɕi²¹³	tɕi⁵⁵	ɕi⁵⁵	tɕʰi⁵¹	ɕi⁵¹
兴城	ȵi³⁵	li³⁵	ɕi⁵⁵	ɕi²¹³	tɕi⁴⁴	ɕi⁴⁴	tɕʰi⁵¹	ɕi⁵¹
绥中	ȵi³⁵	li³⁵	ɕi⁵⁵	ɕi²¹³	tɕi⁵⁵	ɕi⁵⁵	tɕʰi⁵¹	ɕi⁵¹
义县	ȵi³⁵	li³⁵	ɕi⁴⁴	ɕi²¹³	tɕi⁴⁴	ɕi⁴⁴	tɕʰi⁵¹	ɕi⁵¹
北票	ȵi³⁵	li³⁵	ɕi⁴⁴	ɕi²¹³	tɕi⁴⁴	ɕi⁴⁴	tɕʰi⁵¹	ɕi⁵¹
阜新	ȵi³⁵	li³⁵	ɕi⁵⁵	ɕi²¹³	tɕi⁵⁵	ɕi⁵⁵	tɕʰi⁵¹	ɕi⁵¹
黑山	ȵi³⁵（又） ȵi⁵¹（又）	li³⁵	ɕi⁴⁴	ɕi²¹³	tɕi⁴⁴	ɕi⁴⁴	tɕʰi⁵¹	ɕi⁵¹
昌图	ȵi³⁵	li³⁵	ɕi³³	ɕi²¹³	tɕi³³	ɕi³³	tɕʰi⁵¹	ɕi⁵¹
大连	mi³⁴	le³⁴	ɕi³¹²	ɕi²¹³	tɕi³¹²	ɕi³⁴	tɕʰi⁵²	ɕi⁵²
金州杏树	ȵi³¹²	le⁵²	ɕi³¹²	ɕi²¹³	tɕi³¹²	ɕi²¹³	tɕʰi⁵²	ɕi⁵²
长海	mi³¹	li⁵³	ʃi³¹	ʃi²¹⁴	ci³¹	çi³¹	cʰi⁵³	çi⁵³
庄河	mi³¹	lei⁵¹	ɕi³¹	ɕi²¹³	tɕi³¹	ɕi³¹	tɕʰi⁵¹	ɕi⁵¹
盖州	mi²⁴（白） ȵi²⁴（文）	li²⁴	ɕi⁴¹²	ɕi²¹³	tɕi⁴¹²	ɕi⁴¹²	tɕʰi⁵¹	ɕi⁵¹
丹东	mi²⁴	li²⁴	ɕi⁴¹¹	ɕi²¹³	tɕi⁴¹¹	ɕi⁴¹¹	tɕʰi⁵¹	ɕi⁵¹
建平	ȵi³⁵	li³⁵	ɕi⁴⁴	ɕi²¹³	tɕi⁴⁴	ɕi⁴⁴	tɕʰi⁵³	ɕi⁵³
凌源	ȵi³⁵	li³⁵	ɕi⁵⁵	ɕi²¹⁴	tɕi⁵⁵	ɕi⁵⁵	tɕʰi⁵¹	ɕi⁵¹

	0169 杯 蟹合一平灰帮	0170 配 蟹合一去灰滂	0171 赔 蟹合一平灰並	0172 背 ~诵 蟹合一去灰並	0173 煤 蟹合一平灰明	0174 妹 蟹合一去灰明	0175 对 蟹合一去灰端	0176 雷 蟹合一平灰来
沈阳	pei³³	pʰei⁴¹	pʰei³⁵	pei⁴¹	mei³⁵	mei⁴¹	tuei⁴¹	lei³⁵
本溪	pei⁴⁴	pʰei⁵¹	pʰei³⁵	pei⁵¹	mei³⁵	mei⁵¹	tuei⁵¹	lei³⁵
辽阳	pei⁴⁴	pʰei⁵¹	pʰei³⁵	pei⁵¹	mei³⁵	mei⁵¹	tuei⁵¹	lei³⁵
海城	pei⁴⁴	pʰei⁵¹	pʰei³⁵	pei⁵¹	mei³⁵	mei⁵¹	tuei⁵¹	lei³⁵
开原	pei⁴⁴	pʰei⁵¹	pʰei³⁵	pei⁵¹	mei³⁵	mei⁵¹	tuei⁵¹	lei³⁵
锦州	pei⁵⁵	pʰei⁵¹	pʰei³⁵	pei⁵¹	mei³⁵	mei⁵¹	tuei⁵¹	lei³⁵
盘锦	pei⁵⁵	pʰei⁵¹	pʰei³⁵	pei⁵¹	mei³⁵	mei⁵¹	tuei⁵¹	lei³⁵
兴城	pei⁴⁴	pʰei⁵¹	pʰei³⁵	pei⁵¹	mei³⁵	mei⁵¹	tuei⁵¹	lei³⁵
绥中	pei⁵⁵	pʰei⁵¹	pʰei³⁵	pei⁵¹	mei³⁵	mei⁵¹	tuei⁵¹	lei³⁵
义县	pei⁴⁴	pʰei⁵¹	pʰei³⁵	pei⁵¹	mei³⁵	mei⁵¹	tuei⁵¹	lei³⁵
北票	pei⁴⁴	pʰei⁵¹	pʰei³⁵	pei⁵¹	mei³⁵	mei⁵¹	tuei⁵¹	lei³⁵
阜新	pei⁵⁵	pʰei⁵¹	pʰei³⁵	pei⁵¹	mei³⁵	mei⁵¹	tuei⁵¹	lei³⁵
黑山	pei⁴⁴	pʰei⁵¹	pʰei³⁵	pei⁵¹	mei³⁵	mei⁵¹	tuei⁵¹	lei³⁵
昌图	pei³³	pʰei⁵¹	pʰei³⁵	pei⁵¹	mei³⁵	mei⁵¹	tuei⁵¹	lei³⁵
大连	pe³¹²	pʰe⁵²	pʰe³⁴	pe⁵²	me³⁴	me⁵²	te⁵²	le³⁴
金州杏树	pe³¹²	pʰe⁵²	pʰe⁵²	pe⁵²	me⁵²	me⁵²	te⁵²	le³¹²
长海	pei³¹	pʰei⁵³	pʰei⁵³	pei⁵³	mei⁵³	mei⁵³	tuei⁵³	lei³¹
庄河	pei³¹	pʰei⁵¹	pʰei⁵¹	pei⁵¹	mei⁵¹	mei⁵¹	tei⁵¹	lei³¹
盖州	pei⁴¹²	pʰei⁵¹	pʰei²⁴	pei⁵¹	mei²⁴	mei⁵¹	tuei⁵¹	lei²⁴
丹东	pei⁴¹¹	pʰei⁵¹	pʰei²⁴	pei⁵¹	mei²⁴	mei⁵¹	tuei⁵¹	lei²⁴
建平	pei⁴⁴	pʰei⁵³	pʰei³⁵	pei⁵³	mei³⁵	mei⁵³	tuei⁵³	lei³⁵
凌源	pei⁵⁵	pʰei⁵¹	pʰei³⁵	pei⁵¹	mei³⁵	mei⁵¹	tuei⁵¹	lei³⁵

	0177 罪	0178 碎	0179 灰	0180 回	0181 外	0182 会 开~	0183 怪	0184 块
	蟹合一上灰从	蟹合一去灰心	蟹合一平灰晓	蟹合一平灰匣	蟹合一去泰疑	蟹合一去泰匣	蟹合二去皆见	蟹合一去皆溪
沈阳	tsuei⁴¹	suei⁴¹	xuei³³	xuei³⁵	vai⁴¹	xuei⁴¹	kuai⁴¹	kʰuai⁴¹
本溪	tsuei⁵¹	suei⁵¹	xuei⁴⁴	xuei³⁵	uai⁵¹	xuei⁵¹	kuai⁵¹	kʰuai⁵¹
辽阳	tsuei⁵¹	suei⁵¹	xuei⁴⁴	xuei³⁵	uai⁵¹	xuei⁵¹	kuai⁵¹	kʰuai⁵¹
海城	tʂuei⁵¹	ʂuei⁵¹	xuei⁴⁴	xuei³⁵	uai⁵¹	xuei⁵¹	kuai⁵¹	kʰuai⁵¹
开原	tʂuei⁵¹	ʂuei⁵¹	xuei⁴⁴	xuei³⁵	uai⁵¹	xuei⁵¹	kuai⁵¹	kʰuai⁵¹
锦州	tʂuei⁵¹	ʂuei⁵¹	xuei⁵⁵	xuei³⁵	uai⁵¹	xuei⁵¹	kuai⁵¹	kʰuai⁵¹
盘锦	tsuei⁵¹	suei⁵¹	xuei⁵⁵	xuei³⁵	uai⁵¹	xuei⁵¹	kuai⁵¹	kʰuai⁵¹
兴城	tʂuei⁵¹	ʂuei⁵¹	xuei⁴⁴	xuei³⁵	uai⁵¹	xuei⁵¹	kuai⁵¹	kʰuai⁵¹
绥中	tʂuei⁵¹	ʂuei⁵¹	xuei⁵⁵	xuei³⁵	vai⁵¹	xuei⁵¹	kuai⁵¹	kʰuai⁵¹
义县	tʂuei⁵¹	ʂuei⁵¹	xuei⁴⁴	xuei³⁵	uai⁵¹	xuei⁵¹	kuai⁵¹	kʰuai⁵¹
北票	tsuei⁵¹	suei⁵¹	xuei⁴⁴	xuei³⁵	uai⁵¹	xuei⁵¹	kuai⁵¹	kʰuai⁵¹
阜新	tsuei⁵¹	suei⁵¹	xuei⁵⁵	xuei³⁵	uai⁵¹	xuei⁵¹	kuai⁵¹	kʰuai⁵¹
黑山	tʂuei⁵¹	ʂuei⁵¹	xuei⁴⁴	xuei³⁵	uai⁵¹	xuei⁵¹	kuai⁵¹	kʰuai⁵¹
昌图	tsuei⁵¹	suei⁵¹	xuei³³	xuei³⁵	uai⁵¹	xuei⁵¹	kuai⁵¹	kʰuai⁵¹
大连	tse⁵²	se⁵²	xue³¹²	xue³⁴	uɛ⁵²	xue⁵²	kuɛ⁵²	kʰuɛ⁵²
金州杏树	tse⁵²	se⁵²	xue³¹²	xue⁵²	uɛ⁵²	xue⁵²	kuɛ⁵²	kʰuɛ⁵²
长海	tsei⁵³	sei⁵³	xuei³¹	xuei⁵³	uai⁵³	xuei⁵³	kuai⁵³	kʰuai⁵³
庄河	tsei⁵¹	sei⁵¹	xuei³¹	xuei⁵¹	uai⁵¹	xuei⁵¹	kuai⁵¹	kʰuai⁵¹
盖州	tsuei⁵¹	suei⁵¹	xuei⁴¹²	xuei²⁴	uai⁵¹	xuei⁵¹	kuai⁵¹	kʰuai⁵¹
丹东	tsuei⁵¹	suei⁵¹	xuei⁴¹¹	xuei²⁴	uai⁵¹	xuei⁵¹	kuai⁵¹	kʰuai⁵¹
建平	tsuei⁵³	suei⁵³	xuei⁴⁴	xuei³⁵	vɛ⁵³	xuei⁵³	kuɛ⁵³	kʰuɛ⁵³
凌源	tsuei⁵	suei⁵¹	xuei⁵⁵	xuei³⁵	vai⁵¹	xuei⁵¹	kuai⁵¹	kʰuai⁵¹

	0185 怀	0186 坏	0187 拐	0188 挂	0189 歪	0190 画	0191 快	0192 话
	蟹合二平皆匣	蟹合二去皆匣	蟹合二上佳见	蟹合二去佳见	蟹合二平佳晓	蟹合二去佳匣	蟹合二去夬溪	蟹合二去夬匣
沈阳	xuai³⁵	xuai⁴¹	kuai²¹³	kua⁴¹	vai³³	xua⁴¹	kʰuai⁴¹	xua⁴¹
本溪	xuai³⁵	xuai⁵¹	kuai²²⁴	kua⁵¹	uai⁴⁴	xua⁵¹	kʰuai⁵¹	xua⁵¹
辽阳	xuai³⁵	xuai⁵¹	kuai²¹³	kua⁵¹	uai⁴⁴	xua⁵¹	kʰuai⁵¹	xua⁵¹
海城	xuai³⁵	xuai⁵¹	kuai²¹⁴	kua⁵¹	uai⁴⁴	xua⁵¹	kʰuai⁵¹	xua⁵¹
开原	xuai³⁵	xuai⁵¹	kuai²¹³	kua⁵¹	uai⁴⁴	xua⁵¹	kʰuai⁵¹	xua⁵¹
锦州	xuai³⁵	xuai⁵¹	kuai²¹³	kua⁵¹	uai⁵⁵	xua⁵¹	kʰuai⁵¹	xua⁵¹
盘锦	xuai³⁵	xuai⁵¹	kuai²¹³	kua⁵¹	uai⁵⁵	xua⁵¹	kʰuai⁵¹	xua⁵¹
兴城	xuai³⁵	xuai⁵¹	kuai²¹³	kua⁵¹	uai⁴⁴	xua⁵¹	kʰuai⁵¹	xua⁵¹
绥中	xuai³⁵	xuai⁵¹	kuai²¹³	kua⁵¹	vai⁵⁵	xua⁵¹	kʰuai⁵¹	xua⁵¹
义县	xuai³⁵	xuai⁵¹	kuai²¹³	kua⁵¹	uai⁴⁴	xua⁵¹	kʰuai⁵¹	xua⁵¹
北票	xuai³⁵	xuai⁵¹	kuai²¹³	kua⁵¹	uai⁴⁴	xua⁵¹	kʰuai⁵¹	xua⁵¹
阜新	xuai³⁵	xuai⁵¹	kuai²¹³	kua⁵¹	uai⁵⁵	xua⁵¹	kʰuai⁵¹	xua⁵¹
黑山	xuai³⁵	xuai⁵¹	kuai²¹³	kua⁵¹	uai⁴⁴	xua⁵¹	kʰuai⁵¹	xua⁵¹
昌图	xuai³⁵	xuai⁵¹	kuai²¹³	kua⁵¹	uai³³	xua⁵¹	kʰuai⁵¹	xua⁵¹
大连	xuɛ³⁴	xuɛ⁵²	kuɛ²¹³	kua⁵²	uɛ³¹²	xua⁵²	kʰuɛ⁵²	xua⁵²
金州杏树	xuɛ³⁴	xuɛ⁵²	kuɛ²¹³	kua⁵²	uɛ³¹²	xua⁵²	kʰuɛ⁵²	xua⁵²
长海	xuai⁵³	xuai⁵³	kuai²¹⁴	kua⁵³	uai³¹	xua⁵³	kʰuai⁵³	xua⁵³
庄河	xuai⁵¹	xuai⁵¹	kuai²¹³	kua⁵¹	uai³¹	xua⁵¹	kʰuai⁵¹	xua⁵¹
盖州	xuai²⁴	xuai⁵¹	kuai²¹³	kua⁵¹	uai⁴¹²	xua⁵¹	kʰuai⁵¹	xua⁵¹
丹东	xuai²⁴	xuai⁵¹	kuai²¹³	kua⁵¹	uai⁴¹¹	xua⁵¹	kʰuai⁵¹	xua⁵¹
建平	xuɛ³⁵	xuɛ⁵³	kuɛ²¹³	kua⁵³	vɛ⁴⁴	xua⁵³	kʰuɛ⁵³	xua⁵³
凌源	xuai³⁵	xuai⁵¹	kuai²¹⁴	kua⁵¹	vai⁵⁵	xua⁵¹	kʰuai⁵¹	xua⁵¹

	0193 岁	0194 卫	0195 肺	0196 桂	0197 碑	0198 皮	0199 被 ~子	0200 紫
	蟹合三去祭心	蟹合三去祭云	蟹合三去废敷	蟹合四去齐见	止开三平支帮	止开三平支並	止开三上支並	止开三上支精
沈阳	suei⁴¹	vei⁴¹	fei⁴¹	kuei⁴¹	pei³³	pʰi³⁵	pei⁴¹	tsʅ²¹³
本溪	suei⁵¹	uei⁵¹	fei⁵¹	kuei⁵¹	pei⁴⁴	pʰi³⁵	pei⁵¹	tsʅ²²⁴
辽阳	ʂuei⁵¹	uei²¹³	fei⁵¹	kuei⁵¹	pei⁴⁴	pʰi³⁵	pei⁵¹	tsʅ²¹³
海城	ʂuei⁵¹	uei⁵¹	fei⁵¹	kuei⁵¹	pei⁴⁴	pʰi³⁵	pei⁵¹	tsʅ²¹⁴
开原	ʂuei⁵¹	uei⁵¹	fei⁵¹	kuei⁵¹	pei⁴⁴	pʰi³⁵	pei⁵¹	tsʅ²¹³
锦州	ʂuei⁵¹	uei⁵¹	fei⁵¹	kuei⁵¹	pei⁵⁵	pʰi³⁵	pei⁵¹	tsʅ²¹³
盘锦	ʂuei⁵¹	uei⁵¹	fei⁵¹	kuei⁵¹	pei⁵⁵	pʰi³⁵	pei⁵¹	tsʅ²¹³
兴城	ʂuei⁵¹	uei⁵¹	fei⁵¹	kuei⁵¹	pei⁴⁴	pʰi³⁵	pei⁵¹	tsʅ²¹³
绥中	ʂuei⁵¹	uei⁵¹	fei⁵¹	kuei⁵¹	pei⁵⁵	pʰi³⁵	pei⁵¹	tsʅ²¹³
义县	ʂuei⁵¹	uei⁵¹	fei⁵¹	kuei⁵¹	pei⁴⁴	pʰi³⁵	pei⁵¹	tsʅ²¹³
北票	suei⁵¹	uei⁵¹	fei⁵¹	kuei⁵¹	pei⁴⁴	pʰi³⁵	pei⁵¹	tsʅ²¹³
阜新	suei⁵¹	uei⁵¹	fei⁵¹	kuei⁵¹	pei⁵⁵	pʰi³⁵	pei⁵¹	tsʅ²¹³
黑山	ʂuei⁵¹	uei⁵¹	fei⁵¹	kuei⁵¹	pei⁴⁴	pʰi³⁵	pei⁵¹	tsʅ²¹³
昌图	suei⁵¹	uei²¹³	fei⁵¹	kuei⁵¹	pei³³	pʰi³⁵	pei⁵¹	tsʅ²¹³
大连	se⁵²	ue⁵²	fe⁵²	kue⁵²	pe³¹²	pʰi³⁴	pe⁵²	tsʅ²¹³
金州杏树	se⁵²	ue²¹³	fe⁵²	kue⁵²	pe³¹²	pʰi⁵²	pe⁵²	tsʅ²¹³
长海	suei⁵³	uei²¹⁴	fei⁵³	kuei⁵³	pei³¹	pʰi⁵³	pei⁵³	tsʅ²¹⁴
庄河	sei⁵¹	uei²¹³	fei⁵¹	kuei⁵¹	pei³¹	pʰi⁵¹	pei⁵¹	tsʅ²¹³
盖州	suei⁵¹	uei⁵¹	fei⁵¹	kuei⁵¹	pei⁴¹²	pʰi²⁴	pei⁵¹	tsʅ²¹³
丹东	suei⁵¹	uei⁵¹	fei⁵¹	kuei⁵¹	pei⁴¹¹	pʰi²⁴	pei⁵¹	tsʅ²¹³
建平	suei⁵³	vei⁵³	fei⁵³	kuei⁵³	pei⁴⁴	pʰi³⁵	pei⁵³	tsʅ²¹³
凌源	suei⁵¹	vei⁵¹	fei⁵¹	kuei⁵¹	pei⁵⁵	pʰi³⁵	pei⁵¹	tsʅ²¹⁴

第二章 字音对照

	0201 刺	0202 知	0203 池	0204 纸	0205 儿	0206 寄	0207 骑	0208 蚁
	止开三去支清	止开三平支知	止开三平支澄	止开三上支章	止开三平支日	止开三去支见	止开三平支群	止开三上支疑
沈阳	tsʰɿ⁴¹	tsɿ³³	tsʰɿ³⁵	tsɿ²¹³	ər³⁵	tɕi⁴¹	tɕʰi³⁵	i⁴¹
本溪	tsʰɿ⁵¹	tsɿ⁴⁴	tsʰɿ³⁵	tsɿ²²⁴	ər³⁵	tɕi⁵¹	tɕʰi³⁵	i³⁵
辽阳	tʂʰɿ⁵¹	tsɿ⁴⁴	tʂʰɿ³⁵	tsɿ²¹³	ər³⁵	tɕi⁵¹	tɕʰi³⁵	i²¹³
海城	tʂʰɿ⁵¹	tsɿ⁴⁴	tʂʰɿ³⁵	tsɿ²¹⁴	ər³⁵	tɕi⁵¹	tɕʰi³⁵	i⁵¹
开原	tʂʰɿ⁵¹	tsɿ⁴⁴	tʂʰɿ³⁵	tsɿ²¹³	ər³⁵	tɕi⁵¹	tɕʰi³⁵	i⁵¹
锦州	tʂʰɿ⁵¹	tsɿ⁵⁵	tʂʰɿ³⁵	tsɿ²¹³	ər³⁵	tɕi⁵¹	tɕʰi³⁵	i²¹³
盘锦	tʂʰɿ⁵¹	tsɿ⁵⁵	tʂʰɿ³⁵	tsɿ²¹³	ər³⁵	tɕi⁵¹	tɕʰi³⁵	i²¹³
兴城	tʂʰɿ⁵¹	tsɿ⁴⁴	tʂʰɿ³⁵	tsɿ²¹³	ər³⁵	tɕi⁵¹	tɕʰi³⁵	i²¹³
绥中	tʂʰɿ⁵¹	tsɿ⁵⁵	tʂʰɿ³¹	tsɿ²¹³	ər³⁵	tɕi⁵¹	tɕʰi³⁵	i⁵¹（白） i²¹³（文）
义县	tʂʰɿ⁵¹	tsɿ⁴⁴	tʂʰɿ³⁵	tsɿ²¹³	ər³⁵	tɕi⁵¹	tɕʰi³⁵	i²¹³
北票	tʂʰɿ⁵¹	tsɿ⁴⁴	tʂʰɿ³⁵	tsɿ²¹³	ər³⁵	tɕi⁵¹	tɕʰi³⁵	i²¹³
阜新	tʂʰɿ⁵¹	tsɿ⁵⁵	tʂʰɿ³⁵	tsɿ²¹³	ər³⁵	tɕi⁵¹	tɕʰi³⁵	i²¹³
黑山	tʂʰɿ⁵¹	tsɿ⁴⁴	tʂʰɿ³⁵	tsɿ²¹³	ər³⁵	tɕi⁵¹	tɕʰi³⁵	i²¹³
昌图	tʂʰɿ⁵¹	tsɿ³³	tʂʰɿ³⁵	tsɿ²¹³	ər³⁵	tɕi⁵¹	tɕʰi³⁵	i²¹³
大连	tsʰɿ⁵²	tʃɿ³¹²	tʃʰɿ³⁴	tsɿ²¹³	ər³⁴	tɕi⁵²	tɕʰi³⁴	i²¹³
金州杏树	tsʰɿ⁵²	tɕi³¹²	tɕʰi⁵²	tsɿ²¹³	ər³¹²	tɕi⁵²	tɕʰi⁵²	i²¹³
长海	tsʰɿ⁵³	tʃɿ³¹	tʃʰɿ⁵³	tsɿ²¹⁴	ər⁵³	ci⁵³	cʰi⁵³	i²¹⁴
庄河	tsʰɿ⁵¹	tɕi³¹	tɕʰi⁵¹	tsɿ²¹³	ər⁵¹	tɕi⁵¹	tɕʰi⁵¹	i⁵¹
盖州	tsʰɿ⁵¹	tsɿ⁴¹²	tsʰɿ²⁴	tsɿ²¹³	ər²⁴	tɕi⁵¹	tɕʰi²⁴	i²¹³
丹东	tsʰɿ⁵¹	tsɿ⁴¹¹	tʂʰɿ²⁴	tsɿ²¹³	ər²⁴	tɕi⁵¹	tɕʰi²⁴	i²¹³
建平	tsʰɿ⁵³	tsɿ⁴⁴	tʂʰɿ³⁵	tsɿ²¹³	ər³⁵	tɕi⁵³	tɕʰi³⁵	i²¹³
凌源	tsʰɿ⁵¹	tsɿ⁵⁵	tʂʰɿ³⁵	tsɿ²¹⁴	ər³⁵	tɕi⁵¹	tɕʰi³⁵	i²¹⁴

	0209 义 止开三 去支疑	0210 戏 止开三 去支晓	0211 移 止开三 平支以	0212 比 止开三 上脂帮	0213 屁 止开三 去脂滂	0214 鼻 止开三 去脂並	0215 眉 止开三 平脂明	0216 地 止开三 去脂定
沈阳	i⁴¹	ɕi⁴¹	i³⁵	pi²¹³	pʰi⁴¹	pi³⁵	mei³⁵	ti⁴¹
本溪	i⁵¹	ɕi⁵¹	i³⁵	pi²²⁴	pʰi⁵¹	pi³⁵	mei³⁵	ti⁵¹
辽阳	i⁵¹	ɕi⁵¹	i³⁵	pi²¹³	pʰi⁵¹	pi³⁵	mei³⁵	ti⁵¹
海城	i⁵¹	ɕi⁵¹	i³⁵	pi²¹⁴	pʰi⁵¹	pi³⁵	mei³⁵	ti⁵¹
开原	i⁵¹	ɕi⁵¹	i³⁵	pi²¹³	pʰi⁵¹	pi³⁵	mei³⁵	ti⁵¹
锦州	i⁵¹	ɕi⁵¹	i³⁵	pi²¹³	pʰi⁵¹	pi³⁵	mei³⁵	ti⁵¹
盘锦	i⁵¹	ɕi⁵¹	i³⁵	pi²¹³	pʰi⁵¹	pi³⁵	mei³⁵	ti⁵¹
兴城	i⁵¹	ɕi⁵¹	i³⁵	pi²¹³	pʰi⁵¹	pi³⁵	mei³⁵	ti⁵¹
绥中	i⁵¹	ɕi⁵¹	i³⁵	pi²¹³	pʰi⁵¹	pi³⁵	mei³⁵	ti⁵¹
义县	i⁵¹	ɕi⁵¹	i³⁵	pi²¹³	pʰi⁵¹	pi³⁵	mei³⁵	ti⁵¹
北票	i⁵¹	ɕi⁵¹	i³⁵	pi²¹³	pʰi⁵¹	pi³⁵	mei³⁵	ti⁵¹
阜新	i⁵¹	ɕi⁵¹	i³⁵	pi²¹³	pʰi⁵¹	pi³⁵	mei³⁵	ti⁵¹
黑山	i⁵¹	ɕi⁵¹	i³⁵	pi²¹³	pʰi⁵¹	pi³⁵	mei³⁵	ti⁵¹
昌图	i⁵¹	ɕi⁵¹	i³⁵	pi²¹³（又） pʰi²¹³（又）	pʰi⁵¹	pi³⁵	mei³⁵	ti⁵¹
大连	i⁵²	ɕi⁵²	i³⁴	pi²¹³	pʰi⁵²	pi³⁴	me³⁴	ti⁵²
金州杏树	i⁵²	ɕi⁵²	i³¹²	pi²¹³	pʰi⁵²	pi⁵²	me³¹²	ti⁵²
长海	i⁵³	ɕi⁵³	i³¹	pi²¹⁴	pʰi⁵³	pi⁵³	mei⁵³	ti⁵³
庄河	i⁵¹	ɕi⁵¹	i⁵¹	pi²¹³	pʰi⁵¹	pi⁵¹	mei³¹	ti⁵¹
盖州	i⁵¹	ɕi⁵¹	i²⁴	pi²¹³	pʰi⁵¹	pi²⁴	mei²⁴	ti⁵¹
丹东	i⁵¹	ɕi⁵¹	i²⁴	pi²¹³	pʰi⁵¹	pi²⁴	mei²⁴	ti⁵¹
建平	i⁵³	ɕi⁵³	i³⁵	pi²¹³	pʰi⁵³	pi³⁵	mei³⁵	ti⁵³
凌源	i⁵¹	ɕi⁵¹	i³⁵	pi²¹⁴	pʰi⁵¹	pi³⁵	mei³⁵	ti⁵¹

	0217 梨 止开三 平脂来	0218 资 止开三 平脂精	0219 死 止开三 上脂心	0220 四 止开三 去脂心	0221 迟 止开三 平脂澄	0222 师 止开三 平脂生	0223 指 止开三 上脂章	0224 二 止开三 去脂日
沈阳	li³⁵	tsʅ³³	sʅ²¹³	sʅ⁴¹	tsʰʅ³⁵	sʅ³³	tsʅ²¹³	ər⁴¹
本溪	li³⁵	tsʅ⁴⁴	sʅ²²⁴	sʅ⁵¹	tsʰʅ³⁵	sʅ⁴⁴	tsʅ²²⁴	ər⁵¹
辽阳	li³⁵	tsʅ⁴⁴	sʅ²¹³	sʅ⁵¹	tsʰʅ³⁵	sʅ⁴⁴	tsʅ²¹³	ər⁵¹
海城	li³⁵	tʂʅ⁴⁴	ʂʅ²¹⁴	ʂʅ⁵¹	tʂʰʅ³⁵	ʂʅ⁴⁴	tʂʅ²¹⁴	ər⁵¹
开原	li³⁵	tʂʅ⁴⁴	ʂʅ²¹³	ʂʅ⁵¹	tʂʰʅ³⁵	ʂʅ⁴⁴	tʂʅ²¹³	ər⁵¹
锦州	li³⁵	tʂʅ⁵⁵	ʂʅ²¹³	ʂʅ⁵¹	tʂʰʅ³⁵	ʂʅ⁵⁵	tʂʅ²¹³	ər⁵¹
盘锦	li³⁵	tʂʅ⁵⁵	ʂʅ²¹³	ʂʅ⁵¹	tʂʰʅ³⁵	ʂʅ⁵⁵	tʂʅ²¹³	ər⁵¹
兴城	li³⁵	tʂʅ⁴⁴	ʂʅ²¹³	ʂʅ⁵¹	tʂʰʅ³⁵	ʂʅ⁴⁴	tʂʅ²¹³	ər⁵¹
绥中	li³⁵	tʂʅ⁵⁵	ʂʅ²¹³	ʂʅ⁵¹	tʂʰʅ³⁵	ʂʅ⁵⁵	tʂʅ²¹³	ər⁵¹
义县	li³⁵	tʂʅ⁴⁴	ʂʅ²¹³	ʂʅ⁵¹	tʂʰʅ³⁵	ʂʅ⁴⁴	tʂʅ²¹³	ər⁵¹
北票	li³⁵	tʂʅ⁴⁴	ʂʅ²¹³	ʂʅ⁵¹	tʂʰʅ³⁵	ʂʅ⁴⁴	tʂʅ²¹³	ər⁵¹
阜新	li³⁵	tʂʅ⁵⁵	ʂʅ²¹³	ʂʅ⁵¹	tʂʰʅ³⁵	ʂʅ⁵⁵	tʂʅ²¹³	ər⁵¹
黑山	li³⁵	tʂʅ⁴⁴	ʂʅ²¹³	ʂʅ⁵¹	tʂʰʅ³⁵	ʂʅ⁴⁴	tʂʅ²¹³	ər⁵¹
昌图	li³⁵	tʂʅ³³	ʂʅ²¹³	ʂʅ⁵¹	tʂʰʅ³⁵	ʂʅ³³	tʂʅ²¹³	ər⁵¹
大连	le³⁴	tsʅ³¹²	sʅ²¹³	sʅ⁵²	tʃʰʅ³⁴	sʅ³¹²	tsʅ²¹³	ər⁵²
金州杏树	le³¹²	tsʅ³¹²	sʅ²¹³	sʅ⁵²	tɕʰi⁵²	sʅ³¹²	tsʅ²¹³	ər⁵²
长海	li⁵³	tsʅ³¹	sʅ²¹⁴	sʅ⁵³	tʃʰʅ⁵³	sʅ³¹	tsʅ²¹⁴	ər⁵³
庄河	lei³¹	tsʅ³¹	sʅ²¹³	sʅ⁵¹	tɕʰi⁵¹	sʅ³¹	tsʅ²¹³	ər⁵¹
盖州	li²⁴	tsʅ⁴¹²	sʅ²¹³	sʅ⁵¹	tsʰʅ²⁴	sʅ⁴¹²	tsʅ²¹³	ər⁵¹
丹东	li²⁴	tsʅ⁴¹¹	sʅ²¹³	sʅ⁵¹	tʂʰʅ²⁴	ʂʅ⁴¹¹	tʂʅ²¹³	ər⁵¹
建平	li³⁵	tsʅ⁴⁴	sʅ²¹³	sʅ⁵³	tʂʰʅ³⁵	ʂʅ⁴⁴	tʂʅ²¹³	ər⁵³
凌源	li³⁵	tsʅ⁵⁵	sʅ²¹⁴	sʅ⁵¹	tʂʰʅ³⁵	ʂʅ⁵⁵	tʂʅ²¹⁴	ər⁵¹

	0225 饥~饿	0226 器	0227 姨	0228 李	0229 子	0230 字	0231 丝	0232 祠
	止开三平脂见	止开三去脂溪	止开三平脂以	止开三上之来	止开三上之精	止开三去之从	止开三平之心	止开三平之邪
沈阳	tɕi³³	tɕʰi⁴¹	i³⁵	li²¹³	tsɿ²¹³	tsɿ⁴¹	sɿ³³	tsʰɿ³⁵
本溪	tɕi⁴⁴	tɕʰi⁵¹	i³⁵	li²²⁴	tsɿ²²⁴	tsɿ⁵¹	sɿ⁴⁴	tsʰɿ³⁵
辽阳	tɕi⁴⁴	tɕʰi⁵¹	i³⁵	li²¹³	tʂʅ²¹³	tsɿ⁵¹	sɿ⁴⁴	tʂʰʅ³⁵
海城	tɕi⁴⁴	tɕʰi⁵¹	i³⁵	li²¹⁴	tʂʅ²¹⁴	tsɿ⁵¹	ʂʅ⁴⁴	tʂʰʅ³⁵
开原	tɕi⁴⁴	tɕʰi⁵¹	i³⁵	li²¹³	tʂʅ²¹³	tsɿ⁵¹	ʂʅ⁴⁴	tʂʰʅ³⁵
锦州	tɕi⁵⁵	tɕʰi⁵¹	i³⁵	li²¹³	tʂʅ²¹³	tsɿ⁵¹	ʂʅ⁵⁵	tʂʰʅ³⁵
盘锦	tɕi⁵⁵	tɕʰi⁵¹	i³⁵	li²¹³	tsɿ²¹³	tsɿ⁵¹	sɿ⁵⁵	tsʰɿ³⁵
兴城	tɕi⁴⁴	tɕʰi⁵¹	i³⁵	li²¹³	tʂʅ²¹³	tsɿ⁵¹	ʂʅ⁴⁴	tʂʰʅ³⁵
绥中	tɕi⁵⁵	tɕʰi⁵¹	i³⁵	li²¹³	tʂʅ²¹³	tsɿ⁵¹	ʂʅ⁵⁵	tʂʰʅ³⁵
义县	tɕi⁴⁴	tɕʰi⁵¹	i³⁵	li²¹³	tsɿ²¹³	tsɿ⁵¹	ʂʅ⁴⁴	tʂʰʅ³⁵
北票	tɕi⁴⁴	tɕʰi⁵¹	i³⁵	li²¹³	tsɿ²¹³	tsɿ⁵¹	sɿ⁴⁴	tsʰɿ³⁵
阜新	tɕi⁵⁵	tɕʰi⁵¹	i³⁵	li²¹³	tsɿ²¹³	tsɿ⁵¹	sɿ⁵⁵	tsʰɿ³⁵
黑山	tɕi⁴⁴	tɕʰi⁵¹	i³⁵	li²¹³	tʂʅ²¹³	tsɿ⁵¹	ʂʅ⁴⁴	tʂʰʅ³⁵
昌图	tɕi³³	tɕʰi⁵¹	i³⁵	li²¹³	tʂʅ²¹³	tsɿ⁵¹	sɿ³³	tsʰɿ³⁵
大连	tɕi³¹²	tɕʰi⁵²	i³⁴	le²¹³	tsɿ²¹³	tsɿ⁵²	sɿ³¹²	tsʰɿ³⁴
金州杏树	tɕi³¹²	tɕʰi⁵²	i²¹³	le²¹³	tsɿ²¹³	tsɿ⁵²	sɿ³¹²	tsʰɿ⁵²
长海	ɕi³¹	ɕʰi⁵³	i²¹⁴	li²¹⁴	tsɿ²¹⁴	tsɿ⁵³	sɿ³¹	tsʰɿ⁵³
庄河	tɕi³¹	tɕʰi⁵¹	i³¹	lei²¹³	tsɿ²¹³	tsɿ⁵¹	sɿ³¹	tsʰɿ⁵¹
盖州	tɕi⁴¹²	tɕʰi⁵¹	i²⁴	li²¹³	tsɿ²¹³	tsɿ⁵¹	sɿ⁴¹²	tsʰɿ²⁴
丹东	tɕi⁴¹¹	tɕʰi⁵¹	i²⁴	li²¹³	tsɿ²¹³	tsɿ⁵¹	sɿ⁴¹¹	tsʰɿ²⁴
建平	tɕi⁴⁴	tɕʰi⁵³	i³⁵	li²¹³	tsɿ²¹³	tsɿ⁵³	sɿ⁴⁴	tsʰɿ³⁵
凌源	tɕi⁵⁵	tɕʰi⁵¹	i³⁵	li²¹⁴	tsɿ²¹⁴	tsɿ⁵¹	sɿ⁵⁵	tsʰɿ³⁵

	0233 寺	**0234 治**	**0235 柿**	**0236 事**	**0237 使**	**0238 试**	**0239 时**	**0240 市**
	止开三去之邪	止开三去之澄	止开三上之崇	止开三去之崇	止开三上之生	止开三去之书	止开三平之禅	止开三上之禅
沈阳	sʅ⁴¹	tsʅ⁴¹	sʅ⁴¹	sʅ⁴¹	sʅ²¹³	sʅ⁴¹	sʅ³⁵	sʅ⁴¹
本溪	sʅ⁵¹	tsʅ⁵¹	sʅ⁵¹	sʅ⁵¹	sʅ²²⁴	sʅ⁵¹	sʅ³⁵	sʅ⁵¹
辽阳	sʅ⁵¹	tsʅ⁵¹	sʅ⁵¹	sʅ⁵¹	sʅ²¹³	sʅ⁵¹	sʅ³⁵	sʅ⁵¹
海城	sʅ⁵¹	tsʅ⁵¹	sʅ⁵¹	sʅ⁵¹	sʅ²¹⁴	sʅ⁵¹	sʅ³⁵	sʅ⁵¹
开原	sʅ⁵¹	tsʅ⁵¹	sʅ⁵¹	sʅ⁵¹	sʅ²¹³	sʅ⁵¹	sʅ³⁵	sʅ⁵¹
锦州	sʅ⁵¹	tsʅ⁵¹	sʅ⁵¹	sʅ⁵¹	sʅ²¹³	sʅ⁵¹	sʅ³⁵	sʅ⁵¹
盘锦	sʅ⁵¹	tsʅ⁵¹	sʅ⁵¹	sʅ⁵¹	sʅ²¹³	sʅ⁵¹	sʅ³⁵	sʅ⁵¹
兴城	sʅ⁵¹	tsʅ⁵¹	sʅ⁵¹	sʅ⁵¹	sʅ²¹³	sʅ⁵¹	sʅ³⁵	sʅ⁵¹
绥中	sʅ⁵¹	tsʅ⁵¹	sʅ⁵¹	sʅ⁵¹	sʅ²¹³	sʅ⁵¹	sʅ³⁵	sʅ⁵¹
义县	sʅ⁵¹	tsʅ⁵¹	sʅ⁵¹	sʅ⁵¹	sʅ²¹³	sʅ⁵¹	sʅ³⁵	sʅ⁵¹
北票	sʅ⁵¹	tsʅ⁵¹	sʅ⁵¹	sʅ⁵¹	sʅ²¹³	sʅ⁵¹	sʅ³⁵	sʅ⁵¹
阜新	sʅ⁵¹	tsʅ⁵¹	sʅ⁵¹	sʅ⁵¹	sʅ²¹³	sʅ⁵¹	sʅ³⁵	sʅ⁵¹
黑山	sʅ⁵¹	tsʅ⁵¹	sʅ⁵¹	sʅ⁵¹	sʅ²¹³	sʅ⁵¹	sʅ³⁵	sʅ⁵¹
昌图	sʅ⁵¹	tsʅ⁵¹	sʅ⁵¹	sʅ⁵¹	sʅ²¹³	sʅ⁵¹	sʅ³⁵	sʅ⁵¹
大连	sʅ⁵²	tʃi⁵²	sʅ⁵²	sʅ⁵²	sʅ²¹³	sʅ⁵²	sʅ³⁴	sʅ⁵²
金州杏树	sʅ⁵²	tɕi⁵²	sʅ⁵²	sʅ⁵²	sʅ²¹³	sʅ⁵²	sʅ⁵²	sʅ⁵²
长海	sʅ⁵³	tʃi⁵³	sʅ⁵³	sʅ⁵³	sʅ²¹⁴	sʅ⁵³	sʅ⁵³	sʅ⁵³
庄河	tsʰʅ⁵¹	tɕi⁵¹	sʅ⁵¹	sʅ⁵¹	sʅ²¹³	sʅ⁵¹	sʅ⁵¹	sʅ⁵¹
盖州	sʅ⁵¹	tsʅ⁵¹	sʅ⁵¹	sʅ⁵¹	sʅ²¹³	sʅ⁵¹	sʅ²⁴	sʅ⁵¹
丹东	sʅ⁵¹	tsʅ⁵¹	sʅ⁵¹	sʅ⁵¹	sʅ²¹³	sʅ⁵¹	sʅ²⁴	sʅ⁵¹
建平	sʅ⁵³	tsʅ⁵³	sʅ⁵³	sʅ⁵³	sʅ²¹³	sʅ⁵³	sʅ³⁵	sʅ⁵³
凌源	sʅ⁵¹	tsʅ⁵¹	sʅ⁵¹	sʅ⁵¹	sʅ²¹⁴	sʅ⁵¹	sʅ³⁵	sʅ⁵¹

	0241 耳	0242 记	0243 棋	0244 喜	0245 意	0246 几~个	0247 气	0248 希
	止开三 上之日	止开三 去之见	止开三 平之群	止开三 上之晓	止开三 去之影	止开三 上微见	止开三 去微溪	止开三 平微晓
沈阳	ər²¹³	tɕi⁴¹	tɕʰi³⁵	ɕi²¹³	i⁴¹	tɕi²¹³	tɕʰi⁴¹	ɕi³³
本溪	ər²²⁴	tɕi⁵¹	tɕʰi³⁵	ɕi²²⁴	i⁵¹	tɕi²²⁴	tɕʰi⁵¹	ɕi⁴⁴
辽阳	ər²¹³	tɕi⁵¹	tɕʰi³⁵	ɕi²¹³	i⁵¹	tɕi²¹³	tɕʰi⁵¹	ɕi⁴⁴
海城	ər²¹⁴	tɕi⁵¹	tɕʰi³⁵	ɕi²¹⁴	i⁵¹	tɕi²¹⁴	tɕʰi⁵¹	ɕi⁴⁴
开原	ər²¹³	tɕi⁵¹	tɕʰi³⁵	ɕi²¹³	i⁵¹	tɕi²¹³	tɕʰi⁵¹	ɕi⁴⁴
锦州	ər²¹³	tɕi⁵¹	tɕʰi³⁵	ɕi²¹³	i⁵¹	tɕi²¹³	tɕʰi⁵¹	ɕi⁵⁵
盘锦	ər²¹³	tɕi⁵¹	tɕʰi³⁵	ɕi²¹³	i⁵¹	tɕi²¹³	tɕʰi⁵¹	ɕi⁵⁵
兴城	ər²¹³	tɕi⁵¹	tɕʰi³⁵	ɕi²¹³	i⁵¹	tɕi²¹³	tɕʰi⁵¹	ɕi⁴⁴
绥中	ər²¹³	tɕi⁵¹	tɕʰi³⁵	ɕi²¹³	i⁵¹	tɕi²¹³	tɕʰi⁵¹	ɕi⁵⁵
义县	ər²¹³	tɕi⁵¹	tɕʰi³⁵	ɕi²¹³	i⁵¹	tɕi²¹³	tɕʰi⁵¹	ɕi⁴⁴
北票	ər²¹³	tɕi⁵¹	tɕʰi³⁵	ɕi²¹³	i⁵¹	tɕi²¹³	tɕʰi⁵¹	ɕi⁴⁴
阜新	ər²¹³	tɕi⁵¹	tɕʰi³⁵	ɕi²¹³	i⁵¹	tɕi²¹³	tɕʰi⁵¹	ɕi⁵⁵
黑山	ər²¹³	tɕi⁵¹	tɕʰi³⁵	ɕi²¹³	i⁵¹	tɕi²¹³	tɕʰi⁵¹	ɕi⁴⁴
昌图	ər²¹³	tɕi⁵¹	tɕʰi³⁵	ɕi²¹³	i⁵¹	tɕi²¹³	tɕʰi⁵¹	ɕi³³
大连	ər²¹³	tɕi⁵²	tɕʰi³⁴	ɕi²¹³	i⁵²	tɕi²¹³	tɕʰi⁵²	ɕi²¹³
金州杏树	ər²¹³	tɕi⁵²	tɕʰi⁵²	ɕi²¹³	i⁵²	tɕi²¹³	tɕʰi⁵²	ɕi²¹³
长海	ər²¹⁴	ci⁵³	cʰi⁵³	ɕi²¹⁴	i⁵³	ci²¹⁴	cʰi⁵³	ɕi²¹⁴
庄河	ər²¹³	tɕi⁵¹	tɕʰi⁵¹	ɕi²¹³	i⁵¹	tɕi²¹³	tɕʰi⁵¹	ɕi²¹³
盖州	ər²¹³	tɕi⁵¹	tɕʰi²⁴	ɕi²¹³	i⁵¹	tɕi²¹³	tɕʰi⁵¹	ɕi⁴¹²
丹东	ər²¹³	tɕi⁵¹	tɕʰi²⁴	ɕi²¹³	i⁵¹	tɕi²¹³	tɕʰi⁵¹	ɕi⁴¹¹
建平	ər²¹³	tɕi⁵³	tɕʰi³⁵	ɕi²¹³	i⁵³	tɕi²¹³	tɕʰi⁵³	ɕi⁴⁴
凌源	ər²¹⁴	tɕi⁵¹	tɕʰi³⁵	ɕi²¹⁴	i⁵¹	tɕi²¹⁴	tɕʰi⁵¹	ɕi⁵⁵

	0249 衣	0250 嘴	0251 随	0252 吹	0253 垂	0254 规	0255 亏	0256 跪
	止开三平微影	止合三上支精	止合三平支邪	止合三平支昌	止合三平支禅	止合三平支见	止合三平支溪	止合三上支群
沈阳	i^{33}	tʂuei^{213}	suei^{35}	tʂʰuei^{33}	tʂʰuei^{33}	kuei^{33}	kʰuei^{33}	kuei^{41}
本溪	i^{44}	tʂuei^{224}	suei^{35}	tʂʰuei^{44}	tʂʰuei^{35}	kuei^{44}	kʰuei^{44}	kuei^{51}
辽阳	i^{44}	tʂuei^{213}	suei^{35}	tʂʰuei^{44}	tʂʰuei^{35}	kuei^{44}	kʰuei^{44}	kuei^{51}
海城	i^{44}	tʂuei^{214}	ʂuei^{35}	tʂʰuei^{44}	tʂʰuei^{35}	kuei^{44}	kʰuei^{44}	kuei^{51}
开原	i^{44}	tʂuei^{213}	ʂuei^{35}	tʂʰuei^{44}	tʂʰuei^{35}	kuei^{44}	kʰuei^{44}	kuei^{51}
锦州	i^{55}	tʂuei^{213}	ʂuei^{35}	tʂʰuei^{55}	tʂʰuei^{35}	kuei^{55}	kʰuei^{55}	kuei^{51}
盘锦	i^{55}	tsuei^{213}	suei^{35}	tsʰuei^{55}	tsʰuei^{35}	kuei^{55}	kʰuei^{55}	kuei^{51}
兴城	i^{44}	tʂuei^{213}	ʂuei^{35}	tʂʰuei^{44}	tʂʰuei^{35}	kuei^{44}	kʰuei^{44}	kuei^{51}
绥中	i^{55}	tʂuei^{213}	ʂuei^{35}	tʂʰuei^{55}	tʂʰuei^{35}	kuei^{55}	kʰuei^{55}	kuei^{51}
义县	i^{44}	tʂuei^{213}	ʂuei^{35}	tʂʰuei^{44}	tʂʰuei^{35}	kuei^{44}	kʰuei^{44}	kuei^{51}
北票	i^{44}	tʂuei^{213}	suei^{35}	tʂʰuei^{44}	tʂʰuei^{35}	kuei^{44}	kʰuei^{44}	kuei^{51}
阜新	i^{55}	tsuei^{213}	suei^{35}	tsʰuei^{55}	tsʰuei^{35}	kuei^{55}	kʰuei^{55}	kuei^{51}
黑山	i^{44}	tʂuei^{213}	ʂuei^{35}	tʂʰuei^{44}	tʂʰuei^{35}	kuei^{44}	kʰuei^{44}	kuei^{51}
昌图	i^{33}	tsuei^{213}	suei^{35}	tsʰuei^{33}	tsʰuei^{35}	kuei^{33}	kʰuei^{33}	kuei^{51}
大连	i^{312}	tse^{213}	se^{34}	tsʰue^{312}	tsʰue^{34}	kue^{312}	kʰue^{312}	kue^{52}
金州杏树	i^{312}	tse^{213}	se^{52}	tsʰue^{312}	tsʰue^{52}	kue^{312}	kʰue^{312}	kue^{52}
长海	i^{31}	tsuei^{214}	suei^{53}	tʰuei^{31}	tʰuei^{53}	kuei^{31}	kʰuei^{31}	kuei^{53}
庄河	i^{31}	tsei^{213}	sei^{213}	tsʰuei^{31}	tsʰuei^{51}	kuei^{31}	kʰuei^{31}	kuei^{51}
盖州	i^{412}	tsuei^{213}	suei^{24}	tsʰuei^{412}	tsʰuei^{24}	kuei^{412}	kʰuei^{412}	kuei^{51}
丹东	i^{411}	tsuei^{213}	suei^{24}	tʂʰuei^{411}	tʂʰuei^{24}	kuei^{411}	kʰuei^{411}	kuei^{51}
建平	i^{44}	tsuei^{213}	suei^{35}	tsʰuei^{44}	tsʰuei^{35}	kuei^{44}	kʰuei^{44}	kuei^{53}
凌源	i^{55}	tsuei^{214}	suei^{35}	tsʰuei^{55}	tsʰuei^{35}	kuei^{55}	kʰuei^{55}	kuei^{51}

	0257 危	0258 类	0259 醉	0260 追	0261 锤	0262 水	0263 龟	0264 季
	止合三平支疑	止合三去脂来	止合三去脂精	止合三平脂知	止合三平脂澄	止合三上脂书	止合三平脂见	止合三去脂见
沈阳	vei^{213}	lei^{41}	tsuei^{41}	tʂuei^{33}	tʂʰuei^{35}	ʂuei^{213}	kuei^{33}	tɕi^{41}
本溪	uei^{35}	lei^{51}	tsuei^{51}	tʂuei^{44}	tʂʰuei^{35}	ʂuei^{224}	kuei^{44}	tɕi^{51}
辽阳	uei^{44}	lei^{51}	tsuei^{51}	tʂuei^{44}	tʂʰuei^{35}	ʂuei^{213}	kuei^{44}	tɕi^{51}
海城	uei^{44}	lei^{51}	tsuei^{51}	tʂuei^{44}	tʂʰuei^{35}	ʂuei^{214}	kuei^{44}	tɕi^{51}
开原	uei^{44}	lei^{51}	tsuei^{51}	tʂuei^{44}	tʂʰuei^{35}	ʂuei^{213}	kuei^{44}	tɕi^{51}
锦州	uei^{55}	lei^{51}	tsuei^{51}	tʂuei^{55}	tʂʰuei^{35}	ʂuei^{213}	kuei^{55}	tɕi^{51}
盘锦	uei^{55}	lei^{51}	tsuei^{51}	tʂuei^{55}	tʂʰuei^{35}	ʂuei^{213}	kuei^{55}	tɕi^{51}
兴城	uei^{44}	lei^{51}	tsuei^{51}	tʂuei^{44}	tʂʰuei^{35}	ʂuei^{213}	kuei^{44}	tɕi^{51}
绥中	uei^{55}	lei^{51}	tsuei^{51}	tʂuei^{55}	tʂʰuei^{35}	ʂuei^{213}	kuei^{55}	tɕi^{51}
义县	uei^{44}	lei^{51}	tsuei^{51}	tʂuei^{44}	tʂʰuei^{35}	ʂuei^{213}	kuei^{44}	tɕi^{51}
北票	uei^{44}	lei^{51}	tsuei^{51}	tʂuei^{44}	tʂʰuei^{35}	ʂuei^{213}	kuei^{44}	tɕi^{51}
阜新	uei^{55}	lei^{51}	tsuei^{51}	tʂuei^{55}	tʂʰuei^{35}	ʂuei^{213}	kuei^{55}	tɕi^{51}
黑山	uei^{44}	lei^{51}	tsuei^{51}	tʂuei^{44}	tʂʰuei^{35}	ʂuei^{213}	kuei^{44}	tɕi^{51}
昌图	uei^{33}	lei^{51}	tsuei^{51}	tʂuei^{33}	tʂʰuei^{35}	ʂuei^{213}	kuei^{33}	tɕi^{51}
大连	ue^{213}	le^{52}	tse^{52}	tsue^{312}	tsʰue^{34}	sue^{213}	kue^{312}	tɕi^{52}
金州杏树	ue^{213}	le^{52}	tse^{52}	tsue^{312}	tsʰue^{52}	sue^{213}	kue^{312}	tɕi^{52}
长海	uei^{31}	lei^{53}	tsuei^{53}	tuei^{31}	tʰuei^{53}	suei^{214}	kuei^{31}	ɕi^{53}
庄河	uei^{213}	lei^{51}	tsei^{51}	tʂuei^{31}	tʂʰuei^{51}	ʂuei^{213}	kuei^{31}	tɕi^{51}
盖州	uei^{412}	lei^{51}	tsuei^{51}	tʂuei^{412}	tʂʰuei^{24}	ʂuei^{213}	kuei^{412}	tɕi^{51}
丹东	uei^{24}	lei^{51}	tsuei^{51}	tʂuei^{411}	tʂʰuei^{24}	ʂuei^{213}	kuei^{411}	tɕi^{51}
建平	vei^{44}	lei^{53}	tsuei^{53}	tʂuei^{44}	tʂʰuei^{35}	ʂuei^{213}	kuei^{44}	tɕi^{53}
凌源	vei^{55}	lei^{51}	tsuei^{51}	tʂuei^{55}	tʂʰuei^{35}	ʂuei^{214}	kuei^{55}	tɕi^{51}

	0265 柜	0266 位	0267 飞	0268 费	0269 肥	0270 尾	0271 味	0272 鬼
	止合三 去脂群	止合三 去脂云	止合三 平微非	止合三 去微敷	止合三 平微奉	止合三 上微微	止合三 去微微	止合三 上微见
沈阳	kuei^{41}	vei^{41}	fei^{33}	fei^{41}	fei^{35}	vei^{213}	vei^{41}	kuei^{213}
本溪	kuei^{51}	uei^{51}	fei^{44}	fei^{51}	fei^{35}	uei^{224}	uei^{51}	kuei^{224}
辽阳	kuei^{51}	uei^{51}	fei^{44}	fei^{51}	fei^{35}	uei^{213}	uei^{51}	kuei^{213}
海城	kuei^{51}	uei^{51}	fei^{44}	fei^{51}	fei^{35}	i^{214}（白） uei^{214}（文）	uei^{51}	kuei^{214}
开原	kuei^{51}	uei^{51}	fei^{44}	fei^{51}	fei^{35}	uei^{213}	uei^{51}	kuei^{213}
锦州	kuei^{51}	uei^{51}	fei^{55}	fei^{51}	fei^{35}	uei^{213}	uei^{51}	kuei^{213}
盘锦	kuei^{51}	uei^{51}	fei^{55}	fei^{51}	fei^{35}	i^{213}（白） uei^{213}（文）	uei^{51}	kuei^{213}
兴城	kuei^{51}	uei^{51}	fei^{44}	fei^{51}	fei^{35}	ei^{213}	ei^{51}	kuei^{213}
绥中	kuei^{51}	uei^{51}	fei^{55}	fei^{51}	fei^{35}	i^{213}（白） uei^{213}（文）	uei^{51}	kuei^{213}
义县	kuei^{51}	uei^{51}	fei^{44}	fei^{51}	fei^{35}	i^{213}（白） uei^{213}（文）	uei^{51}	kuei^{213}
北票	kuei^{51}	uei^{51}	fei^{44}	fei^{51}	fei^{35}	i^{213}（白） uei^{213}（文）	uei^{51}	kuei^{213}
阜新	kuei^{51}	uei^{51}	fei^{55}	fei^{51}	fei^{35}	i^{213}（白） uei^{213}（文）	uei^{51}	kuei^{213}
黑山	kuei^{51}	uei^{51}	fei^{44}	fei^{51}	fei^{35}	i^{213}（白） uei^{213}（文）	uei^{51}	kuei^{213}
昌图	kuei^{51}	uei^{51}	fei^{33}	fei^{51}	fei^{35}	i^{213}（白） uei^{213}（文）	uei^{51}	kuei^{213}
大连	kue^{52}	ue^{52}	fe^{312}	fe^{52}	fe^{34}	ue^{213}	ue^{52}	kue^{213}
金州 杏树	kue^{52}	ue^{52}	fe^{312}	fe^{52}	fe^{52}	ue^{213}	ue^{52}	kue^{213}
长海	kuei^{53}	uei^{53}	fei^{31}	fei^{53}	fei^{53}	uei^{214}	uei^{53}	kuei^{214}
庄河	kuei^{51}	uei^{51}	fei^{31}	fei^{51}	fei^{51}	uei^{213}	uei^{51}	kuei^{213}
盖州	kuei^{51}	uei^{51}	fei^{412}	fei^{51}	fei^{24}	i^{213}（白） uei^{213}（文）	uei^{51}	kuei^{213}
丹东	kuei^{51}	uei^{51}	fei^{411}	fei^{51}	fei^{24}	i^{213}（白） uei^{213}（文）	uei^{51}	kuei^{213}
建平	kuei^{53}	vei^{53}	fei^{44}	fei^{53}	fei^{35}	i^{213}（白） vei^{213}（文）	vei^{53}	kuei^{213}
凌源	kuei^{51}	vei^{51}	fei^{55}	fei^{51}	fei^{35}	i^{214}（白） vei^{214}（文）	vei^{51}	kuei^{214}

	0273 贵 止合三去微见	0274 围 止合三平微云	0275 胃 止合三去微云	0276 宝 效开一上豪帮	0277 抱 效开一上豪并	0278 毛 效开一平豪明	0279 帽 效开一去豪明	0280 刀 效开一平豪端
沈阳	kuei⁴¹	vei³⁵	vei⁴¹	pau²¹³	pau⁴¹	mau³⁵	mau⁴¹	tau³³
本溪	kuei⁵¹	uei³⁵	uei⁵¹	pau²²⁴	pau⁵¹	mau³⁵	mau⁵¹	tau⁴⁴
辽阳	kuei⁵¹	uei³⁵	uei⁵¹	pau²¹³	pau⁵¹	mau³⁵	mau⁵¹	tau⁴⁴
海城	kuei⁵¹	uei³⁵	uei⁵¹	pau²¹⁴	pau⁵¹	mau³⁵（又）mau²¹⁴（又）	mau⁵¹	tau⁴⁴
开原	kuei⁵¹	uei³⁵	uei⁵¹	pau²¹³	pau⁵¹	mau³⁵	mau⁵¹	tau⁴⁴
锦州	kuei⁵¹	uei³⁵	uei⁵¹	pau²¹³	pau⁵¹	mau³⁵	mau⁵¹	tau⁵⁵
盘锦	kuei⁵¹	uei³⁵	uei⁵¹	pau²¹³	pau⁵¹	mau³⁵	mau⁵¹	tau⁵⁵
兴城	kuei⁵¹	uei³⁵	uei⁵¹	pau²¹³	pau⁵¹	mau³⁵	mau⁵¹	tau⁴⁴
绥中	kuei⁵¹	uei³⁵	uei⁵¹	pau²¹³	pau⁵¹	mau³⁵	mau⁵¹	tau⁵⁵
义县	kuei⁵¹	uei³⁵	uei⁵¹	pau²¹³	pau⁵¹	mau³⁵	mau⁵¹	tau⁴⁴
北票	kuei⁵¹	uei³⁵	uei⁵¹	pau²¹³	pau⁵¹	mau³⁵（又）mau²¹³（又）	mau⁵¹	tau⁴⁴
阜新	kuei⁵¹	uei³⁵	uei⁵¹	pau²¹³	pau⁵¹	mau³⁵	mau⁵¹	tau⁵⁵
黑山	kuei⁵¹	uei³⁵	uei⁵¹	pau²¹³	pau⁵¹	mau³⁵（又）mau²¹³（又）	mau⁵¹	tau⁴⁴
昌图	kuei⁵¹	uei³⁵	uei⁵¹	pau²¹³	pau⁵¹	mau³⁵	mau⁵¹	tau³³
大连	kue⁵²	ue³⁴	ue⁵²	pɔ²¹³	pɔ⁵²	mɔ³⁴	mɔ⁵²	tɔ³¹²
金州杏树	kue⁵²	ue³¹²	ue⁵²	pɔ²¹³	pɔ⁵²	mɔ³¹²	mɔ⁵²	tɔ³¹²
长海	kuei⁵³	uei³¹	uei⁵³	pau²¹⁴	pau⁵³	mau³¹	mau⁵³	tau³¹
庄河	kuei⁵¹	uei³¹	uei⁵¹	pao²¹³	pao⁵¹	mao³¹	mao⁵¹	tao³¹
盖州	kuei⁵¹	uei²⁴	uei⁵¹	pau²¹³	pau⁵¹	mau²⁴（又）mau²¹³（又）	mau⁵¹	tau⁴¹²
丹东	kuei⁵¹	uei²⁴	uei⁵¹	pau²¹³	pau⁵¹	mau²⁴	mau⁵¹	tau⁴¹¹
建平	kuei⁵³	vei³⁵	vei⁵³	pɔ²¹³	pɔ⁵³	mɔ³⁵	mɔ⁵³	tɔ⁴⁴
凌源	kuei⁵¹	vei³⁵	vei⁵¹	pau²¹⁴	pau⁵¹	mau³⁵	mau⁵¹	tau⁵⁵

第二章　字音对照

	0281 讨	**0282 桃**	**0283 道**	**0284 脑**	**0285 老**	**0286 早**	**0287 灶**	**0288 草**
	效开一 上豪透	效开一 平豪定	效开一 上豪定	效开一 上豪泥	效开一 上豪来	效开一 上豪精	效开一 去豪精	效开一 上豪清
沈阳	tʰau²¹³	tʰau³⁵	tau⁴¹	nau²¹³	lau²¹³	tsau²¹³	tsau⁴¹	tsʰau²¹³
本溪	tʰau²²⁴	tʰau³⁵	tau⁵¹	nau²²⁴	lau²²⁴	tsau²²⁴	tsau⁵¹	tʂʰau²²⁴
辽阳	tʰau²¹³	tʰau³⁵	tau⁵¹	nau²¹³	lau²¹³	tʂau²¹³	tʂau⁵¹	tsʰau²¹³
海城	tʰau²¹⁴	tʰau³⁵	tau⁵¹	nau²¹⁴	lau²¹⁴	tʂau²¹⁴	tʂau⁵¹	tʂʰau²¹⁴
开原	tʰau²¹³	tʰau³⁵	tau⁵¹	nau²¹³	lau²¹³	tʂau²¹³	tʂau⁵¹	tʂʰau²¹³
锦州	tʰau²¹³	tʰau³⁵	tau⁵¹	nau²¹³	lau²¹³	tʂau²¹³	tʂau⁵¹	tʂʰau²¹³
盘锦	tʰau²¹³	tʰau³⁵	tau⁵¹	nau²¹³	lau²¹³	tsau²¹³	tsau⁵¹	tsʰau²¹³
兴城	tʰau²¹³	tʰau³⁵	tau⁵¹	nau²¹³	lau²¹³	tʂau²¹³	tʂau⁵¹	tsʰau²¹³
绥中	tʰau²¹³	tʰau³⁵	tau⁵¹	nau²¹³	lau²¹³	tʂau²¹³	tʂau⁵¹	tʂʰau²¹³
义县	tʰau²¹³	tʰau³⁵	tau⁵¹	nau²¹³	lau²¹³	tʂau²¹³	tʂau⁵¹	tsʰau²¹³
北票	tʰau²¹³	tʰau³⁵	tau⁵¹	nau²¹³	lau²¹³	tsau²¹³	tsau⁵¹	tsʰau²¹³
阜新	tʰau²¹³	tʰau³⁵	tau⁵¹	nau²¹³	lau²¹³	tsau²¹³	tsau⁵¹	tsʰau²¹³
黑山	tʰau²¹³	tʰau³⁵	tau⁵¹	nau²¹³	lau²¹³	tʂau²¹³	tʂau⁵¹	tʂʰau²¹³
昌图	tʰau²¹³	tʰau³⁵	tau⁵¹	nau²¹³	lau²¹³	tʂau²¹³	tʂau⁵¹	tʂʰau²¹³
大连	tʰɔ²¹³	tʰɔ³⁴	tɔ⁵²	nɔ²¹³	lɔ²¹³	tsɔ²¹³	tsɔ⁵²	tsʰɔ²¹³
金州 杏树	tʰɔ²¹³	tʰɔ⁵²	tɔ⁵²	nɔ²¹³	lɔ²¹³	tsɔ²¹³	tsɔ⁵²	tsʰɔ²¹³
长海	tʰau²¹⁴	tʰau⁵³	tau⁵³	nau²¹⁴	lau²¹⁴	tsau²¹⁴	tsau⁵³	tsʰau²¹⁴
庄河	tʰao²¹³	tʰao⁵¹	tao⁵¹	nao²¹³	lao²¹³	tsao²¹³	tsao⁵¹	tsʰao²¹³
盖州	tʰau²¹³	tʰau²⁴	tau⁵¹	nau²¹³	lau²¹³	tsau²¹³	tsau⁵¹	tsʰau²¹³
丹东	tʰau²¹³	tʰau²⁴	tau⁵¹	nau²¹³	lau²¹³	tsau²¹³	tsau⁵¹	tsʰau²¹³
建平	tʰɔ²¹³	tʰɔ³⁵	tɔ⁵³	nɔ²¹³	lɔ²¹³	tsɔ²¹³	tsɔ⁵³	tsʰɔ²¹³
凌源	tʰau²¹⁴	tʰau³⁵	tau⁵¹	nau²¹⁴	lau²¹⁴	tsau²¹⁴	tsau⁵¹	tsʰau²¹⁴

	0289 糙	0290 造	0291 嫂	0292 高	0293 靠	0294 熬	0295 好~坏	0296 号名
	效开一去豪清	效开一上豪从	效开一上豪心	效开一平豪见	效开一去豪溪	效开一平豪疑	效开一上豪晓	效开一去豪匣
沈阳	tsau⁴¹	tsau⁴¹	sau²¹³	kau³³	kʰau⁴¹	au³⁵	xau²¹³	xau⁴¹
本溪	tsau⁵¹	tsau⁵¹	sau²²⁴	kau⁴⁴	kʰau⁵¹	au³⁵	xau²²⁴	xau⁵¹
辽阳	tʂau⁵¹	tʂau⁵¹	sau²¹³	kau⁴⁴	kʰau⁵¹	au³⁵	xau²¹³	xau⁵¹
海城	tʂʰau⁴⁴	tʂau⁵¹	ʂau²¹⁴	kau⁴⁴	kʰau⁵¹	au³⁵	xau²¹⁴	xau⁵¹
开原	（无）	tsau⁵¹	ʂau²¹³	kau⁴⁴	kʰau⁵¹	nau³⁵（老）au³⁵（新）	xau²¹³	xau⁵¹
锦州	（无）	tsau⁵¹	ʂau²¹³	kau⁵⁵	kʰau⁵¹	nau⁵⁵（老）nau³⁵（老）au³⁵（新）	xau²¹³	xau⁵¹
盘锦	tsau⁵¹	tsau⁵¹	ʂau²¹³	kau⁵⁵	kʰau⁵¹	nau³⁵（老）au³⁵（新）	xau²¹³	xau⁵¹
兴城	（无）	tsau⁵¹	ʂau²¹³	kau⁴⁴	kʰau⁵¹	nau⁴⁴（老）nau³⁵（老）au³⁵（新）	xau²¹³	xau⁵¹
绥中	tʂʰau⁵⁵	tsau⁵¹	ʂau²¹³	kau⁵⁵	kʰau⁵¹	nau⁵⁵（老）au³⁵（新）	xau²¹³	xau⁵¹
义县	tʂʰau⁴⁴	tsau⁵¹	ʂau²¹³	kau⁴⁴	kʰau⁵¹	nau³⁵（老）au³⁵（新）	xau²¹³	xau⁵¹
北票	tsau⁵¹	tsau⁵¹	sau²¹³	kau⁴⁴	kʰau⁵¹	nau³⁵（老）au³⁵（新）	xau²¹³	xau⁵¹
阜新	tsau⁵¹	tsau⁵¹	ʂau²¹³	kau⁵⁵	kʰau⁵¹	nau³⁵	xau²¹³	xau⁵¹
黑山	tʂau⁵¹	tʂau⁵¹	ʂau²¹³	kau⁴⁴	kʰau⁵¹	nau³⁵（老）au³⁵（新）	xau²¹³	xau⁵¹
昌图	tʂʰau³³	tsau⁵¹	sau²¹³	kau³³	kʰau⁵¹	au³⁵	xau²¹³	xau⁵¹
大连	tsɔ⁵²	tsɔ⁵²	sɔ²¹³	kɔ³¹²	kʰɔ⁵²	ɔ³⁴	xɔ²¹³	xɔ⁵²
金州杏树	tsʰɔ³¹²	tsɔ⁵²	sɔ²¹³	kɔ³¹²	kʰɔ⁵²	ɔ³¹²	xɔ²¹³	xɔ⁵²
长海	tsʰau³¹	tsau⁵³	sau²¹⁴	kau³¹	kʰau⁵³	au³¹	xau²¹⁴	xau⁵³
庄河	tsao⁵¹	tsao⁵¹	sao²¹³	kao³¹	kʰao⁵¹	ao³¹	xao²¹³	xao⁵¹
盖州	tsʰau⁴¹²	tsau⁵¹	sau²¹³	kau⁴¹²	kʰau⁵¹	au²⁴	xau²¹³	xau⁵¹
丹东	tsʰau⁴¹¹	tsau⁵¹	sau²¹³	kau⁴¹¹	kʰau⁵¹	au²⁴	xau²¹³	xau⁵¹
建平	tsɔ⁵³	tsɔ⁵³	sɔ²¹³	kɔ⁴⁴	kʰɔ⁵³	nɔ³⁵	xɔ²¹³	xɔ⁵³
凌源	tsau⁵¹	tsau⁵¹	sau²¹⁴	kau⁵⁵	kʰau⁵¹	nau³⁵（老）au³⁵（新）	xau²¹⁴	xau⁵¹

	0297 包	0298 饱	0299 炮	0300 猫	0301 闹	0302 罩 用手~牌	0303 抓	0304 找 ~零钱
	效开二平肴帮	效开二上肴帮	效开二去肴滂	效开二平肴明	效开二去肴泥	效开二去肴知	效开二平肴庄	效开二上肴庄
沈阳	pau³³	pau²¹³	pʰau⁴¹	mau³³	nau⁴¹	tṣau⁴¹	tṣua³³	tṣau²¹³
本溪	pau⁴⁴	pau²²⁴	pʰau⁵¹	mau⁴⁴	nau⁵¹	tṣau⁵¹	tṣua⁴⁴	tṣau²²⁴
辽阳	pau⁴⁴	pau²¹³	pʰau⁵¹	mau⁴⁴	nau⁵¹	tṣau⁵¹	tsua⁴⁴	tsau²¹³
海城	pau⁴⁴	pau²¹⁴	pʰau⁵¹	mau⁴⁴	nau⁵¹	tṣau⁵¹	tṣua⁴⁴	tṣau²¹⁴
开原	pau⁴⁴	pau²¹³	pʰau⁵¹	mau⁴⁴（又） mau³⁵（又）	nau⁵¹	tṣau⁵¹	tṣua⁴⁴	tṣau²¹³
锦州	pau⁵⁵	pau²¹³	pʰau⁵¹	mau⁵⁵（又） mau³⁵（又）	nau⁵¹	tṣau⁵¹	tṣua⁵⁵	tṣau²¹³
盘锦	pau⁵⁵	pau²¹³	pʰau⁵¹	mau⁵⁵	nau⁵¹	tṣau⁵¹	tṣua⁵⁵	tau²¹³（白） tsau²¹³（文）
兴城	pau⁴⁴	pau²¹³	pʰau⁵¹	mau⁴⁴（又） mau³⁵（又）	nau⁵¹	tṣau⁵¹	tṣua⁴⁴	tṣau²¹³
绥中	pau⁵⁵	pau²¹³	pʰau⁵¹	mau⁵⁵	nau⁵¹	tṣau⁵¹	tṣua⁵⁵	tṣau²¹³
义县	pau⁴⁴	pau²¹³	pʰau⁵¹	mau⁴⁴	nau⁵¹	tṣau⁵¹	tṣua⁴⁴	tṣau²¹³
北票	pau⁴⁴	pau²¹³	pʰau⁵¹	mau⁴⁴	nau⁵¹	tṣau⁵¹	tṣua⁴⁴	tṣau²¹³
阜新	pau⁵⁵	pau²¹³	pʰau⁵¹	mau⁵⁵	nau⁵¹	tṣau⁵¹	tṣua⁵⁵	tṣau²¹³
黑山	pau⁴⁴	pau²¹³	pʰau⁵¹	mau⁴⁴（又） mau³⁵（又）	nau⁵¹	tṣau⁵¹	tṣua⁴⁴	tṣau²¹³
昌图	pau³³	pau²¹³	pʰau⁵¹	mau³³	nau⁵¹	tṣau⁵¹	tṣua³³	tṣau²¹³
大连	pɔ³¹²	pɔ²¹³	pʰɔ⁵²	mɔ³⁴	nɔ⁵²	tsɔ⁵²	tsua³¹²	tsɔ²¹³
金州杏树	pɔ³¹²	pɔ²¹³	pʰɔ⁵²	mɔ³¹²	nɔ⁵²	tsɔ⁵²	tsua²¹³	tsɔ²¹³
长海	pau³¹	pau²¹⁴	pʰau⁵³	mau³¹	nau⁵³	tsau⁵³	tʃua²¹⁴	tsau²¹⁴
庄河	pao³¹	pao²¹³	pʰao⁵¹	mao³¹	nao⁵¹	tsao⁵¹	tsua²¹³	tsao²¹³
盖州	pau⁴¹²	pau²¹³	pʰau⁵¹	mau⁴¹²	nau⁵¹	tsau⁵¹	tsua⁴¹²	tsau²¹³
丹东	pau⁴¹¹	pau²¹³	pʰau⁵¹	mau²⁴	nau⁵¹	tṣau⁵¹	tṣua²¹³	tṣau²¹³
建平	pɔ⁴⁴	pɔ²¹³	pʰɔ⁵³	mɔ⁴⁴	nɔ⁵³	tṣɔ⁵³	tṣua⁴⁴	tṣɔ²¹³
凌源	pau⁵⁵	pau²¹⁴	pʰau⁵¹	mau⁵⁵	nau⁵¹	tṣau⁵¹	tṣua⁵⁵	tṣau²¹⁴

	0305 抄	0306 交	0307 敲	0308 孝	0309 校 学~	0310 表 手~	0311 票	0312 庙
	效开二 平肴初	效开二 平肴见	效开二 平肴溪	效开二 去肴晓	效开二 去肴匣	效开三 上宵帮	效开三 去宵滂	效开三 去宵明
沈阳	tṣʰau³³	tɕiau³³	tɕʰiau³³	ɕiau⁴¹	ɕiau⁴¹	piau²¹³	pʰiau⁴¹	miau⁴¹
本溪	tṣʰau⁴⁴	tɕiau⁴⁴	tɕʰiau⁴⁴	ɕiau⁵¹	ɕiau⁵¹	piau²²⁴	pʰiau⁵¹	miau⁵¹
辽阳	tṣʰau⁴⁴	tɕiau⁴⁴	tɕʰiau⁴⁴	ɕiau⁵¹	ɕiau⁵¹	piau²¹³	pʰiau⁵¹	miau⁵¹
海城	tṣʰau⁴⁴	tɕiau⁴⁴	tɕʰiau⁴⁴	ɕiau⁵¹	ɕiau⁵¹	piau²¹⁴	pʰiau⁵¹	miau⁵¹
开原	tṣʰau⁴⁴	tɕiau⁴⁴	tɕʰiau⁴⁴	ɕiau⁵¹	ɕiau⁵¹	piau²¹³	pʰiau⁵¹	miau⁵¹
锦州	tṣʰau⁵⁵	tɕiau⁵⁵	tɕʰiau⁵⁵	ɕiau⁵¹	ɕiau⁵¹	piau²¹³	pʰiau⁵¹	miau⁵¹
盘锦	tṣʰau⁵⁵	tɕiau⁵⁵	tɕʰiau⁵⁵	ɕiau⁵¹	ɕiau⁵¹	piau²¹³	pʰiau⁵¹	miau⁵¹
兴城	tṣʰau⁴⁴	tɕiau⁴⁴	tɕʰiau⁴⁴	ɕiau⁵¹	ɕiau⁵¹	piau²¹³	pʰiau⁵¹	miau⁵¹
绥中	tṣʰau⁵⁵	tɕiau⁵⁵	tɕʰiau⁵⁵	ɕiau⁵¹	ɕiau⁵¹	piau²¹³	pʰiau⁵¹	miau⁵¹
义县	tṣʰau⁴⁴	tɕiau⁴⁴	tɕʰiau⁴⁴	ɕiau⁵¹	ɕiau⁵¹	piau²¹³	pʰiau⁵¹	miau⁵¹
北票	tṣʰau⁴⁴	tɕiau⁴⁴	tɕʰiau⁴⁴	ɕiau⁵¹	ɕiau⁵¹	piau²¹³	pʰiau⁵¹	miau⁵¹
阜新	tṣʰau⁵⁵	tɕiau⁵⁵	tɕʰiau⁵⁵	ɕiau⁵¹	ɕiau⁵¹	piau²¹³	pʰiau⁵¹	miau⁵¹
黑山	tṣʰau⁴⁴	tɕiau⁴⁴	tɕʰiau⁴⁴	ɕiau⁵¹	ɕiau⁵¹	piau²¹³	pʰiau⁵¹	miau⁵¹
昌图	tṣʰau³³	tɕiau³³	tɕʰiau³³	ɕiau⁵¹	ɕiau⁵¹	piau²¹³	pʰiau⁵¹	miau⁵¹
大连	tṣʰɔ³¹²	tɕiɔ³¹²	tɕʰiɔ³¹²	ɕiɔ⁵²	ɕiɔ⁵²	piɔ²¹³	pʰiɔ⁵²	miɔ⁵²
金州 杏树	tṣʰɔ³¹²	tɕiɔ³¹²	tɕʰiɔ³¹²	ɕiɔ⁵²	ɕiɔ⁵²	piɔ²¹³	pʰiɔ⁵²	miɔ⁵²
长海	tṣʰau³¹	ɕiau³¹	ɕʰiau³¹	ɕiau⁵³	ɕiau⁵³	piau²¹⁴	pʰiau⁵³	miau⁵³
庄河	tṣʰao³¹	tɕiao³¹	tɕʰiao³¹	ɕiao⁵¹	ɕiao⁵¹	piao²¹³	pʰiao⁵¹	miao⁵¹
盖州	tṣʰau⁴¹²	tɕiau⁴¹²	tɕʰiau⁴¹²	ɕiau⁵¹	ɕiau⁵¹	piau²¹³	pʰiau⁵¹	miau⁵¹
丹东	tṣʰau⁴¹¹	tɕiau⁴¹¹	tɕʰiau⁴¹¹	ɕiau⁵¹	ɕiau⁵¹	piau²¹³	pʰiau⁵¹	miau⁵¹
建平	tṣʰɔ⁴⁴	tɕiɔ⁴⁴	tɕʰiɔ⁴⁴	ɕiɔ⁵³	ɕiɔ⁵³	piɔ²¹³	pʰiɔ⁵³	miɔ⁵³
凌源	tṣʰau⁵⁵	tɕiau⁵⁵	tɕʰiau⁵⁵	ɕiau⁵¹	ɕiau⁵¹	piau²¹⁴	pʰiau⁵¹	miau⁵¹

第二章　字音对照

	0313 焦	0314 小	0315 笑	0316 朝~代	0317 照	0318 烧	0319 绕~线	0320 桥
	效开三平宵精	效开三上宵心	效开三去宵心	效开三平宵澄	效开三去宵章	效开三平宵书	效开三去宵日	效开三平宵群
沈阳	tɕiau³³	ɕiau²¹³	ɕiau⁴¹	tʂʰau³⁵	tʂau⁴¹	ʂau³³	iau⁴¹	tɕʰiau³⁵
本溪	tɕiau⁴⁴	ɕiau²²⁴	ɕiau⁵¹	tʂʰau³⁵	tʂau⁵¹	ʂau⁴⁴	iau⁵¹	tɕʰiau³⁵
辽阳	tɕiau⁴⁴	ɕiau²¹³	ɕiau⁵¹	tʂʰau³⁵	tʂau⁵¹	sau⁴⁴	iau⁵¹	tɕʰiau³⁵
海城	tɕiau⁴⁴	ɕiau²¹⁴	ɕiau⁵¹	tʂʰau³⁵	tʂau⁵¹	ʂau⁴⁴	iau⁵¹	tɕʰiau³⁵
开原	tɕiau⁴⁴	ɕiau²¹³	ɕiau⁵¹	tʂʰau³⁵	tʂau⁵¹	ʂau⁴⁴	iau⁵¹	tɕʰiau³⁵
锦州	tɕiau⁵⁵	ɕiau²¹³	ɕiau⁵¹	tʂʰau³⁵	tʂau⁵¹	ʂau⁵⁵	iau⁵¹	tɕʰiau³⁵
盘锦	tɕiau⁵⁵	ɕiau²¹³	ɕiau⁵¹	tʂʰau³⁵	tʂau⁵¹	ʂau⁵⁵	iau⁵¹	tɕʰiau³⁵
兴城	tɕiau⁴⁴	ɕiau²¹³	ɕiau⁵¹	tʂʰau³⁵	tʂau⁵¹	ʂau⁴⁴	iau²¹³（又）iau⁵¹（又）	tɕʰiau³⁵
绥中	tɕiau⁵⁵	ɕiau²¹³	ɕiau⁵¹	tʂʰau³⁵	tʂau⁵¹	ʂau⁵⁵	ʐau³⁵（白）ʐau⁵¹（文）	tɕʰiau³⁵
义县	tɕiau⁴⁴	ɕiau²¹³	ɕiau⁵¹	tʂʰau³⁵	tʂau⁵¹	ʂau⁴⁴	ʐau⁵¹	tɕʰiau³⁵
北票	tɕiau⁴⁴	ɕiau²¹³	ɕiau⁵¹	tʂʰau³⁵	tʂau⁵¹	ʂau⁴⁴	ʐau⁵¹	tɕʰiau³⁵
阜新	tɕiau⁵⁵	ɕiau²¹³	ɕiau⁵¹	tʂʰau³⁵	tʂau⁵¹	ʂau⁵⁵	ʐau⁵¹	tɕʰiau³⁵
黑山	tɕiau⁴⁴	ɕiau²¹³	ɕiau⁵¹	tʂʰau³⁵	tʂau⁵¹	ʂau⁴⁴	iau⁵¹	tɕʰiau³⁵
昌图	tɕiau³³	ɕiau²¹³	ɕiau⁵¹	tʂʰau³⁵	tʂau⁵¹	ʂau³³	iau⁵¹	tɕʰiau³⁵
大连	tɕiɔ³¹²	ɕiɔ²¹³	ɕiɔ⁵²	tʃʰɔ³⁴	tʃɔ⁵²	ʃɔ³¹²	iɔ⁵²	tɕʰiɔ³⁴
金州杏树	tɕiɔ³¹²	ɕiɔ²¹³	ɕiɔ⁵²	tsʰɔ⁵²	tsɔ⁵²	sɔ³¹²	iɔ³¹²	tɕʰiɔ⁵²
长海	tʃiau³¹	ʃiau²¹⁴	ʃiau⁵³	tʃʰau⁵³	tʃau⁵³	ʃau³¹	iau⁵³	cʰiau⁵³
庄河	tɕiao³¹	ɕiao²¹³	ɕiao⁵¹	tsʰao⁵¹	tsao⁵¹	sao³¹	iao⁵¹	tɕʰiao⁵¹
盖州	tɕiau⁴¹²	ɕiau²¹³	ɕiau⁵¹	tʂʰau²⁴	tʂau⁵¹	ʂau⁴¹²	iau⁵¹	tɕʰiau²⁴
丹东	tɕiau⁴¹¹	ɕiau²¹³	ɕiau⁵¹	tʂʰau²⁴	tʂau⁵¹	ʂau⁴¹¹	iau⁵¹	tɕʰiau²⁴
建平	tɕiɔ⁴⁴	ɕiɔ²¹³	ɕiɔ⁵³	tʂʰɔ³⁵	tʂɔ⁵³	ʂɔ⁴⁴	ʐɔ⁵³	tɕʰiɔ³⁵
凌源	tɕiau⁵⁵	ɕiau²¹⁴	ɕiau⁵¹	tʂʰau³⁵	tʂau⁵¹	ʂau⁵⁵	ʐau⁵¹	tɕʰiau³⁵

	0321 轿	0322 腰	0323 要 重~	0324 摇	0325 鸟	0326 钓	0327 条	0328 料
	效开三 去宵群	效开三 平宵影	效开三 去宵影	效开三 平宵以	效开四 上萧端	效开四 去萧端	效开四 平萧定	效开四 去萧来
沈阳	tɕiau⁴¹	iau³³	iau⁴¹	iau³⁵	ȵiau²¹³	tiau⁴¹	tʰiau³⁵	liau⁴¹
本溪	tɕiau⁵¹	iau⁴⁴	iau⁵¹	iau³⁵	ȵiau²²⁴	tiau⁵¹	tʰiau³⁵	liau⁵¹
辽阳	tɕiau⁵¹	iau⁴⁴	iau⁵¹	iau³⁵	ȵiau²¹³	tiau⁵¹	tʰiau³⁵	liau⁵¹
海城	tɕiau⁵¹	iau⁴⁴	iau⁵¹	iau³⁵	ȵiau²¹⁴	tiau⁵¹	tʰiau³⁵	liau⁵¹
开原	tɕiau⁵¹	iau⁴⁴	iau⁵¹	iau³⁵	ȵiau²¹³	tiau⁵¹	tʰiau³⁵	liau⁵¹
锦州	tɕiau⁵¹	iau⁵⁵	iau⁵¹	iau³⁵	ȵiau²¹³	tiau⁵¹	tʰiau³⁵	liau⁵¹
盘锦	tɕiau⁵¹	iau⁵⁵	iau⁵¹	iau³⁵	tɕʰiau²¹³（白） ȵiau²¹³（文）	tiau⁵¹	tʰiau³⁵	liau⁵¹
兴城	tɕiau⁵¹	iau⁴⁴	iau⁵¹	iau³⁵	ȵiau²¹³	tiau⁵¹	tʰiau³⁵	liau⁵¹
绥中	tɕiau⁵¹	iau⁵⁵	iau⁵¹	iau³⁵	tɕʰiau²¹³（白） ȵiao²¹³（文）	tiau⁵¹	tʰiau³⁵	liau⁵¹
义县	tɕiau⁵¹	iau⁴⁴	iau⁵¹	iau³⁵	ȵiau²¹³	tiau⁵¹	tʰiau³⁵	liau⁵¹
北票	tɕiau⁵¹	iau⁴⁴	iau⁵¹	iau³⁵	ȵiau²¹³	tiau⁵¹	tʰiau³⁵	liau⁵¹
阜新	tɕiau⁵¹	iau⁵⁵	iau⁵¹	iau³⁵	ȵiau²¹³	tiau⁵¹	tʰiau⁵⁵（又） tʰiau³⁵（又）	liau⁵¹
黑山	tɕiau⁵¹	iau⁴⁴	iau⁵¹	iau³⁵	ȵiau²¹³	tiau⁵¹	tʰiau³⁵	liau⁵¹
昌图	tɕiau⁵¹	iau³³	iau⁵¹	iau³⁵	ȵiau²¹³	tiau⁵¹	tʰiau³⁵	liau⁵¹
大连	tɕiɔ⁵²	iɔ³¹²	iɔ⁵²	iɔ³⁴	ȵiɔ²¹³	tiɔ⁵²	tʰiɔ³⁴	liɔ⁵²
金州 杏树	tɕiɔ⁵²	iɔ³¹²	iɔ⁵²	iɔ³¹²	ȵiɔ²¹³	tiɔ⁵²	tʰiɔ⁵²	liɔ⁵²
长海	ɕiau⁵³	iau³¹	iau⁵³	iau³¹	ȵiau²¹⁴	tiau⁵³	tʰiau⁵³	liau⁵³
庄河	tɕiao⁵¹	iao³¹	iao³¹	iao³¹	ȵiao²¹³	tiao⁵¹	tʰiao⁵¹	liao⁵¹
盖州	tɕiau⁵¹	iau⁴¹²	iau⁵¹	iau²⁴	（无）	tiau⁵¹	tʰiau²⁴	liau⁵¹
丹东	tɕiau⁵¹	iau⁴¹¹	iau⁵¹	iau²⁴	ȵiau²¹³	tiau⁵¹	tʰiau²⁴	liau⁵¹
建平	tɕiɔ⁵³	iɔ⁴⁴	iɔ⁵³	iɔ³⁵	ȵiɔ²¹³	tiɔ⁵³	tʰiɔ³⁵	liɔ⁵³
凌源	tɕiau⁵¹	iau⁵⁵	iau⁵¹	iau³⁵	ȵiau²¹⁴	tiau⁵¹	tʰiau³⁵	liau⁵¹

	0329 萧	0330 叫	0331 母 丈～，舅～	0332 抖	0333 偷	0334 头	0335 豆	0336 楼
	效开四平萧心	效开四去萧见	流开一上侯明	流开一上侯端	流开一平侯透	流开一平侯定	流开一去侯定	流开一平侯来
沈阳	ɕiau³³	tɕiau⁴¹	mu²¹³	tou²¹³	tʰou³³	tʰou³⁵	tou⁴¹	lou³⁵
本溪	ɕiau⁴⁴	tɕiau⁵¹	mu²²⁴	tou²²⁴	tʰou⁴⁴	tʰou³⁵	tou⁵¹	lou³⁵
辽阳	ɕiau⁴⁴	tɕiau⁵¹	mu²¹³	tou²¹³	tʰou⁴⁴	tʰou³⁵	tou⁵¹	lou³⁵
海城	ɕiau⁴⁴	tɕiau⁵¹	mu²¹⁴	təu²¹⁴	tʰəu⁴⁴	tʰəu³⁵	təu⁵¹	ləu³⁵
开原	ɕiau⁴⁴	tɕiau⁵¹	mu²¹³	tou²¹³	tʰou⁴⁴	tʰou³⁵	tou⁵¹	lou³⁵
锦州	ɕiau⁵⁵	tɕiau⁵¹	mu²¹³	tou²¹³	tʰou⁵⁵	tʰou³⁵	tou⁵¹	lou³⁵
盘锦	ɕiau⁵⁵	tɕiau⁵¹	m²¹³	tou²¹³	tʰou⁵⁵	tʰou³⁵	tou⁵¹	lou³⁵
兴城	ɕiau⁴⁴	tɕiau⁵¹	mu²¹³	tou²¹³	tʰou⁴⁴	tʰou³⁵	tou⁵¹	lou³⁵
绥中	ɕiau⁵⁵	tɕiau⁵¹	mu²¹³	tou²¹³	tʰou⁵⁵	tʰou³⁵	tou⁵¹	lou³⁵
义县	ɕiau⁴⁴	tɕiau⁵¹	mu²¹³	tou²¹³	tʰou⁴⁴	tʰou³⁵	tou⁵¹	lou³⁵
北票	ɕiau⁴⁴	tɕiau⁵¹	mu²¹³	tou²¹³	tʰou⁴⁴	tʰou³⁵	tou⁵¹	lou³⁵
阜新	ɕiau⁵⁵	tɕiau⁵¹	mu²¹³	tou²¹³	tʰou⁵⁵	tʰou³⁵	tou⁵¹	lou³⁵
黑山	ɕiau⁴⁴	tɕiau⁵¹	mu²¹³	tou²¹³	tʰou⁴⁴	tʰou³⁵	tou⁵¹	lou³⁵
昌图	ɕiau³³	tɕiau⁵¹	mu²¹³	tou²¹³	tʰou³³	tʰou³⁵	tou⁵¹	lou³⁵
大连	ɕiɔ³¹²	tɕiɔ⁵²	m²¹³	təu²¹³	tʰəu³¹²	tʰəu³⁴	təu⁵²	ləu³⁴
金州杏树	ɕiɔ³¹²	tɕiɔ⁵²	mu²¹³	təu²¹³	tʰəu³¹²	tʰəu⁵²	təu⁵²	ləu⁵²
长海	ɕiau³¹	ɕiau⁵³	mu²¹⁴	təu²¹⁴	tʰəu³¹	tʰəu⁵³	təu⁵³	ləu⁵³
庄河	ɕiao³¹	tɕiao⁵¹	mu²¹³	təu²¹³	tʰəu³¹	tʰəu⁵¹	təu⁵¹	ləu⁵¹
盖州	ɕiau⁴¹²	tɕiau⁵¹	mu²¹³	təu²¹³	tʰəu⁴¹²	tʰəu²⁴	təu⁵¹	ləu²⁴
丹东	ɕiau⁴¹¹	tɕiau⁵¹	mu²¹³	tou²¹³	tʰou⁴¹¹	tʰou²⁴	tou⁵¹	lou²⁴
建平	ɕiɔ⁴⁴	tɕiɔ⁵³	mu²¹³	təu²¹³	tʰəu⁴⁴	tʰəu³⁵	təu⁵³	ləu³⁵
凌源	ɕiau⁵⁵	tɕiau⁵¹	mu²¹⁴	tou²¹⁴	tʰou⁵⁵	tʰou³⁵	tou⁵¹	lou³⁵

	0337 走	0338 凑	0339 钩	0340 狗	0341 够	0342 口	0343 藕	0344 后 前~
	流开一上侯精	流开一去侯清	流开一平侯见	流开一上侯见	流开一去侯见	流开一上侯溪	流开一上侯疑	流开一上侯匣
沈阳	tsou²¹³	tsʰou⁴¹	kou³³	kou²¹³	kou⁴¹	kʰou²¹³	ou²¹³	xou⁴¹
本溪	tsou²²⁴	tʂʰou⁵¹	kou⁴⁴	kou²²⁴	kou⁵¹	kʰou²²⁴	ou²²⁴	xou⁵¹
辽阳	tsou²¹³	tʂʰou⁵¹	kou⁴⁴	kou²¹³	kou⁵¹	kʰou²¹³	ou²¹³	xou⁵¹
海城	tʂəu²¹⁴	tʂʰəu⁵¹	kəu⁴⁴	kəu²¹⁴	kəu⁵¹	kʰəu²¹⁴	əu²¹⁴	xəu⁵¹
开原	tsou²¹³	tʂʰou⁵¹	kou⁴⁴	kou²¹³	kou⁵¹	kʰou²¹³	nou²¹³（老）ou²¹³（新）	xou⁵¹
锦州	tsou²¹³	tʂʰou⁵¹	kou⁵⁵	kou²¹³	kou⁵¹	kʰou²¹³	ou²¹³	xou⁵¹
盘锦	tsou²¹³	tʂʰou⁵¹	kou⁵⁵	kou²¹³	kou⁵¹	kʰou²¹³	ou²¹³	xou⁵¹
兴城	tsou²¹³	tʂʰou⁵¹	kou⁴⁴	kou²¹³	kou⁵¹	kʰou²¹³	ou²¹³	xou⁵¹
绥中	tsou²¹³	tʂʰou⁵¹	kou⁵⁵	kou²¹³	kou⁵¹	kʰou²¹³	ou²¹³	xou⁵¹
义县	tsou²¹³	tʂʰou⁵¹	kou⁴⁴	kou²¹³	kou⁵¹	kʰou²¹³	ou²¹³	xou⁵¹
北票	tsou²¹³	tʂʰou⁵¹	kou⁴⁴	kou²¹³	kou⁵¹	kʰou²¹³	ou²¹³	xou⁵¹
阜新	tsou²¹³	tʂʰou⁵¹	kou⁵⁵	kou²¹³	kou⁵¹	kʰou²¹³	ou²¹³	xou⁵¹
黑山	tsou²¹³	tʂʰou⁵¹	kou⁴⁴	kou²¹³	kou⁵¹	kʰou²¹³	ou²¹³	xou⁵¹
昌图	tsou²¹³	tʂʰou⁵¹	kou³³	kou²¹³	kou⁵¹	kʰou²¹³	ou²¹³	xou⁵¹
大连	tsou²¹³	tʂʰəu⁵²	kəu³¹²	kəu²¹³	kəu⁵²	kʰəu²¹³	əu²¹³	xəu⁵²
金州杏树	tsou²¹³	tʂʰəu⁵²	kəu³¹²	kəu²¹³	kəu⁵²	kʰəu²¹³	əu²¹³	xəu⁵²
长海	tsəu²¹⁴	tʂʰəu⁵³	kəu³¹	kəu²¹⁴	kəu⁵³	kʰəu²¹⁴	əu²¹⁴	xəu⁵³
庄河	tsou²¹³	tʂʰəu⁵¹	kəu³¹	kəu²¹³	kəu⁵¹	kʰəu²¹³	əu²¹³	xəu⁵¹
盖州	tsou²¹³	tʂʰəu⁵¹	kəu⁴¹²	kəu²¹³	kəu⁵¹	kʰəu²¹³	əu²¹³	xəu⁵¹
丹东	tsou²¹³	tʂʰou⁵¹	kou⁴¹¹	kou²¹³	kou⁵¹	kʰou²¹³	ou²¹³	xou⁵¹
建平	tsəu²¹³	tʂʰəu⁵³	kəu⁴⁴	kəu²¹³	kəu⁵³	kʰəu²¹³	əu²¹³	xəu⁵³
凌源	tsou²¹⁴	tʂʰou⁵¹	kou⁵⁵	kou²¹⁴	kou⁵¹	kʰou²¹⁴	nou²¹⁴（老）ou²¹⁴（新）	xou⁵¹

	0345 厚	0346 富	0347 副	0348 浮	0349 妇	0350 流	0351 酒	0352 修
	流开一上侯匣	流开三去尤非	流开三去尤敷	流开三平尤奉	流开三上尤奉	流开三平尤来	流开三上尤精	流开三平尤心
沈阳	xou⁴¹	fu⁴¹	fu⁴¹	fu³⁵	fu⁴¹	liou³⁵	tɕiou²¹³	ɕiou³³
本溪	xou⁵¹	fu⁵¹	fu⁵¹	fu³⁵	fu⁵¹	liou³⁵	tɕiou²²⁴	ɕiou⁴⁴
辽阳	xou⁵¹	fu⁵¹	fu⁵¹	fu³⁵	fu⁵¹	liou³⁵	tɕiou²¹³	ɕiou⁴⁴
海城	xəu⁵¹	fu⁵¹	fu⁵¹	fu³⁵	fu⁵¹	liəu³⁵	tɕiəu²¹⁴	ɕiəu⁴⁴
开原	xou⁵¹	fu⁵¹	fu⁵¹	fu³⁵	fu⁵¹	liou³⁵	tɕiou²¹³	ɕiou⁴⁴
锦州	xou⁵¹	fu⁵¹	fu⁵¹	fu³⁵	fu⁵¹	liou³⁵	tɕiou²¹³	ɕiou⁵⁵
盘锦	xou⁵¹	fu⁵¹	fu⁵¹	fu³⁵	fu⁵¹	liou³⁵	tɕiou²¹³	ɕiou⁵⁵
兴城	xou⁵¹	fu⁵¹	fu⁵¹	fu³⁵	fu⁵¹	liou³⁵	tɕiou²¹³	ɕiou⁴⁴
绥中	xou⁵¹	fu⁵¹	fu⁵¹	fu³⁵	fu⁵¹	liou³⁵	tɕiou²¹³	ɕiou⁵⁵
义县	xou⁵¹	fu⁵¹	fu⁵¹	fu³⁵	fu⁵¹	liou³⁵	tɕiou²¹³	ɕiou⁴⁴
北票	xou⁵¹	fu⁵¹	fu⁵¹	fu³⁵	fu⁵¹	liou³⁵	tɕiou²¹³	ɕiou⁴⁴
阜新	xou²¹³	fu⁵¹	fu⁵¹	fu⁵¹	fu⁵¹	liou³⁵	tɕiou²¹³	ɕiou⁵⁵
黑山	xou⁵¹	fu⁵¹	fu⁵¹	fu³⁵	fu⁵¹	liou³⁵	tɕiou²¹³	ɕiou⁴⁴
昌图	xou⁵¹	fu⁵¹	fu⁵¹	fu³⁵	fu⁵¹	liou³⁵	tɕiou²¹³	ɕiou³³
大连	xəu⁵²	fu⁵²	fu⁵²	fu³⁴	fu⁵²	liəu³⁴	tɕiəu²¹³	ɕiəu³¹²
金州杏树	xəu⁵²	fu⁵²	fu⁵²	fu⁵²	fu⁵²	liəu⁵²	tɕiəu²¹³	ɕiəu³¹²
长海	xəu⁵³	fu⁵³	fu⁵³	fu⁵³	fu⁵³	liəu⁵³	tʃəu²¹⁴	ʃiəu³¹
庄河	xəu⁵¹	fu⁵¹	fu⁵¹	fu⁵¹	fu⁵¹	liəu⁵¹	tɕiəu²¹³	ɕiəu³¹
盖州	xəu⁵¹	fu⁵¹	fu⁵¹	fu²⁴	fu⁴¹²	liəu²⁴	tɕiəu²¹³	ɕiəu⁴¹²
丹东	xou⁵¹	fu⁵¹	fu⁵¹	fu²⁴	fu⁵¹	liou²⁴	tɕiou²¹³	ɕiou⁴¹¹
建平	xəu⁵³	fu⁵³	fu⁵³	fu³⁵	fu⁵³	liəu³⁵	tɕiəu²¹³	ɕiəu⁴⁴
凌源	xou⁵¹	fu⁵¹	fu⁵¹	fu³⁵	fu⁵¹	liou³⁵	tɕiou²¹⁴	ɕiou⁵⁵

	0353 袖	0354 抽	0355 绸	0356 愁	0357 瘦	0358 州	0359 臭 香~	0360 手
	流开三去尤邪	流开三平尤彻	流开三平尤澄	流开三平尤崇	流开三去尤生	流开三平尤章	流开三去尤昌	流开三上尤书
沈阳	ɕiou⁴¹	tʂʰou³³	tʂʰou³⁵	tʂʰou³⁵	sou⁴¹	tsou³³	tʂʰou⁴¹	sou²¹³
本溪	ɕiou⁵¹	tʂʰou⁴⁴	tʂʰou³⁵	tʂʰou³⁵	sou⁵¹	tsou⁴⁴	tʂʰou⁵¹	sou²²⁴
辽阳	ɕiou⁵¹	tʂʰou⁴⁴	tʂʰou³⁵	tʂʰou³⁵	ʂou⁵¹	tʂou⁴⁴	tʂʰou⁵¹	sou²¹³
海城	ɕiəu⁵¹	tʂʰəu⁴⁴	tʂʰəu³⁵	tʂʰəu³⁵	ʂəu⁵¹	tʂəu⁴⁴	tʂʰəu⁵¹	ʂəu²¹⁴
开原	ɕiou⁵¹	tʂʰou⁴⁴	tʂʰou³⁵	tʂʰou³⁵	sou⁵¹	tsou⁴⁴	tʂʰou⁵¹	sou²¹³
锦州	ɕiou⁵¹	tʂʰou⁵⁵	tʂʰou³⁵	tʂʰou³⁵	sou⁵¹	tsou⁵⁵	tʂʰou⁵¹	sou²¹³
盘锦	ɕiou⁵¹	tʂʰou⁵⁵	tʂʰou³⁵	tʂʰou³⁵	sou⁵¹	tsou⁵⁵	tʂʰou⁵¹	sou²¹³
兴城	ɕiou⁵¹	tʂʰou⁴⁴	tʂʰou³⁵	tʂʰou³⁵	sou⁵¹	tsou⁴⁴	tʂʰou⁵¹	sou²¹³
绥中	ɕiou⁵¹	tʂʰou⁵⁵	tʂʰou³⁵	tʂʰou³⁵	sou⁵¹	tsou⁵⁵	tʂʰou⁵¹	sou²¹³
义县	ɕiou⁵¹	tʂʰou⁴⁴	tʂʰou³⁵	tʂʰou³⁵	sou⁵¹	tsou⁴⁴	tʂʰou⁵¹	sou²¹³
北票	ɕiou⁵¹	tʂʰou⁴⁴	tʂʰou³⁵	tʂʰou³⁵	sou⁵¹	tsou⁴⁴	tʂʰou⁵¹	sou²¹³
阜新	ɕiou⁵¹	tʂʰou⁵⁵	tʂʰou³⁵	tʂʰou³⁵	ʂou⁵¹	tsou⁵⁵	tʂʰou⁵¹	ʂou²¹³
黑山	ɕiou⁵¹	tʂʰou⁴⁴	tʂʰou³⁵	tʂʰou³⁵	ʂou⁵¹	tsou⁴⁴	tʂʰou⁵¹	ʂou²¹³
昌图	ɕiou⁵¹	tʂʰou³³	tʂʰou³⁵	tʂʰou³⁵	ʂou⁵¹	tsou³³	tʂʰou⁵¹	ʂou²¹³
大连	ɕiəu⁵²	tʃʰəu³¹²	tʃʰəu³⁴	tʃʰəu³⁴	səu⁵²	tʃəu³¹²	tʃʰəu⁵²	ʃəu²¹³
金州杏树	ɕiəu⁵²	tsʰəu³¹²	tsʰəu⁵²	tsʰəu⁵²	səu⁵²	tsəu³¹²	tsʰəu⁵²	səu²¹³
长海	ʃəu⁵³	tʃʰəu³¹	tʃʰəu⁵³	tʃʰəu⁵³	səu⁵³	tʃəu³¹	tʃʰəu⁵³	ʃəu²¹⁴
庄河	ɕiəu⁵¹	tsʰəu³¹	tsʰəu⁵¹	tsʰəu⁵¹	səu⁵¹	tsəu³¹	tsʰəu⁵¹	səu²¹³
盖州	ɕiəu⁵¹	tsʰəu⁴¹²	tsʰəu²⁴	tsʰəu²⁴	səu⁵¹	tsəu⁴¹²	tsʰəu⁵¹	səu²¹³
丹东	ɕiou⁵¹	tʂʰou⁴¹¹	tʂʰou²⁴	tʂʰou²⁴	sou⁵¹	tsou⁴¹¹	tʂʰou⁵¹	sou²¹³
建平	ɕiəu⁵³	tʂʰəu⁴⁴	tʂʰəu³⁵	tʂʰəu³⁵	ʂəu⁵³	tʂəu⁴⁴	tʂʰəu⁵³	ʂəu²¹³
凌源	ɕiou⁵¹	tʂʰou⁵⁵	tʂʰou³⁵	tʂʰou³⁵	sou⁵¹	tsou⁵⁵	tʂʰou⁵¹	sou²¹⁴

	0361 寿	**0362 九**	**0363 球**	**0364 舅**	**0365 旧**	**0366 牛**	**0367 休**	**0368 优**
	流开三去尤禅	流开三上尤见	流开三平尤群	流开三上尤群	流开三去尤群	流开三平尤疑	流开三平尤晓	流开三平尤影
沈阳	ʂou⁴¹	tɕiou²¹³	tɕʰiou³⁵	tɕiou⁴¹	tɕiou⁴¹	ȵiou³⁵	ɕiou³³	iou³³
本溪	ʂou⁵¹	tɕiou²²⁴	tɕʰiou³⁵	tɕiou⁵¹	tɕiou⁵¹	ȵiou³⁵	ɕiou⁴⁴	iou⁴⁴
辽阳	ʂou⁵¹	tɕiou²¹³	tɕʰiou³⁵	tɕiou⁵¹	tɕiou⁵¹	ȵiou³⁵	ɕiou⁴⁴	iou⁴⁴
海城	ʂəu⁵¹	tɕiəu²¹⁴	tɕʰiəu³⁵	tɕiəu⁵¹	tɕiəu⁵¹	ȵiəu³⁵	ɕiəu⁴⁴	iəu⁴⁴
开原	ʂou⁵¹	tɕiou²¹³	tɕʰiou³⁵	tɕiou⁵¹	tɕiou⁵¹	ȵiou³⁵	ɕiou⁴⁴	iou⁴⁴
锦州	ʂou⁵¹	tɕiou²¹³	tɕʰiou³⁵	tɕiou⁵¹	tɕiou⁵¹	ȵiou³⁵	ɕiou⁵⁵	iou⁵⁵
盘锦	ʂou⁵¹	tɕiou²¹³	tɕʰiou³⁵	tɕiou⁵¹	tɕiou⁵¹	ȵiou³⁵	ɕiou⁵⁵	iou⁵⁵
兴城	ʂou⁵¹	tɕiou²¹³	tɕʰiou³⁵	tɕiou⁵¹	tɕiou⁵¹	ȵiou³⁵	ɕiou⁴⁴	iou⁴⁴
绥中	ʂou⁵¹	tɕiou²¹³	tɕʰiou³⁵	tɕiou⁵¹	tɕiou⁵¹	ȵiou³⁵	ɕiou⁵⁵	iou⁵⁵
义县	ʂou⁵¹	tɕiou²¹³	tɕʰiou³⁵	tɕiou⁵¹	tɕiou⁵¹	ȵiou³⁵	ɕiou⁴⁴	iou⁴⁴
北票	ʂou⁵¹	tɕiou²¹³	tɕʰiou³⁵	tɕiou⁵¹	tɕiou⁵¹	ȵiou³⁵	ɕiou⁴⁴	iou⁴⁴
阜新	ʂou⁵¹	tɕiou²¹³	tɕʰiou³⁵	tɕiou⁵¹	tɕiou⁵¹	ȵiou³⁵	ɕiou⁵⁵	iou⁵⁵
黑山	ʂou⁵¹	tɕiou²¹³	tɕʰiou³⁵	tɕiou⁵¹	tɕiou⁵¹	ȵiou³⁵	ɕiou⁴⁴	iou⁴⁴
昌图	ʂou⁵¹	tɕiou²¹³	tɕʰiou³⁵	tɕiou⁵¹	tɕiou⁵¹	ȵiou³⁵	ɕiou³³	iou³³
大连	ʃəu⁵²	tɕiəu²¹³	tɕʰiəu³⁴	tɕiəu⁵²	tɕiəu⁵²	ȵiəu³⁴	ɕiəu³¹²	iəu³¹²
金州杏树	ʂəu⁵²	tɕiəu²¹³	tɕʰiəu⁵²	tɕiəu⁵²	tɕiəu⁵²	ȵiəu³¹²	ɕiəu³¹²	iəu³¹²
长海	ʃəu⁵³	ciəu²¹⁴	cʰiəu⁵³	ciəu⁵³	ciəu⁵³	ȵiəu³¹	ɕiəu³¹	iəu³¹
庄河	ʂəu⁵¹	tɕiəu²¹³	tɕʰiəu⁵¹	tɕiəu⁵¹	tɕiəu⁵¹	ȵiəu³¹	ɕiəu³¹	iəu³¹
盖州	ʂəu⁵¹	tɕiəu²¹³	tɕʰiəu²⁴	tɕiəu⁵¹	tɕiəu⁵¹	ȵiəu²⁴	ɕiəu⁴¹²	iəu⁴¹²
丹东	ʂou⁵¹	tɕiou²¹³	tɕʰiou²⁴	tɕiou⁵¹	tɕiou⁵¹	ȵiou²⁴	ɕiou⁴¹¹	iou⁴¹¹
建平	ʂəu⁵³	tɕiəu²¹³	tɕʰiəu³⁵	tɕiəu⁵³	tɕiəu⁵³	ȵiəu³⁵	ɕiəu⁴⁴	iəu⁴⁴
凌源	ʂou⁵¹	tɕiou²¹⁴	tɕʰiou³⁵	tɕiou⁵¹	tɕiou⁵¹	ȵiou³⁵	ɕiou⁵⁵	iou⁵⁵

	0369 有	0370 右	0371 油	0372 丢	0373 幼	0374 贪	0375 潭	0376 南
	流开三上尤云	流开三去尤云	流开三平尤以	流开三平幽端	流开三去幽影	咸开一平覃透	咸开一平覃定	咸开一平覃泥
沈阳	iou²¹³	iou⁴¹	iou³⁵	tiou³³	iou⁴¹	tʰan³³	tʰan³⁵	nan³⁵
本溪	iou²²⁴	iou⁵¹	iou³⁵	tiou⁴⁴	iou⁴⁴	tʰan⁴⁴	tʰan⁴⁴	nan³⁵
辽阳	iou²¹³	iou⁵¹	iou³⁵	tiou⁴⁴	iou⁵¹	tʰan⁴⁴	tʰan³⁵	nan³⁵
海城	iəu²¹⁴	iəu⁵¹	iəu³⁵	tiəu⁴⁴	iəu⁵¹	tʰan⁴⁴	tʰan³⁵	nan³⁵
开原	iou²¹³	iou⁵¹	iou³⁵	tiou⁴⁴	iou⁵¹	tʰan⁴⁴	tʰan³⁵	nan³⁵
锦州	iou²¹³	iou⁵¹	iou³⁵	tiou⁵⁵	iou⁵¹	tʰan⁵⁵	tʰan⁵⁵	nan³⁵
盘锦	iou²¹³	iou⁵¹	iou³⁵	tiou⁵⁵	iou⁵¹	tʰan⁵⁵	tʰan³⁵	nan³⁵
兴城	iou²¹³	iou⁵¹	iou³⁵	tiou⁴⁴	iou⁵¹	tʰan⁴⁴	tʰan³⁵	nan³⁵
绥中	iou²¹³	iou⁵⁵	iou³⁵	tiou⁵⁵	iou⁵¹	tʰan⁵⁵	tʰan³⁵	nan³⁵
义县	iou²¹³	iou⁵¹	iou³⁵	tiou⁴⁴	iou⁵¹	tʰan⁴⁴	tʰan³⁵	nan³⁵
北票	iou²¹³	iou⁵¹	iou³⁵	tiou⁴⁴	iou⁵¹	tʰan⁴⁴	tʰan⁴⁴	nan³⁵
阜新	iou²¹³	iou⁵¹	iou³⁵	tiou⁵⁵	iou⁵¹	tʰan⁵⁵	tʰan⁵⁵	nan³⁵
黑山	iou²¹³	iou⁵¹	iou³⁵	tiou⁴⁴	iou⁵¹	tʰan⁴⁴	tʰan³⁵	nan³⁵
昌图	iou²¹³	iou⁵¹	iou³⁵	tiou³³	iou⁵¹	tʰan³³	tʰan³⁵	nan³⁵
大连	iəu²¹³	iəu⁵²	iəu³⁴	tiəu³¹²	iəu⁵²	tʰã³¹²	tʰã³⁴	nã³⁴
金州杏树	iəu²¹³	iəu⁵²	iəu³¹²	tiəu³¹²	iəu⁵²	tʰã³¹²	tʰã⁵²	nã³¹²
长海	iəu²¹⁴	iəu⁵³	iəu³¹	tiəu³¹	iəu⁵³	tʰan³¹	tʰan⁵³	nan³¹
庄河	iəu²¹³	iəu⁵¹	iəu³¹	tiəu³¹	iəu⁵¹	tʰan³¹	tʰan⁵¹	nan³¹
盖州	iəu²¹³	iəu⁵¹	iəu²⁴	tiəu⁴¹²	iəu⁵¹	tʰan⁴¹²	tʰan²⁴	nan²⁴
丹东	iou²¹³	iou⁵¹	iou⁵¹	tiou⁴¹¹	iou⁵¹	tʰan⁴¹¹	tʰan⁵¹	nan²⁴
建平	iəu²¹³	iəu⁵³	iəu³⁵	tiəu⁴⁴	iəu⁵³	tʰã⁴⁴	tʰã³⁵	nã³⁵
凌源	iou²¹⁴	iou⁵¹	iou³⁵	tiou⁵⁵	iou⁵¹	tʰan⁵⁵	tʰan³⁵	nan³⁵

第二章　字音对照

	0377 蚕 咸开一 平覃从	0378 感 咸开一 上覃见	0379 含 ～一口水 咸开一 平覃匣	0380 暗 咸开一 去覃影	0381 搭 咸开一 入合端	0382 踏 咸开一 入合透	0383 拉 咸开一 入合来	0384 杂 咸开一 入合从
沈阳	tsʰan³⁵	kan²¹³	xan³⁵	an⁴¹	ta³³	tʰa⁴¹	la³³	tsa³⁵
本溪	tʂʰan³⁵	kan²²⁴	xan³⁵	an⁵¹	ta⁵¹	tʰa⁵¹	la⁴⁴	tsa³⁵
辽阳	tʂʰan³⁵	kan²¹³	xan³⁵	an⁵¹	ta³⁵	tʰa⁵¹	la⁴⁴	tsa³⁵
海城	tʂʰan³⁵	kan²¹⁴	xan³⁵	an⁵¹	ta³⁵	tʰa⁵¹	la³⁵（又） la⁴⁴（又）	tʂa³⁵
开原	tʂʰan³⁵	kan²¹³	xan³⁵	nan⁵¹（老） an⁵¹（新）	ta⁴⁴	tʰa⁵¹（又） tʰa⁴⁴（又）	la⁴⁴（又） la²¹³（又） la³⁵（又）	tʂa³⁵
锦州	tʂʰan³⁵	kan²¹³	xan³⁵	nan⁵¹（老） an⁵¹（新）	ta⁵⁵	tʰa⁵¹	la⁵⁵	tʂa³⁵
盘锦	tʂʰan³⁵	kan²¹³	xən³⁵（白） xan³⁵（文）	nan⁵¹（老） an⁵¹（新）	ta⁵⁵	tʰa⁵¹	la⁵⁵（又） la³⁵（又） la⁵¹（又）	tʂa³⁵
兴城	tʂʰan³⁵	kan²¹³	xan³⁵	an⁵¹	ta⁴⁴	tʰa⁵¹	la⁴⁴（又） la³⁵（又）	tʂa³⁵
绥中	tʂʰan³⁵	kan²¹³	xan³⁵	nan⁵¹（老） an⁵¹（新）	ta⁵⁵	tʰa⁵⁵	la⁵⁵（又） la³⁵（又）	tʂa³⁵
义县	tʂʰan³⁵	kan²¹³	xan³⁵	an⁵¹	ta⁴⁴	tʰa⁵¹（又） tʰa⁴⁴（又）	la⁴⁴（又） la³⁵（又）	tʂa³⁵
北票	tʂʰan³⁵	kan²¹³	xan³⁵	nan⁵¹（老） an⁵¹（新）	ta⁴⁴	tʰa⁵¹（又） tʰa⁴⁴（又）	la⁴⁴（又） la³⁵（又）	tsa³⁵
阜新	tʂʰan³⁵	kan²¹³	xan³⁵	nan⁵¹	ta⁵⁵	tʰa⁵¹	la⁵⁵（又） la³⁵（又） la⁵¹（又）	tsa³⁵
黑山	tʂʰan³⁵	kan²¹³	xan³⁵	nan⁵¹（老） an⁵¹（新）	ta⁴⁴	tʰa⁴⁴（又） tʰa⁵¹（又）	la³⁵（又） la⁴⁴（又）	tʂa³⁵
昌图	tʂʰan³⁵	kan²¹³	xan³⁵（又） xən³⁵（又）	an⁵¹	ta³³	tʰa⁵¹～步 tʰa³³～实	la³³（又） la²¹³（又）	tʂa³⁵
大连	tsʰã³⁴	kã²¹³	xã³⁴	ã⁵²	ta²¹³	tʰa²¹³	la²¹³	tsa³⁴
金州 杏树	tsʰã⁵²	kã²¹³	xã⁵²	ã⁵²	ta²¹³	tʰa²¹³	la²¹³	tsa⁵²
长海	tsʰan⁵³	kan²¹⁴	xan⁵³	an⁵³	ta²¹⁴	tʰa²¹⁴	la²¹⁴	tsa⁵³
庄河	tsʰan⁵¹	kan²¹³	xan⁵¹	an⁵¹	ta²¹³	tʰa²¹³	la²¹³	tsa⁵¹
盖州	tsʰan²⁴	kan²¹³	xan²⁴	an⁵¹	ta⁴¹²	tʰa⁵¹	la⁴¹²	tsa²⁴
丹东	tsʰan²⁴	kan²¹³	xan²⁴	an⁵¹	ta⁴¹¹	tʰa⁵¹	la²¹³	tsa²⁴
建平	tsʰã³⁵	kã²¹³	xə̃³⁵	nã⁵³	ta⁴⁴	tʰa⁵³	la⁴⁴	tsa³⁵
凌源	tsʰan³⁵	kan²¹⁴	xan³⁵	nan⁵¹（老） an⁵¹（新）	ta⁵⁵	tʰa⁵¹（又） tʰa⁵⁵（又）	la⁵⁵（又） la³⁵（又）	tsa³⁵

	0385 鸽　咸开一入合见	**0386 盒**　咸开一入合匣	**0387 胆**　咸开一上谈端	**0388 毯**　咸开一上谈透	**0389 淡**　咸开一上谈定	**0390 蓝**　咸开一平谈来	**0391 三**　咸开一平谈心	**0392 甘**　咸开一平谈见
沈阳	kɤ³³	xɤ³⁵	tan²¹³	tʰan²¹³	tan⁴¹	lan³⁵	san³³	kan³³
本溪	kɤ⁴⁴	xɤ³⁵	tan²²⁴	tʰan²²⁴	tan⁵¹	lan³⁵	san⁴⁴	kan⁴⁴
辽阳	kɤ⁴⁴	xɤ³⁵	tan²¹³	tʰan²¹³	tan⁵¹	lan³⁵	san⁴⁴	kan⁴⁴
海城	kɤ⁴⁴	xɤ³⁵	tan²¹⁴	tʰan²¹⁴	tan⁵¹	lan³⁵	ṣan⁴⁴	kan⁴⁴
开原	kɤ⁴⁴	xɤ³⁵	tan²¹³	tʰan²¹³	tan⁵¹	lan³⁵	ṣan⁴⁴	kan⁴⁴
锦州	kɤ⁵⁵	xɤ³⁵	tan²¹³	tʰan²¹³	tan⁵¹	lan³⁵	ṣan⁵⁵	kan⁵⁵
盘锦	kɤ⁵⁵	xɤ³⁵	tan²¹³	tʰan²¹³	tan⁵¹	lan³⁵	ṣan⁵⁵	kan⁵⁵
兴城	kɤ⁴⁴	xɤ³⁵	tan²¹³	tʰan²¹³	tan⁵¹	lan³⁵	ṣan⁴⁴	kan⁴⁴
绥中	kɤ⁵⁵	xɤ³⁵	tan²¹³	tʰan²¹³	tan⁵¹	lan³⁵	ṣa⁵⁵	kan⁵⁵
义县	kɤ⁴⁴	xɤ³⁵	tan²¹³	tʰan²¹³	tan⁵¹	lan³⁵	ṣan⁴⁴	kan⁴⁴
北票	kɤ⁴⁴	xɤ³⁵	tan²¹³	tʰan²¹³	tan⁵¹	lan³⁵	san⁴⁴	kan⁴⁴
阜新	kɤ⁵⁵	xɤ³⁵	tan²¹³	tʰan²¹³	tan⁵¹	lan³⁵	san⁵⁵	kan⁵⁵
黑山	kɤ⁴⁴	xɤ³⁵	tan²¹³	tʰan²¹³	tan⁵¹	lan³⁵	ṣan⁴⁴	kan⁴⁴
昌图	kɤ³³	xɤ³⁵	tan²¹³	tʰan²¹³	tan⁵¹	lan³⁵	san³³	kan³³
大连	kɤ³¹²	xɤ³⁴	tã²¹³	tʰã²¹³	tã⁵²	lã³⁴	sã³¹²	kã³¹²
金州杏树	kɤ³¹²	xɤ⁵²	tã²¹³	tʰã²¹³	tã⁵²	lã³¹²	sã³¹²	kã³¹²
长海	kɤ³¹	xɤ⁵³	tan²¹⁴	tʰan²¹⁴	tan⁵³	lan³¹	san³¹	kan³¹
庄河	kə²¹³	xə⁵¹	tan²¹³	tʰan²¹³	tan⁵¹	lan³¹	san³¹	kan³¹
盖州	kɤ²⁴	xɤ²⁴	tan²¹³	tʰan²¹³	tan⁵¹	lan²⁴	san⁴¹²	kan⁴¹²
丹东	kɤ²¹³	xɤ²⁴	tan²¹³	tʰan²¹³	tan⁵¹	lan²⁴	san⁴¹¹	kan⁴¹¹
建平	kɤ⁴⁴	xɤ³⁵	tã²¹³	tʰã²¹³	tã⁵³	lã³⁵	sã⁴⁴	kã⁴⁴
凌源	kɤ⁵⁵	xɤ³⁵	tan²¹⁴	tʰan²¹⁴	tan⁵¹	lan³⁵	san⁵⁵	kan⁵⁵

	0393 敢 咸开一 上谈见	0394 喊 咸开一 上谈晓	0395 塔 咸开一 入盍透	0396 蜡 咸开一 入盍来	0397 赚 咸开二 去咸澄	0398 杉 ~木 咸开二 平咸生	0399 减 咸开二 上咸见	0400 咸 ~淡 咸开二 平咸匣
沈阳	kan²¹³	xan²¹³	tʰa²¹³	la⁴¹	tsuan⁴¹	san³³	tɕian²¹³	ɕian³⁵
本溪	kan²²⁴	xan²²⁴	tʰa²²⁴	la⁵¹	tsuan⁵¹	san⁴⁴	tɕian²²⁴	ɕian³⁵
辽阳	kan²¹³	xan²¹³	tʰa²¹³	la⁵¹	tsuan⁵¹	san⁴⁴	tɕian²¹³	ɕian³⁵
海城	kan²¹⁴	xan²¹⁴	tʰa²¹⁴	la⁵¹	tsuan⁵¹	ʂan⁴⁴	tɕian²¹⁴	ɕian³⁵
开原	kan²¹³	xan²¹³	tʰa²¹³	la⁵¹	tsuan⁵¹	ʂan⁴⁴	tɕian²¹³	ɕian³⁵
锦州	kan²¹³	xan²¹³	tʰa²¹³	la⁵¹	tsuan⁵¹	(无)	tɕian²¹³	ɕian³⁵
盘锦	kan²¹³	xan²¹³	tʰa²¹³	la⁵¹	tsuan⁵¹	san⁵⁵	tɕian²¹³	ɕian³⁵
兴城	kan²¹³	xan²¹³	tʰa²¹³	la⁵¹	tsuan⁵¹	(无)	tɕian²¹³	ɕian³⁵
绥中	kan²¹³	xan²¹³	tʰa²¹³	la⁵¹	tsuan⁵¹	ʂan⁵⁵	tɕian²¹³	ɕian³⁵
义县	kan²¹³	xan²¹³	tʰa²¹³	la⁵¹	tsuan⁵¹	ʂan⁴⁴	tɕian²¹³	ɕian³⁵
北票	kan²¹³	xan²¹³	tʰa²¹³	la⁵¹	tsuan⁵¹	ʂan⁴⁴	tɕian²¹³	ɕian³⁵
阜新	kan²¹³	xan²¹³	tʰa²¹³	la⁵¹	tsuan⁵¹	(无)	tɕian²¹³	ɕian³⁵
黑山	kan²¹³	xan²¹³	tʰa²¹³	la⁵¹	tsuan⁵¹	ʂan⁴⁴	tɕian²¹³	ɕian³⁵
昌图	kan²¹³	xan²¹³	tʰa²¹³	la⁵¹	tsuan⁵¹	san³³	tɕian²¹³	ɕian³⁵
大连	kã²¹³	xã²¹³	tʰa²¹³	la⁵²	tsuã⁵²	sã³¹²	tɕiẽ²¹³	ɕiẽ³⁴
金州杏树	kã²¹³	xã²¹³	tʰa²¹³	la²¹³	tsuã⁵²	sã³¹²	tɕiẽ²¹³	ɕiẽ⁵²
长海	kan²¹⁴	xan²¹⁴	tʰa²¹⁴	la²¹⁴	tuan⁵³	san³¹	cian²¹⁴	ɕian⁵³
庄河	kan²¹³	xan²¹³	tʰa²¹³	la⁵¹	tsuan⁵¹	san³¹	tɕian²¹³	ɕian⁵¹
盖州	kan²¹³	xan²¹³	tʰa²¹³	la⁵¹	tsuan⁵¹	san⁴¹²	tɕian²¹³	ɕian²⁴
丹东	kan²¹³	xan²¹³	tʰa²¹³	la⁵¹	tsuan⁵¹	ʂan⁴¹¹	tɕian²¹³	ɕian²⁴
建平	kã²¹³	xã²¹³	tʰa²¹³	la⁵³	tsuã⁵³	ʂã⁴⁴	tɕiẽ²¹³	ɕiẽ³⁵
凌源	kan²¹⁴	xan²¹⁴	tʰa²¹⁴	la⁵¹	tsuan⁵¹	ʂan⁵⁵	tɕiɛn²¹⁴	ɕiɛn³⁵

	0401 插	0402 闸	0403 夹~子	0404 衫	0405 监	0406 岩	0407 甲	0408 鸭
	咸开二入洽初	咸开二入洽崇	咸开二入洽见	咸开二平衔生	咸开二平衔见	咸开二平衔疑	咸开二入狎见	咸开二入狎影
沈阳	tʂʰa²¹³	tsa³⁵	tɕia³⁵	san³³	tɕian³³	ian³⁵	tɕia²¹³	ia³⁵
本溪	tʂʰa²²⁴	tʂa³⁵	tɕia³⁵	san⁴⁴	tɕian⁴⁴	ian³⁵	tɕia²²⁴	ia³⁵
辽阳	tʂʰa²¹³	tsa³⁵	tɕia³⁵	san⁴⁴	tɕian⁴⁴	ian³⁵	tɕia²¹³	ia³⁵
海城	tʂʰa²¹⁴	tsa³⁵	tɕia³⁵	ʂan⁴⁴	tɕian⁴⁴	ian³⁵	tɕia²¹⁴	ia⁴⁴
开原	tʂʰa²¹³	tsa³⁵	tɕia³⁵	ʂan⁴⁴	tɕian⁴⁴	ian³⁵	tɕia²¹³	ia⁴⁴
锦州	tʂʰa⁵⁵	tsa³⁵	tɕia⁵⁵（又） tɕʰia⁵⁵（又）	ʂan⁵⁵	tɕian⁵⁵	ian³⁵	tɕia²¹³	ia⁵⁵
盘锦	tʂʰa⁵⁵	tsa³⁵	tɕia⁵⁵（又） tɕia³⁵（又）	ʂan⁵⁵	tɕian⁵⁵	ian³⁵	tɕia²¹³	ia⁵⁵
兴城	tʂʰa⁴⁴	tsa³⁵	tɕʰia⁴⁴（又） tɕia⁴⁴（又）	ʂan⁴⁴	tɕian⁴⁴	ian³⁵	tɕia²¹³	ia⁴⁴
绥中	tʂʰa²¹³（白） tʂʰa⁵⁵（文）	tsa³⁵	tɕia⁵⁵（白） tɕia³⁵（文）	ʂan⁵⁵	tɕian⁵⁵	ian³⁵	tɕia²¹³	ia⁵⁵
义县	tʂʰa⁴⁴（又） tʂʰa²¹³（又）	tsa³⁵	tɕia⁴⁴（又） tɕʰia²¹³（又）	ʂan⁴⁴	tɕian⁴⁴	ian³⁵	tɕia²¹³	ia⁴⁴
北票	tʂʰa²¹³（又） tʂʰa⁴⁴（又）	tsa³⁵	tɕia⁴⁴	ʂan⁴⁴	tɕian⁴⁴	ian³⁵	tɕia²¹³	ia⁴⁴
阜新	tʂʰa⁵⁵	tsa³⁵	tɕia⁵⁵	ʂan⁵⁵	tɕian⁵⁵	ian³⁵	tɕia²¹³	ia⁵⁵
黑山	tʂʰa⁴⁴（又） tʂʰa²¹³（又）	tsa³⁵	tɕia⁴⁴（又） tɕia³⁵（又）	ʂan⁴⁴	tɕian⁴⁴	ian³⁵	tɕia²¹³	ia⁴⁴
昌图	tʂʰa³³（又） tʂʰa³⁵（又）	tsa³⁵	tɕia³⁵（又） tɕia³³（又）	san³³	tɕian³³	ian³⁵	tɕia²¹³	ia³³
大连	tʂʰa²¹³	tsa³¹²	tɕia³⁴	sã³¹²	tɕiɛ̃³¹²	iɛ̃³⁴	tɕia²¹³	ia²¹³
金州杏树	tʂʰa²¹³	tsa⁵²	tɕia²¹³	sã³¹²	tɕiɛ̃³¹²	iɛ̃⁵²	tɕia²¹³	ia²¹³
长海	tʂʰa²¹⁴	tsa⁵³	cia²¹⁴	san³¹	cian³¹	ian⁵³	cia²¹⁴	ia²¹⁴
庄河	tʂʰa²¹³	tsa⁵¹	tɕia²¹³	san³¹	tɕian³¹	ian³¹	tɕia²¹³	ia²¹³
盖州	tʂʰa²¹³	tsa²⁴	tɕia²⁴	san⁴¹²	tɕian⁴¹²	ian²⁴	tɕia²¹³	ia²¹³
丹东	tʂʰa²¹³	tʂa²⁴	tɕia²¹³	ʂan⁴¹¹	tɕian⁴¹¹	ian²⁴	tɕia²¹³	ia²¹³
建平	tʂʰa⁴⁴	tʂa³⁵	tɕia³⁵	sã⁴⁴	tɕiɛ̃⁴⁴	iɛ̃³⁵	tɕia²¹³	ia⁴⁴
凌源	tʂʰa⁵⁵（又） tʂʰa²¹⁴（又）	tʂa³⁵	tɕia⁵⁵（又） tɕʰia²¹⁴（又）	ʂan⁵⁵	tɕiɛn⁵⁵	iɛn³⁵	tɕia²¹⁴	ia⁵⁵

第二章　字音对照

	0409 黏 ~液 咸开三 平盐泥	0410 尖 咸开三 平盐精	0411 签 ~名 咸开三 平盐清	0412 占 ~领 咸开三 去盐章	0413 染 咸开三 上盐日	0414 钳 咸开三 平盐群	0415 验 咸开三 去盐疑	0416 险 咸开三 上盐晓
沈阳	ȵian³⁵	tɕian³³	tɕʰian³³	tsan⁴¹	ian²¹³	tɕʰian³⁵	ian⁴¹	ɕian²¹³
本溪	ȵian³⁵	tɕian⁴⁴	tɕʰian⁴⁴	tsan⁵¹	ian²²⁴	tɕʰian³⁵	ian⁵¹	ɕian²²⁴
辽阳	ȵian³⁵	tɕian⁴⁴	tɕʰian⁴⁴	tsan⁵¹	ian²¹³	tɕʰian³⁵	ian⁵¹	ɕian²¹³
海城	ȵian³⁵	tɕian⁴⁴	tɕʰian⁴⁴	tṣan⁵¹	ian²¹⁴	tɕʰian³⁵	ian⁵¹	ɕian²¹⁴
开原	ȵian³⁵	tɕian⁴⁴	tɕʰian⁴⁴	tṣan⁵¹	ian²¹³（白） zan²¹³（文）	tɕʰian³⁵	ian⁵¹	ɕian²¹³
锦州	ȵian³⁵	tɕian⁵⁵	tɕʰian⁵⁵	tṣan⁵¹	ian²¹³	tɕʰian³⁵	ian⁵¹	ɕian²¹³
盘锦	ȵian³⁵	tɕian⁵⁵	tɕʰian⁵⁵	tṣan⁵¹	ian²¹³	tɕʰian³⁵	ian⁵¹	ɕian²¹³
兴城	ȵian³⁵	tɕian⁴⁴	tɕʰian⁴⁴	tṣan⁵¹	ian²¹³	tɕʰian³⁵	ian⁵¹	ɕian²¹³
绥中	ȵian³⁵	tɕian⁵⁵	tɕʰian⁵⁵	tṣan⁵¹	zan²¹³	tɕʰian³⁵	ian⁵¹	ɕian²¹³
义县	ȵian³⁵	tɕian⁴⁴	tɕʰian⁴⁴	tṣan⁵¹	zan²¹³	tɕʰian³⁵	ian⁵¹	ɕian²¹³
北票	ȵian³⁵	tɕian⁴⁴	tɕʰian⁴⁴	tṣan⁵¹	zan²¹³	tɕʰian³⁵	ian⁵¹	ɕian²¹³
阜新	ȵian³⁵	tɕian⁵⁵	tɕʰian⁵⁵	tṣan⁵¹	zan²¹³	tɕʰian³⁵	ian⁵¹	ɕian²¹³
黑山	ȵian³⁵	tɕian⁴⁴	tɕʰian⁴⁴	tṣan⁵¹	ian²¹³	tɕʰian³⁵	ian⁵¹	ɕian²¹³
昌图	ȵian³⁵	tɕian³³	tɕʰian³³	tṣan⁵¹	ian²¹³	tɕʰian³⁵	ian⁵¹	ɕian²¹³
大连	ȵiẽ³⁴	tɕiẽ³¹²	tɕʰiẽ³¹²	tʃã⁵²	iẽ²¹³	tɕʰiẽ³⁴	iẽ⁵²	ɕiẽ²¹³
金州 杏树	ȵiẽ⁵²	tɕiẽ³¹²	tɕʰiẽ³¹²	tsã⁵²	iẽ²¹³	tɕʰiẽ⁵²	iẽ⁵²	ɕiẽ²¹³
长海	ȵian³¹	tʃan³¹	cʰian³¹	tʃan⁵³	ian²¹⁴	cʰian⁵³	ian⁵³	ɕian²¹⁴
庄河	ȵian³¹	tɕian³¹	tɕʰian³¹	tsan⁵¹	ian²¹³	tɕʰian⁵¹	ian⁵¹	ɕian²¹³
盖州	ȵian²⁴	tɕian⁴¹²	tɕʰian⁴¹²	tsan⁵¹	ian²¹³	tɕʰian²⁴	ian⁵¹	ɕian²¹³
丹东	ȵian²⁴	tɕian⁴¹¹	tɕʰian⁴¹¹	tṣan⁵¹	ian²¹³	tɕʰian²⁴	ian⁵¹	ɕian⁵¹
建平	ȵiẽ³⁵	tɕiẽ⁴⁴	tɕʰiẽ⁴⁴	tsã⁵³	zã²¹³	tɕʰiẽ³⁵	iẽ⁵³	ɕiẽ²¹³
凌源	ȵiɛn³⁵	tɕiɛn⁵⁵	tɕʰiɛn⁵⁵	tṣan⁵¹	zan²¹⁴	tɕʰiɛn³⁵	iɛn⁵¹	ɕiɛn²¹⁴

	0417 厌	0418 炎	0419 盐	0420 接	0421 折~叠	0422 叶树~	0423 剑	0424 欠
	咸开三去盐影	咸开三平盐云	咸开三平盐以	咸开三入叶精	山开三入薛章	咸开三入叶以	咸开三去严见	咸开三去严溪
沈阳	ian⁴¹	ian³⁵	ian³⁵	tɕie³⁵	tʂɤ³⁵	ie⁴¹	tɕian²¹³	tɕʰian⁴¹
本溪	ian⁵¹	ian³⁵	ian³⁵	tɕie³⁵	tʂɤ³⁵	ie⁵¹	tɕian⁵¹	tɕʰian⁵¹
辽阳	ian⁵¹	ian³⁵	ian³⁵	tɕie³⁵	tʂɤ³⁵	ie⁵¹	tɕian⁵¹	tɕʰian⁵¹
海城	ian⁵¹	ian³⁵	ian³⁵	tɕie³⁵	tʂɤ³⁵	ie⁵¹	tɕian⁵¹	tɕʰian⁵¹
开原	ian⁵¹	ian³⁵	ian³⁵	tɕie⁴⁴	tʂɤ³⁵	ie⁵¹	tɕian²¹³（老）tɕian⁵¹（新）	tɕʰian⁵¹
锦州	ian⁵¹	ian³⁵	ian³⁵	tɕie⁵⁵	tʂɤ³⁵	ie⁵¹	tɕian²¹³	tɕʰian⁵¹
盘锦	ian⁵¹	ian³⁵	ian³⁵	tɕie⁵⁵	tʂɤ³⁵	ie⁵¹	tɕian⁵¹	tɕʰian⁵¹
兴城	ian⁵¹	ian³⁵	ian³⁵	tɕie⁴⁴	tʂɤ³⁵	ie⁵¹	tɕian⁵¹（又）tɕian²¹³（又）	tɕʰian⁵¹
绥中	ian⁵¹	ian³⁵	ian³⁵	tɕie⁵⁵	tʂɤ³⁵	ie⁵¹	tɕian⁵¹	tɕʰian⁵¹
义县	ian⁵¹	ian³⁵	ian³⁵	tɕie⁴⁴	tʂɤ³⁵	ie⁵¹	tɕian²¹³（又）tɕian⁵¹（又）	tɕʰian⁵¹
北票	ian⁵¹	ian³⁵	ian³⁵	tɕie⁴⁴	tʂɤ³⁵	ie⁵¹	tɕian⁵¹	tɕʰian⁵¹
阜新	ian⁵¹	ian³⁵	ian³⁵	tɕie⁵⁵	tʂɤ³⁵	ie⁵¹	tɕian²¹³	tɕʰian⁵¹
黑山	ian⁵¹	ian³⁵	ian³⁵	tɕie⁴⁴	tʂɤ³⁵	ie⁵¹	tɕian⁵¹	tɕʰian⁵¹
昌图	ian⁵¹	ian³⁵	ian³⁵	tɕie³³	tʂɤ³⁵	ie⁵¹	tɕian⁵¹	tɕʰian⁵¹
大连	iɛ̃⁵²	iɛ̃³⁴	iɛ̃³⁴	tɕie²¹³	tʃɤ³⁴	ie⁵²	tɕiɛ̃⁵²	tɕʰiɛ̃⁵²
金州杏树	iɛ̃⁵²	iɛ̃⁵²	iɛ̃³¹²	tɕie²¹³	tɕie⁵²	ie²¹³	tɕiɛ̃⁵²	tɕʰiɛ̃⁵²
长海	ian⁵³	ian⁵³	ian⁵³	tʃie²¹⁴	tʃʅ⁵³	ie²¹⁴（白）ie⁵³（文）	cian⁵³	cʰian⁵³
庄河	ian⁵¹	ian⁵¹	ian³¹	tɕie²¹³	tsə²¹³	ie⁵¹	tɕian⁵¹	tɕʰian⁵¹
盖州	ian⁵¹	ian²⁴	ian²⁴	tɕie²¹³	tʂɤ²⁴	ie⁵¹	tɕian⁵¹	tɕʰian⁵¹
丹东	ian⁵¹	ian²⁴	ian²⁴	tɕie²¹³	tʂɤ²⁴	ie⁵¹	tɕian⁵¹	tɕʰian⁵¹
建平	iɛ̃⁵³	iɛ̃³⁵	iɛ̃³⁵	tɕie⁴⁴	tʂɤ³⁵	ie⁵³	tɕiɛ̃⁵³	tɕʰiɛ̃⁵³
凌源	iɛn⁵¹	iɛn³⁵	iɛn³⁵	tɕie⁵⁵	tʂɤ³⁵	ie⁵¹	tɕiɛn⁵¹	tɕʰiɛn⁵¹

	0425 严	0426 业	0427 点	0428 店	0429 添	0430 甜	0431 念	0432 嫌
	咸开三平严疑	咸开三入业疑	咸开四上添端	咸开四去添端	咸开四平添透	咸开四平添定	咸开四去添泥	咸开四平添匣
沈阳	ian³⁵	iɛ⁴¹	tian²¹³	tian⁴¹	tʰian³³	tʰian³⁵	ȵian⁴¹	ɕian³⁵
本溪	ian³⁵	iɛ⁵¹	tian²²⁴	tian⁵¹	tʰian⁴⁴	tʰian³⁵	ȵian⁵¹	ɕian³⁵
辽阳	ian³⁵	iɛ⁵¹	tian²¹³	tian⁵¹	tʰian⁴⁴	tʰian³⁵	ȵian⁵¹	ɕian³⁵
海城	ian³⁵	iɛ⁵¹	tian²¹⁴	tian⁵¹	tʰian⁴⁴	tʰian³⁵	ȵian⁵¹	ɕian³⁵
开原	ian³⁵	iɛ⁵¹	tian²¹³	tian⁵¹	tʰian⁴⁴	tʰian³⁵	ȵian⁵¹	ɕian³⁵
锦州	ian³⁵	iɛ⁵¹	tian²¹³	tian⁵¹	tʰian⁵⁵	tʰian³⁵	ȵian⁵¹	ɕian³⁵
盘锦	ian³⁵	iɛ⁵¹	tian²¹³	tian⁵¹	tʰian⁵⁵	tʰian³⁵	ȵian⁵¹	ɕian³⁵
兴城	ian³⁵	iɛ⁵¹	tian²¹³	tian⁵¹	tʰian⁴⁴	tʰian³⁵	ȵian⁵¹	ɕian³⁵
绥中	ian³⁵	iɛ⁵¹	tian²¹³	tian⁵¹	tʰian⁵⁵	tʰian³⁵	ȵian⁵¹	ɕian³⁵
义县	ian³⁵	iɛ⁵¹	tian²¹³	tian⁵¹	tʰian⁴⁴	tʰian³⁵	ȵian⁵¹	ɕian³⁵
北票	ian³⁵	iɛ⁵¹	tian²¹³	tian⁵¹	tʰian⁴⁴	tʰian³⁵	ȵian⁵¹	ɕian³⁵
阜新	ian³⁵	iɛ⁵¹	tian²¹³	tian⁵¹	tʰian⁵⁵	tʰian³⁵	ȵian⁵¹	ɕian³⁵
黑山	ian³⁵	iɛ⁵¹	tian²¹³	tian⁵¹	tʰian⁴⁴	tʰian³⁵	ȵian⁵¹	ɕian³⁵
昌图	ian³⁵	iɛ⁵¹	tian²¹³	tian⁵¹	tʰian³³	tʰian³⁵	ȵian⁵¹	ɕian³⁵
大连	iɛ̃³⁴	iɛ⁵²	tiɛ̃²¹³	tiɛ̃⁵²	tʰiɛ̃³¹²	tʰiɛ̃³⁴	ȵiɛ̃⁵²	ɕiɛ̃³⁴
金州杏树	iɛ̃⁵²	iɛ⁵²	tiɛ̃²¹³	tiɛ̃⁵²	tʰiɛ̃³¹²	tʰiɛ̃⁵²	ȵiɛ̃⁵²	ɕiɛ̃⁵²
长海	ian⁵³	iɛ⁵³	tian²¹⁴	tian⁵³	tʰian³¹	tʰian⁵³	ȵian⁵³	ɕian⁵³
庄河	ian⁵¹	iɛ⁵¹	tian²¹³	tian⁵¹	tʰian³¹	tʰian⁵¹	ȵian⁵¹	ɕian⁵¹
盖州	ian²⁴	iɛ⁴¹	tian²¹³	tian⁵¹	tʰian⁴¹²	tʰian²⁴	ȵian⁴¹	ɕian²⁴
丹东	ian²⁴	iɛ⁵¹	tian²¹³	tian⁵¹	tʰian⁴¹¹	tʰian²⁴	ȵian⁵¹	ɕian²⁴
建平	iɛ̃³⁵	iɛ⁵³	tiɛ̃²¹³	tiɛ̃⁵³	tʰiɛ̃⁴⁴	tʰiɛ̃³⁵	ȵiɛ̃⁵³	ɕiɛ̃³⁵
凌源	iɛn³⁵	iɛ⁵¹	tiɛn²¹⁴	tiɛn⁵¹	tʰiɛn⁵⁵	tʰiɛn³⁵	ȵiɛn⁵¹	ɕiɛn³⁵

	0433 跌	0434 贴	0435 碟	0436 协	0437 犯	0438 法	0439 品	0440 林
	咸开四入帖端	咸开四入帖透	咸开四入帖定	咸开四入帖匣	咸合三上凡奉	咸合三入乏非	深开三上侵滂	深开三平侵来
沈阳	tie³³	tʰie³³	tie³⁵	ɕie³⁵	fan⁴¹	fa²¹³	pʰin²¹³	lin³⁵
本溪	tie⁴⁴	tʰie⁴⁴	tie³⁵	ɕie³⁵	fan⁵¹	fa²²⁴	pʰin²²⁴	lin³⁵
辽阳	tie³⁵	tʰie⁴⁴	tie³⁵	ɕie³⁵	fan⁵¹	fa²¹³	pʰin²¹³	lin³⁵
海城	tie³⁵	tʰie⁴⁴	tie³⁵	ɕie³⁵	fan⁵¹	fa²¹⁴	pʰin²¹⁴	lin³⁵
开原	tie⁴⁴	tʰie⁵¹	tie³⁵	ɕie³⁵	fan⁵¹	fa²¹³	pʰin²¹³	lin³⁵
锦州	tie⁵⁵	tʰie⁵⁵	tie³⁵	ɕie³⁵	fan⁵¹	fa²¹³	pʰin²¹³	lin³⁵
盘锦	tie⁵⁵	tʰie⁵⁵	tie³⁵	ɕie³⁵	fan⁵¹	fa²¹³	pʰiən²¹³	liən³⁵
兴城	tie⁴⁴	tʰie⁴⁴	tie³⁵	ɕie³⁵	fan⁵¹	fa²¹³	pʰin²¹³	lin³⁵
绥中	tie⁵⁵	tʰie⁵⁵	tie³⁵	ɕie³⁵	fan⁵¹	fa⁵⁵（又）fa²¹³（又）	pʰin²¹³	lin³⁵
义县	tie³⁵	tʰie⁴⁴	tie³⁵	ɕie³⁵	fan⁵¹	fa²¹³	pʰin²¹³	lin³⁵
北票	tie⁴⁴	tʰie⁴⁴	tie³⁵	ɕie³⁵	fan⁵¹	fa²¹³	pʰiən²¹³	liən³⁵
阜新	tie³⁵	tʰie⁵⁵	tie³⁵	ɕie³⁵	fan⁵¹	fa²¹³	pʰin²¹³	lin³⁵
黑山	tie³⁵	tʰie⁴⁴	tie³⁵	ɕie³⁵	fan⁵¹	fa²¹³	pʰiən²¹³	liən³⁵
昌图	tie³³	tʰie³³	tie³⁵	ɕie³⁵	fan⁵¹	fa²¹³	pʰiən²¹³	liən³⁵
大连	tie²¹³	tʰie²¹³	tie³⁴	ɕie³⁴	fã⁵²	fa²¹³	pʰĩ²¹³	lĩ³⁴
金州杏树	tie²¹³	tʰie²¹³	tie⁵²	ɕie⁵²	fã⁵²	fa²¹³	pʰĩ²¹³	lĩ⁵²
长海	tie²¹⁴	tʰie²¹⁴	tie⁵³	ɕie⁵³	fan⁵³	fa²¹⁴	pʰiən²¹⁴	liən⁵³
庄河	tie²¹³	tʰie²¹³	tie⁵¹	ɕie⁵¹	fan⁵¹	fa²¹³	pʰin²¹³	lin⁵¹
盖州	tie²⁴	tʰie²¹³	tie²⁴	ɕie²⁴	fan⁵¹	fa²¹³	pʰin²¹³	lin²⁴
丹东	tie²¹³	tʰie²¹³	tie²⁴	ɕie²⁴	fan⁵¹	fa²¹³	pʰin²¹³	lin²⁴
建平	tie⁴⁴	tʰie⁴⁴	tie³⁵	ɕie³⁵	fã⁵³	fa⁴⁴（白）fa²¹³（文）	pʰĩ²¹³	lĩ³⁵
凌源	tie⁵⁵	tʰie⁵⁵	tie³⁵	ɕie³⁵	fan⁵¹	fa²¹⁴	pʰin²¹⁴	lin³⁵

	0441 浸 深开三去侵精	0442 心 深开三平侵心	0443 寻 深开三平侵邪	0444 沉 深开三平侵澄	0445 参 人~ 深开三平侵生	0446 针 深开三平侵章	0447 深 深开三平侵书	0448 任 责~ 深开三去侵日
沈阳	tɕʰin²¹³	ɕin³³	ɕyn³⁵	tʂʰən³⁵	sən³³	tsən³³	sən³³	in⁴¹
本溪	tɕʰin²²⁴	ɕin⁴⁴	ɕyn³⁵	tʂʰən³⁵	sən⁴⁴	tsən⁴⁴	sən⁴⁴	in⁵¹
辽阳	tɕʰin²¹³	ɕin⁴⁴	ɕyn³⁵	tʂʰən³⁵	sən⁴⁴	tsən⁴⁴	sən⁴⁴	in⁵¹
海城	tɕin⁵¹	ɕin⁴⁴	ɕyn³⁵	tʂʰən³⁵	sən⁴⁴	tsən⁴⁴	ʂən⁴⁴	in⁵¹
开原	tɕʰin²¹³	ɕin⁴⁴	ɕin³⁵(白) ɕyn³⁵(文)	tʂʰən³⁵(又) tʂʰən⁵¹(又)	ʂən⁴⁴	tsən⁴⁴	ʂən⁴⁴	in⁵¹(老) ʐən⁵¹(新)
锦州	tɕʰin²¹³	ɕin⁵⁵	ɕin³⁵(又) ɕyn³⁵(又)	tʂʰən³⁵	ʂən⁵⁵	tsən⁵⁵	ʂən⁵⁵	in⁵¹(老) ʐən⁵¹(新)
盘锦	tɕʰiən²¹³	ɕiən⁵⁵	ɕiən³⁵(又) ɕyən³⁵(又)	tʂʰən³⁵	ʂən⁵⁵	tsən⁵⁵	ʂən⁵⁵	iən⁵¹
兴城	tɕʰin²¹³	ɕin⁴⁴	ɕin³⁵(又) ɕyn³⁵(又)	tʂʰən³⁵(又) tʂʰən⁵¹(又)	ʂən⁴⁴	tsən⁴⁴	ʂən⁴⁴	in⁵¹(老) ʐən⁵¹(新)
绥中	tɕin²¹³(白) tɕin⁵¹(文)	ɕin⁵⁵	ɕyn³⁵	tʂʰən³⁵	ʂən⁵⁵	tsən⁵⁵	ʂən⁵⁵	ʐən⁵¹
义县	tɕʰin²¹³	ɕin⁴⁴	ɕin³⁵(又) ɕyn³⁵(又)	tʂʰən³⁵(又) tʂʰən⁵¹(又)	ʂən⁴⁴	tsən⁴⁴	ʂən⁴⁴	ʐən⁵¹
北票	tɕʰiən²¹³	ɕiən⁴⁴	ɕiən³⁵(又) ɕyən³⁵(又)	tʂʰən³⁵(又) tʂʰən⁵¹(又)	ʂən⁴⁴	tsən⁴⁴	ʂən⁴⁴	ʐən⁵¹
阜新	tɕʰin²¹³	ɕin⁵⁵	ɕyn³⁵	tʂʰən³⁵	ʂən⁵⁵	tsən⁵⁵	ʂən⁵⁵	ʐən⁵¹
黑山	tɕʰiən²¹³	ɕiən⁴⁴	ɕiən³⁵(又) ɕyən³⁵(又)	tʂʰən³⁵(又) tʂʰən⁵¹(又)	ʂən⁴⁴	tsən⁴⁴	ʂən⁴⁴	iən⁵¹
昌图	tɕiən⁵¹	ɕiən³³	ɕyən³⁵(又) ɕiən³⁵(又)	tʂʰən³⁵	ʂən³³	tsən³³	ʂən³³	iən⁵¹
大连	tɕʰy̌³²¹³	ɕǐ³¹²	ɕy̌³⁴	tʃʰə̌³⁴	sə̌³¹²	tʃə̌³¹²	ʃə̌³¹²	ǐ⁵²
金州杏树	tɕʰy̌³²¹³	ɕǐ³¹²	ɕy̌⁵²	tsʰə̌	sə̌³¹²	tsə̌³¹²	sə̌³¹²	ǐ⁵²
长海	tʃʰuən²¹⁴	ʃiən³¹	ɕyn⁵³	tsʰən⁵³	sən³¹	tʃən³¹	ʃən³¹	iən⁵³
庄河	tɕin⁵¹	ɕin³¹	ɕyn⁵¹	tʂʰən⁵¹	sən³¹	tsən³¹	sən³¹	in⁵¹
盖州	tɕin⁵¹	ɕin⁴¹²	ɕyn²⁴	tʂʰən²⁴	sən⁴¹²	tsən⁴¹²	sən⁴¹²	in⁵¹
丹东	tɕin⁴¹¹	ɕin⁴¹¹	ɕyn²⁴	tʂʰən²⁴	sən⁴¹¹	tsən⁴¹¹	ʂən⁴¹¹	in⁵¹
建平	tɕǐ⁴⁴(又) tɕʰǐ⁵³(又)	ɕǐ⁴⁴	ɕǐ³⁵(白) ɕy̌³⁵(文)	tʂʰə̌⁵³(又) tʂʰə̌³⁵(又)	ʂə̌⁴⁴	tʂə̌⁴⁴	ʂə̌⁴⁴	ʐə̌⁵³
凌源	tɕʰin²¹⁴	ɕin⁵⁵	ɕin³⁵(又) ɕyn³⁵(又)	tʂʰən³⁵(又) tʂʰən⁵¹(又)	ʂən⁵⁵	tsən⁵⁵	ʂən⁵⁵	ʐən⁵¹

	0449 金	0450 琴	0451 音	0452 立	0453 集	0454 习	0455 汁	0456 十
	深开三平侵见	深开三平侵群	深开三平侵影	深开三入缉来	深开三入缉从	深开三入缉邪	深开三入缉章	深开三入缉禅
沈阳	tɕin³³	tɕʰin³⁵	in³³	li⁴¹	tɕi³⁵	ɕi³⁵	tʂʅ³³	ʂʅ³⁵
本溪	tɕin⁴⁴	tɕʰin³⁵	in⁴⁴	li⁵¹	tɕi³⁵	ɕi³⁵	tʂʅ⁴⁴	ʂʅ³⁵
辽阳	tɕin⁴⁴	tɕʰin³⁵	in⁴⁴	li⁵¹	tɕi³⁵	ɕi³⁵	tʂʅ⁴⁴	ʂʅ³⁵
海城	tɕin⁴⁴	tɕʰin³⁵	in⁴⁴	li⁵¹	tɕi³⁵	ɕi³⁵	tʂʅ⁴⁴	ʂʅ³⁵
开原	tɕin⁴⁴	tɕʰin³⁵	in⁴⁴	li⁵¹	tɕi³⁵	ɕi³⁵	tʂʅ⁴⁴	ʂʅ³⁵
锦州	tɕin⁵⁵	tɕʰin³⁵	in⁵⁵	li⁵¹	tɕi³⁵	ɕi³⁵	tʂʅ⁵⁵	ʂʅ³⁵
盘锦	tɕiən⁵⁵	tɕʰiən³⁵	iən⁵⁵	li⁵¹	tɕi⁵¹（老）tɕi³⁵（新）	ɕi³⁵	tʂʅ⁵⁵	ʂʅ³⁵
兴城	tɕin⁴⁴	tɕʰin³⁵	in⁴⁴	li⁵¹	tɕi³⁵	ɕi³⁵	tʂʅ⁴⁴	ʂʅ³⁵
绥中	tɕin⁵⁵	tɕʰin³⁵	in⁵⁵	li⁵¹	tɕi³⁵	ɕi³⁵	tʂʅ⁵⁵	ʂʅ³⁵
义县	tɕin⁴⁴	tɕʰin³⁵	in⁴⁴	li⁵¹	tɕi³⁵	ɕi³⁵	tʂʅ⁴⁴	ʂʅ³⁵
北票	tɕiən⁴⁴	tɕʰiən³⁵	iən⁴⁴	li⁵¹	tɕi³⁵	ɕi³⁵	tʂʅ⁴⁴（又）tʂʅ⁴⁴（又）	ʂʅ³⁵
阜新	tɕin⁵⁵	tɕʰin³⁵	in⁵⁵	li⁵¹	tɕi³⁵	ɕi³⁵	tʂʅ⁵⁵	ʂʅ³⁵
黑山	tɕiən⁴⁴	tɕʰiən³⁵	iən⁴⁴	li⁵¹	tɕi³⁵	ɕi³⁵	tʂʅ⁴⁴	ʂʅ³⁵
昌图	tɕiən³³	tɕʰiən³⁵	iən³³	li⁵¹	tɕi³⁵	ɕi³⁵	tʂʅ³³	ʂʅ³⁵
大连	tɕĩ³¹²	tɕʰĩ³⁴	ĩ³¹²	le⁵²	tɕi³⁴	ɕi³⁴	tʃʅ²¹³	ʃʅ³⁴
金州杏树	tɕĩ³¹²	tɕʰĩ⁶²	ĩ³¹²	le⁵²	tɕi⁵²	ɕi²¹³	tɕi²¹³	ɕi⁵²
长海	ɕiən³¹	cʰiən⁵³	iən³¹	li⁵³	tʃʅ⁵³	ʃʅ²¹⁴	ɕi⁵³	ʃʅ⁵³
庄河	tɕin³¹	tɕʰin⁵¹	in³¹	lei⁵¹	tɕi⁵¹	ɕi²¹³	tɕi⁵¹	ɕi⁵¹
盖州	tɕin⁴¹²	tɕʰin²⁴	in⁴¹²	li⁵¹	tɕi²⁴	ɕi²⁴	tʂʅ⁴¹²	ʂʅ²⁴
丹东	tɕin⁴¹¹	tɕʰin²⁴	in⁴¹¹	li⁵¹	tɕi²⁴	ɕi²⁴	tʂʅ⁴¹¹	ʂʅ²⁴
建平	tɕĩ⁴⁴	tɕʰĩ³⁵	ĩ⁴⁴	li⁵³	tɕi³⁵	ɕi³⁵	tʂʅ⁴⁴	ʂʅ³⁵
凌源	tɕin⁵⁵	tɕʰin³⁵	in⁵⁵	li⁵¹	tɕi³⁵	ɕi³⁵	tʂʅ⁵⁵	ʂʅ³⁵

第二章 字音对照

	0457 入 深开三入缉日	0458 急 深开三入缉见	0459 及 深开三入缉群	0460 吸 深开三入缉晓	0461 单 简~ 山开一平寒端	0462 炭 山开一去寒透	0463 弹 ~琴 山开一平寒定	0464 难 ~易 山开一平寒泥
沈阳	lu⁴¹	tɕi³⁵	tɕi³⁵	ɕi⁴¹	tan³³	tʰan⁴¹	tʰan³⁵	nan³⁵
本溪	zu̡⁵¹	tɕi³⁵	tɕi³⁵	ɕi⁴⁴	tan⁴⁴	tʰan⁵¹	tʰan³⁵	nan³⁵
辽阳	y⁵¹	tɕi³⁵	tɕi³⁵	ɕi⁴⁴	tan⁴⁴	tʰan⁵¹	tʰan³⁵	nan³⁵
海城	y⁵¹	tɕi³⁵	tɕi³⁵	ɕi⁵¹	tan⁴⁴	tʰan⁵¹	tʰan³⁵	nan³⁵
开原	zu̡⁵¹	tɕi³⁵	tɕi³⁵	ɕi⁵¹（老） ɕi⁴⁴（新）	tan⁴⁴	tʰan⁵¹	tʰan³⁵	nan³⁵
锦州	zu̡⁵¹	tɕi³⁵	tɕi³⁵	ɕi⁵⁵	tan⁵⁵	tʰan⁵¹	tʰan³⁵	nan³⁵
盘锦	zu̡⁵¹	tɕi³⁵	tɕi³⁵	ɕi⁵⁵	tan⁵⁵	tʰan⁵¹	tʰan³⁵	nan³⁵
兴城	iou⁵¹（老） zu̡⁵¹（新）	tɕi³⁵	tɕi³⁵	ɕi⁴⁴	tan⁴⁴	tʰan⁵¹	tʰan³⁵	nan³⁵
绥中	zu̡⁵¹	tɕi⁵⁵（又） tɕi³⁵（又）	tɕi⁵⁵（白） tɕi³⁵（文）	ɕi⁵⁵	tan⁵⁵	tʰan⁵¹	tʰan³⁵	nan³⁵
义县	zu̡⁵¹	tɕi³⁵（又） tɕi⁴⁴（又）	tɕi³⁵	ɕi⁴⁴	tan⁴⁴	tʰan⁵¹	tʰan³⁵	nan³⁵
北票	zu̡⁵¹	tɕi³⁵（又） tɕi⁴⁴（又）	tɕi³⁵	ɕi⁴⁴	tan⁴⁴	tʰan⁵¹	tʰan³⁵	nan³⁵
阜新	zu̡⁵¹	tɕi³⁵	tɕi³⁵	ɕi⁵⁵	tan⁵⁵	tʰan⁵¹	tʰan³⁵	nan³⁵
黑山	zu̡⁵¹	tɕi⁴⁴（又） tɕi³⁵（又）	tɕi³⁵	ɕi⁴⁴	tan⁴⁴	tʰan⁵¹	tʰan³⁵	nan³⁵
昌图	zu̡⁵¹	tɕi³⁵	tɕi³⁵	ɕi³³（又） ɕi⁵¹（又）	tan³³	tʰan⁵¹	tʰan³⁵	nan³⁵
大连	y⁵²	tɕi³⁴	tɕi³⁴	ɕi²¹³	tã³¹²	tʰã⁵²	tʰã³⁴	nã³⁴
金州 杏树	y²¹³	tɕi²¹³	tɕi⁵²	ɕi²¹³	tã³¹²（又） tã⁵²（又）	tʰã⁵²	tʰã⁵²	nã⁵²
长海	y²¹⁴	ci²¹⁴	ci⁵³	ɕi²¹⁴	tan³¹	tʰan⁵³	tʰan⁵³	nan⁵³
庄河	y²¹³	tɕi²¹³	tɕi⁵¹	ɕi²¹³	tan³¹	tʰan⁵¹	tʰan⁵¹	nan⁵¹
盖州	y⁵¹	tɕi²⁴	tɕi²⁴	ɕi⁵¹	tan⁴¹²	tʰan⁵¹	tʰan²⁴	nan²⁴
丹东	y⁵¹	tɕi²⁴	tɕi²⁴	ɕi⁴¹¹	tan⁴¹¹	tʰan⁵¹	tʰan²⁴	nan²⁴
建平	zu̡⁵³	tɕi²¹³（又） tɕi³⁵（又）	tɕi³⁵	ɕi⁴⁴	tã⁴⁴	tʰã⁵³	tʰã³⁵	nã³⁵
凌源	zu̡⁵¹	tɕi³⁵（又） tɕi⁵⁵（又）	tɕi³⁵	ɕi⁵⁵	tan⁵⁵	tʰan⁵¹	tʰan³⁵	nan³⁵

	0465 兰	0466 懒	0467 烂	0468 伞	0469 肝	0470 看~见	0471 岸	0472 汉
	山开一平寒来	山开一上寒来	山开一去寒来	山开一上寒心	山开一平寒见	山开一去寒溪	山开一去寒疑	山开一去寒晓
沈阳	lan³⁵	lan²¹³	lan⁴¹	san²¹³	kan³³	kʰan⁴¹	an⁴¹	xan⁴¹
本溪	lan³⁵	lan²²⁴	lan⁵¹	san²²⁴	kan⁴⁴	kʰan⁵¹	an⁵¹	xan⁵¹
辽阳	lan³⁵	lan²¹³	lan⁵¹	san²¹³	kan⁴⁴	kʰan⁵¹	an⁵¹	xan⁵¹
海城	lan³⁵	lan²¹⁴	lan⁵¹	ʂan²¹⁴	kan⁴⁴	kʰan⁵¹	an⁵¹	xan⁵¹
开原	lan³⁵	lan²¹³	lan⁵¹	ʂan²¹³	kan⁴⁴	kʰan⁵¹	nan⁵¹（老）an⁵¹（新）	xan⁵¹
锦州	lan³⁵	lan²¹³	lan⁵¹	ʂan²¹³	kan⁵⁵	kʰan⁵¹	an⁵¹	xan⁵¹
盘锦	lan³⁵	lan²¹³	lan⁵¹	ʂan²¹³	kan⁵⁵	kʰan⁵¹	nan⁵¹（老）an⁵¹（新）	xan⁵¹
兴城	lan³⁵	lan²¹³	lan⁵¹	ʂan²¹³	kan⁴⁴	kʰan⁵¹	an⁵¹	xan⁵¹
绥中	lan³⁵	lan²¹³	lan⁵¹	ʂan²¹³	kan⁵⁵	kʰan⁵¹	nan⁵¹（老）an⁵¹（新）	xan⁵¹
义县	lan³⁵	lan²¹³	lan⁵¹	ʂan²¹³	kan⁴⁴	kʰan⁵¹	nan⁵¹（老）an⁵¹（新）	xan⁵¹
北票	lan³⁵	lan²¹³	lan⁵¹	san²¹³	kan⁴⁴	kʰan⁵¹	an⁵¹	xan⁵¹
阜新	lan³⁵	lan²¹³	lan⁵¹	san²¹³	kan⁵⁵	kʰan⁵¹	nan⁵¹	xan⁵¹
黑山	lan³⁵	lan²¹³	lan⁵¹	ʂan²¹³	kan⁴⁴	kʰan⁵¹	nan⁵¹（老）an⁵¹（新）	xan⁵¹
昌图	lan³⁵	lan²¹³	lan⁵¹	ʂan²¹³	kan³³	kʰan⁵¹	an⁵¹	xan⁵¹
大连	lã³⁴	lã²¹³	lã⁵²	sã²¹³	kã³¹²	kʰã⁵²	ã⁵²	xã⁵²
金州杏树	lã⁵²	lã²¹³	lã⁵²	sã²¹³	kã³¹²	kʰã⁵²	ã⁵²	xã⁵²
长海	lan⁵³	lan²¹⁴	lan⁵³	san²¹⁴	kan³¹	kʰan⁵³	an⁵³	xan⁵³
庄河	lan⁵¹	lan²¹³	lan⁵¹	san²¹³	kan³¹	kʰan⁵¹	an⁵¹	xan⁵¹
盖州	lan²⁴	lan²¹³	lan⁵¹	san²¹³	kan⁴¹²	kʰan⁵¹	an⁵¹	xan⁵¹
丹东	lan²⁴	lan²¹³	lan⁵¹	san²¹³	kan⁴¹¹	kʰan⁵¹	an⁵¹	xan⁵¹
建平	lã³⁵	lã²¹³	lã⁵³	sã²¹³	kã⁴⁴	kʰã⁵³	nã⁵³	xã⁵³
凌源	lan³⁵	lan²¹⁴	lan⁵¹	san²¹⁴	kan⁵⁵	kʰan⁵¹	nan⁵¹（老）an⁵¹（新）	xan⁵¹

第二章　字音对照

	0473 汗	0474 安	0475 达	0476 辣	0477 擦	0478 割	0479 渴	0480 扮
	山开一去寒匣	山开一平寒影	山开一入曷定	山开一入曷来	山开一入曷清	山开一入曷见	山开一入曷溪	山开二去山帮
沈阳	xan^{41}	an^{33}	ta^{35}	la^{41}	tsʰa^{35}	kɤ^{35}	kʰɤ^{213}	pan^{41}
本溪	xan^{51}	an^{44}	ta^{35}	la^{51}	tʂʰa^{35}	ka^{35}（白）kɤ^{35}（文）	kʰɤ^{224}	pan^{51}
辽阳	xan^{51}	an^{44}	ta^{35}	la^{51}	tʂʰa^{35}	ka^{35}	kʰɤ^{213}	pan^{51}
海城	xan^{51}	an^{44}	ta^{35}	la^{51}	tʂʰa^{35}	kɤ^{214}	kʰɤ^{214}	pan^{51}
开原	xan^{51}	nan^{44}（老）an^{44}（新）	ta^{35}	la^{51}	tʂʰa^{44}	kɤ^{213}（又）ka^{213}（又）	kʰɤ^{213}	pan^{51}
锦州	xan^{51}	nan^{55}（老）an^{55}（新）	ta^{35}	la^{51}	tʂʰa^{55}	kɤ^{213}	kʰɤ^{213}	pan^{51}
盘锦	xan^{51}	nan^{55}（老）an^{55}（新）	ta^{35}	la^{51}	tʂʰa^{55}	ka^{213}（又）kɤ^{55}（又）	kʰɤ^{213}	pan^{51}
兴城	xan^{51}	nan^{44}（老）an^{44}（新）	ta^{35}	la^{51}	tʂʰa^{44}	kɤ^{44}（又）kɤ^{213}（又）	kʰɤ^{213}	pan^{51}
绥中	xan^{51}	nan^{55}（老）an^{55}（新）	ta^{35}	la^{51}	tʂʰa^{55}	ka^{55}（白）kɤ^{55}（文）	kʰɤ^{213}	pan^{51}
义县	xan^{51}	an^{44}	ta^{35}	la^{51}	tʂʰa^{44}	ka^{21}（又）kɤ^{213}（又）	kʰɤ^{213}	pan^{51}
北票	xan^{51}	nan^{44}（老）an^{44}（新）	ta^{35}	la^{51}	tsʰa^{44}	ka^{44}（白）kɤ^{44}（文）	kʰɤ^{213}	pan^{51}
阜新	xan^{51}	nan^{55}	ta^{35}	la^{51}	tsʰa^{55}	ka^{55}	kʰɤ^{213}	pan^{51}
黑山	xan^{51}	nan^{44}（老）an^{44}（新）	ta^{35}	la^{51}	tʂʰa^{44}	kɤ^{213}（又）ka^{213}（又）	kʰɤ^{213}	pan^{51}
昌图	xan^{51}	an^{33}	ta^{35}	la^{51}	tʂʰa^{33}	ka^{213}（又）kɤ^{213}（又）	kʰɤ^{213}	pan^{51}
大连	xã^{52}	ã^{312}	ta^{34}	la^{52}	tsʰa^{213}	ka^{213}	kʰɤ^{213}	pã^{52}
金州杏树	xã^{52}	ã^{312}	ta^{213}	la^{213}	tsʰa^{213}	ka^{213}	kʰa^{213}	pã^{52}
长海	xan^{53}	an^{31}	ta^{214}	la^{214}	tsʰa^{214}	ka^{214}（白）kɤ^{214}（文）	kʰa^{214}（白）kʰɤ^{214}（文）	pan^{53}
庄河	xan^{51}	an^{31}	ta^{213}	la^{213}	tsʰa^{213}	ka^{213}（白）kɤ^{213}（文）	kʰə^{213}	pan^{51}
盖州	xan^{51}	an^{412}	ta^{24}	la^{51}	tsʰa^{213}	kɤ^{213}	kʰɤ^{213}	pan^{51}
丹东	xan^{51}	an^{411}	ta^{24}	la^{51}	tsʰa^{213}	ka^{213}（白）kɤ^{411}（文）	kʰɤ^{213}	pan^{51}
建平	xã^{53}	nã^{44}	ta^{35}	la^{53}	tsʰa^{44}	ka^{44}（白）kɤ^{44}（文）	kʰɤ^{213}	pã^{53}
凌源	xan^{51}	nan^{55}（老）an^{55}（新）	ta^{35}	la^{51}	tsʰa^{55}	ka^{55}	kʰɤ^{214}	pan^{51}

	0481 办	0482 铲	0483 山	0484 产 ~妇	0485 间 ~,一~房	0486 眼	0487 限	0488 八
	山开二去山並	山开二上山初	山开二平山生	山开二上山生	山开二平山见	山开二上山疑	山开二上山匣	山开二入黠帮
沈阳	pan⁴¹	tʂʰan²¹³	san³³	tʂʰan²¹³	tɕian³³	ian²¹³	ɕian⁴¹	pa³³
本溪	pan⁵¹	tʂʰan²²⁴	ʂan⁴⁴	tʂʰan²²⁴	tɕian⁴⁴	ian²²⁴	ɕian⁴⁴	pa⁴⁴
辽阳	pan⁵¹	tʂʰan²¹³	ʂan⁴⁴	tʂʰan²¹³	tɕian⁴⁴	ian²¹³	ɕian⁵¹	pa⁴⁴
海城	pan⁵¹	tʂʰan²¹⁴	ʂan⁴⁴	tʂʰan²¹⁴	tɕian⁴⁴	ian²¹⁴	ɕian⁵¹	pa⁴⁴
开原	pan⁵¹	tʂʰan²¹³	ʂan⁴⁴	tʂʰan²¹³	tɕian⁴⁴	ian²¹³	ɕian⁵¹	pa⁴⁴
锦州	pan⁵¹	tʂʰan²¹³	ʂan⁵⁵	tʂʰan²¹³	tɕian⁵⁵	ian²¹³	ɕian⁵¹	pa⁵⁵
盘锦	pan⁵¹	tʂʰan²¹³	ʂan⁵⁵	tʂʰan²¹³	tɕian⁵⁵	ian²¹³	ɕian⁵¹	pa⁵⁵
兴城	pan⁵¹	tʂʰan²¹³	ʂan⁴⁴	tʂʰan²¹³	tɕian⁴⁴	ian²¹³	ɕian⁵¹	pa⁴⁴
绥中	pan⁵¹	tʂʰan²¹³	ʂan⁵⁵	tʂʰan²¹³	tɕian⁵⁵	ian²¹³	ɕian⁵¹	pa⁵⁵
义县	pan⁵¹	tʂʰan²¹³	ʂan⁴⁴	tʂʰan²¹³	tɕian⁴⁴	ian²¹³	ɕian⁵¹	pa⁴⁴
北票	pan⁵¹	tʂʰan²¹³	ʂan⁴⁴	tʂʰan²¹³	tɕian⁴⁴	ian²¹³	ɕian⁵¹	pa⁴⁴
阜新	pan⁵¹	tʂʰan²¹³	ʂan⁵⁵	tʂʰan²¹³	tɕian⁵⁵	ian²¹³	ɕian⁵¹	pa⁵⁵
黑山	pan⁵¹	tʂʰan²¹³	ʂan⁴⁴	tʂʰan²¹³	tɕian⁴⁴	ian²¹³	ɕian⁵¹	pa⁴⁴
昌图	pan⁵¹	tʂʰan²¹³	san³³	tʂʰan²¹³	tɕian³³	ian²¹³	ɕian⁵¹	pa³⁵（又）pa³³（又）
大连	pã⁵²	tsʰã²¹³	sã³¹²	tsʰã²¹³	tɕiẽ³¹²	iẽ²¹³	ɕiẽ⁵²	pa²¹³
金州杏树	pã⁵²	tsʰã²¹³	sã³¹²	tsʰã²¹³	tɕiẽ³¹²	iẽ²¹³	ɕiẽ⁵²	pa²¹³
长海	pan⁵³	tsʰan²¹⁴	san³¹	tsʰan²¹⁴	ɕian³¹	ian²¹⁴	ɕian⁵³	pa²¹⁴
庄河	pan⁵¹	tsʰan²¹³	san³¹	tsʰan²¹³	tɕian³¹	ian²¹³	ɕian⁵¹	pa²¹³
盖州	pan⁵¹	tsʰan²¹³	san⁴¹²	tsʰan²¹³	tɕian⁴¹²	ian²¹³	ɕian⁵¹	pa²¹³
丹东	pan⁵¹	tsʰan²¹³	ʂan⁴¹¹	tsʰan²¹³	tɕian⁴¹¹	ian²¹³	ɕian⁵¹	pa²¹³
建平	pã⁵³	tʂʰã²¹³	ʂã⁴⁴	tʂʰã²¹³	tɕiẽ⁴⁴	iẽ²¹³	ɕiẽ⁵³	pa⁴⁴
凌源	pan⁵¹	tʂʰan²¹⁴	ʂan⁵⁵	tʂʰan²¹⁴	tɕiɛn⁵⁵	iɛn²¹⁴	ɕiɛn⁵¹	pa⁵⁵

	0489 扎	0490 杀	0491 班	0492 板	0493 慢	0494 奸	0495 颜	0496 瞎
	山开二入黠庄	山开二入黠生	山开二平删帮	山开二上删帮	山开二去删明	山开二平删见	山开二平删疑	山开二入鎋晓
沈阳	tʂa³⁵	ʂa³³	pan³³	pan²¹³	man⁴¹	tɕian³³	ian³⁵	ɕia³³
本溪	tʂa⁴⁴	ʂa⁴⁴	pan⁴⁴	pan²²⁴	man⁵¹	tɕian⁴⁴	ian³⁵	ɕia⁴⁴
辽阳	tʂa³⁵	ʂa⁴⁴	pan⁴⁴	pan²¹³	man⁵¹	tɕian⁴⁴	ian³⁵	ɕia⁴⁴
海城	tʂa⁴⁴	ʂa⁴⁴	pan⁴⁴	pan²¹⁴	man⁵¹	tɕian⁴⁴	ian³⁵	ɕia⁴⁴
开原	tʂa⁴⁴（又）tʂa³⁵（又）	ʂa⁴⁴	pan⁴⁴	pan²¹³	man⁵¹	tɕian⁴⁴	ian³⁵	ɕia⁴⁴
锦州	tʂa⁵⁵	ʂa⁵⁵	pan⁵⁵	pan²¹³	man⁵¹	tɕian⁵⁵	ian³⁵	ɕia⁵⁵
盘锦	tʂa⁵⁵	ʂa⁵⁵	pan⁵⁵	pan²¹³	man⁵¹	tɕian⁵⁵	ian³⁵	ɕia⁵⁵
兴城	tʂa⁴⁴（又）tʂa³⁵（又）	ʂa⁴⁴	pan⁴⁴	pan²¹³	man⁵¹	tɕian⁴⁴	ian³⁵	ɕia⁴⁴
绥中	tʂa⁵⁵	ʂa⁵⁵	pan⁵⁵	pan²¹³	man⁵¹	tɕian⁵⁵	ian³⁵	ɕia⁵⁵
义县	tʂa⁴⁴（又）tʂa³⁵（又）	ʂa⁴⁴	pan⁴⁴	pan²¹³	man⁵¹	tɕian⁴⁴	ian³⁵	ɕia⁴⁴
北票	tʂa⁴⁴（又）tʂa³⁵（又）	ʂa⁴⁴	pan⁴⁴	pan²¹³	man⁵¹	tɕian⁴⁴	ian³⁵	ɕia⁴⁴
阜新	tʂa⁵⁵	ʂa⁵⁵	pan⁵⁵	pan²¹³	man⁵¹	tɕian⁵⁵	ian³⁵	ɕia⁵⁵
黑山	tʂa⁴⁴（又）tʂa³⁵（又）	ʂa⁴⁴	pan⁴⁴	pan²¹³	man⁵¹	tɕian⁴⁴	ian³⁵	ɕia⁴⁴
昌图	tʂa³³	ʂa³³	pan³³	pan²¹³	man⁵¹	tɕian³³	ian³⁵	ɕia³³
大连	tsa²¹³	sa²¹³	pã³¹²	pã²¹³	mã⁵²	tɕiɛ̃³¹²	iɛ̃³⁴	ɕia²¹³
金州杏树	tsa²¹³	sa²¹³	pã³¹²	pã²¹³	mã⁵²	tɕiɛ̃³¹²	iɛ̃³¹²	ɕia²¹³
长海	tsa²¹⁴	sa²¹⁴	pan³¹	pan²¹⁴	man⁵³	cian³¹	ian⁵³	ɕia²¹⁴
庄河	tsa²¹³	sa²¹³	pan³¹	pan²¹³	man⁵¹	tɕian³¹	ian³¹	ɕia²¹³
盖州	tsa²⁴（又）tsa⁴¹²（又）	sa²¹³	pan⁴¹²	pan²¹³	man⁵¹	tɕian⁴¹²	ian²⁴	ɕia²¹³
丹东	tʂa⁴¹¹	ʂa²¹³	pan⁴¹¹	pan²¹³	man⁵¹	tɕian⁴¹¹	ian²⁴	ɕia²¹³
建平	tʂa⁴⁴（又）tʂa⁵³（又）	ʂa⁴⁴	pã⁴⁴	pã²¹³	mã⁵³	tɕiɛ̃⁴⁴	iɛ̃³⁵	ɕia⁴⁴
凌源	tʂa⁵⁵（又）tʂa³⁵（又）tsa⁵⁵（又）	ʂa⁵⁵	pan⁵⁵	pan²¹⁴	man⁵¹	tɕiɛn⁵⁵	iɛn³⁵	ɕia⁵⁵

	0497 变 山开三 去仙帮	0498 骗歌~ 山开三 去仙滂	0499 便方~ 山开三 去仙並	0500 棉 山开三 平仙明	0501 面~孔 山开三 去仙明	0502 连 山开三 平仙来	0503 剪 山开三 上仙精	0504 浅 山开三 上仙清
沈阳	pian⁴¹	pʰian⁴¹	pian⁴¹	mian³⁵	mian⁴¹	lian³⁵	tɕian²¹³	tɕʰian²¹³
本溪	pian⁵¹	pʰian⁵¹	pian⁵¹	mian³⁵	mian⁵¹	lian³⁵	tɕian²²⁴	tɕʰian²²⁴
辽阳	pian⁵¹	pʰian⁵¹	pian⁵¹	mian³⁵	mian⁵¹	lian³⁵	tɕian²¹³	tɕʰian²¹³
海城	pian⁵¹	pʰian⁵¹	pian⁵¹	ȵiau³⁵（白）mian³⁵（文）	mian⁵¹	lian³⁵	tɕian²¹⁴	tɕʰian²¹⁴
开原	pian⁵¹	pʰian⁵¹	pian⁵¹	mian³⁵	mian⁵¹	lian³⁵	tɕian²¹³	tɕʰian²¹³
锦州	pian⁵¹	pʰian⁵¹	pian⁵¹	mian³⁵	mian⁵¹	lian³⁵	tɕian²¹³	tɕʰian²¹³
盘锦	pian⁵¹	pʰian⁵¹	pian⁵¹	mian³⁵	mian⁵¹	lian³⁵	tɕian²¹³	tɕʰian²¹³
兴城	pian⁵¹	pʰian⁵¹	pian⁵¹	mian³⁵	mian⁵¹	lian³⁵	tɕian²¹³	tɕʰian²¹³
绥中	pian⁵¹	pʰian⁵¹	pian⁵¹	mian³⁵	mian⁵¹	lian⁵⁵（又）lian³⁵（又）	tɕiau²¹³（白）tɕian²¹³（文）	tɕʰian²¹³
义县	pian⁵¹	pʰian⁵¹	pian⁵¹	ȵiau³⁵（又）mian³⁵（又）	mian⁵¹	lian³⁵	tɕian²¹³	tɕʰian²¹³
北票	pian⁵¹	pʰian⁵¹	pian⁵¹	ȵian³⁵（又）mian³⁵（又）	mian⁵¹	lian³⁵	tɕian²¹³	tɕʰian²¹³
阜新	pian⁵¹	pʰian⁵¹	pian⁵¹	mian³⁵	mian⁵¹	lian³⁵	tɕian²¹³	tɕʰian²¹³
黑山	pian⁵¹	pʰian⁵¹	pian⁵¹	mian³⁵	mian⁵¹	lian³⁵	tɕian²¹³	tɕʰian²¹³
昌图	pian⁵¹	pʰian⁵¹	pian⁵¹	mian³⁵	mian⁵¹	lian³⁵	tɕian²¹³	tɕʰian²¹³
大连	piẽ⁵²	pʰiẽ⁵²	piẽ⁵²	miẽ³⁴	miẽ⁵²	liẽ³⁴	tɕiẽ²¹³	tɕʰiẽ²¹³
金州杏树	piẽ⁵²	pʰiẽ⁵²	piẽ⁵²	miẽ³¹²	miẽ⁵²	liẽ⁵²	tɕiẽ²¹³	tɕʰiẽ²¹³
长海	pian⁵³	pʰian⁵³	pian⁵³	mian³¹	mian⁵³	lian⁵³	tʃian²¹⁴	tʃʰian²¹⁴
庄河	pian⁵¹	pʰian⁵¹	pian⁵¹	mian³¹	mian⁵¹	lian⁵¹	tɕian²¹³	tɕʰian²¹³
盖州	pian⁵¹	pʰian⁵¹	pian⁵¹	ȵiau²⁴（白）mian²⁴（文）	mian⁵¹	lian²⁴	tɕian²¹³	tɕʰian²¹³
丹东	pian⁵¹	pʰian⁵¹	pian⁵¹	mian²⁴	mian⁵¹	lian²⁴	tɕian²¹³	tɕʰian²¹³
建平	piẽ⁵³	pʰiẽ⁵³	piẽ⁵³	miẽ³⁵（又）ȵiẽ³⁵（又）	miẽ⁵³	liẽ³⁵	tɕiẽ²¹³	tɕʰiẽ²¹³
凌源	piɛn⁵¹	pʰiɛn⁵¹	piɛn⁵¹	ȵiɛn³⁵	miɛn⁵¹	liɛn³⁵	tɕiɛn²¹⁴	tɕʰiɛn²¹⁴

	0505 钱	0506 鲜	0507 线	0508 缠	0509 战	0510 扇名	0511 善	0512 件
	山开三平仙从	山开三平仙心	山开三去仙心	山开三平仙澄	山开三去仙章	山开三去仙书	山开三上仙禅	山开三上仙群
沈阳	tɕʰian³⁵	ɕian³³	ɕian⁴¹	tʂʰan³⁵	tʂan⁴¹	ʂan⁴¹	ʂan⁴¹	tɕian⁴¹
本溪	tɕʰian³⁵	ɕian⁴⁴	ɕian⁵¹	tʂʰan³⁵	tʂan⁵¹	ʂan⁵¹	ʂan⁵¹	tɕian⁵¹
辽阳	tɕʰian³⁵	ɕian⁴⁴	ɕian⁵¹	tʂʰan³⁵	tʂan⁵¹	ʂan⁵¹	ʂan⁵¹	tɕian⁵¹
海城	tɕʰian³⁵	ɕian⁴⁴	ɕian⁵¹	tʂʰan³⁵	tʂan⁵¹	ʂan⁵¹	ʂan⁵¹	tɕian⁵¹
开原	tɕʰian³⁵	ɕian⁴⁴（又）ɕian²¹³（又）	ɕian⁵¹	tʂʰan³⁵	tʂan⁵¹	ʂan⁵¹	ʂan⁵¹	tɕian⁵¹
锦州	tɕʰian³⁵	ɕian⁵⁵	ɕian⁵¹	tʂʰan³⁵	tʂan⁵¹	ʂan⁵¹	ʂan⁵¹	tɕian⁵¹
盘锦	tɕʰian³⁵	ɕian⁵⁵	ɕian⁵¹	tʂʰan³⁵	tʂan⁵¹	ʂan⁵¹	ʂan⁵¹	tɕian⁵¹
兴城	tɕʰian³⁵	ɕian⁴⁴	ɕian⁵¹	tʂʰan³⁵	tʂan⁵¹	ʂan⁵¹	ʂan⁵¹	tɕian⁵¹
绥中	tɕʰian³⁵	ɕian²¹³（又）ɕian⁵⁵（又）	ɕian⁵¹	tʂʰan³⁵	tʂan⁵¹	ʂan⁵¹	ʂan⁵¹	tɕian⁵¹
义县	tɕʰian³⁵	ɕian⁴⁴（又）ɕian²¹³（又）	ɕian⁵¹	tʂʰan³⁵	tʂan⁵¹	ʂan⁵¹	ʂan⁵¹	tɕian⁵¹
北票	tɕʰian³⁵	ɕian⁴⁴（又）ɕian²¹³（又）	ɕian⁵¹	tʂʰan³⁵	tʂan⁵¹	ʂan⁵¹	ʂan⁵¹	tɕian⁵¹
阜新	tɕʰian³⁵	ɕian⁵⁵	ɕian⁵¹	tʂʰan³⁵	tʂan⁵¹	ʂan⁵¹	ʂan⁵¹	tɕian⁵¹
黑山	tɕʰian³⁵	ɕian⁴⁴（又）ɕian²¹³（又）	ɕian⁵¹	tʂʰan³⁵	tʂan⁵¹	ʂan⁵¹	ʂan⁵¹	tɕian⁵¹
昌图	tɕʰian³⁵	ɕian³³	ɕian⁵¹	tʂʰan³⁵	tʂan⁵¹	ʂan⁵¹	ʂan⁵¹	tɕian⁵¹
大连	tɕʰiɛ̃³⁴	ɕiɛ̃³¹²	ɕiɛ̃⁵²	tʃʰã³⁴	tʃã⁵²	ʃã⁵²	ʃã⁵²	tɕiɛ̃⁵²
金州杏树	tɕʰiɛ̃⁵²	ɕiɛ̃³¹²	ɕiɛ̃⁵²	tsʰã⁵²	tsã⁵²	sã⁵²	sã⁵²	tɕiɛ̃⁵²
长海	tʃʰian⁵³	ʃan³¹	ʃan⁵³	tʃʰian⁵³	tʃan⁵³	ʃan⁵³	ʃan⁵³	cian⁵³
庄河	tɕʰian⁵¹	ɕian²¹³	ɕian⁵¹	tʂʰan⁵¹	tʂan⁵¹	ʂan⁵¹	ʂan⁵¹	tɕian⁵¹
盖州	tɕʰian²⁴	ɕian⁴¹²	ɕian⁵¹	tʂʰan²⁴	tʂan⁵¹	ʂan⁵¹	ʂan⁵¹	tɕian⁵¹
丹东	tɕʰian²⁴	ɕian⁴¹¹	ɕian⁵¹	tʂʰan²⁴	tʂan⁵¹	ʂan⁵¹	ʂan⁵¹	tɕian⁵¹
建平	tɕʰiɛ̃³⁵	ɕiɛ̃⁴⁴	ɕiɛ̃⁵³	tʂʰã³⁵	tʂã⁵³	ʂã⁵³	ʂã⁵³	tɕiɛ̃⁵³
凌源	tɕʰiɛn³⁵	ɕiɛn⁵⁵（又）ɕiɛn²¹⁴（又）	ɕiɛn⁵¹	tʂʰan³⁵	tʂan⁵¹	ʂan⁵¹	ʂan⁵¹	tɕiɛn⁵¹

	0513 延	0514 别 ~人	0515 灭	0516 列	0517 撤	0518 舌	0519 设	0520 热
	山开三平仙以	山开三入薛帮	山开三入薛明	山开三入薛来	山开三入薛彻	山开三入薛船	山开三入薛书	山开三入薛日
沈阳	ian⁴¹	pie³⁵	mie⁴¹	lie⁴¹	tʂʰɤ⁴¹	ʂɤ³⁵	ʂɤ⁴¹	ie⁴¹
本溪	ian³⁵	pie³⁵	mie⁵¹	lie⁵¹	tʂʰɤ⁵¹	ʂɤ³⁵	ʂɤ⁵¹	zɤ⁵¹
辽阳	ian⁵¹	pie³⁵	mie⁵¹	lie⁵¹	tʂʰɤ⁵¹	ʂɤ³⁵	ʂɤ⁵¹	ie⁵¹
海城	ian³⁵	pie³⁵	mie⁵¹	lie⁵¹	tʂʰɤ⁵¹	ʂɤ³⁵	ʂɤ⁵¹	iɛ⁵¹
开原	ian⁵¹(又) ian³⁵(又)	pie³⁵	mie⁵¹	lie⁵¹	tʂʰɤ⁵¹	ʂɤ³⁵	ʂɤ⁵¹	iɛ⁵¹(老) zɤ⁵¹(新)
锦州	ian³⁵	pie³⁵	mie⁵¹	lie⁵¹	tʂʰɤ⁵¹	ʂɤ³⁵	ʂɤ⁵¹	zɤ⁵¹
盘锦	ian³⁵	pie³⁵	mie⁵¹	lie⁵¹	tʂʰɤ⁵¹	ʂɤ³⁵	ʂɤ⁵¹	iɛ³⁵(老) zɤ⁵¹(新)
兴城	ian³⁵	pie³⁵	mie⁵¹	lie⁵¹	tʂʰɤ⁵¹	ʂɤ³⁵	ʂɤ⁵¹	zɤ⁵¹
绥中	ian³⁵	pie³⁵	mie⁵¹	lie⁵¹	tʂʰɤ⁵¹	ʂɤ³⁵	ʂɤ⁵¹	zɤ⁵¹
义县	ian³⁵	pie³⁵	mie⁵¹	lie⁵¹	tʂʰɤ⁵¹	ʂɤ³⁵	ʂɤ⁵¹	zɤ⁵¹
北票	ian³⁵	pie³⁵	mie⁵¹	lie⁵¹	tʂʰɤ⁵¹	ʂɤ³⁵	ʂɤ⁵¹	zɤ⁵¹
阜新	ian³⁵	pie³⁵	mie⁵¹	lie⁵¹	tʂʰɤ⁵¹	ʂɤ³⁵	ʂɤ⁵¹	zɤ⁵¹
黑山	ian³⁵	pie³⁵	mie⁵¹	lie⁵¹	tʂʰɤ⁵¹	ʂɤ³⁵	ʂɤ⁵¹	zɤ⁵¹
昌图	ian³⁵	pie³⁵	mie⁵¹	lie⁵¹	tʂʰɤ⁵¹	ʂɤ³⁵	ʂɤ⁵¹	zɤ⁵¹
大连	iɛ̃⁵²	pie³⁴	miɛ⁵²	liɛ⁵²	tʃʰɤ⁵²	ʃɤ³⁴	ʃɤ⁵²	iɛ⁵²
金州杏树	iɛ̃⁵²	pie⁵²	miɛ⁵²	liɛ⁵²	tɕʰiɛ⁵²	ɕiɛ⁵²	ɕiɛ⁵²	ie²¹³
长海	ian⁵³	pie⁵³	mie⁵³	lie⁵³	tʃʰiɛ⁵³	ʃiɛ⁵³	ʃiɛ⁵³	ie²¹⁴
庄河	ian⁵¹	pie⁵¹	miɛ⁵¹	liɛ⁵¹	tsʰə⁵¹	ɕiɛ⁵¹	sə⁵¹	iɛ⁵¹
盖州	ian²⁴	pie²⁴	mie⁵¹	lie⁵¹	tʂʰɤ⁵¹	ʂɤ²⁴	ʂɤ⁵¹	iɛ⁵¹
丹东	ian²⁴	pie²⁴	mie⁵¹	lie⁵¹	tʂʰɤ⁵¹	ʂɤ²⁴	ʂɤ⁵¹	iɛ⁵¹
建平	iɛ̃⁵³(又) iɛ̃³⁵(又)	pie³⁵	mie⁵³	lie⁵³	tʂʰɤ⁵³	ʂɤ³⁵	ʂɤ⁵³	zɤ⁵³
凌源	iɛn³⁵	pie³⁵	mie⁵¹	lie⁵¹	tʂʰɤ⁵¹	ʂɤ³⁵	ʂɤ⁵¹	zɤ⁵¹

	0521 杰	**0522 孽**	**0523 建**	**0524 健**	**0525 言**	**0526 歇**	**0527 扁**	**0528 片**
	山开三 入薛群	山开三 入薛疑	山开三 去元见	山开三 去元群	山开三 平元疑	山开三 入月晓	山开四 上先帮	山开四 去先滂
沈阳	tɕie³⁵	n̠ie⁴¹	tɕian⁴¹	tɕian⁴¹	ian³⁵	ɕie³³	pian²¹³	pʰian⁴¹
本溪	tɕie³⁵	n̠ie⁵¹	tɕian⁵¹	tɕian⁵¹	ian³⁵	ɕie⁴⁴	pian²²⁴	pʰian⁵¹
辽阳	tɕie³⁵	n̠ie⁵¹	tɕian⁵¹	tɕian⁵¹	ian³⁵	ɕie⁴⁴	pian²¹³	pʰian⁵¹
海城	tɕie³⁵	n̠ie⁵¹	tɕian⁵¹	tɕian⁵¹	ian³⁵	ɕie⁴⁴	pian²¹⁴	pʰian⁵¹
开原	tɕie³⁵	n̠ie⁵¹	tɕian⁵¹	tɕian⁵¹	ian³⁵	ɕie⁴⁴	pian²¹³	pʰian⁵¹
锦州	tɕie³⁵	n̠ie⁵¹	tɕian⁵¹	tɕian⁵¹	ian³⁵	ɕie⁵⁵	pian²¹³	pʰian⁵¹（又） pʰian⁵⁵（又）
盘锦	tɕie³⁵	n̠ie⁵¹	tɕian⁵¹	tɕian⁵¹	ian³⁵	ɕie⁵⁵	pian²¹³	pʰian⁵¹
兴城	tɕie³⁵	n̠ie⁵¹	tɕian⁵¹	tɕian⁵¹	ian³⁵	ɕie⁴⁴	pian²¹³	pʰian⁵¹
绥中	tɕie³⁵	n̠ie⁵¹	tɕian⁵¹	tɕian⁵¹	ian³⁵	ɕie⁵⁵	pian²¹³（又） pʰian⁵⁵（又）	pʰian⁵¹
义县	tɕie³⁵	n̠ie⁵¹	tɕian⁵¹	tɕian⁵¹	ian³⁵	ɕie⁴⁴	pian²¹³	pʰian⁵（又） pʰian⁴⁴（又）
北票	tɕie³⁵	n̠ie⁵¹	tɕian⁵¹	tɕian⁵¹	ian³⁵	ɕie⁴⁴	pian²¹³	pʰian⁵¹（又） pʰian⁴⁴（又）
阜新	tɕie³⁵	n̠ie⁵¹	tɕian⁵¹	tɕian⁵¹	ian³⁵	ɕie⁵⁵	pian²¹³	pʰian⁵¹
黑山	tɕie³⁵	n̠ie⁵¹	tɕian⁵¹	tɕian⁵¹	ian³⁵	ɕie⁴⁴	pian²¹³	pʰian⁵¹（又） pʰian⁴⁴（又）
昌图	tɕie³⁵	n̠ie⁵¹	tɕian⁵¹	tɕian⁵¹	ian³⁵	ɕie³³	pian²¹³	pʰian⁵¹
大连	tɕie³⁴	n̠ie⁵²	tɕiẽ⁵²	tɕiẽ⁵²	iẽ³⁴	ɕie³¹²	piẽ²¹³	pʰiẽ⁵²
金州 杏树	tɕie⁵²	n̠ie⁵²	tɕiẽ⁵²	tɕiẽ⁵²	iẽ⁵²	ɕie³¹²	piẽ²¹³	pʰiẽ⁵²
长海	cie⁵³	n̠ie⁵³	cian⁵³	cian⁵³	ian⁵³	ɕie³¹	pian²¹⁴	pʰian⁵³
庄河	tɕie⁵¹	n̠ie⁵¹	tɕian⁵¹	tɕian⁵¹	ian⁵¹	ɕie³¹	pian²¹³	pʰian⁵¹
盖州	tɕie²⁴	n̠ie⁵¹	tɕian⁵¹	tɕian⁵¹	ian²⁴	ɕie⁴¹²	pian²¹³	pʰian⁵¹
丹东	tɕie²⁴	n̠ie⁵¹	tɕian⁵¹	tɕian⁵¹	ian²⁴	ɕie⁴¹¹	pian²¹³	pʰian⁵¹
建平	tɕie³⁵	n̠ie⁵³	tɕiẽ⁵³	tɕiẽ⁵³	iẽ³⁵	ɕie⁴⁴	piẽ²¹³	pʰiẽ⁴⁴（又） pʰiẽ⁵³（又）
凌源	tɕie³⁵	n̠ie⁵¹	tɕiɛn⁵¹	tɕiɛn⁵¹	iɛn³⁵	ɕie⁵⁵	piɛn²¹⁴	pʰiɛn⁵¹（又） pʰiɛn⁵⁵（又）

	0529 面 ~条	0530 典	0531 天	0532 田	0533 垫	0534 年	0535 莲	0536 前
	山开四 去先明	山开四 上先端	山开四 平先透	山开四 平先定	山开四 去先定	山开四 平先泥	山开四 平先来	山开四 平先从
沈阳	mian⁴¹	tian²¹³	tʰian³³	tʰian³⁵	tian⁴¹	ȵian³⁵	lian³⁵	tɕʰian³⁵
本溪	mian⁵¹	tian²²⁴	tʰian⁴⁴	tʰian³⁵	tian⁵¹	ȵian³⁵	lian³⁵	tɕʰian³⁵
辽阳	mian⁵¹	tian²¹³	tʰian⁴⁴	tʰian³⁵	tian⁵¹	ȵian³⁵	lian³⁵	tɕʰian³⁵
海城	mian⁵¹	tian²¹⁴	tʰian⁴⁴	tʰian³⁵	tian⁵¹	ȵian³⁵	lian³⁵	tɕʰian³⁵
开原	mian⁵¹	tian²¹³	tʰian⁴⁴	tʰian³⁵	tian⁵¹	ȵian³⁵	lian³⁵	tɕʰian³⁵
锦州	mian⁵¹	tian²¹³	tʰian⁵⁵	tʰian³⁵	tian⁵¹	ȵian³⁵	lian³⁵	tɕʰian³⁵
盘锦	mian⁵¹	tian²¹³	tʰian⁵⁵	tʰian³⁵	tian⁵¹	ȵian³⁵	lian³⁵	tɕʰian⁵¹
兴城	mian⁵¹	tian²¹³	tʰian⁴⁴	tʰian³⁵	tian⁵¹	ȵian³⁵	lian³⁵	tɕʰian³⁵
绥中	mian⁵¹	tian²¹³	tʰian⁵⁵	tʰian³⁵	tian⁵¹	ȵian³⁵	lian³⁵	tɕʰian³⁵
义县	mian⁵¹	tian²¹³	tʰian⁴⁴	tʰian³⁵	tian⁵¹	ȵian³⁵	lian³⁵	tɕʰian³⁵
北票	mian⁵¹	tian²¹³	tʰian⁴⁴	tʰian³⁵	tian⁵¹	ȵian³⁵	lian³⁵	tɕʰian³⁵
阜新	mian⁵¹	tian²¹³	tʰian⁵⁵	tʰian³⁵	tian⁵¹	ȵian³⁵	lian³⁵	tɕʰian³⁵
黑山	mian⁵¹	tian²¹³	tʰian⁴⁴	tʰian³⁵	tian⁵¹	ȵian³⁵	lian³⁵	tɕʰian³⁵
昌图	mian⁵¹	tian²¹³	tʰian³³	tʰian³⁵	tian⁵¹	ȵian³⁵	lian³⁵	tɕʰian³⁵
大连	miɛ̃⁵²	tiɛ̃²¹³	tʰiɛ̃³¹²	tʰiɛ̃³⁴	tiɛ̃⁵²	ȵiɛ̃³⁴	liɛ̃³⁴	tɕʰiɛ̃³⁴
金州 杏树	miɛ̃⁵²	tiɛ̃²¹³	tʰiɛ̃³¹²	tʰiɛ̃⁵²	tiɛ̃⁵²	ȵiɛ̃³¹²	liɛ̃⁵²	tɕʰiɛ̃⁵²
长海	mian⁵³	tian²¹⁴	tʰian³¹	tʰian⁵³	tian⁵³	ȵian³¹	lian⁵³	tʃʰian⁵³
庄河	mian⁵¹	tian²¹³	tʰian³¹	tʰian⁵¹	tian⁵¹	ȵian³¹	lian⁵¹	tɕʰian⁵¹
盖州	mian⁵¹	tian²¹³	tʰian⁴¹²	tʰian²⁴	tian⁵¹	ȵian²⁴	lian²⁴	tɕʰian²⁴
丹东	mian⁵¹	tian²¹³	tʰian⁴¹¹	tʰian²⁴	tian⁵¹	ȵian²⁴	lian²⁴	tɕʰian²⁴
建平	miɛ̃⁵³	tiɛ̃²¹³	tʰiɛ̃⁴⁴	tʰiɛ̃³⁵	tiɛ̃⁵³	ȵiɛ̃³⁵	liɛ̃³⁵	tɕʰiɛ̃³⁵
凌源	miɛn⁵¹	tiɛn²¹⁴	tʰiɛn⁵⁵	tʰiɛn³⁵	tiɛn⁵¹	ȵiɛn³⁵	liɛn³⁵	tɕʰiɛn³⁵

	0537 先	0538 肩	0539 见	0540 牵	0541 显	0542 现	0543 烟	0544 楔
	山开四平先心	山开四平先见	山开四去先见	山开四平先溪	山开四上先晓	山开四去先匣	山开四平先影	山开四入屑滂
沈阳	ɕian³³	tɕian³³	tɕian⁴¹	tɕʰian³³	ɕian²¹³	ɕian⁴¹	ian³³	piɛ³³
本溪	ɕian⁴⁴	tɕian⁴⁴	tɕian⁵¹	tɕʰian⁴⁴	ɕian²²⁴	ɕian⁵¹	ian⁴⁴	piɛ⁴⁴
辽阳	ɕian⁴⁴	tɕian⁴⁴	tɕian⁵¹	tɕʰian⁴⁴	ɕian²¹³	ɕian⁵¹	ian⁴⁴	piɛ⁴⁴
海城	ɕian⁴⁴	tɕian⁴⁴	tɕian⁵¹	tɕʰian⁴⁴	ɕian²¹⁴	ɕian⁵¹	ian⁴⁴	piɛ⁴⁴
开原	ɕian⁴⁴	tɕian⁴⁴	tɕian⁵¹	tɕʰian⁴⁴	ɕian²¹³	ɕian⁵¹	ian⁴⁴	piɛ⁴⁴
锦州	ɕian⁵⁵	tɕian⁵⁵	tɕian⁵¹	tɕʰian⁵⁵	ɕian²¹³	ɕian⁵¹	ian⁵⁵	piɛ⁵⁵
盘锦	ɕian⁵⁵	tɕian⁵⁵	tɕian⁵¹	tɕʰian⁵⁵	ɕian²¹³	ɕian⁵¹	ian⁵⁵	piɛ⁵⁵
兴城	ɕian⁴⁴	tɕian⁴⁴	tɕian⁵¹	tɕʰian⁴⁴	ɕian²¹³	ɕian⁵¹	ian⁴⁴	piɛ⁴⁴
绥中	ɕian⁵⁵	tɕian⁵⁵	tɕian⁵¹	tɕʰian⁵⁵	ɕian²¹³	ɕian⁵¹	ian⁵⁵	piɛ⁵⁵
义县	ɕian⁴⁴	tɕian⁴⁴	tɕian⁵¹	tɕʰian⁴⁴	ɕian²¹³	ɕian⁵¹	ian⁴⁴	piɛ⁴⁴
北票	ɕian⁴⁴	tɕian⁴⁴	tɕian⁵¹	tɕʰian⁴⁴	ɕian²¹³	ɕian⁵¹	ian⁴⁴	piɛ⁴⁴
阜新	ɕian⁵⁵	tɕian⁵⁵	tɕian⁵¹	tɕʰian⁵⁵	ɕian²¹³	ɕian⁵¹	ian⁵⁵	piɛ⁵⁵
黑山	ɕian⁴⁴	tɕian⁴⁴	tɕian⁵¹	tɕʰian⁴⁴	ɕian²¹³	ɕian⁵¹	ian⁴⁴	piɛ⁴⁴
昌图	ɕian³³	tɕian³³	tɕian⁵¹	tɕʰian³³	ɕian²¹³	ɕian⁵¹	ian³³	piɛ³³
大连	ɕiɛ̃³¹²	tɕiɛ̃³¹²	tɕiɛ̃⁵²	tɕʰiɛ̃³¹²	ɕiɛ̃²¹³	ɕiɛ̃⁵²	iɛ̃³¹²	piɛ²¹³
金州杏树	ɕiɛ̃³¹²	tɕiɛ̃³¹²	tɕiɛ̃⁵²	tɕʰiɛ̃³¹²	ɕiɛ̃²¹³	ɕiɛ̃⁵²	iɛ̃³¹²	piɛ²¹³
长海	ʃian³¹	cian³¹	cian⁵³	cʰian³¹	ɕian²¹⁴	ɕian⁵³	ian³¹	piɛ²¹⁴
庄河	ɕian³¹	tɕian³¹	tɕian⁵¹	tɕʰian³¹	ɕian²¹³	ɕian⁵¹	ian³¹	piɛ²¹³
盖州	ɕian⁴¹²	tɕian⁴¹²	tɕian⁵¹	tɕʰian⁴¹²	ɕian²¹³	ɕian⁵¹	ian⁴¹²	piɛ²¹³
丹东	ɕian⁴¹¹	tɕian⁴¹¹	ɕian⁵¹	tɕʰian⁴¹¹	ɕian²¹³	ɕian⁵¹	ian⁴¹¹	piɛ²¹³
建平	ɕiɛ̃⁴⁴	tɕiɛ̃⁴⁴	tɕiɛ̃⁵³	tɕʰiɛ̃⁴⁴	ɕiɛ̃²¹³	ɕiɛ̃⁵³	iɛ̃⁴⁴	piɛ⁴⁴
凌源	ɕiɛn⁵⁵	tɕiɛn⁵⁵	tɕiɛn⁵¹	tɕʰiɛn⁵⁵	ɕiɛn²¹⁴	ɕiɛn⁵¹	iɛn⁵⁵	piɛ⁵⁵

	0545 篾 山开四入屑明	0546 铁 山开四入屑透	0547 捏 山开四入屑泥	0548 节 山开四入屑精	0549 切动 山开四入屑清	0550 截 山开四入屑从	0551 结 山开四入屑见	0552 搬 山合一平桓帮
沈阳	mie⁴¹	tʰie²¹³	n̠ie³³	tɕie²¹³	tɕʰie³⁵	tɕie³⁵	tɕie²¹³	pan³³
本溪	mie⁵¹	tʰie²²⁴	n̠ie⁴⁴	tɕie²²⁴（又） tɕie³⁵（又）	tɕʰie²²⁴	tɕie³⁵	tɕie³⁵	pan⁴⁴
辽阳	mie⁵¹	tʰie²¹³	n̠ie⁵¹	tɕie²¹³	tɕʰie³⁵	tɕie³⁵	tɕie³⁵	pan⁴⁴
海城	mie⁵¹	tʰie²¹⁴	n̠ie⁴⁴	tɕie²¹⁴	tɕʰie³⁵	tɕie³⁵	tɕie²¹⁴	pan⁴⁴
开原	（无）	tʰie²¹³	n̠ie⁴⁴	tɕie²¹³（老） tɕie³⁵（新）	tɕʰie⁴⁴	tɕie³⁵	tɕie³⁵（又） tɕie⁴⁴（又）	pan⁴⁴
锦州	（无）	tʰie²¹³	n̠ie⁵⁵	tɕie²¹³	tɕʰie⁵⁵	tɕie³⁵	tɕie⁵⁵（又） tɕie³⁵（又） tɕie²¹³（又）	pan⁵⁵
盘锦	mie⁵¹	tʰie²¹³	n̠ie⁵⁵	tɕie³⁵	tɕʰie⁵⁵	tɕie³⁵	tɕie⁵⁵（又） tɕie³⁵（又） tɕie²¹³（又）	pan⁵⁵
兴城	（无）	tʰie²¹³	n̠ie⁴⁴	tɕie²¹³（又） tɕie³⁵（又）	tɕʰie⁴⁴	tɕie³⁵	tɕie²¹³	pan⁴⁴
绥中	mie⁵¹	tʰie²¹³	n̠ie⁵¹	tɕie²¹³（老） tɕie³⁵（新）	tɕʰie⁵⁵	tɕie³⁵	tɕie²¹³（白） tɕie³⁵（文）	pan⁵⁵
义县	（无）	tʰie²¹³	n̠ie⁴⁴	tɕie²¹³（又） tɕie³⁵（又）	tɕʰie⁴⁴	tɕie³⁵	tɕie⁴⁴（又） tɕie³⁵（又） tɕie²¹³（又）	pan⁴⁴
北票	（无）	tʰie²¹³	n̠ie⁴⁴	tɕie²¹³（又） tɕie³⁵（又）	tɕʰie⁴⁴	tɕie³⁵	tɕie²¹³（又） tɕie⁴⁴（又） tɕie³⁵（又）	pan⁴⁴
阜新	（无）	tʰie²¹³	n̠ie⁵⁵	tɕie²¹³	tɕʰie⁵⁵	tɕie³⁵	tɕie²¹³（又） tɕie⁵⁵（又）	pan⁵⁵
黑山	（无）	tʰie²¹³	n̠ie⁴⁴	tɕie²¹³（又） tɕie³⁵（又）	tɕʰie⁴⁴	tɕie³⁵	tɕie⁴⁴（又） tɕie²¹³（又） tɕie³⁵（又）	pan⁴⁴
昌图	mie⁵¹	tʰie²¹³	n̠ie³³	tɕie³⁵	tɕʰie³³	tɕie³⁵	tɕie³³（又） tɕie³⁵（又）	pan³³
大连	mie⁵²	tʰie²¹³	n̠ie³¹²	tɕie²¹³	tɕʰie²¹³	tɕie³⁴	tɕie²¹³	pã³¹²
金州杏树	mie⁵²	tʰie²¹³	n̠ie³¹²	tɕie²¹³	tɕʰie²¹³	tɕie⁵²	tɕie²¹³	pã³¹²
长海	mie⁵³	tʃie²¹⁴	n̠ie³¹	tʃie²¹⁴	tʃʰie³¹	ɕie²¹⁴	ɕie²¹⁴	pan³¹
庄河	mie⁵¹	tʰie²¹³	n̠ie³¹	tɕie²¹³	tɕʰie²¹³	tɕie²¹³	tɕie²¹³	pan³¹
盖州	mie⁵¹	tʰie²¹³	n̠ie⁴¹²	tɕie²¹³	tɕʰie²¹³	tɕie²⁴	tɕie²⁴	pan⁴¹²
丹东	mie⁵¹	tʰie²¹³	n̠ie⁴¹¹	tɕie²⁴	tɕʰie²¹³	tɕie²⁴	tɕie²¹³	pan⁴¹¹
建平	mie⁵³	tʰie²¹³	n̠ie⁴⁴	tɕie²¹³（又） tɕie⁴⁴（又）	tɕʰie⁴⁴	tɕie³⁵	tɕie⁴⁴（又） tɕie³⁵（又）	pã⁴⁴
凌源	（无）	tʰie²¹⁴	n̠ie⁵⁵	tɕie²¹⁴（又） tɕie³⁵（又）	tɕʰie⁵⁵	tɕie³⁵	tɕie²¹⁴（又） tɕie⁵⁵（又） tɕie³⁵（又）	pan⁵⁵

	0553 半 山合一去桓帮	0554 判 山合一去桓滂	0555 盘 山合一平桓并	0556 满 山合一上桓明	0557 端 ~午 山合一平桓端	0558 短 山合一上桓端	0559 断 绳~了 山合一上桓定	0560 暖 山合一上桓泥
沈阳	pan⁴¹	pʰan⁴¹	pʰan³⁵	man²¹³	tuan³³	tuan²¹³	tuan⁴¹	nan²¹³
本溪	pan⁵¹	pʰan⁵¹	pʰan³⁵	man²²⁴	tuan⁴⁴	tuan²²⁴	tuan⁵¹	nuan²²⁴
辽阳	pan⁵¹	pʰan⁵¹	pʰan³⁵	man²¹³	tuan⁴⁴	tuan²¹³	tuan⁵¹	nan²¹³
海城	pan⁵¹	pʰan⁵¹	pʰan³⁵	man²¹⁴	tuan⁴⁴	tuan²¹⁴	tuan⁵¹	nau²¹⁴（白）nan²¹⁴（文）
开原	pan⁵¹	pʰan⁵¹	pʰan³⁵	man²¹³	tuan⁴⁴	tuan²¹³	tuan⁵¹	nan²¹³（老）nuan²¹³（新）
锦州	pan⁵¹	pʰan⁵¹	pʰan³⁵	man²¹³	tuan⁵⁵	tuan²¹³	tuan⁵¹	nau²¹³（老）nuan²¹³（新）
盘锦	pan⁵¹	pʰan⁵¹	pʰan³⁵	man²¹³	tuan⁵⁵	tuan²¹³	tuan⁵¹	nau²¹³（老）nan²¹³（老）nuan²¹³（新）
兴城	pan⁵¹	pʰan⁵¹	pʰan³⁵	man²¹³	tuan⁴⁴	tuan²¹³	tuan⁵¹	nuan²¹³
绥中	pan⁵¹	pʰan⁵¹	pʰan³⁵	man²¹³	tuan⁵⁵	tuan²¹³	tuan⁵¹	nan²¹³（老）nuan²¹³（新）
义县	pan⁵¹	pʰan⁵¹	pʰan³⁵	man²¹³	tuan⁴⁴	tuan²¹³	tuan⁵¹	nau²¹³（老）nan²¹³（新）
北票	pan⁵¹	pʰan⁵¹	pʰan³⁵	man²¹³	tuan⁴⁴	tuan²¹³	tuan⁵¹	nau²¹³（老）nuan²¹³（新）
阜新	pan⁵¹	pʰan⁵¹	pʰan³⁵	man²¹³	tuan⁵⁵	tuan²¹³	tuan⁵¹	nau²¹³（老）nuan²¹³（新）
黑山	pan⁵¹	pʰan⁵¹	pʰan³⁵	man²¹³	tuan⁴⁴	tuan²¹³	tuan⁵¹	nau²¹³（老）nan²¹³（老）nuan²¹³（新）
昌图	pan⁵¹	pʰan⁵¹	pʰan³⁵	man²¹³	tuan³³	tuan²¹³	tuan⁵¹	nuan²¹³（老）nan²¹³（新）
大连	pã⁵²	pʰã⁵²	pʰã³⁴	mã²¹³	tã³¹²	tã²¹³	tã⁵²	nã²¹³
金州杏树	pa⁵²	pʰã⁵²	pʰã⁵²	mã²¹³	tã³¹²	tã²¹³	tã⁵²	nã²¹³
长海	pan⁵³	pʰan⁵³	pʰan⁵³	man²¹⁴	taŋ³¹	tuan²¹⁴	tuan⁵³	nuan²¹⁴
庄河	pan⁵¹	pʰan⁵¹	pʰan⁵¹	man²¹³	tan³¹	tan²¹³	tan⁵¹	nan²¹³
盖州	pan⁵¹	pʰan⁵¹	pʰan²⁴	man²¹³	tuan⁴¹²	tuan²¹³	tuan⁵¹	nau²¹³（老）nuan²¹³（新）
丹东	pan⁵¹	pʰan⁵¹	pʰan²⁴	man²¹³	tuan⁴¹¹	tuan²¹³	tuan⁵¹	nau²¹³（老）nuan²¹³（新）
建平	pã⁵³	pʰã⁵³	pʰã³⁵	mã²¹³	tuã⁴⁴	tuã²¹³	tuã⁵³	nɔ²¹³（老）nuã²¹³（新）
凌源	pan⁵¹	pʰan⁵¹	pʰan³⁵	man²¹⁴	tuan⁵⁵	tuan²¹⁴	tuan⁵¹	nau²¹⁴（老）nan²¹⁴（新）

	0561 乱	0562 酸	0563 算	0564 官	0565 宽	0566 欢	0567 完	0568 换
	山合一 去桓来	山合一 平桓心	山合一 去桓心	山合一 平桓见	山合一 平桓溪	山合一 平桓晓	山合一 平桓匣	山合一 去桓匣
沈阳	lan⁴¹	suan³³	suan⁴¹	kuan³³	kʰuan³³	xuan³³	van³⁵	xuan⁴¹
本溪	luan⁵¹	suan⁴⁴	suan⁵¹	kuan⁴⁴	kʰuan⁴⁴	xuan⁴⁴	uan³⁵	xuan⁵¹
辽阳	lan⁵¹	suan⁴⁴	suan⁵¹	kuan⁴⁴	kʰuan⁴⁴	xuan⁴⁴	uan³⁵	xuan⁵¹
海城	luan⁵¹	ṣuan⁴⁴	ṣuan⁵¹	kuan⁴⁴	kʰuan⁴⁴	xuan⁴⁴	uan³⁵	xuan⁵¹
开原	luan⁵¹	ṣuan⁴⁴	ṣuan⁵¹	kuan⁴⁴	kʰuan⁴⁴	xuan⁴⁴	uan³⁵	xuan⁵¹
锦州	luan⁵¹	ṣuan⁵⁵	ṣuan⁵¹	kuan⁵⁵	kʰuan⁵⁵	xuan⁵⁵	uan³⁵	xuan⁵¹
盘锦	lan⁵¹(老) luan⁵¹(新)	suan³⁵(又) suan⁵⁵(又)	suan⁵¹	kuan⁵⁵	kʰuan⁵⁵	xuan⁵⁵	uan³⁵	xuan⁵¹
兴城	luan⁵¹	ṣuan⁴⁴	ṣuan⁵¹	kuan⁴⁴	kʰuan⁴⁴	xuan⁴⁴	uan³⁵	xuan⁵¹
绥中	lan⁵¹(老) luan⁵¹(新)	ṣuan⁵⁵	ṣuan⁵¹	kuan⁵⁵	kʰuan⁵⁵	xuan⁵⁵	van³⁵	xuan⁵¹
义县	luan⁵¹(又) lan⁵¹(又)	ṣuan⁴⁴	ṣuan⁵¹	kuan⁴⁴	kʰuan⁴⁴	xuan⁴⁴	uan³⁵	xuan⁵¹
北票	lan⁵¹(又) luan⁵¹(又)	suan⁴⁴	suan⁵¹	kuan⁴⁴	kʰuan⁴⁴	xuan⁴⁴	uan³⁵	xuan⁵¹
阜新	lan⁵¹(老) luan⁵¹(新)	suan⁵⁵	suan⁵¹	kuan⁵⁵	kʰuan⁵⁵	xuan⁵⁵	uan³⁵	xuan⁵¹
黑山	lan⁵¹(又) luan⁵¹(又)	ṣuan⁴⁴	ṣuan⁵¹	kuan⁴⁴	kʰuan⁴⁴	xuan⁴⁴	uan³⁵	xuan⁵¹
昌图	lan⁵¹(又) luan⁵¹(又)	suan³³	suan⁵¹	kuan³³	kʰuan³³	xuan³³	uan³⁵	xuan⁵¹
大连	lã⁵²	sã³¹²	sa⁵²	kuã³¹²	kʰuã³¹²	xuã³¹²	uã³⁴	xuã⁵²
金州杏树	lã⁵²	sã³¹²	sã⁵²	kuã³¹²	kʰuã³¹²	xuã³¹²	uã³¹²	xuã⁵²
长海	lan⁵³	suan³¹	suan⁵³	kuan³¹	kʰuan³¹	xuan³¹	uan³¹	xuan⁵³
庄河	lan⁵¹	san³¹	san⁵¹	kuan³¹	kʰuan³¹	xuan³¹	uan³¹	xuan⁵¹
盖州	luan⁵¹	suan⁴¹²	suan⁵¹	kuan⁴¹²	kʰuan⁴¹²	xuan⁴¹²	uan²⁴	xuan⁵¹
丹东	luan⁵¹	suan⁴¹¹	suan⁵¹	kuan⁴¹¹	kʰuan⁴¹¹	xuan⁴¹¹	uan²⁴	xuan⁵¹
建平	luã⁵³	suã⁴⁴	suã⁵³	kuã⁴⁴	kʰuã⁴⁴	xuã⁴⁴	vã³⁵	xuã⁵³
凌源	lan⁵¹(又) luan⁵¹(又)	suan⁵⁵	suan⁵¹	kuan⁵⁵	kʰuan⁵⁵	xuan⁵⁵	van³⁵	xuan⁵¹

第二章　字音对照

	0569 碗 山合一 上桓影	0570 拨 山合一 入末帮	0571 泼 山合一 入末滂	0572 末 山合一 入末明	0573 脱 山合一 入末透	0574 夺 山合一 入末定	0575 阔 山合一 入末溪	0576 活 山合一 入末匣
沈阳	van²¹³	puo³⁵	pʰuo³⁵（又） pʰuo³³（又）	muo⁴¹	tʰuo³³	tuo³⁵	kʰuo⁴¹	xuo³⁵
本溪	uan²²⁴	puo⁴⁴	pʰuo⁴⁴	muo⁵¹	tʰuo⁴⁴	tuo³⁵	kʰuo⁵¹	xuo³⁵
辽阳	uan²¹³	pɤ³⁵	pʰɤ³⁵	mɤ⁵¹	tʰuo⁴⁴	tuo³⁵	kʰuo⁵¹	xuo³⁵
海城	uan²¹⁴	pɤ³⁵	pʰɤ⁴⁴	mɤ⁵¹	tʰuɤ³⁵	tuɤ³⁵	kʰuɤ⁵¹	xuɤ³⁵
开原	uan²¹³	pɤ⁴⁴（～弄） pɤ³⁵（～款）	pʰɤ⁴⁴（又） pʰɤ²¹³（又）	mɤ⁵¹	tʰuɤ⁴⁴	tuɤ³⁵	kʰuɤ⁵¹	xuɤ³⁵
锦州	uan²¹³	pɤ⁵⁵	pʰɤ⁵⁵	mɤ⁵¹	tʰuo⁵⁵	tuo³⁵	kʰuo⁵¹	xuo³⁵
盘锦	uan²¹³	pɤ⁵⁵	pʰɤ⁵⁵	mɤ⁵¹	tʰuo⁵⁵	tuo³⁵	kʰuo⁵¹	xuo³⁵
兴城	uan²¹³	pɤ⁴⁴（又） pɤ³⁵（又）	pʰɤ⁴⁴	mɤ⁵¹	tʰuo⁴⁴（又） tʰuo²¹³（又）	tuo³⁵	kʰuo⁵¹	xuo³⁵
绥中	van²¹³	pa⁵⁵（白） puo⁵⁵（文）	pʰuo⁵⁵	muo⁵¹	tʰuo⁵⁵	tuo³⁵	kʰuo⁵¹	xuo³⁵
义县	uan²¹³	pɤ³⁵（又） pɤ⁴⁴（又）	pʰɤ⁴⁴	mɤ⁵¹	tʰuo⁴⁴	tuo³⁵	kʰuo⁵¹	xuo³⁵
北票	uan²¹³	pɤ⁴⁴（又） pɤ³⁵（又）	pʰɤ⁴⁴	mɤ⁵¹	tʰuo⁴⁴	tuo³⁵	kʰuo⁵¹	xuo³⁵
阜新	uan²¹³	pɤ³⁵	pʰɤ⁵⁵	mɤ⁵¹	tʰuo⁵⁵	tuo³⁵	kʰuo⁵¹	xuo³⁵
黑山	uan²¹³	pɤ⁴⁴（又） pɤ³⁵（又）	pʰɤ⁴⁴	mɤ⁵¹	tʰuo⁴⁴	tuo³⁵	kʰuo⁵¹	xuo³⁵
昌图	uan²¹³	pɤ³³	pʰɤ³³	mɤ⁵¹	tʰuo³³	tuo³⁵	kʰuo⁵¹	xuo³⁵
大连	uã²¹³	pɤ³¹²	pʰɤ²¹³	mɤ⁵²	tʰuə²¹³	tuə³⁴	kʰuə⁵²	xuə³⁴
金州 杏树	uã²¹³	pɤ²¹³	pʰɤ²¹³	mɤ⁵²	tʰɤ²¹³	tuə⁵²	kʰuə⁵²	xuə⁵²
长海	uan²¹⁴	pɤ³¹	pʰɤ²¹⁴	mɤ⁵³	tʰɤ²¹⁴	tuə⁵³	kʰuə⁵³	xuə⁵³
庄河	uan²¹³	pə²¹³	pʰə²¹³	mə⁵¹	tʰə²¹³	tə⁵¹	kʰuə⁵¹	xuə⁵¹
盖州	uan²¹³	pɤ²⁴	pʰɤ⁴¹²	mɤ⁵¹	tʰuɤ²¹³	tuɤ²⁴	kʰuɤ⁵¹	xuɤ²⁴
丹东	uan²¹³	pɤ²⁴	pʰɤ²¹³	mɤ⁵¹	tʰuo²¹³	tuo²⁴	kʰuo⁵¹	xuo²⁴
建平	vã²¹³	pa³⁵	pʰɤ⁴⁴	mɤ⁵³	tʰuə⁴⁴	tuə³⁵	kʰuə⁵³	xuə³⁵
凌源	van²¹⁴	pɤ³⁵（又） pɤ⁵⁵（又）	pʰɤ⁵⁵	mɤ⁵¹	tʰuo⁵⁵	tuo³⁵	kʰuo⁵¹	xuo³⁵

	0577 顽 ~皮，~固	0578 滑	0579 挖	0580 闩	0581 关 ~门	0582 惯	0583 还动	0584 还副
	山合二 平山疑	山合二 入黠匣	山合二 入黠影	山合二 平删生	山合二 平删见	山合二 去删见	山合二 平删匣	山合二 平删匣
沈阳	van³⁵	xua³⁵	va³⁵	ʂuan³³	kuan³³	kuan⁴¹	xuan³⁵	xai³⁵
本溪	uan³⁵	xua³⁵	ua⁴⁴	suan⁴⁴	kuan⁴⁴	kuan⁵¹	xuan³⁵	xai³⁵
辽阳	uan³⁵	xua³⁵	ua⁴⁴	suan⁴⁴	kuan⁴⁴	kuan⁵¹	xuan³⁵	xai³⁵
海城	uan³⁵	xua³⁵	ua⁴⁴	ʂuan⁴⁴	kuan⁴⁴	kuan⁵¹	xuan³⁵	xai³⁵
开原	uan³⁵	xua³⁵	ua⁴⁴	（无）	kuan⁴⁴	kuan⁵¹	xuan³⁵	xai³⁵
锦州	uan³⁵	xua³⁵	ua³⁵	（无）	kuan⁵⁵	kuan⁵¹	xuan³⁵	xai⁵¹（又） xai³⁵（又）
盘锦	uan³⁵	xua³⁵	ua⁵⁵	suan⁵⁵	kuan⁵⁵	kuan⁵¹	xuan³⁵	xai⁵¹（又） xai³⁵（又）
兴城	uan³⁵	xua³⁵	ua⁴⁴（又） ua³⁵（又）	（无）	kuan⁴⁴	kuan⁵¹	xuan³⁵	xai³⁵
绥中	van³⁵	xua³⁵	va⁵⁵	ʂuan⁵⁵	kuan⁵⁵	kuan⁵¹	xuan³⁵	xai³⁵
义县	uan³⁵	xuan³⁵	ua⁴⁴	（无）	kuan⁴⁴	kuan⁵¹	xuan³⁵	xai³⁵（又） xai⁵¹（又）
北票	uan³⁵	xua³⁵	ua⁴⁴	（无）	kuan⁴⁴	kuan⁵¹	xuan³⁵	xai³⁵
阜新	uan³⁵	xua³⁵	ua⁵⁵	（无）	kuan⁵⁵	kuan⁵¹	xuan³⁵	xai³⁵
黑山	uan³⁵	xuan³⁵	ua⁴⁴	（无）	kuan⁴⁴	kuan⁵¹	xuan³⁵	xai³⁵
昌图	uan³⁵	xua³⁵	ua³³	suan³³	kuan³³	kuan⁵¹	xuan³⁵	xai³⁵
大连	uã³⁴	xua³⁴	ua³⁴	suã³¹²	kuã³¹²	kuã⁵²	xuã³⁴	xɛ³⁴
金州杏树	uã³¹²	xua⁵²	ua³¹²	tshã³¹²	kuã³¹²	kuã⁵²	xuã⁵²	xɛ⁵²
长海	uan³¹	xua⁵³	ua³¹	suan³¹	kuan³¹	kuan⁵³	xuan⁵³	xai⁵³
庄河	uan³¹	xua⁵¹	ua³¹	tshan³¹	kuan³¹	kuan⁵¹	xuan⁵¹	xai⁵¹
盖州	uan²⁴	xua²⁴	ua⁴¹²	suan⁴¹²	kuan⁴¹²	kuan⁵¹	xuan²⁴	xai⁵¹
丹东	uan²⁴	xua²⁴	ua⁴¹¹	ʂuan⁴¹¹	kuan⁴¹¹	kuan⁵¹	xuan²⁴	xai²⁴
建平	vã³⁵	xua³⁵	va⁴⁴	ʂuã⁴⁴	kuã⁴⁴	kuã⁵³	xuã³⁵	xɛ³⁵
凌源	van³⁵	xua³⁵	va⁵⁵	（无）	kuan⁵⁵	kuan⁵¹	xuan³⁵	xai³⁵

第二章　字音对照

	0585 弯 山合二 平删影	0586 刷 山合二 入鎋生	0587 刮 山合二 入鎋见	0588 全 山合三 平仙从	0589 选 山合三 上仙心	0590 转 ～眼，～送 山合三 上仙知	0591 传 ～下来 山合三 平仙澄	0592 传～记 山合三 去仙澄
沈阳	van³³	ʂua³⁵	kua³³	tɕʰyan³⁵	ɕyan²¹³	tsuan²¹³	tʂʰuan³⁵	tsuan⁴¹
本溪	uan⁴⁴	ʂua²²⁴	kua²²⁴	tɕʰyan³⁵	ɕyan²²⁴	tʂuan²²⁴	tʂʰuan³⁵	tsuan⁵¹
辽阳	uan⁴⁴	ʂua⁴⁴	kua³⁵	tɕʰyan³⁵	ɕyan²¹³	tʂuan⁵¹	tʂʰuan³⁵	tsuan⁵¹
海城	uan⁴⁴	ʂua³⁵	kua²¹⁴	tɕʰyan³⁵	ɕyan²¹⁴	tʂuan²¹⁴	tʂʰuan³⁵	tsuan⁵¹
开原	uan⁴⁴	ʂua⁴⁴	kua²¹³	tɕʰyan³⁵	ɕyan²¹³	tʂuan²¹³	tʂʰuan³⁵	tsuan⁵¹
锦州	uan⁵⁵	ʂua⁵⁵	kua²¹³（又） kua⁵⁵（又）	tʂʰuan	ʂuan²¹³	tʂuan²¹³	tʂʰuan³⁵	tsuan⁵¹
盘锦	uan⁵⁵	ʂua⁵⁵	kua²¹³（又） kua⁵⁵（又）	tɕʰyan³⁵	ɕyan²¹³	tʂuan²¹³	tʂʰuan³⁵	tsuan⁵¹
兴城	uan⁴⁴	ʂua⁴⁴	kua⁴⁴	tʂʰuan³⁵（老） tɕʰyan³⁵（新）	ʂuan²¹³（老） ɕyan²¹³（新）	tʂuan²¹³	tʂʰuan³⁵	tsuan⁵¹
绥中	van⁵⁵	ʂua⁵⁵	kua²¹³（又） kua⁵⁵（又）	tɕʰyan³⁵	ɕyan²¹³	tʂuan²¹³	tʂʰuan³⁵	tsuan⁵¹
义县	uan⁴⁴	ʂua⁴⁴	kua⁴⁴（又） kua²¹³（又）	tɕʰyan³⁵	ɕyan²¹³	tʂuan²¹³	tʂʰuan³⁵	tsuan⁵¹
北票	uan⁴⁴	ʂua⁴⁴	kua²¹³（又） kua⁴⁴（又）	tɕʰyan³⁵	ɕyan²¹³	tʂuan²¹³	tʂʰuan³⁵	tsuan⁵¹
阜新	uan⁵⁵	ʂua⁵⁵	kua⁵⁵	tɕʰyan³⁵	ɕyan²¹³	tʂuan²¹³	tʂʰuan³⁵	tsuan⁵¹
黑山	uan⁴⁴	ʂua⁴⁴	kua²¹³（又） kua⁴⁴（又）	tɕʰyan³⁵	ɕyan²¹³	tʂuan²¹³	tʂʰuan³⁵	tsuan⁵¹
昌图	uan³³	ʂua³³	kua³³	tɕʰyan³⁵	ɕyan²¹³	tʂuan²¹³	tʂʰuan³⁵	tsuan⁵¹
大连	uã³¹²	sua²¹³	kʰua²¹³	tɕʰyɛ̃³⁴	ɕyɛ̃²¹³	tsuã⁵²	tsʰuã³⁴	tsuã⁵²
金州杏树	uã³¹²	sua²¹³	kʰua²¹³（白） kua²¹³（文）	tɕʰyɛ̃⁵²	ɕyɛ̃²¹³	tsuã²¹³	tsʰuã⁵²	tsuã⁵²
长海	uan³¹	sua²¹⁴	kua²¹⁴	tʃʰyan⁵³	ʃyan²¹⁴	tʃuan²¹⁴	tʃʰuan⁵³	tʃuan⁵³
庄河	uan³¹	sua²¹³	kua²¹³	tɕʰyan⁵¹	ɕyan²¹³	tsuan²¹³	tsʰuan⁵¹	tsuan⁵¹
盖州	uan⁴¹²	ʂua²¹³	kua²¹³	tɕʰyan²⁴	ɕyan²¹³	tsuan²¹³	tsʰuan²⁴	tsuan⁵¹
丹东	uan⁴¹¹	ʂua²¹³	kua²¹³	tɕʰyan²⁴	ɕyan²¹³	tʂuan²¹³	tʂʰuan²⁴	tsuan⁵¹
建平	vã⁴⁴	ʂua⁴⁴	kua²¹³（又） kua⁴⁴（又）	tɕʰyɛ̃³⁵	ɕyɛ̃²¹³	tsuã²¹³	tsʰuã³⁵	tsuã⁵³
凌源	van⁵⁵	ʂua⁵⁵	kua⁵⁵（又） kua²¹³（又）	tɕʰyan³⁵	ɕyan²¹⁴	tsuan²¹⁴	tʂʰuan³⁵	tsuan⁵¹

	0593 砖	0594 船	0595 软	0596 卷 ~起	0597 圈 圆~	0598 权	0599 圆	0600 院
	山合三平仙章	山合三平仙船	山合三上仙日	山合三上仙见	山合三平仙溪	山合三平仙群	山合三平仙云	山合三去仙云
沈阳	tṣuan³³	tṣʰuan³⁵	yan²¹³	tɕyan²¹³	tɕʰyan³³	tɕʰyan³⁵	yan³⁵	yan⁴¹
本溪	tṣuan⁴⁴	tṣʰuan³⁵	yan²²⁴	tɕyan²²⁴	tɕʰyan⁴⁴	tɕʰyan³⁵	yan³⁵	yan⁵¹
辽阳	tṣuan⁴⁴	tṣʰuan³⁵	yan²¹³	tɕyan²¹³	tɕʰyan⁴⁴	tɕʰyan³⁵	yan³⁵	yan⁵¹
海城	tṣuan⁴⁴	tṣʰuan³⁵	yan²¹⁴	tɕyan²¹⁴	tɕʰyan⁴⁴	tɕʰyan³⁵	yan³⁵	yan⁵¹
开原	tṣuan⁴⁴	tṣʰuan³⁵	yan²¹³	tɕyan²¹³	tɕʰyan⁴⁴	tɕʰyan³⁵	yan³⁵	yan⁵¹
锦州	tṣuan⁵⁵	tṣʰuan³⁵	yan²¹³	tṣuan²¹³	tṣʰuan⁵⁵	tṣʰuan³⁵	yan³⁵	yan⁵¹
盘锦	tsuan⁵⁵	tṣʰuan³⁵	yan²¹³	tɕyan²¹³	tɕʰyan⁵⁵	tɕʰyan³⁵	yan³⁵	yan⁵¹
兴城	tṣuan⁴⁴	tṣʰuan³⁵	yan²¹³	tṣuan²¹³（老） tɕyan²¹³（新）	tṣʰuan⁴⁴（老） tɕʰyan⁴⁴（新）	tṣʰuan³⁵（老） tɕʰyan³⁵（新）	yan³⁵	yan⁵¹
绥中	tṣuan⁵⁵	tṣʰuan³⁵	yan²¹³	tɕyan²¹³	tṣʰuan⁵⁵	tṣʰuan³⁵	yan³⁵	yan⁵¹
义县	tṣuan⁴⁴	tṣʰuan³⁵	ʐuan²¹³	tɕyan²¹³	tɕʰyan⁴⁴	tɕʰyan³⁵	yan³⁵	yan⁵¹
北票	tṣuan⁴⁴	tṣʰuan³⁵	ʐuan²¹³	tɕyan²¹³	tɕʰyan⁴⁴	tɕʰyan³⁵	yan³⁵	yan⁵¹
阜新	tṣuan⁵⁵	tṣʰuan³⁵	ʐuan²¹³	tɕyan²¹³	tɕʰyan⁵⁵	tɕʰyan³⁵	yan³⁵	yan⁵¹
黑山	tṣuan⁴⁴	tṣʰuan³⁵	ʐuan²¹³	tɕyan²¹³	tɕʰyan⁴⁴	tɕʰyan³⁵	yan³⁵	yan⁵¹
昌图	tsuan³³	tṣʰuan³⁵	yan²¹³	tɕyan²¹³	tɕʰyan³³	tɕʰyan³⁵	yan³⁵	yan⁵¹
大连	tsuã³¹²	tsʰuã³⁴	yɛ̃²¹³	tɕyɛ̃²¹³	tɕʰyɛ̃³¹²	tɕʰyɛ̃³⁴	yɛ̃³⁴	yɛ̃⁵²
金州杏树	tsuã³¹²	tsʰuã⁵²	yɛ̃²¹³	tɕyɛ̃²¹³	tɕʰyɛ̃³¹²	tɕʰyɛ̃⁵²	yɛ̃⁵²	yɛ̃⁵²
长海	tuan³¹	tsʰuan⁵³	yan²¹⁴	cyan²¹⁴	cʰyan³¹	cʰyan⁵³	yan⁵³	yan⁵³
庄河	tsuan³¹	tsʰuan⁵¹	yan²¹³	tɕyan²¹³	tɕʰyan³¹	tɕʰyan⁵¹	yan⁵¹	yan⁵¹
盖州	tsuan⁴¹²	tsʰuan²⁴	yan²¹³	tɕyan²¹³	tɕʰyan⁴¹²	tɕʰyan²⁴	yan²⁴	yan⁵¹
丹东	tsuan⁴¹¹	tsʰuan²⁴	yan²¹³	tɕyan²¹³	tɕʰyan⁴¹¹	tɕʰyan²⁴	yan²⁴	yan⁵¹
建平	tsuã⁴⁴	tsʰuã³⁵	ʐuã²¹³	tɕyɛ̃²¹³	tɕʰyɛ̃⁴⁴	tɕʰyɛ̃²¹³（又） tɕʰyɛ̃³⁵（又）	yɛ̃³⁵	yɛ̃⁵³
凌源	tsuan⁵⁵	tsʰuan³⁵	ʐuan²¹⁴	tɕyan²¹⁴	tɕʰyan⁵⁵	tɕʰyan³⁵	yan³⁵	yan⁵¹

	0601 铅 ~笔 山合三 平仙以	0602 绝 山合三 入薛从	0603 雪 山合三 入薛心	0604 反 山合三 上元非	0605 翻 山合三 平元敷	0606 饭 山合三 去元奉	0607 晚 山合三 上元微	0608 万 麻将牌 山合三 去元微
沈阳	tɕʰian³³	tɕye³⁵	ɕye²¹³	fan²¹³	fan³³	fan⁴¹	van²¹³	van⁴¹
本溪	tɕʰian⁴⁴	tɕye³⁵	ɕye²²⁴	fan²²⁴	fan⁴⁴	fan⁵¹	uan²²⁴	uan⁵¹
辽阳	tɕʰian⁴⁴	tɕye³⁵	ɕye²¹³	fan²¹³	fan⁴⁴	fan⁵¹	uan²¹³	uan⁵¹
海城	tɕʰian⁴⁴	tɕye³⁵	ɕye²¹⁴	fan²¹⁴	fan⁴⁴	fan⁵¹	uan²¹⁴	uan⁵¹
开原	tɕʰian⁴⁴	tɕye³⁵	ɕye²¹³	fan²¹³	fan⁴⁴	fan⁵¹	uan²¹³	uan⁵¹
锦州	tɕʰian⁵⁵	tɕye³⁵	ɕye²¹³	fan²¹³	fan⁵⁵	fan⁵¹	uan²¹³	uan⁵¹
盘锦	tɕʰian⁵⁵	tɕye³⁵	ɕye²¹³	fan²¹³	fan⁵⁵	fan⁵¹	uan²¹³	uan⁵¹
兴城	tɕʰian⁴⁴	tɕye³⁵	ɕye²¹³	fan²¹³	fan⁴⁴	fan⁵¹	uan²¹³	uan⁵¹
绥中	tɕʰian⁵⁵	tɕye³⁵	ɕye²¹³	fan²¹³	fan⁵⁵	fan⁵¹	van²¹³	van⁵¹
义县	tɕʰian⁴⁴	tɕye³⁵	ɕye²¹³	fan²¹³	fan⁴⁴	fan⁵¹	uan²¹³	uan⁵¹
北票	tɕʰian⁴⁴	tɕye³⁵	ɕye²¹³	fan²¹³	fan⁴⁴	fan⁵¹	uan²¹³	uan⁵¹
阜新	tɕʰian⁵⁵	tɕye³⁵	ɕye²¹³	fan²¹³	fan⁵⁵	fan⁵¹	uan²¹³	uan⁵¹
黑山	tɕʰian⁴⁴	tɕye³⁵	ɕye²¹³	fan²¹³	fan⁴⁴	fan⁵¹	uan²¹³	uan⁵¹
昌图	tɕʰian³³	tɕye³⁵	ɕye²¹³	fan²¹³	fan³³	fan⁵¹	uan²¹³	uan⁵¹
大连	tɕʰiɛ³¹²	tɕye³⁴	ɕye²¹³	fã²¹³	fã³¹²	fã⁵²	uã²¹³	uã⁵²
金州杏树	tɕʰiɛ³¹²	tɕye⁵²	ɕye²¹³	fã²¹³	fã³¹²	fã⁵²	uã²¹³	uã⁵²
长海	cʰian³¹	cye⁵³	ʃiɛ²¹⁴(白) ʃye²¹⁴(文)	fan²¹⁴	fan³¹	fan⁵³	uan²¹⁴	uan⁵³
庄河	tɕʰian³¹	tɕye⁵¹	ɕye²¹³	fan²¹³	fan³¹	fan⁵¹	uan²¹³	uan⁵¹
盖州	tɕʰian⁴¹²	tɕye²⁴	ɕye²¹³	fan²¹³	fan⁴¹²	fan⁵¹	uan²¹³	uan⁵¹
丹东	tɕʰian⁴¹¹	tɕye²⁴	ɕye²¹³	fan²¹³	fan⁴¹¹	fan⁵¹	uan²¹³	uan⁵¹
建平	tɕʰiɛ̃⁴⁴	tɕye³⁵	ɕye²¹³	fã²¹³	fã⁴⁴	fã⁵³	vã²¹³	vã⁵³
凌源	tɕʰiɛn⁵⁵	tɕye³⁵	ɕye²¹⁴	fan²¹⁴	fan⁵⁵	fan⁵¹	van²¹⁴	van⁵¹

	0609 劝	0610 原	0611 冤	0612 园	0613 远	0614 发头~	0615 罚	0616 袜
	山合三去元溪	山合三平元疑	山合三平元影	山合三平元云	山合三上元云	山合三入月非	山合三入月奉	山合三入月微
沈阳	tɕʰyan⁴¹	yan³⁵	yan³³	yan³⁵	yan²¹³	fa²¹³	fa³⁵	va⁴¹
本溪	tɕʰyan⁵¹	yan³⁵	yan⁴⁴	yan³⁵	yan²²⁴	fa⁵¹	fa³⁵	ua⁵¹
辽阳	tɕʰyan⁵¹	yan³⁵	yan⁴⁴	yan³⁵	yan²¹³	fa⁵¹	fa³⁵	ua⁵¹
海城	tɕʰyan⁵¹	yan³⁵	yan⁴⁴	yan³⁵	yan²¹⁴	fa⁵¹	fa³⁵	ua⁵¹
开原	tɕʰyan⁵¹	yan³⁵	yan⁴⁴	yan³⁵	yan²¹³	fa⁵¹	fa³⁵	ua⁵¹
锦州	tʂʰuan⁵¹	yan³⁵	yan⁵⁵	yan³⁵	yan²¹³	fa⁵¹	fa³⁵	ua⁵¹
盘锦	tɕʰyan⁵¹	yan³⁵	yan⁵⁵	yan³⁵	yan²¹³	fa⁵¹	fa³⁵	ua⁵¹
兴城	tʂʰuan⁵¹（老）tɕyan⁵¹（新）	yan³⁵	yan⁴⁴	yan³⁵	yan²¹³	fa⁵¹	fa³⁵	ua⁵¹
绥中	tʂʰuan⁵¹	yan³⁵	yan⁵⁵	yan³⁵	yan²¹³	fa⁵¹	fa³⁵	va⁵¹
义县	tɕʰyan⁵¹	yan³⁵	yan⁴⁴	yan³⁵	yan²¹³	fa⁵¹	fa³⁵	ua⁵¹
北票	tɕʰyan⁵¹	yan³⁵	yan⁴⁴	yan³⁵	yan²¹³	fa⁵¹	fa³⁵	ua⁵¹
阜新	tɕʰyan⁵¹	yan³⁵	yan⁵⁵	yan³⁵	yan²¹³	fa²¹³（又）fa⁵¹（又）	fa³⁵	ua⁵¹
黑山	tɕʰyan⁵¹	yan³⁵	yan⁴⁴	yan³⁵	yan²¹³	fa⁵¹	fa³⁵	ua⁵¹
昌图	tɕʰyan⁵¹	yan³⁵	yan³³	yan³⁵	yan²¹³	fa⁵¹	fa³⁵	ua⁵¹
大连	tɕʰyɛ̃⁵²	yɛ̃³⁴	yɛ̃³¹²	yɛ̃³⁴	yɛ̃²¹³	fa²¹³	fa³⁴	ua⁵²
金州杏树	tɕʰyɛ̃⁵²	yɛ̃⁵²	yɛ̃³¹²	yɛ̃⁵²	yɛ̃²¹³	fa²¹³	fa⁵²	ua²¹³
长海	cʰyan⁵³	yan⁵³	yan³¹	yan⁵³	yan²¹⁴	fa²¹⁴	fa⁵³	ua²¹⁴
庄河	tɕʰyan⁵¹	yan⁵¹	yan³¹	yan⁵¹	yan²¹³	fa²¹³	fa⁵¹	ua²¹³
盖州	tɕʰyan⁵¹	yan²⁴	yan⁴¹²	yan²⁴	yan²¹³	fa⁵¹	fa²⁴	ua⁵¹
丹东	tɕʰyan⁵¹	yan²⁴	yan⁴¹¹	yan²⁴	yan²¹³	fa²¹³	fa²⁴	ua⁵¹
建平	tɕʰyɛ̃⁵³	yɛ̃³⁵	yɛ̃⁴⁴	yɛ̃³⁵	yɛ̃²¹³	fa⁵³	fa³⁵	va⁵³
凌源	tɕʰyan⁵¹	yan³⁵	yan⁵⁵	yan³⁵	yan²¹⁴	fa⁵¹	fa³⁵	va⁵¹

第二章 字音对照

	0617 月 山合三 入月疑	0618 越 山合三 入月云	0619 县 山合四 去先匣	0620 决 山合四 入屑见	0621 缺 山合四 入屑溪	0622 血 山合四 入屑晓	0623 吞 臻开一 平痕透	0624 根 臻开一 平痕见
沈阳	yɛ⁴¹	yɛ⁴¹	ɕian⁴¹	tɕyɛ³⁵	tɕʰyɛ³³	ɕyɛ²¹³	tʰuən³³	kən³³
本溪	yɛ⁵¹	yɛ⁵¹	ɕian⁵¹	tɕyɛ³⁵	tɕʰyɛ⁴⁴	ɕyɛ²²⁴(白) ɕiɛ²²⁴(文)	tʰuən⁴⁴	kən⁴⁴
辽阳	yɛ⁵¹	yɛ⁵¹	ɕian⁵¹	tɕyɛ³⁵	tɕʰyɛ⁴⁴	ɕyɛ²¹³	tʰuən⁴⁴	kən⁴⁴
海城	yɛ⁵¹	yɛ⁵¹	ɕian⁵¹	tɕyɛ³⁵	tɕʰyɛ⁴⁴	ɕiɛ²¹⁴(白) ɕyɛ²¹⁴(文)	tʰuən⁴⁴	kən⁴⁴
开原	yɛ⁵¹	yɛ⁵¹	ɕian⁵¹	tɕyɛ³⁵	tɕʰyɛ⁴⁴	ɕyɛ²¹³	tʰuən⁴⁴	kən⁴⁴
锦州	yɛ⁵¹	yɛ⁵¹	ɕian⁵¹	tɕyɛ³⁵	tɕʰyɛ⁵⁵	ɕyɛ²¹³	tʰuən⁵⁵	kən⁵⁵
盘锦	yɛ⁵¹	yɛ⁵¹	ɕian⁵¹	tɕyɛ³⁵	tɕʰyɛ⁵⁵	ɕiɛ²¹³(白) ɕyɛ²¹³(文)	tʰuən⁵⁵	kən⁵⁵
兴城	yɛ⁵¹	yɛ⁵¹	ɕian⁵¹	tɕyɛ³⁵	tɕʰyɛ⁴⁴	ɕyɛ²¹³	tʰuən⁴⁴	kən⁴⁴
绥中	yɛ⁵¹	yɛ⁵¹	ɕian⁵¹	tɕyɛ³⁵	tɕʰyɛ⁵⁵	ɕyɛ²¹³	tʰuən⁵⁵	kən⁵⁵
义县	yɛ⁵¹	yɛ⁵¹	ɕian⁵¹	tɕyɛ³⁵	tɕʰyɛ⁴⁴	ɕyɛ²¹³	tʰuən⁴⁴	kən⁴⁴
北票	yɛ⁵¹	yɛ⁵¹	ɕian⁵¹	tɕyɛ³⁵	tɕʰyɛ⁴⁴	ɕyɛ²¹³	tʰuən⁴⁴	kən⁴⁴
阜新	yɛ⁵¹	yɛ⁵¹	ɕian⁵¹	tɕyɛ³⁵	tɕʰyɛ⁵⁵	ɕyɛ²¹³	tʰuən⁵⁵	kən⁵⁵
黑山	yɛ⁵¹	yɛ⁵¹	ɕian⁵¹	tɕyɛ³⁵	tɕʰyɛ⁴⁴	ɕyɛ²¹³	tʰuən³⁵(又) tʰuən⁴⁴(又)	kən⁴⁴
昌图	yɛ⁵¹	yɛ⁵¹	ɕian⁵¹	tɕyɛ³⁵	tɕʰyɛ³³	ɕiɛ²¹³	tʰuən³³	kən³³
大连	yɛ⁵²	yɛ⁵²	ɕiẽ⁵²	tɕyɛ³⁴	tɕʰyɛ²¹³	ɕiɛ²¹³	tʰə̃³¹²	kə̃³¹²
金州 杏树	yɛ⁵²	yɛ⁵²	ɕiẽ⁵²	tɕyɛ⁵²	tɕʰyɛ²¹³	ɕiɛ²¹³	tʰə̃³¹²	kə̃³¹²
长海	yɛ²¹⁴	yɛ⁵³	ɕian⁵³	ɕyɛ⁵³	cʰyɛ²¹⁴	ɕiɛ²¹⁴	tʰən³¹	kən³¹
庄河	yɛ⁵¹	yɛ⁵¹	ɕian⁵¹	tɕyɛ⁵¹	tɕʰyɛ²¹³	ɕyɛ²¹³	tʰən³¹	kən³¹
盖州	yɛ⁵¹	yɛ⁵¹	ɕian⁵¹	tɕyɛ²⁴	tɕʰyɛ²¹³	ɕiɛ²¹³(又) ɕyɛ²¹³(又)	tʰuən⁴¹²	kən⁴¹²
丹东	yɛ⁵¹	yɛ⁵¹	ɕian⁵¹	tɕyɛ²⁴	tɕʰyɛ²¹³	ɕiɛ²¹³	tʰuən⁴¹¹	kən⁴¹¹
建平	yɛ⁵³	yɛ⁵³	ɕiẽ⁵³	tɕyɛ³⁵	tɕʰyɛ⁴⁴	ɕiɛ²¹³	tʰuə̃⁴⁴	kə̃⁴⁴
凌源	yɛ⁵¹	yɛ⁵¹	ɕiɛn⁵¹	tɕyɛ³⁵	tɕʰyɛ⁵⁵	ɕiɛ²¹⁴	tʰuən⁵⁵	kən⁵⁵

	0625 恨 臻开一去痕匣	0626 恩 臻开一平痕影	0627 贫 臻开三平真並	0628 民 臻开三平真明	0629 邻 臻开三平真来	0630 进 臻开三去真精	0631 亲~人 臻开三平真清	0632 新 臻开三平真心
沈阳	xən⁴¹	ən³³	pʰin³⁵	min³⁵	lin³⁵	tɕin⁴¹	tɕʰin³³	ɕin³³
本溪	xən⁵¹	ən⁴⁴	pʰin³⁵	min³⁵	lin³⁵	tɕin⁵¹	tɕʰin⁴⁴	ɕin⁴⁴
辽阳	xən⁵¹	ən⁴⁴	pʰin³⁵	min³⁵	lin³⁵	tɕin⁵¹	tɕʰin⁴⁴	ɕin⁴⁴
海城	xən⁵¹	ən⁴⁴	pʰin³⁵	min³⁵	lin³⁵	tɕin⁵¹	tɕʰin⁴⁴	ɕin⁴⁴
开原	xən⁵¹	nən⁴⁴(老) ən⁴⁴(新)	pʰin³⁵	min³⁵	lin³⁵	tɕin⁵¹	tɕʰin⁴⁴	ɕin⁴⁴
锦州	xən⁵¹	nən⁵⁵(老) ən⁵⁵(新)	pʰin³⁵	min³⁵	lin³⁵	tɕin⁵¹	tɕʰin⁵⁵	ɕin⁵⁵
盘锦	xən⁵¹	nən⁵⁵(老) ən⁵⁵(新)	pʰiən³⁵	miən³⁵	liən³⁵	tɕiən⁵¹	tɕʰiən⁵⁵	ɕiən⁵⁵
兴城	xən⁵¹	nən⁴⁴(老) ən⁴⁴(新)	pʰin³⁵	min³⁵	lin³⁵	tɕin⁵¹	tɕʰin⁴⁴	ɕin⁴⁴
绥中	xən⁵¹	nən⁵⁵(老) ən⁵⁵(新)	pʰin³⁵	min³⁵	lin³⁵	tɕin⁵¹	tɕʰin⁵⁵	ɕin⁵⁵
义县	xən⁵¹	ən⁴⁴	pʰin³⁵	min³⁵	lin³⁵	tɕin⁵¹	tɕʰin⁴⁴	ɕin⁴⁴
北票	xən⁵¹	ən⁴⁴	pʰiən³⁵	miən³⁵	liən³⁵	tɕiən⁵¹	tɕʰiən⁴⁴	ɕiən⁴⁴
阜新	xən⁵¹	nən⁵⁵	pʰin³⁵	min³⁵	lin³⁵	tɕin⁵¹	tɕʰin⁵⁵	ɕin⁵⁵
黑山	xən⁵¹	ən⁴⁴	pʰiən³⁵	miən³⁵	liən³⁵	tɕiən⁵¹	tɕʰiən⁴⁴	ɕiən⁴⁴
昌图	xən⁵¹	ən³³	pʰiən³⁵	miən³⁵	liən³⁵	tɕiən⁵¹	tɕʰiən³³	ɕiən³³
大连	xə̃⁵²	ə̃³¹²	pʰĩ³⁴	mĩ³⁴	lĩ³⁴	tɕĩ⁵²	tɕʰĩ³¹²	ɕĩ³¹²
金州杏树	xə̃⁵²	ə̃³¹²	pʰĩ⁵²	mĩ⁶²	lĩ⁶²	tɕĩ⁵²	tɕʰĩ³¹²	ɕĩ³¹²
长海	xən⁵³	ən³¹	pʰiən⁵³	miən⁵³	liən⁵³	tʃiən⁵³	tʃʰiən³¹	ʃiən³¹
庄河	xən⁵¹	ən³¹	pʰin⁵¹	min²¹³	lin⁵¹	tɕin⁵¹	tɕʰin³¹	ɕin³¹
盖州	xən⁵¹	ən⁴¹²	pʰin²⁴	min²⁴	lin²⁴	tɕin⁵¹	tɕʰin⁴¹²	ɕin⁴¹²
丹东	xən⁵¹	ən⁴¹¹	pʰin²⁴	min²⁴	lin²⁴	tɕin⁵¹	tɕʰin⁴¹¹	ɕin⁴¹¹
建平	xə̃⁵³	nə̃⁴⁴(老) ə̃⁴⁴(新)	pʰĩ³⁵	mĩ³⁵	lĩ³⁵	tɕĩ⁶³	tɕʰĩ⁴⁴	ɕĩ⁴⁴
凌源	xən⁵¹	nən⁵⁵(老) ən⁵⁵(新)	pʰin³⁵	min³⁵	lin³⁵	tɕin⁵¹	tɕʰin⁵⁵	ɕin⁵⁵

	0633 镇	0634 陈	0635 震	0636 神	0637 身	0638 辰	0639 人	0640 认
	臻开三去真知	臻开三平真澄	臻开三去真章	臻开三平真船	臻开三平真书	臻开三平真禅	臻开三平真日	臻开三去真日
沈阳	tsən⁴¹	tsʰən³⁵	tsən⁴¹	sən³⁵	sən³³	tsʰən³⁵	in³⁵	in⁴¹
本溪	tʂən⁵¹	tʂʰən³⁵	tʂən⁵¹	ʂən³⁵	ʂən⁴⁴	tʂʰən³⁵	in³⁵	in⁵¹
辽阳	tsən⁵¹	tsʰən³⁵	tsən⁵¹	sən³⁵	sən⁴⁴	tsʰən³⁵	in³⁵	in⁵¹
海城	tʂən⁵¹	tʂʰən³⁵	tʂən⁵¹	ʂən³⁵	ʂən⁴⁴	tʂʰən³⁵	in³⁵	in⁵¹
开原	tʂən⁵¹	tʂʰən³⁵	tʂən⁵¹	ʂən³⁵	ʂən⁴⁴	tʂʰən³⁵	in³⁵（老）zʐən³（新）	in⁵¹（老）zʐən⁵（新）
锦州	tʂən⁵¹	tʂʰən³⁵	tʂən⁵¹	ʂən³⁵	ʂən⁵⁵	tʂʰən³⁵	in³⁵（老）zʐən³⁵（新）	in⁵¹（老）zʐən⁵¹（新）
盘锦	tʂən⁵¹	tʂʰən³⁵	tʂən⁵¹	ʂən³⁵	ʂən⁵⁵	tʂʰən³⁵	iən³⁵	iən⁵¹
兴城	tʂən⁵¹	tʂʰən³⁵	tʂən⁵¹	ʂən³⁵	ʂən⁴⁴	tʂʰən³⁵	in³⁵	in⁵¹
绥中	tʂən⁵¹	tʂʰən³⁵	tʂən⁵¹	ʂən³⁵	ʂən⁵⁵	tʂʰən³⁵	zʐən³⁵	zʐən⁵¹
义县	tʂən⁵¹	tʂʰən³⁵	tʂən⁵¹	ʂən³⁵	ʂən⁴⁴	tʂʰən³⁵	zʐən³⁵	zʐən⁵¹
北票	tʂən⁵¹	tʂʰən³⁵	tʂən⁵¹	ʂən³⁵	ʂən⁴⁴	tʂʰən³⁵	zʐən³⁵	zʐən⁵¹
阜新	tʂən⁵¹	tʂʰən³⁵	tʂən⁵¹	ʂən³⁵	ʂən⁵⁵	tʂʰən³⁵	zʐən³⁵	zʐən⁵¹
黑山	tʂən⁵¹	tʂʰən³⁵	tʂən⁵¹	ʂən³⁵	ʂən⁴⁴	tʂʰən³⁵	iən³⁵	iən⁵¹
昌图	tʂən⁵¹	tʂʰən³⁵	tʂən⁵¹	ʂən³⁵	ʂən³³	tʂʰən³⁵	iən³⁵	iən⁵¹
大连	tʃə̃⁵²	tʃʰə̃³⁴	tʃə̃⁵²	ʃə̃³⁴	ʃə̃³¹²	tʃʰə̃³⁴	ĩ³⁴	ĩ⁶²
金州杏树	tsə̃⁵²	tsʰə̃⁵²	tsə̃⁵²	sə̃⁵²	sə̃³¹²	tsʰə̃⁵²	ĩ³¹²	ĩ⁶²
长海	tʃən⁵³	tʃʰən⁵³	tʃən⁵³	ʃən³¹	ʃən³¹	tʃʰən⁵³	iən³¹	iən⁵³
庄河	tsən⁵¹	tsʰən⁵¹	tsən⁵¹	sən⁵¹	sən³¹	tsʰən⁵¹	in⁵¹	in⁵¹
盖州	tsən⁵¹	tsʰən²⁴	tsən⁵¹	sən²⁴	sən⁴¹²	tsʰən²⁴	in²⁴	in⁵¹
丹东	tʂən⁵¹	tʂʰən²⁴	tʂən⁵¹	ʂən²⁴	ʂən⁴¹¹	tʂʰən²⁴	in²⁴	in⁵¹
建平	tʂə̃⁵³	tʂʰə̃³⁵	tʂə̃⁵³	ʂə̃³⁵	ʂə̃⁴⁴	tʂʰə̃³⁵	zʐə̃³⁵	zʐə̃⁵³
凌源	tʂən⁵¹	tʂʰən³⁵	tʂən⁵¹	ʂən³⁵	ʂən⁵⁵	tʂʰən³⁵	zʐən³⁵	zʐən⁵¹

	0641 紧	0642 银	0643 印	0644 引	0645 笔	0646 匹	0647 密	0648 栗
	臻开三上真见	臻开三平真疑	臻开三去真影	臻开三上真以	臻开三入质帮	臻开三入质滂	臻开三入质明	臻开三入质来
沈阳	tɕin²¹³	in³⁵	in⁴¹	in²¹³	pi²¹³	pʰi³³	mi⁴¹	li⁴¹
本溪	tɕin²²⁴	in³⁵	in⁵¹	in²²⁴	pi²²⁴	pʰi⁴⁴	mi⁵¹	li⁵¹
辽阳	tɕin²¹³	in³⁵	in⁵¹	in²¹³	pi²¹³	pʰi⁴⁴	mi⁵¹	li⁵¹
海城	tɕin²¹⁴	in³⁵	in⁵¹	in²¹⁴	pi²¹⁴	pʰi²¹⁴	mi⁵¹	li⁵¹
开原	tɕin²¹³	in³⁵	in⁵¹	in²¹³	pi²¹³	pʰi⁴⁴	mi⁵¹	li⁵¹
锦州	tɕin²¹³	in³⁵	in⁵¹	in²¹³	pi²¹³	pʰi⁵⁵（又）pʰi²¹³（又）	mi⁵¹	li⁵¹
盘锦	tɕiən²¹³	iən³⁵	iən⁵¹	iən²¹³	pi²¹³	pʰi⁵⁵（又）pʰi²¹³（又）	mi⁵¹	li⁵¹
兴城	tɕin²¹³	in³⁵	in⁵¹	in²¹³	pi²¹³	pʰi⁴⁴	mi⁵¹	li⁵¹
绥中	tɕin²¹³	in³⁵	in⁵¹	in²¹³	pi²¹³	pʰi²¹³	mi⁵¹	li⁵¹
义县	tɕin²¹³	in³⁵	in⁵¹	in²¹³	pi²¹³	pʰi²¹³	mi⁵¹	li⁵¹
北票	tɕiən²¹³	iən³⁵	iən⁵¹	iən²¹³	pi²¹³	pʰi⁴⁴（又）pʰi²¹³（又）	mi⁵¹	li⁵¹
阜新	tɕin²¹³	in³⁵	in⁵¹	in²¹³	pi²¹³	pʰi²¹³（又）pʰi⁵⁵（又）	mi⁵¹	li⁵¹
黑山	tɕiən²¹³	iən³⁵	iən⁵¹	iən²¹³	pi²¹³	pʰi⁴⁴（又）pʰi²¹³（又）	mi⁵¹	li⁵¹
昌图	tɕiən²¹³	iən³⁵	iən⁵¹	iən²¹³	pi²¹³	pʰi²¹³	mi⁵¹	li⁵¹
大连	tɕĩ²¹³	ĩ³⁴	ĩ⁵²	ĩ²¹³	pi²¹³	pʰi³¹²	mi⁵²	le⁵²
金州杏树	tɕĩ²¹³	ĩ⁵²	ĩ⁵²	ĩ²¹³	pi²¹³	pʰi³¹²	mi²¹³	le⁵²
长海	ɕiən²¹⁴	iən⁵³	iən⁵³	iən²¹⁴	pi²¹⁴	pʰi³¹	mi⁵³	li⁵³
庄河	tɕin²¹³	in⁵¹	in⁵¹	in²¹³	pi²¹³	pʰi³¹	mi⁵¹	lei³¹
盖州	tɕin²¹³	in²⁴	in⁵¹	in²¹³	pi²¹³	pʰi⁴¹²	mi⁵¹	li⁵¹
丹东	tɕin²¹³	in²⁴	in⁵¹	in²¹³	pi²¹³	pʰi⁴¹¹	mi⁵¹	li⁵¹
建平	tɕĩ²¹³	ĩ³⁵	ĩ⁵³	ĩ²¹³	pei²¹³	pʰi²¹³	mi⁵³	li⁵³
凌源	tɕin²¹⁴	in³⁵	in⁵¹	in²¹⁴	pi²¹⁴	pʰi⁵⁵（又）pʰi²¹⁴（又）	mi⁵¹	li⁵¹

	0649 七 臻开三入质清	0650 侄 臻开三入质澄	0651 虱 臻开三入质生	0652 实 臻开三入质船	0653 失 臻开三入质书	0654 日 臻开三入质日	0655 吉 臻开三入质见	0656 一 臻开三入质影
沈阳	tɕʰi³³	tʂʅ³⁵	ʂʅ³³	ʂʅ³⁵	ʂʅ³⁵	i⁴¹	tɕi³⁵	i³³
本溪	tɕʰi⁴⁴	tʂʅ²²⁴	ʂʅ⁴⁴	ʂʅ³⁵	ʂʅ³⁵	ʐʅ⁵¹	tɕi³⁵	i⁴⁴
辽阳	tɕʰi⁴⁴	tʂʅ³⁵	ʂʅ⁴⁴	ʂʅ³⁵	ʂʅ⁴⁴	i⁵¹	tɕi³⁵	i⁴⁴
海城	tɕʰi⁴⁴	tʂʅ³⁵	ʂʅ⁴⁴	ʂʅ³⁵	ʂʅ⁴⁴	i⁵¹	tɕi³⁵	i⁴⁴
开原	tɕʰi⁴⁴	tʂʅ³⁵	ʂʅ⁴⁴	ʂʅ³⁵	ʂʅ⁴⁴	i⁵¹(老) ʐʅ⁵¹(新)	tɕi³⁵	i⁴⁴
锦州	tɕʰi⁵⁵	tʂʅ³⁵	ʂʅ⁵⁵	ʂʅ³⁵	ʂʅ⁵⁵	ʐʅ⁵¹	tɕi³⁵	i⁵⁵
盘锦	tɕʰi⁵⁵	tʂʅ³⁵	ʂʅ⁵⁵	ʂʅ³⁵	ʂʅ⁵⁵	ʐʅ⁵¹	tɕi³⁵	i⁵⁵
兴城	tɕʰi⁴⁴	tʂʅ³⁵	ʂʅ⁴⁴	ʂʅ³⁵	ʂʅ⁴⁴	ʐʅ⁵¹	tɕi³⁵	i⁴⁴
绥中	tɕʰi⁵⁵	tʂʅ³⁵	ʂʅ⁵⁵	ʂʅ³⁵	ʂʅ⁵⁵	ʐʅ⁵¹	tɕi³⁵	i⁵⁵
义县	tɕʰi⁴⁴	tʂʅ³⁵	ʂʅ⁴⁴	ʂʅ³⁵	ʂʅ⁴⁴	ʐʅ⁵¹	tɕi³⁵	i⁴⁴
北票	tɕʰi⁴⁴	tʂʅ³⁵	ʂʅ⁴⁴	ʂʅ³⁵	ʂʅ⁴⁴	ʐʅ⁵¹	tɕi³⁵	i⁴⁴
阜新	tɕʰi⁵⁵	tʂʅ³⁵	ʂʅ⁵⁵	ʂʅ³⁵	ʂʅ⁵⁵	ʐʅ⁵¹	tɕi³⁵	i⁵⁵
黑山	tɕʰi⁴⁴	tʂʅ³⁵	ʂʅ⁴⁴	ʂʅ³⁵	ʂʅ⁴⁴	ʐʅ⁵¹	tɕi³⁵	i⁴⁴
昌图	tɕʰi³⁵~个 tɕʰi³³第~	tʂʅ³⁵	ʂʅ³³	ʂʅ³⁵	ʂʅ³³	ʐʅ⁵¹	tɕi³⁵	i³³
大连	tɕʰi²¹³	tʃʅ³⁴	ʂʅ²¹³	ʃʅ³⁴	ʃʅ²¹³	i⁵²	tɕi²¹³	i²¹³
金州杏树	tɕʰi²¹³	tɕi⁵²	ʂʅ²¹³	ɕi⁵²	ɕi²¹³	i⁵²	tɕi²¹³	i²¹³
长海	tʃʰʅ²¹⁴	tʃʅ⁵³	ʂʅ²¹⁴	ʃʅ⁵³	ʃʅ²¹⁴	i⁵³	ci²¹⁴	i²¹⁴
庄河	tɕʰi²¹³	tɕi⁵¹	ʂʅ²¹³	ɕi⁵¹	ɕi⁵¹	i⁵¹	tɕi²¹³	i²¹³
盖州	tɕʰi²¹³	tʂʅ²⁴	ʂʅ²¹³	ʂʅ²⁴	ʂʅ²⁴	i⁵¹	tɕi²⁴	i²¹³
丹东	tɕʰi²¹³	tʂʅ²⁴	ʂʅ²¹³	ʂʅ²⁴	ʂʅ²⁴	i⁵¹	tɕi²⁴	i²¹³
建平	tɕʰi⁴⁴	tʂʅ³⁵	ʂʅ⁴⁴	ʂʅ³⁵	ʂʅ⁴⁴	ʐʅ⁵³	tɕi³⁵	i⁴⁴
凌源	tɕʰi⁵⁵	tʂʅ³⁵	ʂʅ⁵⁵	ʂʅ³⁵	ʂʅ⁵⁵	ʐʅ⁵¹	tɕi³⁵	i⁵⁵

	0657 筋 臻开三 平殷见	0658 劲 有~ 臻开三 去殷见	0659 勤 臻开三 平殷群	0660 近 臻开三 上殷群	0661 隐 臻开三 上殷影	0662 本 臻合一 上魂帮	0663 盆 臻合一 平魂並	0664 门 臻合一 平魂明
沈阳	tɕin³³	tɕin⁴¹	tɕʰin³⁵	tɕin⁴¹	in²¹³	pən²¹³	pʰən³⁵	mən³⁵
本溪	tɕin⁴⁴	tɕin⁵¹	tɕʰin³⁵	tɕin⁵¹	in²²⁴	pən²²⁴	pʰən³⁵	mən³⁵
辽阳	tɕin⁴⁴	tɕin⁵¹	tɕʰin³⁵	tɕin⁵¹	in²¹³	pən²¹³	pʰən³⁵	mən³⁵
海城	tɕin⁴⁴	tɕin⁵¹	tɕʰin³⁵	tɕin⁵¹	in²¹⁴	pən²¹⁴	pʰən³⁵	mən³⁵
开原	tɕin⁴⁴	tɕin⁵¹	tɕʰin³⁵	tɕin⁵¹	in²¹³	pən²¹³	pʰən³⁵	mən³⁵
锦州	tɕin⁵⁵	tɕin⁵¹	tɕʰin³⁵	tɕin⁵¹	in²¹³	pən²¹³	pʰən³⁵	mən³⁵
盘锦	tɕiən⁵⁵	tɕiən⁵¹	tɕʰiən³⁵	tɕiən⁵¹	iən²¹³	pən²¹³	pʰən³⁵	mən³⁵
兴城	tɕin⁴⁴	tɕin⁵¹	tɕʰin³⁵	tɕin⁵¹	in²¹³	pən²¹³	pʰən³⁵	mən³⁵
绥中	tɕin⁵⁵	tɕin⁵¹	tɕʰin³⁵	tɕin⁵¹	in²¹³	pən²¹³	pʰən³⁵	mən³⁵
义县	tɕin⁴⁴	tɕin⁵¹	tɕʰin³⁵	tɕin⁵¹	in²¹³	pən²¹³	pʰən³⁵	mən³⁵
北票	tɕiən⁴⁴	tɕiən⁵¹	tɕʰiən³⁵	tɕiən⁵¹	iən²¹³	pən²¹³	pʰən³⁵	mən³⁵
阜新	tɕin⁵⁵	tɕin⁵¹	tɕʰin³⁵	tɕin⁵¹	in²¹³	pən²¹³	pʰən³⁵	mən³⁵
黑山	tɕiən⁴⁴	tɕiən⁵¹	tɕʰiən³⁵	tɕiən⁵¹	iən²¹³	pən²¹³	pʰən³⁵	mən³⁵
昌图	tɕiən³³	tɕiən⁵¹	tɕʰiən³⁵	tɕiən⁵¹	iən²¹³	pən²¹³	pʰən³⁵	mən³⁵
大连	tɕĩ³¹²	tɕĩ⁵²	tɕʰĩ³⁴	tɕĩ⁵²	ĩ²¹³	pɤ̃²¹³	pʰɤ̃³⁴	mɤ̃³⁴
金州杏树	tɕĩ³¹²	tɕĩ⁵²	tɕʰĩ⁵²	tɕĩ⁵²	ĩ²¹³	pɤ̃²¹³	pʰɤ̃⁵²	mɤ̃³¹²
长海	ciən³¹	ciən⁵³	cʰiən⁵³	ciən⁵³	iən²¹⁴	pən²¹⁴	pʰən⁵³	mən³¹
庄河	tɕin³¹	tɕin⁵¹	tɕʰin⁵¹	tɕin⁵¹	in²¹³	pən²¹³	pʰən⁵¹	mən³¹
盖州	tɕin⁴¹²	tɕin⁵¹	tɕʰin²⁴	tɕin⁵¹	in²¹³	pən²¹³	pʰən²⁴	mən²⁴
丹东	tɕin⁴¹¹	tɕin⁵¹	tɕʰin²⁴	tɕin⁵¹	in²¹³	pən²¹³	pʰən²⁴	mən²⁴
建平	tɕĩ⁴⁴	tɕĩ⁵³	tɕʰĩ³⁵	tɕĩ⁵³	ĩ²¹³	pɤ̃²¹³	pʰɤ̃³⁵	mɤ̃³⁵
凌源	tɕin⁵⁵	tɕin⁵¹	tɕʰin³⁵	tɕin⁵¹	in²¹⁴	pən²¹⁴	pʰən³⁵	mən³⁵

	0665 墩	0666 嫩	0667 村	0668 寸	0669 蹲	0670 孙 ~子	0671 滚	0672 困
	臻合一 平魂端	臻合一 去魂泥	臻合一 平魂清	臻合一 去魂清	臻合一 平魂从	臻合一 平魂心	臻合一 上魂见	臻合一 去魂溪
沈阳	tuən³³	nən⁴¹	tsʰuən³³	tsʰuən⁴¹	tuən³³	suən³³	kuən²¹³	kʰuən⁴¹
本溪	tuən⁴⁴	lən⁵¹	tsʰuən⁴⁴	tsʰuən⁵¹	tuən⁴⁴	suən⁴⁴	kuən²²⁴	kʰuən⁵¹
辽阳	tuən⁴⁴	nən⁵¹	tsʰuən⁴⁴	tsʰuən⁵¹	tuən⁴⁴	suən⁴⁴	kuən²¹³	kʰuən⁵¹
海城	tuən⁴⁴	nən⁵¹	tʂʰuən⁴⁴	tʂʰuən⁵¹	tuən⁴⁴	ʂuən⁴⁴	kuən²¹⁴	kʰuən⁵¹
开原	tuən⁴⁴	nən⁵¹	tʂʰuən⁴⁴	tʂʰuən⁵¹	tuən⁴⁴	suən⁴⁴	kuən²¹³	kʰuən⁵¹
锦州	tuən⁵⁵	nən⁵¹	tʂʰuən⁵⁵	tʂʰuən⁵¹	tuən⁵⁵	ʂuən⁵⁵	kuən²¹³	kʰuən⁵¹
盘锦	tuən⁵⁵	nən⁵¹	tsʰuən⁵⁵	tsʰuən⁵¹	tuən⁵⁵	suən⁵⁵	kuən²¹³	kʰuən⁵¹
兴城	tuən⁴⁴	nən⁵¹	tsʰuən⁴⁴	tsʰuən⁵¹	tuən⁴⁴	ʂuən⁴⁴	kuən²¹³	kʰuən⁵¹
绥中	tuən⁵⁵	nuən⁵¹	tsʰuən⁵⁵	tsʰuən⁵¹	tuən⁵⁵	ʂuən⁵⁵	kuən²¹³	kʰuən⁵¹
义县	tuən⁴⁴	nən⁵¹	tʂʰuən⁴⁴	tʂʰuən⁵¹	tuən⁴⁴	ʂuən⁴⁴	kuən²¹³	kʰuən⁵¹
北票	tuən⁴⁴	lən⁵¹	tsʰuən⁴⁴	tsʰuən⁵¹	tuən⁴⁴	suən⁴⁴	kuən²¹³	kʰuən⁵¹
阜新	tuən⁵⁵	nən⁵¹	tsʰuən⁵⁵	tsʰuən⁵¹	tuən⁵⁵	suən⁵⁵	kuən²¹³	kʰuən⁵¹
黑山	tuən⁴⁴	nən⁵¹	tʂʰuən⁴⁴	tʂʰuən⁵¹	tuən⁴⁴	ʂuən⁴⁴	kuən²¹³	kʰuən⁵¹
昌图	tuən³³	lən⁵¹（又） nən⁵¹（又）	tʂʰuən³³	tʂʰuən⁵¹	tuən³³	suən³³	kuən²¹³	kʰuən⁵¹
大连	tə̃³¹²	lə̃⁵²	tsʰə̃³¹²	tsʰə̃⁵²	tə̃³¹²	sə̃³¹²	kuə̃²¹³	kʰuə̃⁵²
金州 杏树	tə̃³¹²	lə̃⁵²	tsʰə̃³¹²	tsʰə̃⁵²	tə̃³¹²	sə̃³¹²	kuə̃²¹³	kʰuə̃⁵²
长海	tuən³¹	lən⁵³	tsʰən³¹	tsʰən⁵³	tən³¹	sən³¹	kuən²¹⁴	kʰuən⁵³
庄河	tuən³¹	lən⁵¹	tsʰuən³¹	tsʰuən⁵¹	tən³¹	sən³¹	kuən²¹³	kʰuən⁵¹
盖州	tuən⁴¹²	lən⁵¹（又） nən⁵¹（又）	tsʰuən⁴¹²	tsʰuən⁵¹	tuən⁴¹²	suən⁴¹²	kuən²¹³	kʰuən⁵¹
丹东	tuən⁴¹¹	nən⁵¹	tsʰuən⁴¹¹	tsʰuən⁵¹	tuən⁴¹¹	suən⁴¹¹	kuən²¹³	kʰuən⁵¹
建平	tuə̃⁴⁴	lə̃⁵³	tsʰuə̃³⁵（又） tsʰuə̃⁴⁴（又）	tsʰuə̃⁵³	tuə̃⁴⁴	suə̃⁴⁴	kuə̃²¹³	kʰuə̃⁵³
凌源	tuən⁵⁵	lən⁵¹	tsʰuən⁵⁵	tsʰuən⁵¹	tuən⁵⁵	suən⁵⁵	kuən²¹⁴	kʰuən⁵¹

	0673 婚	0674 魂	0675 温	0676 卒 棋子	0677 骨	0678 轮	0679 俊	0680 笋
	臻合一平魂晓	臻合一平魂匣	臻合一平魂影	臻合一入没精	臻合一入没见	臻合三平谆来	臻合三去谆精	臻合三上谆心
沈阳	xuən³³	xuən³⁵	vən³³	tsu³⁵	ku²¹³	luən³⁵	tɕyn⁴¹	suən²¹³
本溪	xuən⁴⁴	xuən³⁵	uən⁴⁴	tʂu³⁵	ku²²⁴	luən³⁵	tɕyn⁵¹	suən²²⁴
辽阳	xuən⁴⁴	xuən³⁵	uən⁴⁴	tʂu³⁵	ku²¹³	luən³⁵	tɕyn⁵¹	suən²¹³
海城	xuən⁴⁴	xuən³⁵	uən⁴⁴	tʂu³⁵	ku²¹⁴	luən³⁵	tɕyn⁵¹	ʂuən²¹⁴
开原	xuən⁴⁴	xuən³⁵	uən⁴⁴	tʂu³⁵	ku²¹³	luən³⁵	tʂuən⁵¹(老) tɕyn⁵¹(新)	ʂuən²¹³
锦州	xuən⁵⁵	xuən³⁵	uən⁵⁵	tʂu³⁵	ku²¹³	luən³⁵	tʂuən⁵¹(老) tɕyn⁵¹(新)	ʂuən²¹³
盘锦	xuən⁵⁵	xuən³⁵	uən⁵⁵	tʂu³⁵	ku²¹³	luən³⁵	tsuən⁵¹	suən²¹³
兴城	xuən⁴⁴	xuən³⁵	uən⁴⁴	tʂu³⁵	ku²¹³	luən³⁵	tʂuən⁵¹(老) tɕyn⁵¹(新)	ʂuən²¹³
绥中	xuən⁵⁵	xuən³⁵	uən⁵⁵	tʂu³⁵	ku³⁵	luən⁵¹	tsuən⁵¹	ʂuən²¹³
义县	xuən⁴⁴	xuən³⁵	uən⁴⁴	tʂu³⁵	ku²¹³	luən³⁵	tʂuən⁵¹	ʂuən²¹³
北票	xuən⁴⁴	xuən³⁵	uən⁴⁴	tsu³⁵	ku²¹³	luən³⁵	tsuən⁵¹(老) tɕyən⁵¹(新)	suən²¹³
阜新	xuən⁵⁵	xuən³⁵	uən⁵⁵	tsu³⁵	ku²¹³	luən³⁵	tsuən⁵¹	suən²¹³
黑山	xuən⁴⁴	xuən³⁵	uən⁴⁴	tʂu³⁵	ku²¹³	luən³⁵	tʂuən⁵¹(老) tɕyən⁵¹(新)	ʂuən²¹³
昌图	xuən³³	xuən³⁵	uən³³	tʂu³⁵	ku²¹³	luən³⁵	tsuən⁵¹	ʂuən²¹³
大连	xuə̃³¹²	xuə̃³⁴	uə̃³¹²	tsu³⁴	ku²¹³	lə̃³⁴	tɕỹ⁵²	sə̃²¹³
金州杏树	xuə̃³¹²	xuə̃⁵²	uə̃³¹²	tsu⁵²	ku²¹³	lə̃⁵²	tɕỹ⁵²	sə̃²¹³
长海	xuən³¹	xuən⁵³	uən³¹	tu⁵³	ku²¹⁴	luən⁵³	tʃən⁵³	suən²¹⁴
庄河	xuən³¹	xuən⁵¹	uən³¹	tsu⁵¹	ku²¹³	luən⁵¹	tɕyn⁵¹	suən²¹³
盖州	xuən⁴¹²	xuən²⁴	uən⁴¹²	tsu²⁴	ku²¹³	luən²⁴	tɕyn⁵¹	suən²¹³
丹东	xuən⁴¹¹	xuən²⁴	uən⁴¹¹	tsu²⁴	ku²¹³	luən²⁴	tɕyn⁵¹	suən²¹³
建平	xuə̃⁴⁴	xuə̃³⁵	və̃⁴⁴	tsu³⁵	ku²¹³	luə̃³⁵	tsuə̃⁵³	suə̃²¹³
凌源	xuən⁵⁵	xuən³⁵	vən⁵⁵	tsu³⁵	ku²¹⁴	luən³⁵	tsuən⁵¹	suən²¹⁴

	0681 准	0682 春	0683 唇	0684 顺	0685 纯	0686 闰	0687 均	0688 匀
	臻合三上谆章	臻合三平谆昌	臻合三平谆船	臻合三去谆船	臻合三平谆禅	臻合三去谆日	臻合三平谆见	臻合三平谆以
沈阳	tsuən²¹³	tsʰuən³³	tʂʰuən³⁵	suən⁴¹	tsʰuən³⁵	in⁴¹	tɕyn³³	yn³⁵
本溪	tsuən²²⁴	tʂʰuən⁴⁴	tʂʰuən³⁵	ʂuən⁵¹	tʂʰuən³⁵	yn⁵¹	tɕyn⁴⁴	yn³⁵
辽阳	tsuən²¹³	tʂʰuən⁴⁴	tʂʰuən³⁵	suən⁵¹	tsʰuən³⁵	yn⁵¹	tɕyn⁴⁴	yn³⁵
海城	tsuən²¹⁴	tʂʰuən⁴⁴	tɕʰyn³⁵（老）tʂʰuən³⁵（新）	ʂuən⁵¹	tʂʰuən³⁵	yn⁵¹	tɕyn⁴⁴	yn³⁵
开原	tsuən²¹³	tʂʰuən⁴⁴	tʂʰuən³⁵	ʂuən⁵¹	tʂʰuən³⁵	in⁵¹	tɕyn⁴⁴	yn³⁵
锦州	tsuən²¹³	tʂʰuən⁵⁵	tʂʰuən³⁵	ʂuən⁵¹	tʂʰuən³⁵	in⁵¹	tɕyn⁵⁵	yn³⁵
盘锦	tsuən²¹³	tʂʰuən⁵⁵	tʂʰən³⁵（老）tʂʰuən³⁵（新）	suən⁵¹	tsʰuən³⁵	iən⁵¹（老）yən⁵¹（新）	tɕyən⁵⁵	yən³⁵
兴城	tsuən²¹³	tʂʰuən⁴⁴	tʂʰən³⁵	ʂuən⁵¹	tʂʰuən³⁵	in⁵¹	tɕyn⁴⁴	yn³⁵
绥中	tsuən²¹³	tʂʰuən⁵⁵	tʂʰuən³⁵	ʂuən⁵¹	tʂʰuən³⁵	yn⁵¹	tɕyn⁵⁵	yn³⁵
义县	tsuən²¹³	tʂʰuən⁴⁴	tʂʰuən³⁵	ʂuən⁵¹	tʂʰuən³⁵	ʐn⁵¹	tɕyn⁴⁴	yn³⁵
北票	tsuən²¹³	tʂʰuən⁴⁴	tʂʰuən³⁵	ʂuən⁵¹	tʂʰuən³⁵	ʐn⁵¹	tɕyən⁴⁴	yən³⁵
阜新	tsuən²¹³	tʂʰuən⁵⁵	tʂʰuən³⁵	ʂuən⁵¹	tsʰuən³⁵	ʐn⁵¹	tɕyn⁵⁵	yn³⁵
黑山	tsuən²¹³	tʂʰuən⁴⁴	tʂʰuən³⁵	ʂuən⁵¹	tsʰuən³⁵	iən⁵¹	tɕyən⁴⁴	yən³⁵
昌图	tsuən²¹³	tʂʰuən³³	tʂʰuən³⁵	ʂuən⁵¹	tsʰuən³⁵	iən⁵¹	tɕyən³³	yən³⁵
大连	tsuə̃²¹³	tsʰuə̃³¹²	tʂʰuə̃³⁴	suə̃⁵²	tsʰuə̃³⁴	ỹ⁵²	tɕỹ³¹²	ỹ³⁴
金州杏树	tsuə̃²¹³	tsʰuə̃³¹²	tʂʰuə̃⁵²	suə̃⁵²	tsʰuə̃⁵²	ỹ⁵²	tɕỹ³¹²	ỹ⁵²
长海	tʃuən²¹⁴	tʰuən³¹	tʰuən⁵³	ʃuən⁵³	tʃʰuən⁵³	yn⁵³	cyn³¹	yn⁵³
庄河	tsuən²¹³	tʂʰuən³¹	tʂʰuən⁵¹	suən⁵¹	tsʰuən²¹³	yn⁵¹	tɕyn³¹	yn⁵¹
盖州	tsuən²¹³	tʂʰuən⁴¹²	tʂʰuən²⁴	suən⁵¹	tsʰuən²⁴	yn⁵¹	tɕyn⁴¹²	yn²⁴
丹东	tsuən²¹³	tʂʰuən⁴¹¹	tɕʰyn²⁴	ʂuən⁵¹	tsʰuən²⁴	yn⁵¹	tɕyn⁴¹¹	yn²⁴
建平	tsuə̃²¹³	tʂʰuə̃⁴⁴	tʂʰuə̃³⁵	ʂuə̃⁵³	tʂʰuə̃³⁵	lĩ⁵³	tɕỹ⁴⁴	ỹ³⁵
凌源	tsuən²¹⁴	tʂʰuən⁵⁵	tʂʰuən³⁵	ʂuən⁵¹	tʂʰuən³⁵	ʐn⁵¹	tɕyn⁵⁵	yn³⁵

	0689 律	0690 出	0691 橘	0692 分 动	0693 粉	0694 粪	0695 坟	0696 蚊
	臻合三入术来	臻合三入术昌	臻合三入术见	臻合三平文非	臻合三上文非	臻合三去文非	臻合三平文奉	臻合三平文微
沈阳	ly⁴¹	tʂʰu³⁵	tɕy³⁵	fən³³	fən²¹³	fən⁴¹	fən³⁵	vən³⁵
本溪	ly⁵¹	tʂʰu³⁵	tɕy³⁵	fən⁴⁴	fən²²⁴	fən⁵¹	fən³⁵	uən³⁵
辽阳	ly⁵¹	tʂʰu³⁵	tɕy³⁵	fən⁴⁴	fən²¹³	fən⁵¹	fən³⁵	uən³⁵
海城	ly⁵¹	tʂʰu³⁵	tɕy³⁵	fən⁴⁴	fən²¹⁴	fən⁵¹	fən³⁵	uən³⁵
开原	ly⁵¹	tʂʰu⁴⁴	tɕy³⁵	fən⁴⁴	fən²¹³	fən⁵¹	fən³⁵	uən³⁵
锦州	ly⁵¹	tʂʰu⁵⁵	tɕy³⁵	fən⁵⁵	fən²¹³	fən⁵¹	fən³⁵	uən³⁵
盘锦	ly⁵¹	tʂʰu⁵⁵	tɕy³⁵	fən⁵⁵	fən²¹³	fən⁵¹	fən³⁵	uən³⁵
兴城	ly⁵¹	tʂʰu⁴⁴	tɕy³⁵	fən⁴⁴	fən²¹³	fən⁵¹	fən³⁵	uən³⁵
绥中	ly⁵¹	tʂʰu⁵⁵	tɕy³⁵	fən⁵⁵	fən²¹³	fən⁵¹	fən³⁵	uən³⁵
义县	ly⁵¹	tʂʰu⁴⁴	tɕy³⁵	fən⁴⁴	fən²¹³	fən⁵¹	fən³⁵	uən³⁵
北票	ly⁵¹	tʂʰu⁴⁴	tɕy³⁵	fən⁴⁴	fən²¹³	fən⁵¹	fən³⁵	uən³⁵
阜新	ly⁵¹	tʂʰu⁴⁴	tɕy³⁵	fən⁴⁴	fən²¹³	fən⁵¹	fən³⁵	uən³⁵
黑山	luei⁵¹	tʂʰu⁴⁴	tɕy³⁵	fən⁴⁴	fən²¹³	fən⁵¹	fən³⁵	uən³⁵
昌图	ly⁵¹	tʂʰu³⁵（又）tʂʰu³³（又）	tɕy³⁵	fən³³	fən²¹³	fən⁵¹	fən³⁵	uən³⁵
大连	ly⁵²	tʃʰu²¹³	tɕy³⁴	fə̃³¹²	fə̃²¹³	fə̃⁵²	fə̃³⁴	uə̃³⁴
金州杏树	ly⁵²	tɕʰy²¹³	tɕy⁵²	fə̃³¹²	fə̃²¹³	fə̃⁵²	fə̃⁵²	uə̃³¹²
长海	ly⁵³	tʃʰy²¹⁴	cy⁵³	fən³¹	fən²¹⁴	fən⁵³	fən⁵³	uən³¹
庄河	ly⁵¹	tɕʰy²¹³	tɕy⁵¹	fən³¹	fən²¹³	fən⁵¹	fən⁵¹	uən³¹
盖州	ly⁵¹	tʂʰu²⁴	tɕy²¹³	fən⁴¹²	fən²¹³	fən⁵¹	fən²⁴	uən²⁴
丹东	ly⁵¹	tʂʰu²¹³	tɕy²¹³	fən⁴¹¹	fən²¹³	fən⁵¹	fən²⁴	uən²⁴
建平	ly⁵³	tʂʰu⁴⁴	tɕy⁴⁴（又）tɕy³⁵（又）	fə̃⁴⁴	fə̃²¹³	fə̃⁵³	fə̃³⁵	və̃³⁵
凌源	ly⁵¹	tʂʰu⁵⁵	tɕy³⁵	fən⁵⁵	fən²¹⁴	fən⁵¹	fən³⁵	vən³⁵

	0697 问	0698 军	0699 裙	0700 熏	0701 云 ~彩	0702 运	0703 佛 ~像	0704 物
	臻合三 去文微	臻合三 平文见	臻合三 平文群	臻合三 平文晓	臻合三 平文云	臻合三 去文云	臻合三 入物奉	臻合三 入物微
沈阳	vən⁴¹	tɕyn³³	tɕʰyn³⁵	ɕyn³³	yn³⁵	yn⁴¹	fuo³⁵	u⁴¹
本溪	uən⁵¹	tɕyn⁴⁴	tɕʰyn³⁵	ɕyn⁴⁴	yn³⁵	yn⁵¹	fɤ³⁵	u⁵¹
辽阳	uən⁵¹	tɕyn⁴⁴	tɕʰyn³⁵	ɕyn⁴⁴	yn³⁵	yn⁵¹	fɤ³⁵	u⁵¹
海城	uən⁵¹	tɕyn⁴⁴	tɕʰyn³⁵	ɕyn⁴⁴	yn³⁵	yn⁵¹	fɤ³⁵	u⁵¹
开原	uən⁵¹	tɕyn⁴⁴	tʂʰuən³⁵（老） tɕʰyn³⁵（新）	ɕyn⁴⁴	yn³⁵	yn⁵¹	fɤ³⁵	u⁵¹
锦州	uən⁵¹	tɕyn⁵⁵	tʂʰuən³⁵（老） tɕʰyn³⁵（新）	ʂuan⁵⁵	yn³⁵	yn⁵¹	fɤ³⁵	u⁵¹
盘锦	uən⁵¹	tɕyən⁵⁵	tɕʰyən³⁵	ɕyən⁵⁵	yən³⁵	yən⁵¹	fɤ³⁵	u⁵¹
兴城	uən⁵¹	tɕyn⁴⁴	tʂʰuən³⁵（老） tɕʰyn³⁵（新）	ɕyn⁴⁴	yn³⁵	yn⁵¹	fɤ³⁵	u⁵¹
绥中	uən⁵¹	tɕyn⁵⁵	tɕʰyn³⁵	ɕyn⁵⁵	yn³⁵	yn⁵¹	fuo³⁵	u⁵¹
义县	uən⁵¹	tɕyn⁴⁴	tɕʰyn³⁵	ɕyn⁴⁴	yn³⁵	yn⁵¹	fɤ³⁵	u⁵¹
北票	uən⁵¹	tɕyən⁴⁴	tɕʰyən³⁵	ɕyən⁴⁴	yən³⁵	yən⁵¹	fɤ³⁵	u⁵¹
阜新	uən⁵¹	tɕyn⁵⁵	tɕʰyn³⁵	ɕyn⁵⁵	yn³⁵	yn⁵¹	fɤ³⁵	u⁵¹
黑山	uən⁵¹	tɕyən⁴⁴	tɕʰyən³⁵	ɕyən⁴⁴	yən³⁵	yən⁵¹	fɤ³⁵	u⁵¹
昌图	uən⁵¹	tɕyən³³	tɕʰyən³⁵	ɕyən³³	yən³⁵	yən⁵¹	fɤ³⁵	u⁵¹
大连	uə̃⁵²	tɕỹ³¹²	tɕʰỹ³⁴	ɕỹ³¹²	ỹ³⁴	ỹ⁵²	fɤ³⁴	u⁵²
金州 杏树	uə̃⁵²	tɕỹ³¹²	tɕʰỹ⁵²	ɕỹ³¹²	ỹ³¹²	ỹ⁵²	fɤ⁵²	u⁵²
长海	uən⁵³	ɕyn³¹	ɕʰyn⁵³	ɕyn³¹	yn³¹	yn⁵³	fɤ⁵³	u⁵³
庄河	uən⁵¹	tɕyn³¹	tɕʰyn⁵¹	ɕyn³¹	yn³¹	yn⁵¹	fə⁵¹	u⁵¹
盖州	uən⁵¹	tɕyn⁴¹²	tɕʰyn²⁴	ɕyn⁴¹²	yn²⁴	yn⁵¹	fɤ²⁴	u⁵¹
丹东	uən⁵¹	tɕyn⁴¹¹	tɕʰyn²⁴	ɕyn⁴¹¹	yn²⁴	yn⁵¹	fɤ²⁴	u⁵¹
建平	və̃⁵³	tɕỹ⁴⁴	tɕʰỹ³⁵	ɕỹ⁴⁴	ỹ³⁵	ỹ⁵³	fɤ³⁵	vu⁵³
凌源	vən⁵¹	tɕyn⁵⁵	tɕʰyn³⁵	ɕyn⁵⁵	yn³⁵	yn⁵¹	fɤ³⁵	vu⁵¹

	0705 帮	0706 忙	0707 党	0708 汤	0709 糖	0710 浪	0711 仓	0712 钢 名
	宕开一平唐帮	宕开一平唐明	宕开一上唐端	宕开一平唐透	宕开一平唐定	宕开一去唐来	宕开一平唐清	宕开一平唐见
沈阳	paŋ³³	maŋ³⁵	taŋ²¹³	tʰaŋ³³	tʰaŋ³⁵	laŋ⁴¹	tsʰaŋ³³	kaŋ³³
本溪	paŋ⁴⁴	maŋ³⁵	taŋ²²⁴	tʰaŋ⁴⁴	tʰaŋ³⁵	laŋ⁵¹	tʂʰaŋ⁴⁴	kaŋ⁴⁴
辽阳	paŋ⁴⁴	maŋ³⁵	taŋ²¹³	tʰaŋ⁴⁴	tʰaŋ³⁵	laŋ⁵¹	tsʰaŋ⁴⁴	kaŋ⁴⁴
海城	paŋ⁴⁴	maŋ³⁵	taŋ²¹⁴	tʰaŋ⁴⁴	tʰaŋ³⁵	laŋ⁵¹	tsʰaŋ⁴⁴	kaŋ⁴⁴
开原	paŋ⁴⁴	maŋ³⁵	taŋ²¹³	tʰaŋ⁴⁴	tʰaŋ³⁵	laŋ⁵¹	tsʰaŋ⁴⁴	kaŋ⁴⁴
锦州	paŋ⁵⁵	maŋ³⁵	taŋ²¹³	tʰaŋ⁵⁵	tʰaŋ³⁵	laŋ⁵¹	tʂʰaŋ⁵⁵	kaŋ⁵⁵
盘锦	paŋ⁵⁵	maŋ³⁵	taŋ²¹³	tʰaŋ⁵⁵	tʰaŋ³⁵	laŋ⁵¹	tʂʰaŋ⁵⁵	kaŋ⁵⁵
兴城	paŋ⁴⁴	maŋ³⁵	taŋ²¹³	tʰaŋ⁴⁴	tʰaŋ³⁵	laŋ⁵¹	tʂʰaŋ⁴⁴	kaŋ⁴⁴
绥中	paŋ⁵⁵	maŋ³⁵	taŋ²¹³	tʰaŋ⁵⁵	tʰaŋ³⁵	laŋ⁵¹	tʂʰaŋ⁵⁵	kaŋ⁵⁵
义县	paŋ⁴⁴	maŋ³⁵	taŋ²¹³	tʰaŋ⁴⁴	tʰaŋ³⁵	laŋ⁵¹	tsʰaŋ⁴⁴	kaŋ⁴⁴
北票	paŋ⁴⁴	maŋ³⁵	taŋ²¹³	tʰaŋ⁴⁴	tʰaŋ³⁵	laŋ⁵¹	tsʰaŋ⁴⁴	kaŋ⁴⁴
阜新	paŋ⁵⁵	maŋ³⁵	taŋ²¹³	tʰaŋ⁵⁵	tʰaŋ³⁵	laŋ⁵¹	tsʰaŋ⁵⁵	kaŋ⁵⁵
黑山	paŋ⁴⁴	maŋ³⁵	taŋ²¹³	tʰaŋ⁴⁴	tʰaŋ³⁵	laŋ⁵¹	tʂʰaŋ⁴⁴	kaŋ⁴⁴
昌图	paŋ³³	maŋ³⁵	taŋ²¹³	tʰaŋ³³	tʰaŋ³⁵	laŋ⁵¹	tʂʰaŋ³³	kaŋ³³
大连	paŋ³¹²	maŋ³⁴	taŋ²¹³	tʰaŋ³¹²	tʰaŋ³⁴	laŋ⁵²	tsʰaŋ³¹²	kaŋ³¹²
金州杏树	paŋ³¹²	maŋ³¹²	taŋ²¹³	tʰaŋ³¹²	tʰaŋ⁵²	laŋ⁵²	tsʰaŋ³¹²	kaŋ³¹²
长海	paŋ³¹	maŋ³¹	taŋ²¹⁴	tʰaŋ³¹	tʰaŋ⁵³	laŋ⁵³	tsʰaŋ³¹	kaŋ³¹
庄河	paŋ³¹	maŋ³¹	taŋ²¹³	tʰaŋ³¹	tʰaŋ⁵¹	laŋ⁵¹	tsʰaŋ³¹	kaŋ³¹
盖州	paŋ⁴¹²	maŋ²⁴	taŋ²¹³	tʰaŋ⁴¹²	tʰaŋ²⁴	laŋ⁵¹	tsʰaŋ⁴¹²	kaŋ⁴¹²
丹东	paŋ⁴¹¹	maŋ²⁴	taŋ²¹³	tʰaŋ⁴¹¹	tʰaŋ²⁴	laŋ⁵¹	tsʰaŋ⁴¹¹	kaŋ⁴¹¹
建平	pã⁴⁴	mã³⁵	tã²¹³	tʰã⁴⁴	tʰã³⁵	lã⁵³	tsʰã⁴⁴	kã⁴⁴
凌源	paŋ⁵⁵	maŋ³⁵	taŋ²¹⁴	tʰaŋ⁵⁵	tʰaŋ³⁵	laŋ⁵¹	tsʰaŋ⁵⁵	kaŋ⁵⁵

	0713 糠	0714 薄形	0715 摸	0716 托	0717 落	0718 作	0719 索	0720 各
	宕开一平唐溪	宕开一入铎並	宕开一入铎明	宕开一入铎透	宕开一入铎来	宕开一入铎精	宕开一入铎心	宕开一入铎见
沈阳	kʰaŋ³³	pau³⁵	muo³³	tʰuo³⁵	lau⁴¹	tsuo⁴¹	suo²¹³	kɤ⁴¹
本溪	kʰaŋ⁴⁴	puo³⁵	muo⁴⁴	tʰuo⁴⁴	lau⁵¹（又） luo⁵¹（又）	tʂuo⁵¹	suo²²⁴	kɤ⁵¹
辽阳	kʰaŋ⁴⁴	pau³⁵	mɤ⁴⁴	tʰuo⁴⁴	luo⁵¹	tsuo⁵¹	suo²¹³	kɤ⁵¹
海城	kʰaŋ⁴⁴	pau³⁵（白） pɤ³⁵（文）	mɤ⁴⁴	tʰuɤ⁴⁴	luɤ⁵¹	tʂuɤ⁵¹	ʂuɤ²¹⁴	kɤ⁵¹
开原	kʰaŋ⁴⁴	pau³⁵	mɤ⁴⁴	tʰuɤ⁴⁴	luɤ⁵¹（又） la⁵¹（又） lau⁵¹（又）	tʂuɤ⁵¹	ʂuɤ²¹³	kɤ⁵¹
锦州	kʰaŋ⁵⁵	pau³⁵	mɤ⁵⁵	tʰuo⁵⁵	luo⁵¹（又） la⁵¹（又）	tsuo⁵¹	ʂuo²¹³	kɤ⁵¹
盘锦	kʰaŋ⁵⁵	pɤ³⁵（又） pau³⁵（又）	mɤ⁵⁵	tʰuo⁵⁵	luo⁵¹	tsuo⁵¹（又） tsuo⁵⁵（又） tsuo³⁵（又）	suo²¹³	kɤ⁵¹
兴城	kʰaŋ³⁵	pau³⁵	mɤ⁴⁴	tʰuo⁴⁴	luo⁵¹	tʂuo⁵¹	ʂuo²¹³	kɤ⁵¹
绥中	kʰaŋ⁵⁵	pau³⁵（白） puo³⁵（文）	muo⁵⁵	tʰuo⁵⁵	la⁵¹（又） lau⁵¹（又）	tsuo⁵⁵	ʂuo²¹³	kɤ⁵¹
义县	kʰaŋ⁴⁴	pau³⁵	mɤ⁴⁴	tʰuo⁴⁴	luo⁵¹（又） la⁵¹（又） lau⁵¹（又）	tsuo⁵¹（又） tsuo⁴⁴（又）	ʂuo²¹³	kɤ⁵¹
北票	kʰaŋ⁴⁴	pau³⁵	mɤ⁴⁴	tʰuo⁴⁴	luo⁵¹（又） la⁵¹（又） lau⁵¹（又）	tsuo⁵¹（又） tsuo⁴⁴（又）	suo²¹³	kɤ⁵¹
阜新	kʰaŋ⁵⁵	pau³⁵	mɤ⁵⁵	tʰuo⁵⁵	luo⁵¹（又） la⁵¹（又）	tsuo⁵¹（又） tsuo⁵⁵（又）	suo²¹³	kɤ⁵¹
黑山	kʰaŋ⁴⁴	pau³⁵	mɤ⁴⁴	tʰuo⁴⁴	luo⁵¹（又） la⁵¹（又） lau⁵¹（又）	tʂuo⁵¹（又） tʂuo⁴⁴（又）	ʂuo²¹³	kɤ⁵¹
昌图	kʰaŋ³³	pɤ³⁵	mɤ³³	tʰuo³³	luo⁵¹ 降～ la⁵¹ ～家了	tsuo⁵¹	ʂuo²¹³	kɤ⁵¹
大连	kʰaŋ³¹²	pɤ³⁴	mɤ³¹²	tʰuə²¹³	luə⁵²	tsuə⁵²	suə²¹³	kɤ⁵²
金州杏树	kʰaŋ³¹²	pɤ⁵²	mɤ³¹²	tʰuə⁵²	luə²¹³	tsuə⁵²	suə²¹³	kɤ⁵²
长海	kʰaŋ³¹	pɤ⁵³	mɤ³¹	tʰuə²¹⁴	luə²¹⁴	tuə⁵³	suə⁵³	kɤ²¹⁴
庄河	kʰaŋ³¹	pə⁵¹	mə³¹	tʰuə³¹	luə⁵¹	tsuə⁵¹	suə²¹³	kə²¹³
盖州	kʰaŋ⁴¹²	pau²⁴	mɤ⁴¹²	tʰuɤ²¹³	luɤ⁵¹	tsuɤ⁵¹	suɤ²¹³	kɤ⁵¹
丹东	kʰaŋ⁴¹¹	pau²⁴	mɤ⁴¹¹	tʰuo⁴¹¹	luo⁵¹	tsuo⁵¹	suo²¹³	kɤ⁵¹
建平	kʰã³⁵	pɔ³⁵	mɤ⁴⁴	tʰuə⁴⁴	lɔ⁵³（又） la⁵³（又） luə⁵³（又）	tsuə⁵³（又） tʂuə⁴⁴（又）	suə²¹³	kɤ⁵³
凌源	kʰaŋ⁵⁵	pau³⁵	mɤ⁵⁵	tʰuo⁵⁵	luo⁵¹（又） la⁵¹（又） lau⁵¹（又）	tsuo⁵¹（又） tsuo⁵⁵（又）	suo²¹⁴	kɤ⁵¹

	0721 鹤 宕开一 入铎匣	0722 恶形,入声 宕开一 入铎影	0723 娘 宕开三 平阳泥	0724 两斤~ 宕开三 上阳来	0725 亮 宕开三 去阳来	0726 浆 宕开三 平阳精	0727 抢 宕开三 上阳清	0728 匠 宕开三 去阳从
沈阳	xɤ⁴¹	ɤ⁴¹	ȵiaŋ³⁵	liaŋ²¹³	liaŋ⁴¹	tɕiaŋ³³	tɕʰiaŋ²¹³	tɕiaŋ⁴¹
本溪	xɤ⁵¹	ɤ⁵¹	ȵiaŋ³⁵	liaŋ²²⁴	liaŋ⁵¹	tɕiaŋ⁴⁴	tɕʰiaŋ²²⁴	tɕiaŋ⁵¹
辽阳	xɤ⁵¹	u⁵¹	ȵiaŋ³⁵	liaŋ²¹³	liaŋ⁵¹	tɕiaŋ⁵¹	tɕʰiaŋ²¹³	tɕiaŋ⁵¹
海城	xɤ⁵¹	ɤ⁵¹	ȵiaŋ³⁵	liaŋ²¹⁴	liaŋ⁵¹	tɕiaŋ⁴⁴	tɕʰiaŋ²¹⁴	tɕiaŋ⁵¹
开原	xɤ⁵¹	nɤ⁴⁴（老） ɤ⁵¹（新）	ȵiaŋ³⁵	liaŋ²¹³	liaŋ⁵¹	tɕiaŋ⁴⁴	tɕʰiaŋ²¹³	tɕiaŋ⁵¹
锦州	xɤ⁵¹	nɤ⁵⁵（老） ɤ⁵¹（新）	ȵiaŋ³⁵	liaŋ²¹³	liaŋ⁵¹	tɕiaŋ⁵⁵	tɕʰiaŋ²¹³	tɕiaŋ⁵¹
盘锦	xɤ⁵¹	nɤ⁵¹（老） ɤ⁵¹（新）	ȵiaŋ³⁵	liaŋ²¹³	liaŋ⁵¹	tɕiaŋ⁵⁵	tɕʰiaŋ²¹³	tɕiaŋ⁵¹
兴城	xɤ⁵¹	nɤ⁴⁴（老） ɤ⁵¹（新）	ȵiaŋ³⁵	liaŋ²¹³	liaŋ⁵¹	tɕiaŋ⁴⁴	tɕʰiaŋ²¹³	tɕiaŋ⁵¹
绥中	xɤ⁵¹	nɤ⁵¹（老） ɤ⁵¹（新）	ȵiaŋ³⁵	liaŋ²¹³	liaŋ⁵¹	tɕiaŋ⁵⁵（又） tɕiaŋ⁵¹（又）	tɕʰiaŋ²¹³	tɕiaŋ⁵¹
义县	xɤ⁵¹	ɤ⁵¹（老） nɤ⁴⁴（新）	ȵiaŋ³⁵	liaŋ²¹³	liaŋ⁵¹	tɕiaŋ⁴⁴	tɕʰiaŋ²¹³	tɕiaŋ⁵¹
北票	xɤ⁵¹	nɤ⁴⁴（老） ɤ⁵¹（新）	ȵiaŋ³⁵	liaŋ²¹³	liaŋ⁵¹	tɕiaŋ⁴⁴	tɕʰiaŋ²¹³	tɕiaŋ⁵¹
阜新	xɤ⁵¹	nɤ⁵⁵	ȵiaŋ³⁵	liaŋ²¹³	liaŋ⁵¹	tɕiaŋ⁵⁵	tɕʰiaŋ²¹³	tɕiaŋ⁵¹
黑山	xɤ⁵¹	nɤ⁴⁴（老） ɤ⁵¹（新）	ȵiaŋ³⁵	liaŋ²¹³	liaŋ⁵¹	tɕiaŋ⁴⁴	tɕʰiaŋ²¹³	tɕiaŋ⁵¹
昌图	xɤ⁵¹	nɤ³³	ȵiaŋ³⁵	liaŋ²¹³	liaŋ⁵¹	tɕiaŋ³³	tɕʰiaŋ²¹³	tɕiaŋ⁵¹
大连	xɤ⁵²	ɤ⁵²	ȵiaŋ³⁴	liaŋ²¹³	liaŋ⁵²	tɕiaŋ³¹²	tɕʰiaŋ²¹³	tɕiaŋ⁵²
金州 杏树	xɤ⁵²	ɤ²¹³	ȵiaŋ⁵²	liaŋ²¹³	liaŋ⁵²	tɕiaŋ³¹²	tɕʰiaŋ²¹³	tɕiaŋ⁵²
长海	xɤ⁵³	ɤ⁵³	ȵiaŋ⁵³	liaŋ²¹⁴	liaŋ⁵³	tʃiaŋ³¹	tʃʰiaŋ²¹⁴	tʃiaŋ⁵³
庄河	xə⁵¹	ə⁵¹	ȵiaŋ⁵¹	liaŋ²¹³	liaŋ⁵¹	tɕiaŋ³¹	tɕʰiaŋ²¹³	tɕiaŋ⁵¹
盖州	xɤ⁵¹	ɤ⁵¹	ȵiaŋ²⁴	liaŋ²¹³	liaŋ⁵¹	tɕiaŋ⁴¹²	tɕʰiaŋ²¹³	tɕiaŋ⁵¹
丹东	xɤ⁵¹	ɤ⁵¹	ȵiaŋ²⁴	liaŋ²¹³	liaŋ⁵¹	tɕiaŋ⁴¹¹	tɕʰiaŋ²¹³	tɕiaŋ⁵¹
建平	xɤ⁵³	nɤ⁴⁴（又） nɤ⁵³（又） nɔ²¹³（又） vu⁵³（又）	ȵiã³⁵	liã²¹³	liã⁵³	tɕiã⁴⁴	tɕʰiã²¹³	tɕiã⁵³
凌源	xɤ⁵¹	ɤ⁵¹（老） nɤ⁵⁵（新）	ȵiaŋ³⁵	liaŋ²¹⁴	liaŋ⁵¹	tɕiaŋ⁵⁵	tɕʰiaŋ²¹⁴	tɕiaŋ⁵¹

	0729 想	0730 像	0731 张量	0732 长~短	0733 装	0734 壮	0735 疮	0736 床
	宕开三上阳心	宕开三上阳邪	宕开三平阳知	宕开三平阳澄	宕开三平阳庄	宕开三去阳庄	宕开三平阳初	宕开三平阳崇
沈阳	ɕiaŋ²¹³	ɕiaŋ⁴¹	tʂaŋ³³	tʂʰaŋ³⁵	tsuaŋ³³	tsuaŋ⁴¹	tʂʰuaŋ³³	tʂʰuaŋ³⁵
本溪	ɕiaŋ²²⁴	ɕiaŋ⁵¹	tʂaŋ⁴⁴	tʂʰaŋ³⁵	tsuaŋ⁴⁴	tsuaŋ⁵¹	tʂʰuaŋ⁴⁴	tʂʰuaŋ³⁵
辽阳	ɕiaŋ²¹³	ɕiaŋ⁵¹	tsaŋ⁴⁴	tsʰaŋ³⁵	tsuaŋ⁴⁴	tsuaŋ⁵¹	tsʰuaŋ⁴⁴	tsʰuaŋ³⁵
海城	ɕiaŋ²¹⁴	ɕiaŋ⁵¹	tʂaŋ⁴⁴	tʂʰaŋ³⁵	tsuaŋ⁴⁴	tsuaŋ⁵¹	tʂʰuaŋ⁴⁴	tʂʰuaŋ³⁵
开原	ɕiaŋ²¹³	ɕiaŋ⁵¹	tʂaŋ⁴⁴	tʂʰaŋ³⁵	tsuaŋ⁴⁴	tsuaŋ⁵¹	tʂʰuaŋ⁴⁴	tʂʰuaŋ³⁵
锦州	ɕiaŋ²¹³	ɕiaŋ⁵¹	tʂaŋ⁵⁵	tʂʰaŋ³⁵	tsuaŋ⁵⁵	tsuaŋ⁵¹	tʂʰuaŋ⁵⁵	tʂʰuaŋ³⁵
盘锦	ɕiaŋ²¹³	ɕiaŋ⁵¹	tʂaŋ⁵⁵	tʂʰaŋ³⁵	tsuaŋ⁵⁵	tsuaŋ⁵¹	tʂʰuaŋ⁵⁵	tʂʰuaŋ³⁵
兴城	ɕiaŋ²¹³	ɕiaŋ⁵¹	tʂaŋ⁴⁴	tʂʰaŋ³⁵	tsuaŋ⁴⁴	tsuaŋ⁵¹	tʂʰuaŋ⁴⁴	tʂʰuaŋ³⁵
绥中	ɕiaŋ²¹³	ɕiaŋ⁵¹	tʂaŋ⁵⁵	tʂʰaŋ³⁵	tsuaŋ⁵⁵	tsuaŋ⁵¹	tʂʰuaŋ⁵⁵	tʂʰuaŋ³⁵
义县	ɕiaŋ²¹³	ɕiaŋ⁵¹	tʂaŋ⁴⁴	tʂʰaŋ³⁵	tsuaŋ⁴⁴	tsuaŋ⁵¹	tʂʰuaŋ⁴⁴	tʂʰuaŋ³⁵
北票	ɕiaŋ²¹³	ɕiaŋ⁵¹	tʂaŋ⁴⁴	tʂʰaŋ³⁵	tsuaŋ⁴⁴	tsuaŋ⁵¹	tʂʰuaŋ⁴⁴	tʂʰuaŋ³⁵
阜新	ɕiaŋ²¹³	ɕiaŋ⁵¹	tʂaŋ⁵⁵	tʂʰaŋ³⁵	tsuaŋ⁵⁵	tʂuaŋ⁵¹（又）tʂuaŋ²¹³（又）	tʂʰuaŋ⁵⁵	tʂʰuaŋ³⁵
黑山	ɕiaŋ²¹³	ɕiaŋ⁵¹	tʂaŋ⁴⁴	tʂʰaŋ³⁵	tsuaŋ⁴⁴	tsuaŋ⁵¹	tʂʰuaŋ⁴⁴	tʂʰuaŋ³⁵
昌图	ɕiaŋ²¹³	ɕiaŋ⁵¹	tʂaŋ³³	tʂʰaŋ³⁵	tsuaŋ³³	tsuaŋ⁵¹	tʂʰuaŋ³³	tʂʰuaŋ³⁵
大连	ɕiaŋ²¹³	ɕiaŋ⁵²	tʃaŋ³¹²	tʃʰaŋ³⁴	tsuaŋ³¹²	tsuaŋ⁵²	tʂʰaŋ³¹²	tʂʰuaŋ³⁴
金州杏树	ɕiaŋ²¹³	ɕiaŋ⁵²	tsaŋ³¹²	tsʰaŋ⁵²	tsuaŋ³¹²	tsuaŋ⁵²	tsʰuaŋ³¹²	tsʰuaŋ⁵²
长海	ʃaŋ²¹⁴	ʃiaŋ⁵³	tʃaŋ³¹	tʃʰaŋ⁵³	tuaŋ³¹	tuaŋ⁵³	tsʰaŋ³¹	tʰuaŋ⁵³
庄河	ɕiaŋ²¹³	ɕiaŋ⁵¹	tsaŋ³¹	tsʰaŋ⁵¹	tsuaŋ³¹	tsuaŋ⁵¹	tsʰaŋ³¹	tsʰuaŋ⁵¹
盖州	ɕiaŋ²¹³	ɕiaŋ⁵¹	tsaŋ⁴¹²	tsʰaŋ²⁴	tsuaŋ⁴¹²	tsuaŋ⁵¹	tsʰuaŋ⁴¹²	tsʰuaŋ²⁴
丹东	ɕiaŋ²¹³	ɕiaŋ⁵¹	tʂaŋ⁴¹¹	tʂʰaŋ²⁴	tsuaŋ⁴¹¹	tsuaŋ⁵¹	tʂʰaŋ⁴¹¹	tʂʰuaŋ²⁴
建平	ɕiã²¹³	ɕiã⁵³	tʂã⁴⁴	tʂʰã³⁵	tʂuã⁴⁴	tʂuã⁵³	tʂʰuã⁴⁴	tʂʰuã³⁵
凌源	ɕiaŋ²¹⁴	ɕiaŋ⁵¹	tʂaŋ⁵⁵	tʂʰaŋ³⁵	tsuaŋ⁵⁵	tsuaŋ⁵¹	tʂʰuaŋ⁵⁵	tʂʰuaŋ³⁵

	0737 霜	0738 章	0739 厂	0740 唱	0741 伤	0742 尝	0743 上~去	0744 让
	宕开三平阳生	宕开三平阳章	宕开三上阳昌	宕开三去阳昌	宕开三平阳书	宕开三平阳禅	宕开三上阳禅	宕开三去阳日
沈阳	ʂuaŋ³³	tʂaŋ³³	tʂʰaŋ²¹³	tʂʰaŋ⁴¹	saŋ³³	tʂʰaŋ³⁵	saŋ⁴¹	iaŋ⁴¹
本溪	ʂuaŋ⁴⁴	tʂaŋ⁴⁴	tʂʰaŋ²²⁴	tʂʰaŋ⁵¹	saŋ⁴⁴	tʂʰaŋ³⁵	saŋ⁵¹	iaŋ⁵¹
辽阳	ʂuaŋ⁴⁴	tʂaŋ⁴⁴	tʂʰaŋ²¹³	tʂʰaŋ⁵¹	saŋ⁴⁴	tʂʰaŋ³⁵	saŋ⁵¹	iaŋ⁵¹
海城	ʂuaŋ⁴⁴	tʂaŋ⁴⁴	tʂʰaŋ²¹⁴	tʂʰaŋ⁵¹	ʂaŋ⁴⁴	tʂʰaŋ³⁵	ʂaŋ⁵¹	iaŋ⁵¹
开原	ʂuaŋ⁴⁴	tʂaŋ⁴⁴	tʂʰaŋ²¹³	tʂʰaŋ⁵¹	ʂaŋ⁴⁴	tʂʰaŋ³⁵	ʂaŋ⁵¹	iaŋ⁵¹（老）zaŋ⁵¹（新）
锦州	ʂuaŋ⁵⁵	tʂaŋ⁵⁵	tʂʰaŋ²¹³	tʂʰaŋ⁵¹	ʂaŋ⁵⁵	tʂʰaŋ³⁵	ʂaŋ⁵¹	iaŋ⁵¹
盘锦	ʂuaŋ⁵⁵	tʂaŋ⁵⁵	tʂʰaŋ²¹³	tʂʰaŋ⁵¹	ʂaŋ⁵⁵	tʂʰaŋ³⁵	ʂaŋ⁵¹	iaŋ⁵¹
兴城	ʂuaŋ⁴⁴	tʂaŋ⁴⁴	tʂʰaŋ²¹³	tʂʰaŋ⁵¹	ʂaŋ⁴⁴	tʂʰaŋ³⁵	ʂaŋ⁵¹	iaŋ⁵¹
绥中	ʂuaŋ⁵⁵	tʂaŋ⁵⁵	tʂʰaŋ²¹³	tʂʰaŋ⁵¹	ʂaŋ⁵⁵	tʂʰaŋ³⁵	ʂaŋ⁵¹	zaŋ⁵¹
义县	ʂuaŋ⁴⁴	tʂaŋ⁴⁴	tʂʰaŋ²¹³	tʂʰaŋ⁵¹	ʂaŋ⁴⁴	tʂʰaŋ³⁵	ʂaŋ⁵¹	zaŋ⁵¹
北票	ʂuaŋ⁴⁴	tʂaŋ⁴⁴	tʂʰaŋ²¹³	tʂʰaŋ⁵¹	ʂaŋ⁴⁴	tʂʰaŋ³⁵	ʂaŋ⁵¹	zaŋ⁵¹
阜新	ʂuaŋ⁵⁵	tʂaŋ⁵⁵	tʂʰaŋ²¹³	tʂʰaŋ⁵¹	ʂaŋ⁵⁵	tʂʰaŋ³⁵	ʂaŋ⁵¹	zaŋ⁵¹
黑山	ʂuaŋ⁴⁴	tʂaŋ⁴⁴	tʂʰaŋ²¹³	tʂʰaŋ⁵¹	ʂaŋ⁴⁴	tʂʰaŋ³⁵	ʂaŋ⁵¹	iaŋ⁵¹
昌图	ʂuaŋ³³	tʂaŋ³³	tʂʰaŋ²¹³	tʂʰaŋ⁵¹	ʂaŋ³³	tʂʰaŋ³⁵	ʂaŋ⁵¹	iaŋ⁵¹
大连	suaŋ³¹²	tʃaŋ³¹²	tʃʰaŋ²¹³	tʃʰaŋ⁵²	ʃaŋ³¹²	tʃʰaŋ³⁴	ʃaŋ⁵²	iaŋ⁵²
金州杏树	ʂuaŋ³¹²	tʂaŋ³¹²	tʂʰaŋ²¹³	tʂʰaŋ⁵²	saŋ³¹²	tʂʰaŋ⁵²	saŋ⁵²	iaŋ⁵²
长海	suaŋ³¹	tʃaŋ³¹	tʃʰaŋ²¹⁴	tʃʰaŋ⁵³	ʃaŋ³¹	tʃʰaŋ⁵³	ʃaŋ⁵³	iaŋ⁵³
庄河	ʂuaŋ³¹	tʂaŋ³¹	tʂʰaŋ²¹³	tʂʰaŋ⁵¹	saŋ³¹	tʂʰaŋ⁵¹	saŋ⁵¹	iaŋ⁵¹
盖州	ʂuaŋ⁴¹²	tʂaŋ⁴¹²	tʂʰaŋ²¹³	tʂʰaŋ⁵¹	saŋ⁴¹²	tʂʰaŋ²⁴	saŋ⁵¹	iaŋ⁵¹
丹东	ʂuaŋ⁴¹¹	tʂaŋ⁴¹¹	tʂʰaŋ²¹³	tʂʰaŋ⁵¹	ʂaŋ⁴¹¹	tʂʰaŋ²⁴	ʂaŋ⁵¹	iaŋ⁵¹
建平	ʂuã⁴⁴	tʂã⁴⁴	tʂʰã²¹³	tʂʰã⁵³	ʂã⁴⁴	tʂʰã³⁵	ʂã⁵³	zã⁵³
凌源	ʂuaŋ⁵⁵	tʂaŋ⁵⁵	tʂʰaŋ²¹⁴	tʂʰaŋ⁵¹	ʂaŋ⁵⁵	tʂʰaŋ³⁵	ʂaŋ⁵¹	zaŋ⁵¹

	0745 姜 生~	0746 响	0747 向	0748 秧	0749 痒	0750 样	0751 雀	0752 削
	宕开三平阳见	宕开三上阳晓	宕开三去阳晓	宕开三平阳影	宕开三上阳以	宕开三去阳以	宕开三入药精	宕开三入药心
沈阳	tɕiaŋ³³	ɕiaŋ²¹³	ɕiaŋ⁴¹	iaŋ³³	iaŋ²¹³	iaŋ⁴¹	tɕʰiau²¹³（老）tɕʰye⁴¹（新）	ɕye²¹³
本溪	tɕiaŋ⁴⁴	ɕiaŋ²²⁴	ɕiaŋ⁵¹	iaŋ⁴⁴	iaŋ²²⁴	iaŋ⁵¹	tɕʰiau²²⁴（老）tɕʰye⁵¹（新）	ɕiau⁴⁴（白）ɕye²²⁴（文）
辽阳	tɕiaŋ⁴⁴	ɕiaŋ²¹³	ɕiaŋ⁵¹	iaŋ⁴⁴	iaŋ²¹³	iaŋ⁵¹	tɕʰye⁵¹	ɕiau⁴⁴
海城	tɕiaŋ⁴⁴	ɕiaŋ²¹⁴	ɕiaŋ⁵¹	iaŋ⁴⁴	iaŋ²¹⁴	iaŋ⁵¹	tɕʰiau²¹⁴（老）tɕʰye⁵¹（新）	ɕye²¹⁴
开原	tɕiaŋ⁴⁴	ɕiaŋ²¹³	ɕiaŋ⁵¹	iaŋ⁴⁴	iaŋ²¹³	iaŋ⁵¹	tɕʰiau²¹³（老）tɕʰye⁵¹（新）	ɕiau⁴⁴（白）ɕye²¹³（文）ɕye⁴⁴（文）
锦州	tɕiaŋ⁵⁵	ɕiaŋ²¹³	ɕiaŋ⁵¹	iaŋ⁵⁵	iaŋ²¹³	iaŋ⁵¹	tɕʰiau²¹³（老）tɕʰye⁵¹（新）	ɕye²¹³（又）ɕye⁵⁵（又）
盘锦	tɕiaŋ⁵⁵	ɕiaŋ²¹³	ɕiaŋ⁵¹	iaŋ⁵⁵	iaŋ²¹³	iaŋ⁵¹	tɕʰiau²¹³（老）tɕʰye⁵¹（新）	ɕiau⁵⁵（白）ɕye⁵⁵（文）ɕye²¹³（文）
兴城	tɕiaŋ⁴⁴	ɕiaŋ²¹³	ɕiaŋ⁵¹	iaŋ⁴⁴	iaŋ²¹³	iaŋ⁵¹	tɕʰiau²¹³（老）tɕʰye⁵¹（新）	ɕiau⁴⁴（白）ɕye⁴⁴（文）
绥中	tɕiaŋ⁵⁵	ɕiaŋ²¹³	ɕiaŋ⁵¹	iaŋ⁵⁵	iaŋ²¹³	iaŋ⁵¹	tɕʰiau²¹³（老）tɕʰye⁵¹（新）	ɕyɛ⁵⁵（白）ɕiau⁵⁵（文）
义县	tɕiaŋ⁴⁴	ɕiaŋ²¹³	ɕiaŋ⁵¹	iaŋ⁴⁴	iaŋ²¹³	iaŋ⁵¹	tɕʰiau²¹³（老）tɕʰye⁵¹（新）	ɕiau⁴⁴（白）ɕye²¹³（文）ɕye⁴⁴（文）
北票	tɕiaŋ⁴⁴	ɕiaŋ²¹³	ɕiaŋ⁵¹	iaŋ⁴⁴	iaŋ²¹³	iaŋ⁵¹	tɕʰiau²¹³（老）tɕʰye⁵¹（新）	ɕiau⁴⁴（白）ɕye²¹³（文）ɕye⁴⁴（文）
阜新	tɕiaŋ⁵⁵	ɕiaŋ²¹³	ɕiaŋ⁵¹	iaŋ⁵⁵	iaŋ²¹³	iaŋ⁵¹	tɕʰiau²¹³（老）tɕʰye⁵¹（新）	ɕyɛ²¹³（文）ɕiau⁵⁵（白）ɕyɛ⁵⁵（文）
黑山	tɕiaŋ⁴⁴	ɕiaŋ²¹³	ɕiaŋ⁵¹	iaŋ⁴⁴	iaŋ²¹³	iaŋ⁵¹	tɕʰiau²¹³（老）tɕʰye⁵¹（新）	ɕiau⁴⁴（白）ɕye²¹³（文）ɕye⁴⁴（文）
昌图	tɕiaŋ³³	ɕiaŋ²¹³	ɕiaŋ⁵¹	iaŋ³³	iaŋ²¹³	iaŋ⁵¹	tɕʰye⁵¹	ɕiau³³
大连	tɕiaŋ³¹²	ɕiaŋ²¹³	ɕiaŋ⁵²	iaŋ³¹²	iaŋ²¹³	iaŋ⁵²	tɕʰye²¹³	ɕye²¹³
金州杏树	tɕiaŋ³¹²	ɕiaŋ²¹³	ɕiaŋ⁵²	iaŋ³¹²	iaŋ²¹³	iaŋ⁵²	tɕʰye²¹³	ɕye²¹³
长海	ɕiaŋ³¹	ɕiaŋ²¹⁴	ɕiaŋ⁵³	iaŋ³¹	iaŋ²¹⁴	iaŋ⁵³	tʃʰye²¹⁴	ʃye²¹⁴（白）ʃau³¹（文）
庄河	tɕiaŋ³¹	ɕiaŋ²¹³	ɕiaŋ⁵¹	iaŋ³¹	iaŋ²¹³	iaŋ⁵¹	tɕʰiao²¹³（老）tɕʰye²¹³（新）	ɕye²¹³
盖州	tɕiaŋ⁴¹²	ɕiaŋ²¹³	ɕiaŋ⁵¹	iaŋ⁴¹²	iaŋ²¹³	iaŋ⁵¹	tɕʰye⁵¹	ɕye²¹³
丹东	tɕiaŋ⁴¹¹	ɕiaŋ²¹³	ɕiaŋ⁵¹	iaŋ⁴¹¹	iaŋ²¹³	iaŋ⁵¹	tɕʰiau²¹³	ɕye²¹³
建平	tɕiã⁴⁴	ɕiã²¹³	ɕiã⁵³	iã⁴⁴	iã²¹³	iã⁵³	tɕʰiɔ²¹³（老）tɕʰye⁵³（新）	ɕye²¹³（又）ɕiɔ⁴⁴（又）ɕye⁴⁴（文）
凌源	tɕiaŋ⁵⁵	ɕiaŋ²¹⁴	ɕiaŋ⁵¹	iaŋ⁵⁵	iaŋ²¹⁴	iaŋ⁵¹	tɕʰiau²¹⁴（老）tɕʰye⁵¹（新）	ɕiau⁵⁵

	0753 着 火~了	0754 勺	0755 弱	0756 脚	0757 约	0758 药	0759 光 ~线	0760 慌
	宕开三 入药知	宕开三 入药禅	宕开三 入药日	宕开三 入药见	宕开三 入药影	宕开三 入药以	宕合一 平唐见	宕合一 平唐晓
沈阳	tṣau³⁵	ṣau³⁵	iau⁴¹	tɕiau²¹³	iau³³	iau⁴¹	kuaŋ³³	xuaŋ³³
本溪	tṣau³⁵	ṣau³⁵	ʐuo⁵¹	tɕiau²²⁴	iau⁴⁴（又） yɛ⁴⁴（又）	iau⁵¹	kuaŋ⁴⁴	xuaŋ⁴⁴
辽阳	tṣau³⁵	ṣau³⁵	yɛ⁵¹	tɕiau²¹³	yɛ⁴⁴	iau⁵¹	kuaŋ⁴⁴	xuaŋ⁴⁴
海城	tṣau³⁵	ṣau³⁵	iau⁵¹（老） yɛ⁵¹（新）	tɕiau²¹⁴	iau⁴⁴（老） yɛ⁴⁴（新）	iau⁵¹	kuaŋ⁴⁴	xuaŋ⁴⁴
开原	tṣau³⁵	ṣau³⁵	iau⁵¹（老） ʐuɤ⁵¹（新）	tɕiau²¹³	iau⁴⁴（老） yɛ⁴⁴（新）	iau⁵¹	kuaŋ⁴⁴	xuaŋ⁴⁴
锦州	tṣau³⁵	ṣau³⁵	ʐuo⁵¹	tɕiau²¹³	iau⁵⁵（老） yɛ⁵⁵（新）	iau⁵¹	kuaŋ⁵⁵	xuaŋ⁵⁵
盘锦	tṣau³⁵	ṣau³⁵	iau⁵¹（老） ʐuo⁵¹（新）	tɕiau²¹³	iau⁵⁵（老） yɛ⁵⁵（新）	iau⁵¹	kuaŋ⁵⁵	xuaŋ⁵⁵
兴城	tṣau³⁵	ṣau³⁵	iau⁵¹（老） ʐuo⁵¹（新）	tɕiau²¹³	iau⁴⁴（老） yɛ⁴⁴（新）	iau⁵¹	kuaŋ⁴⁴	xuaŋ⁴⁴
绥中	tṣau³⁵	ṣau³⁵	ʐuo⁵¹	tɕiau²¹³	iau⁵⁵（老） yɛ⁵⁵（新）	iau⁵¹	kuaŋ⁵⁵	xuaŋ⁵⁵
义县	tṣau³⁵	ṣau³⁵	ʐuo⁵¹	tɕiau²¹³	iau⁴⁴（老） yɛ⁴⁴（新）	iau⁵¹	kuaŋ⁴⁴	xuaŋ⁴⁴
北票	tṣau³⁵	ṣau³⁵	ʐuo⁵¹	tɕiau²¹³	iau⁴⁴（老） yɛ⁴⁴（新）	iau⁵¹	kuaŋ⁴⁴	xuaŋ⁴⁴
阜新	tṣau³⁵	ṣau³⁵	ʐuo⁵¹	tɕiau²¹³	iau⁵⁵	iau⁵¹	kuaŋ⁵⁵	xuaŋ⁵⁵
黑山	tṣau³⁵	ṣau³⁵	iau⁵¹（老） ʐuo⁵¹（新）	tɕiau²¹³	iau⁴⁴（老） yɛ⁴⁴（新）	iau⁵¹	kuaŋ⁴⁴	xuaŋ⁴⁴
昌图	tṣau³⁵	ṣau³⁵	ʐuo⁵¹	tɕiau²¹³	iau³³	iau⁵¹	kuaŋ³³	xuaŋ³³
大连	tʃɔ³⁴	ʃɔ³⁴	yɛ⁵²	tɕyɛ²¹³	yɛ²¹³	yɛ⁵²	kuaŋ³¹²	xuaŋ³¹²
金州 杏树	tsuə³¹²	suə³¹²	yɛ⁵²	tɕyɛ²¹³	yɛ²¹³	yɛ²¹³	kuaŋ³¹²	xuaŋ³¹²
长海	tʃau⁵³	ʃau⁵³	yɛ⁵³	ɕyɛ²¹⁴（白） ɕiau²¹⁴（文）	yɛ⁵³	yɛ²¹⁴（白） iau⁵³（文）	kuaŋ³¹	xuaŋ³¹
庄河	tsao⁵¹	suə⁵¹	yɛ⁵¹	tɕyɛ²¹³（白） tɕiao²¹³（文）	yɛ³¹	yɛ²¹³	kuaŋ³¹	xuaŋ³¹
盖州	tṣau²⁴	ṣau²⁴	yɛ⁵¹	tɕiau²¹³	yɛ⁴¹²	iau⁵¹	kuaŋ⁴¹²	xuaŋ⁴¹²
丹东	tṣau²⁴	ṣau²⁴	ʐuo⁵¹	tɕiau²¹³	yɛ⁴¹¹	iau⁵¹	kuaŋ⁴¹¹	xuaŋ⁴¹¹
建平	tʂɔ³⁵	ʂɔ³⁵	ʐɔ⁵³	tɕiɔ²¹³	iɔ⁴⁴（又） yɛ⁴⁴（又）	iɔ⁵³	kuã⁴⁴	xuã⁴⁴
凌源	tṣau³⁵	ṣau³⁵	ʐau⁵¹（老） ʐuo⁵¹（新）	tɕiau²¹⁴	iau⁵⁵（老） yɛ⁵⁵（新）	iau⁵¹	kuaŋ⁵⁵	xuaŋ⁵⁵

第二章 字音对照

	0761 黄	0762 郭	0763 霍	0764 方	0765 放	0766 纺	0767 房	0768 防
	宕合一平唐匣	宕合一入铎见	宕合一入铎晓	宕合三平阳非	宕合三去阳非	宕合三上阳敷	宕合三平阳奉	宕合三平阳奉
沈阳	xuaŋ³⁵	kuo³³	xuo²¹³	faŋ³³	faŋ⁴¹	faŋ²¹³	faŋ³⁵	faŋ³⁵
本溪	xuaŋ³⁵	kuo⁴⁴	xuo⁵¹	faŋ⁴⁴	faŋ⁵¹	faŋ²²⁴	faŋ³⁵	faŋ³⁵
辽阳	xuaŋ³⁵	kuo⁴⁴	xuo⁵¹	faŋ⁴⁴	faŋ⁵¹	faŋ²¹³	faŋ³⁵	faŋ³⁵
海城	xuaŋ³⁵	kuɤ⁴⁴	xuɤ⁵¹	faŋ⁴⁴	faŋ⁵¹	faŋ²¹⁴	faŋ³⁵	faŋ³⁵
开原	xuaŋ³⁵	kuɤ⁴⁴	xuɤ²¹³	faŋ⁴⁴	faŋ⁵¹	faŋ²¹³	faŋ³⁵	faŋ²¹³（又） faŋ³⁵（又）
锦州	xuaŋ³⁵	kuo⁵⁵	xuo⁵¹	faŋ⁵⁵	faŋ⁵¹	faŋ²¹³	faŋ³⁵	faŋ³⁵（又） faŋ²¹³（又）
盘锦	xuaŋ³⁵	kuo⁵⁵	xuo²¹³（老） xuo⁵¹（新）	faŋ⁵⁵	faŋ⁵¹	faŋ²¹³	faŋ³⁵	faŋ³⁵
兴城	xuaŋ³⁵	kuo⁴⁴	xuo⁵¹	faŋ⁴⁴	faŋ⁵¹	faŋ²¹³	faŋ³⁵	faŋ²¹³（又） faŋ³⁵（又）
绥中	xuaŋ³⁵	kuo⁵⁵	xuo⁵¹	faŋ⁵⁵	faŋ⁵¹	faŋ²¹³	faŋ³⁵	faŋ³⁵
义县	xuaŋ³⁵	kuo⁴⁴	xuo⁵¹	faŋ⁴⁴	faŋ⁵¹	faŋ²¹³	faŋ³⁵	faŋ³⁵（又） faŋ²¹³（又）
北票	xuaŋ³⁵	kuo⁴⁴	xuo⁵¹	faŋ⁴⁴	faŋ⁵¹	faŋ²¹³	faŋ³⁵	faŋ³⁵（又） faŋ²¹³（又）
阜新	xuaŋ³⁵	kuo⁵⁵	xuo⁵¹	faŋ⁵⁵	faŋ⁵¹	faŋ²¹³	faŋ³⁵	faŋ³⁵
黑山	xuaŋ³⁵	kuo⁴⁴	xuo⁵¹	faŋ⁴⁴	faŋ⁵¹	faŋ²¹³	faŋ³⁵	faŋ²¹³（又） faŋ³⁵（又）
昌图	xuaŋ³⁵	kuo³³	xuo⁵¹	faŋ³³	faŋ⁵¹	faŋ²¹³	faŋ³⁵	faŋ³⁵
大连	xuaŋ³⁴	kuə²¹³	xuə⁵²	faŋ³¹²	faŋ⁵²	faŋ²¹³	faŋ³⁴	faŋ³⁴
金州杏树	xuaŋ⁵²	kuə²¹³	xuə⁵²	faŋ³¹²	faŋ⁵²	faŋ²¹³	faŋ⁵²	faŋ⁵²
长海	xuaŋ⁵³	kuə²¹⁴	xuə²¹⁴	faŋ³¹	faŋ⁵³	faŋ²¹⁴	faŋ⁵³	faŋ⁵³
庄河	xuaŋ⁵¹	kuə²¹³	xuə⁵¹	faŋ³¹	faŋ⁵¹	faŋ²¹³	faŋ⁵¹	faŋ⁵¹
盖州	xuaŋ²⁴	kuɤ⁴¹²	xuɤ²¹³	faŋ⁴¹²	faŋ⁵¹	faŋ²¹³	faŋ²⁴	faŋ²⁴
丹东	xuaŋ²⁴	kuo²¹³	xuo⁵¹	faŋ⁴¹¹	faŋ⁵¹	faŋ²¹³	faŋ²⁴	faŋ²⁴
建平	xuã³⁵	kuə⁴⁴	xuə²¹³	fã⁴⁴	fã⁵³	fã²¹³	fã³⁵	fã³⁵（又） fã²¹³（又）
凌源	xuaŋ³⁵	kuo⁵⁵	xuo⁵¹	faŋ⁵⁵	faŋ⁵¹	faŋ²¹⁴	faŋ³⁵	faŋ³⁵（又） faŋ²¹⁴（又）

	0769 网	0770 筐	0771 狂	0772 王	0773 旺	0774 缚	0775 绑	0776 胖
	宕合三上阳微	宕合三平阳溪	宕合三平阳群	宕合三平阳云	宕合三去阳云	宕合三入药奉	江开二上江帮	江开二去江滂
沈阳	vaŋ²¹³	kʰuaŋ³³	kʰuaŋ³⁵	vaŋ³⁵	vaŋ⁴¹	fu⁴¹	paŋ²¹³	pʰaŋ⁴¹
本溪	uaŋ²²⁴	kʰuaŋ⁴⁴	kʰuaŋ³⁵	uaŋ³⁵	uaŋ⁵¹	fu⁵¹	paŋ²²⁴	pʰaŋ⁵¹
辽阳	uaŋ²¹³	kʰuaŋ⁴⁴	kʰuaŋ³⁵	uaŋ³⁵	uaŋ⁵¹	fu³⁵	paŋ²¹³	pʰaŋ⁵¹
海城	uaŋ²¹⁴	kʰuaŋ⁴⁴	kʰuaŋ³⁵	uaŋ³⁵	uaŋ⁵¹	fu⁵¹	paŋ²¹⁴	pʰaŋ⁵¹
开原	uaŋ²¹³	kʰuaŋ⁴⁴	kʰuaŋ³⁵	uaŋ³⁵	uaŋ⁵¹	（无）	paŋ²¹³	pʰaŋ⁵¹
锦州	uaŋ²¹³	kʰuaŋ⁵⁵	kʰuaŋ³⁵	uaŋ³⁵	uaŋ⁵¹	（无）	paŋ²¹³	pʰaŋ⁵¹
盘锦	uaŋ²¹³	kʰuaŋ⁵⁵	kʰuaŋ³⁵	uaŋ³⁵	uaŋ⁵¹	fu⁵¹	paŋ²¹³	pʰaŋ⁵¹
兴城	uaŋ²¹³	kʰuaŋ⁴⁴	kʰuaŋ³⁵	uaŋ³⁵	uaŋ⁵¹	（无）	paŋ²¹³	pʰaŋ⁵¹
绥中	vaŋ²¹³	kʰuaŋ⁵⁵	kʰuaŋ³⁵	vaŋ³⁵	vaŋ⁵¹	fu⁵¹	paŋ²¹³	pʰaŋ⁵⁵
义县	uaŋ²¹³	kʰuaŋ⁴⁴	kʰuaŋ³⁵	uaŋ³⁵	uaŋ⁵¹	（无）	paŋ²¹³	pʰaŋ⁵¹
北票	uaŋ²¹³	kʰuaŋ⁴⁴	kʰuaŋ³⁵	uaŋ³⁵	uaŋ⁵¹	fu⁵¹	paŋ²¹³	pʰaŋ⁵¹
阜新	uaŋ²¹³	kʰuaŋ⁵⁵	kʰuaŋ³⁵	uaŋ³⁵	uaŋ⁵¹	fu²¹³	paŋ²¹³	pʰaŋ⁵¹
黑山	uaŋ²¹³	kʰuaŋ⁴⁴	kʰuaŋ³⁵	uaŋ³⁵	uaŋ⁵¹	（无）	paŋ²¹³	pʰaŋ⁵¹
昌图	uaŋ²¹³	kʰuaŋ³³	kʰuaŋ³⁵	uaŋ³⁵	uaŋ⁵¹	fu⁵¹	paŋ²¹³	pʰaŋ⁵¹
大连	uaŋ²¹³	kʰuaŋ³¹²	kʰuaŋ³⁴	uaŋ³⁴	uaŋ⁵²	fu³⁴	paŋ²¹³	pʰaŋ⁵²
金州杏树	uaŋ²¹³	kʰuaŋ³¹²	kʰuaŋ⁵²	uaŋ⁵²	uaŋ⁵²	fu⁵²	paŋ²¹³	pʰaŋ⁵²
长海	uaŋ²¹⁴	kʰuaŋ³¹	kʰuaŋ⁵³	uaŋ⁵³	uaŋ⁵³	fu⁵³	paŋ²¹⁴	pʰaŋ⁵³
庄河	uaŋ²¹³	kʰuaŋ³¹	kʰuaŋ⁵¹	uaŋ⁵¹	uaŋ⁵¹	fu⁵¹	paŋ²¹³	pʰaŋ⁵¹
盖州	uaŋ²¹³	kʰuaŋ⁴¹²	kʰuaŋ²⁴	uaŋ²⁴	uaŋ⁵¹	fu⁵¹	paŋ²¹³	pʰaŋ⁵¹
丹东	uaŋ²¹³	kʰuaŋ⁴¹¹	kʰuaŋ²⁴	uaŋ²⁴	uaŋ⁵¹	fu⁵¹	paŋ²¹³	pʰaŋ⁵¹
建平	vã²¹³	kʰuã⁴⁴	kʰuã³⁵	vã³⁵	vã⁵³	fu⁵³	pã²¹³	pʰã⁴⁴（白） pʰã⁵³（文）
凌源	vaŋ²¹⁴	kʰuaŋ⁵⁵	kʰuaŋ³⁵	vaŋ³⁵	vaŋ⁵¹	（无）	paŋ²¹⁴	pʰaŋ⁵¹

	0777 棒	0778 桩	0779 撞	0780 窗	0781 双	0782 江	0783 讲	0784 降投~
	江开二上江並	江开二平江知	江开二去江澄	江开二平江初	江开二平江生	江开二平江见	江开二上江见	江开二平江匣
沈阳	paŋ⁴¹	tʂuaŋ³³	tʂʰuaŋ⁴¹	tʂʰuaŋ³³	ʂuaŋ³³	tɕiaŋ³³	tɕiaŋ²¹³	ɕiaŋ³⁵
本溪	paŋ⁵¹	tʂuaŋ⁴⁴	tʂʰuaŋ⁵¹	tʂʰuaŋ⁴⁴	ʂuaŋ⁴⁴	tɕiaŋ⁴⁴	tɕiaŋ²²⁴	ɕiaŋ³⁵
辽阳	paŋ⁵¹	tʂuaŋ⁴⁴	tʂʰuaŋ⁵¹	tʂʰuaŋ⁴⁴	ʂuaŋ⁴⁴	tɕiaŋ⁴⁴	tɕiaŋ²¹³	ɕiaŋ³⁵
海城	paŋ⁵¹	tʂuaŋ⁴⁴	tʂʰuaŋ⁵¹(又) tsuaŋ⁵¹(又)	tʂʰuaŋ⁴⁴	ʂuaŋ⁴⁴	tɕiaŋ⁴⁴	tɕiaŋ²¹⁴	ɕiaŋ³⁵
开原	paŋ⁵¹	tʂuaŋ⁴⁴	tʂʰuaŋ⁵¹(老) tsuaŋ⁵¹(新)	tʂʰuaŋ⁴⁴	ʂuaŋ⁴⁴	tɕiaŋ⁴⁴	tɕiaŋ²¹³	ɕiaŋ³⁵
锦州	paŋ⁵¹	tʂuaŋ⁵⁵	tʂʰuaŋ⁵¹	tʂʰuaŋ⁵⁵	ʂuaŋ⁵⁵	tɕiaŋ⁵⁵	tɕiaŋ²¹³	ɕiaŋ³⁵
盘锦	paŋ⁵¹	tsuaŋ⁵⁵	tʂʰuaŋ⁵¹(又) tsuaŋ⁵¹(又)	tʂʰuaŋ⁵⁵	ʂuaŋ⁵⁵	tɕiaŋ⁵⁵	tɕiaŋ²¹³	tɕʰiaŋ³⁵(老) ɕiaŋ³⁵(新)
兴城	paŋ⁵¹	tʂuaŋ⁴⁴	tʂʰuaŋ⁵¹	tʂʰuaŋ⁴⁴	ʂuaŋ⁴⁴	tɕiaŋ⁴⁴	tɕiaŋ²¹³	ɕiaŋ³⁵
绥中	paŋ⁵¹	tʂuaŋ⁵⁵	tʂʰuaŋ⁵¹	tʂʰuaŋ⁵⁵	ʂuaŋ⁵⁵	tɕiaŋ⁵⁵	tɕiaŋ²¹³	ɕiaŋ³⁵
义县	paŋ⁵¹	tʂuaŋ⁴⁴	tʂʰuaŋ⁵¹	tʂʰuaŋ⁴⁴	ʂuaŋ⁴⁴	tɕiaŋ⁴⁴	tɕiaŋ²¹³	ɕiaŋ³⁵
北票	paŋ⁵¹	tʂuaŋ⁴⁴	tʂʰuaŋ⁵¹	tʂʰuaŋ⁴⁴	ʂuaŋ⁴⁴	tɕiaŋ⁴⁴	tɕiaŋ²¹³	ɕiaŋ³⁵
阜新	paŋ⁵¹	tʂuaŋ⁵⁵	tʂʰuaŋ⁵¹	tʂʰuaŋ⁵⁵	ʂuaŋ⁵⁵	tɕiaŋ⁵⁵	tɕiaŋ²¹³	ɕiaŋ³⁵
黑山	paŋ⁵¹	tʂuaŋ⁴⁴	tʂʰuaŋ⁵¹	tʂʰuaŋ⁴⁴	ʂuaŋ⁴⁴	tɕiaŋ⁴⁴	tɕiaŋ²¹³	ɕiaŋ³⁵
昌图	paŋ⁵¹	tsuaŋ³³	tʂʰuaŋ⁵¹	tʂʰuaŋ³³	ʂuaŋ³³(又) ʂuaŋ⁵¹(又)	tɕiaŋ³³	tɕiaŋ²¹³	ɕiaŋ³⁵
大连	paŋ⁵²	tsuaŋ³¹²	tʂʰuaŋ⁵²	tʂʰuaŋ³¹²	ʂuaŋ³¹²	tɕiaŋ³¹²	tɕiaŋ²¹³	ɕiaŋ³⁴
金州杏树	paŋ⁵²	tsuaŋ³¹²	tʂʰuaŋ⁵²	tʂʰuaŋ³¹²	ʂuaŋ⁵²	tɕiaŋ³¹²	tɕiaŋ²¹³	ɕiaŋ⁵²
长海	paŋ⁵³	tuaŋ³¹	tʃʰuaŋ⁵³	tʰuaŋ³¹	suaŋ³¹	ciaŋ³¹	ciaŋ²¹⁴	ɕiaŋ⁵³
庄河	paŋ⁵¹	tsuaŋ³¹	tʂʰuaŋ⁵¹	tʂʰuaŋ³¹	ʂuaŋ³¹	tɕiaŋ³¹	tɕiaŋ²¹³	ɕiaŋ⁵¹
盖州	paŋ⁵¹	tsuaŋ⁴¹²	tʂʰuaŋ⁵¹(又) tsuaŋ⁵¹(又)	tʂʰuaŋ⁴¹²	ʂuaŋ⁴¹²	tɕiaŋ⁴¹²	tɕiaŋ²¹³	ɕiaŋ²⁴
丹东	paŋ⁵¹	tsuaŋ⁴¹¹	tʂʰuaŋ⁵¹	tʂʰuaŋ⁴¹¹	ʂuaŋ⁴¹¹	tɕiaŋ⁴¹¹	tɕiaŋ²¹³	ɕiaŋ²⁴
建平	pã⁵³	tʂuã⁴⁴	tʂʰuã⁵³	tʂʰuã⁴⁴	ʂuã⁴⁴	tɕiã⁴⁴	tɕiã²¹³	ɕiã³⁵
凌源	paŋ⁵¹	tsuaŋ⁵⁵	tʂʰuaŋ⁵¹	tʂʰuaŋ⁵⁵	ʂuaŋ⁵⁵	tɕiaŋ⁵⁵	tɕiaŋ²¹⁴	ɕiaŋ³⁵

	0785 项 江开二 上江匣	0786 剥 江开二 入觉帮	0787 桌 江开二 入觉知	0788 镯 江开二 入觉崇	0789 角 江开二 入觉见	0790 壳 江开二 入觉溪	0791 学 江开二 入觉匣	0792 握 江开二 入觉影
沈阳	ɕiaŋ⁴¹	pau³⁵（白） puo³³（文）	tʂuo³³	tʂuo³⁵	tɕiau²¹³	tɕʰiau⁴¹（白） kʰɤ³⁵（文）	ɕiau³⁵（白） ɕɤ³⁵（文）	uo⁴¹
本溪	ɕiaŋ⁵¹	puo⁴⁴	tʂuo⁴⁴	tʂuo³⁵	tɕiau²²⁴	kʰɤ³⁵	ɕiau³⁵（白） ɕɛ³⁵（文）	uo⁵¹
辽阳	ɕiaŋ⁵¹	pau³⁵	tʂuo³⁵	tʂuo³⁵	tɕia²¹³	kʰɤ³⁵	ɕiau³⁵（白） ɕɤ³⁵（文）	uo⁵¹
海城	ɕiaŋ⁵¹	pau³⁵（白） pɤ³⁵（文）	tʂuɤ³⁵	tʂuɤ³⁵	tɕiau²¹⁴（白） tɕyɤ³⁵（文）	kʰɤ³⁵（白） tɕʰiau⁵¹（文）	ɕiau³⁵（白） ɕyɤ³⁵（文）	uɤ⁵¹
开原	ɕiaŋ⁵¹	pau⁴⁴（白） pɤ⁴⁴（文）	tʂuɤ⁴⁴	tʂuɤ³⁵	tɕia²¹³（又） tɕiau²¹³（又） tɕyɤ³⁵（文）	kʰɤ³⁵（白） tɕʰiau⁵¹（文）	ɕiau³⁵（白） ɕyɤ³⁵（文）	uɤ⁵¹
锦州	ɕiaŋ⁵¹	pau⁵⁵（白） pɤ⁵⁵（文）	tʂuo⁵⁵	tʂuo⁵⁵	tɕiau²¹³（白） tɕyɤ³⁵（文）	tɕʰiau⁵¹（文） kʰɤ³⁵（白）	ɕiau³⁵（白） ɕyɤ³⁵（文）	uo⁵¹
盘锦	ɕiaŋ⁵¹	pɤ⁵⁵（白） pau⁵⁵（文）	tʂuo⁵⁵	tʂuo⁵⁵	tɕia²¹³（白） tɕiau²¹³（文）	kʰɤ³⁵（白） tɕʰiau²¹³（文）	ɕiau³⁵（老） ɕyɤ³⁵（新）	uo⁵¹
兴城	ɕiaŋ⁵¹	pau⁴⁴（白） pɤ⁴⁴（文）	tʂuo⁴⁴	tʂuo³⁵	tɕiau²¹³	tɕʰiau⁵¹（白） kʰɤ³⁵（文）	ɕiau³⁵（白） ɕyɤ³⁵（文）	uo⁵¹
绥中	ɕiaŋ⁵¹	pa⁵⁵（又） pau⁵⁵（又） puo³⁵（又）	tʂuo⁵⁵	tʂuo⁵⁵	tɕiau²¹³（又） tɕyɤ³⁵（又）	kʰɤ³⁵（又） tɕʰiau⁵¹（又）	ɕiau³⁵（白） ɕyɛ³⁵（文）	uo⁵¹
义县	ɕiaŋ⁵¹	pau⁴⁴（白） pɤ⁴⁴（文）	tʂuo⁴⁴	tʂuo⁴⁴	tɕiau²¹³（又） tɕyɤ³⁵（又） tɕia²¹³（又）	kʰɤ³⁵（白） tɕʰiau⁵¹（文）	ɕiau³⁵（白） ɕyɤ³⁵（文）	uo⁵¹
北票	ɕiaŋ⁵¹	pau⁴⁴（白） pɤ⁴⁴（文）	tʂuo⁴⁴	tʂuo⁴⁴	tɕiau²¹³（又） tɕyɤ³⁵（又） tɕia²¹³（又）	kʰɤ³⁵（白） tɕʰiau⁵¹（文）	ɕiau³⁵（白） ɕyɤ³⁵（文）	uo⁵¹
阜新	ɕiaŋ⁵¹	pɤ³⁵	tʂuo⁵⁵	tʂuo⁵⁵	tɕia²¹³（又） tɕiau²¹³（又） tɕyɛ⁵（又）	tɕʰiau⁵¹（白） kʰɤ³⁵（文）	ɕiau³⁵（白） ɕyɛ³⁵（文）	uo⁵¹
黑山	ɕiaŋ⁵¹	pau⁴⁴（白） pɤ⁴⁴（文）	tʂuo⁴⁴	tʂuo⁴⁴	tɕia²¹³（又） tɕiau²¹³（又） tɕyɛ³⁵（又）	kʰɤ³⁵（又） tɕʰiau⁵¹（文）	ɕiau³⁵（白） ɕyɛ³⁵（文）	uo⁵¹
昌图	ɕiaŋ⁵¹	pɤ³³	tʂuo³³	tʂuo³⁵	tɕiau²¹³	kʰɤ³⁵	ɕiau³⁵（白） ɕyɛ³⁵（文）	uo⁵¹
大连	ɕiaŋ⁵²	pa²¹³（白） pɤ³⁴（文）	tsuə²¹³	tsuə³⁴	tɕia²¹³（白） tɕiɔ²¹³（文）	kʰɤ³⁴	ɕyɛ³⁴	uə⁵²
金州 杏树	ɕiaŋ⁵²	pa²¹³（白） pɤ²¹³（文）	tsuə²¹³	tsuə⁵²	tɕia²¹³	kʰɤ⁵²	ɕyɛ⁵²	uə³¹²
长海	ɕiaŋ⁵³	pɤ²¹⁴	tuə²¹⁴	tuə⁵³	ɕiau²¹⁴	kʰɤ⁵³	ɕyɛ⁵³	uə³¹
庄河	ɕiaŋ⁵¹	pə²¹³	tsuə²¹³	tsuə⁵¹	tɕia²¹³	kʰə⁵¹	ɕyɛ⁵¹	uə³¹
盖州	ɕiaŋ⁵¹	pɤ²⁴	tsuɤ²¹³	tsuɤ²⁴	tɕyɛ²⁴（白） tɕiau²¹³（文）	kɤr⁵¹（儿化白） tɕʰiau⁵¹（儿化文）	ɕiau²⁴（白） ɕyɛ²⁴（文）	uɤ⁵¹
丹东	ɕiaŋ⁵¹	pa²¹³	tʂuo²¹³	tsuo²⁴	tɕiau²¹³	kʰɤ²⁴	ɕyɛ²⁴	uo⁴¹¹
建平	ɕiã⁵³	pa⁴⁴（白） pɤ⁴⁴（文）	tʂuə⁴⁴	tsuə⁴⁴	tɕyɛ³⁵（又） tɕia⁴⁴（又） tɕia²¹³（又）	tɕʰiɔ⁵³（白） kʰɤ³⁵（文）	ɕiɔ³⁵（白） ɕyɛ³⁵（文）	vɤ⁵³
凌源	ɕiaŋ⁵¹	pɤ⁵⁵	tʂuo⁵⁵	tʂuo³⁵	tɕiau²¹⁴（又） tɕyɛ³⁵（又） tɕia²¹⁴（又）	kʰɤ³⁵（白） tɕʰiau⁵¹（文）	ɕiau³⁵（白） ɕyɛ³⁵（文）	vɤ⁵¹

	0793 朋	0794 灯	0795 等	0796 凳	0797 藤	0798 能	0799 层	0800 僧
	曾开一平登並	曾开一平登端	曾开一上登端	曾开一去登端	曾开一平登定	曾开一平登泥	曾开一平登从	曾开一平登心
沈阳	pʰəŋ³⁵	təŋ³³	təŋ²¹³	təŋ⁴¹	tʰəŋ³⁵	nəŋ³⁵	tsʰəŋ³⁵	səŋ³³
本溪	pʰəŋ³⁵	təŋ⁴⁴	təŋ²²⁴	təŋ⁵¹	tʰəŋ³⁵	nəŋ³⁵	tʂʰəŋ³⁵	səŋ⁴⁴
辽阳	pʰəŋ³⁵	təŋ⁴⁴	təŋ²¹³	təŋ⁵¹	tʰəŋ³⁵	nəŋ³⁵	tsʰəŋ³⁵	tsəŋ⁴⁴
海城	pʰəŋ³⁵	təŋ⁴⁴	təŋ²¹⁴	təŋ⁵¹	tʰəŋ³⁵	nəŋ³⁵	tʂʰəŋ³⁵	ʂəŋ⁴⁴
开原	pʰəŋ³⁵	təŋ⁴⁴	təŋ²¹³	təŋ⁵¹	tʰəŋ³⁵	nəŋ³⁵	tʂʰəŋ³⁵	ʂəŋ⁴⁴
锦州	pʰəŋ³⁵	təŋ⁵⁵	təŋ²¹³	təŋ⁵¹	tʰəŋ³⁵	nəŋ³⁵	tsʰəŋ³⁵	ʂəŋ⁵⁵
盘锦	pʰəŋ³⁵	təŋ⁵⁵	təŋ²¹³	təŋ⁵¹	tʰəŋ³⁵	nəŋ³⁵	tsʰəŋ³⁵	ʂəŋ⁵⁵
兴城	pʰəŋ³⁵	təŋ⁴⁴	təŋ²¹³	təŋ⁵¹	tʰəŋ³⁵	nəŋ³⁵	tsʰəŋ³⁵	ʂəŋ⁴⁴
绥中	pʰəŋ³⁵	təŋ⁵⁵	təŋ²¹³	təŋ⁵¹	tʰəŋ³⁵	nəŋ³⁵	tsʰəŋ³⁵	ʂəŋ⁵⁵
义县	pʰəŋ³⁵	təŋ⁴⁴	təŋ²¹³	təŋ⁵¹	tʰəŋ³⁵	nəŋ³⁵	tsʰəŋ³⁵	ʂəŋ⁴⁴
北票	pʰəŋ³⁵	təŋ⁴⁴	təŋ²¹³	təŋ⁵¹	tʰəŋ³⁵	nəŋ³⁵	tsʰəŋ³⁵	səŋ⁴⁴
阜新	pʰəŋ³⁵	təŋ⁵⁵	təŋ²¹³	təŋ⁵¹	tʰəŋ³⁵	nəŋ³⁵	tsʰəŋ³⁵	səŋ⁵⁵
黑山	pʰəŋ³⁵	təŋ⁴⁴	təŋ²¹³	təŋ⁵¹	tʰəŋ³⁵	nəŋ³⁵	tsʰəŋ³⁵	ʂəŋ⁴⁴
昌图	pʰəŋ³⁵	təŋ³³	təŋ²¹³	təŋ⁵¹	tʰəŋ³⁵	nəŋ³⁵	tsʰəŋ³⁵	ʂəŋ³³
大连	pʰəŋ³⁴	təŋ³¹²	təŋ²¹³	təŋ⁵²	tʰəŋ³⁴	nəŋ³⁴	tsʰəŋ³⁴	səŋ³¹²
金州杏树	pʰəŋ⁵²	təŋ³¹²	təŋ²¹³	təŋ⁵²	tʰəŋ⁵²	nəŋ⁵²	tsʰəŋ⁵²	səŋ³¹²
长海	pʰəŋ⁵³	təŋ³¹	təŋ²¹⁴	təŋ⁵³	tʰəŋ⁵³	nəŋ⁵³	tsʰəŋ⁵³	səŋ³¹
庄河	pʰəŋ⁵¹	təŋ³¹	təŋ²¹³	təŋ⁵¹	tʰəŋ⁵¹	nəŋ⁵¹	tsʰəŋ⁵¹	səŋ³¹
盖州	pʰəŋ²⁴	təŋ⁴¹²	təŋ²¹³	təŋ⁵¹	tʰəŋ²⁴	nəŋ²⁴	tsʰəŋ²⁴	səŋ⁴¹²
丹东	pʰəŋ²⁴	təŋ⁴¹¹	təŋ²¹³	təŋ⁵¹	tʰəŋ²⁴	nəŋ²⁴	tsʰəŋ²⁴	səŋ⁴¹¹
建平	pʰəŋ³⁵	təŋ⁴⁴	təŋ²¹³	təŋ⁵³	tʰəŋ³⁵	nəŋ³⁵	tsʰəŋ³⁵	tsəŋ⁴⁴
凌源	pʰəŋ³⁵	təŋ⁵⁵	təŋ²¹⁴	təŋ⁵¹	tʰəŋ³⁵	nəŋ³⁵	tsʰəŋ³⁵	səŋ⁵⁵

	0801 肯 曾开一 上登溪	0802 北 曾开一 入德帮	0803 墨 曾开一 入德明	0804 得 曾开一 入德端	0805 特 曾开一 入德定	0806 贼 曾开一 入德从	0807 塞 曾开一 入德心	0808 刻 曾开一 入德溪
沈阳	kʰən²¹³	pei²¹³	mi⁴¹	tɤ³⁵	tʰɤ⁴¹	tsei³⁵	sai³³	kʰɤ³⁵
本溪	kʰən²²⁴	pei²²⁴	mi⁵¹	tɤ³⁵	tʰɤ⁵¹	tsei³⁵	sai⁵¹	kʰɤ⁵¹
辽阳	kʰən²¹³	pei²¹³	mi⁵¹	tɤ²¹³	tʰɤ⁵¹	tsei³⁵	sai³⁵	kʰɤ⁵¹
海城	kʰən²¹⁴	pei²¹⁴	mɤ⁵¹	tɤ²¹⁴（又） tei²¹⁴（又）	tʰɤ⁵¹	tʂei³⁵	ʂai³⁵	kʰɤ⁵¹
开原	kʰən²¹³	pei²¹³	mi⁵¹（老） mɤ⁵¹（新）	tɤ²¹³（又） tei²¹³（又）	tʰɤ⁵¹	tsei³⁵	sai⁴⁴（又） sei⁴⁴（又） sai⁵¹（又）	kʰɤ³⁵（又） kʰɤ⁵¹（又）
锦州	kʰən²¹³	pei²¹³	mi⁵¹（又） mɤ⁵¹（又）	tei²¹³（又） tɤ³⁵（又）	tʰɤ⁵¹	tʂei³⁵	ʂei⁵⁵（又） ʂai⁵⁵（又）	kʰɤ⁵¹
盘锦	kʰən²¹³	pei²¹³	mi⁵¹（老） mɤ⁵¹（新）	tɤ²¹³（又） tei²¹³（又） tɤ³⁵（又）	tʰɤ⁵¹	tsei³⁵	sai⁵¹（又） sai⁵⁵（又） sei⁵⁵（又）	kʰɤ⁵⁵（又） kʰɤ⁵¹（又）
兴城	kʰən²¹³	pei²¹³	mɤ⁵¹（又） mi⁵¹（又）	tɤ³⁵（又） tei²¹³（又）	tʰɤ⁵¹	tʂei³⁵	ʂai⁴⁴（又） ʂei⁴⁴（又）	kʰɤ⁵¹
绥中	kʰən²¹³	pei²¹³	muo⁵¹	tɤ³⁵（又） tei²¹³（又）	tʰɤ⁵¹	tʂei³⁵	ʂai⁵¹（又） ʂai⁵⁵（又） ʂɤ⁵¹（又）	kʰɤ⁵⁵（白） kʰɤ⁵¹（白）
义县	kʰən²¹³	pei²¹³	mi⁵¹（又） mɤ⁵¹（又）	tɤ²¹³（又） tɤ³⁵（又） tei²¹³（又）	tʰɤ⁵¹	tʂei³⁵	ʂei⁴⁴（又） ʂai⁴⁴（又）	kʰɤ⁴⁴（又） kʰɤ⁵¹（又）
北票	kʰən²¹³	pei²¹³	mɤ⁵¹	tɤ²¹³（又） tɤ³⁵（又） tei²¹³（又）	tʰɤ⁵¹	tsei³⁵	sei⁴⁴（又） sai⁴⁴（又）	kʰɤ⁴⁴（又） kʰɤ⁵¹（又）
阜新	kʰən²¹³	pei²¹³	mi⁵¹（又） mɤ⁵¹（又）	tɤ²¹³（又） tei²¹³（又）	tʰɤ⁵¹	tsei³⁵	sei⁵⁵（又） sai⁵⁵（又）	kʰɤ⁵⁵
黑山	kʰən²¹³	pei²¹³	mi⁵¹（又） mɤ⁵¹（又）	tei²¹³（又） tɤ²¹³（又） tɤ³⁵（又）	tʰɤ⁵¹	tʂei³⁵	ʂei⁴⁴（又） ʂai³⁵（又）	kʰɤ⁴⁴（又） kʰɤ⁵¹（又）
昌图	kʰən²¹³	pei²¹³	mɤ⁵¹	tɤ³⁵～到 tɤ²¹³～劲儿	tʰɤ⁵¹	tsei³⁵	sai³³	kʰɤ⁵¹
大连	kʰɤ̃²¹³	pɤ²¹³	mɤ⁵²	tɤ²¹³	tʰɤ⁵²	tsɤ³⁴	sɤ²¹³（白） sɛ⁵²（文）	kʰɤ²¹³
金州杏树	kʰɤ̃²¹³	pɤ²¹³	mɤ²¹³	tɤ²¹³	tʰɤ⁵²	tsɤ⁵²	sɤ²¹³	kʰɤ²¹³
长海	kʰən²¹⁴	pei²¹⁴	mɤ⁵³	tɤ²¹⁴	tʰɤ⁵³	tsɤ⁵³	sai³¹	kʰɤ²¹⁴
庄河	kʰən²¹³	pei²¹³	mə²¹³	tə²¹³	tʰə⁵¹	tsei⁵¹	sə²¹³	kʰə²¹³
盖州	kʰən²¹³	pei²¹³	mɤ⁵¹	tɤ²⁴（又） tei²¹³（又）	tʰɤ⁵¹	tsei²⁴	sai²⁴（白） sɤ⁵¹（文）	kʰɤ²¹³（又） kʰɤ⁵¹（又）
丹东	kʰən²¹³	pei²¹³	mɤ⁵¹	tɤ²¹³	tʰɤ⁵¹	tsei²⁴	sai⁴¹¹	kʰɤ²¹³
建平	kʰɤ̃²¹³	pei²¹³	mei⁵³	tei²¹³（又） tɤ³⁵（又） tɤ²¹³（又）	tʰɤ⁵³	tsei⁴⁴（又） tsei³⁵（又）	sɛ⁴⁴（又） sei⁴⁴（又） sɛ⁵³（又）	kʰei⁴⁴（白） kʰɤ⁵³（文）
凌源	kʰən²¹⁴	pei²¹⁴	mi⁵¹	tɤ³⁵（又） tɤ²¹⁴（又） tei²¹⁴（又）	tʰɤ⁵¹	tsei³⁵	sei⁵⁵（又） sai⁵⁵（又）	kʰei²¹⁴（又） kʰɤ⁵⁵（又） kʰɤ⁵¹（又）

	0809 黑	0810 冰	0811 证	0812 秤	0813 绳	0814 剩	0815 升	0816 兴高~
	曾开一入德晓	曾开三平蒸帮	曾开三去蒸章	曾开三去蒸昌	曾开三平蒸船	曾开三去蒸船	曾开三平蒸书	曾开三去蒸晓
沈阳	xei³³	piŋ³³	tʂəŋ⁴¹	tʂʰəŋ⁴¹	ʂəŋ³⁵	ʂəŋ⁴¹	ʂəŋ³³	ɕiŋ⁴¹
本溪	xei⁴⁴	piŋ⁴⁴	tʂəŋ⁵¹	tʂʰəŋ⁵¹	ʂəŋ³⁵	ʂəŋ⁵¹	ʂəŋ⁴⁴	ɕiŋ⁵¹
辽阳	xei⁴⁴	piŋ⁴⁴	tʂəŋ⁵¹	tʂʰəŋ⁵¹	ʂəŋ³⁵	ʂəŋ⁵¹	ʂəŋ⁴⁴	ɕiŋ⁵¹
海城	xei⁴⁴	piŋ⁴⁴	tʂəŋ⁵¹	tʂʰəŋ⁵¹	ʂəŋ³⁵	ʂəŋ⁵¹	ʂəŋ⁴⁴	ɕiŋ⁵¹
开原	xei⁴⁴	piŋ⁴⁴	tʂəŋ⁵¹	tʂʰəŋ⁵¹	ʂəŋ³⁵	ʂəŋ⁵¹	ʂəŋ⁴⁴	ɕiŋ⁵¹
锦州	xei⁵⁵	piŋ⁵⁵	tʂəŋ⁵¹	tʂʰəŋ⁵¹	ʂəŋ³⁵	ʂəŋ⁵¹	ʂəŋ⁵⁵	ɕiŋ⁵¹
盘锦	xei⁵⁵	piəŋ⁵⁵	tʂəŋ⁵¹	pəŋ⁵¹（又）tʂʰəŋ⁵¹（又）	ʂəŋ³⁵	ʂəŋ⁵¹	ʂəŋ⁵⁵	ɕiəŋ⁵¹
兴城	xei⁴⁴	piŋ⁴⁴	tʂəŋ⁵¹	tʂʰəŋ⁵¹	ʂəŋ³⁵	ʂəŋ⁵¹	ʂəŋ⁴⁴	ɕiŋ⁵¹
绥中	xei⁵⁵	piəŋ⁵⁵	tʂəŋ⁵¹	tʂʰəŋ⁵¹	ʂəŋ³⁵	ʂəŋ⁵¹	ʂəŋ⁵⁵	ɕiəŋ⁵¹
义县	xei⁴⁴	piŋ⁴⁴	tʂəŋ⁵¹	tʂʰəŋ⁵¹	ʂəŋ³⁵	ʂəŋ⁵¹	ʂəŋ⁴⁴	ɕiŋ⁵¹
北票	xei⁴⁴	piəŋ⁴⁴	tʂəŋ⁵¹	tʂʰəŋ⁵¹	ʂəŋ³⁵	ʂəŋ⁵¹	ʂəŋ⁴⁴	ɕiəŋ⁵¹
阜新	xei⁵⁵	piŋ⁵⁵	tʂəŋ⁵¹	pəŋ⁵¹（老）tʂʰəŋ⁵¹（新）	ʂəŋ³⁵	ʂəŋ⁵¹	ʂəŋ⁵⁵	ɕiŋ⁵¹
黑山	xei⁴⁴	piəŋ⁴⁴	tʂəŋ⁵¹	tʂʰəŋ⁵¹	ʂəŋ³⁵	ʂəŋ⁵¹	ʂəŋ⁴⁴	ɕiəŋ⁵¹
昌图	xei³³	piəŋ³³	tʂəŋ⁵¹	tʂʰəŋ⁵¹	ʂəŋ³⁵	ʂəŋ⁵¹	ʂəŋ³³	ɕiəŋ⁵¹
大连	xɤ²¹³	piŋ³¹²	tʃəŋ⁵²	tʃʰəŋ⁵²	ʃəŋ³⁴	ʃəŋ⁵²	ʃəŋ³¹²	ɕiŋ⁵²
金州杏树	xɤ²¹³	piŋ³¹²	tʂəŋ⁵²	tʂʰəŋ⁵²	ʂəŋ⁵²	ʂəŋ⁵²	ʂəŋ³¹²	ɕiŋ⁵²
长海	xɤ²¹⁴	piŋ³¹	tʃəŋ⁵³	tʃʰəŋ⁵³	ʃəŋ⁵³	ʃəŋ⁵³	ʃəŋ³¹	ɕiŋ⁵³
庄河	xə²¹³	piŋ³¹	tʂəŋ⁵¹	tʂʰəŋ⁵¹	ʂəŋ⁵¹	ʂəŋ⁵¹	ʂəŋ³¹	ɕiŋ⁵¹
盖州	xei⁴¹²	piŋ⁴¹²	tʂəŋ⁵¹	tʂʰəŋ⁵¹	ʂəŋ²⁴	ʂəŋ⁵¹	ʂəŋ⁴¹²	ɕiŋ⁵¹
丹东	xei²¹³	piŋ⁴¹¹	tʂəŋ⁵¹	tʂʰəŋ⁵¹	ʂəŋ²⁴	ʂəŋ⁵¹	ʂəŋ⁴¹¹	ɕiŋ⁵¹
建平	xei⁴⁴	piŋ⁴⁴	tʂəŋ⁵³	tʂʰəŋ⁵³	ʂəŋ³⁵	ʂəŋ⁵³	ʂəŋ⁴⁴	ɕiŋ⁵³
凌源	xei⁵⁵	piŋ⁵⁵	tʂəŋ⁵¹	tʂʰəŋ⁵¹	ʂəŋ³⁵	ʂəŋ⁵¹	ʂəŋ⁵⁵	ɕiŋ⁵¹

	0817 蝇	0818 逼	0819 力	0820 息	0821 直	0822 侧	0823 测	0824 色
	曾开三 平蒸以	曾开三 入职帮	曾开三 入职来	曾开三 入职心	曾开三 入职澄	曾开三 入职庄	曾开三 入职初	曾开三 入职生
沈阳	iŋ³⁵	pi³⁵	li⁴¹	ɕi²¹³	tʂʅ³⁵	tsai³³（白）tʂʅ⁴¹（文）	tsʰʅ⁴¹	sai²¹³
本溪	iŋ³⁵	pi³⁵	li⁵¹	ɕi⁴⁴	tʂʅ³⁵	tʂʰʅ⁵¹	tʂʰʅ⁵¹	ʂɤ⁵¹
辽阳	iŋ³⁵	pi³⁵	li⁵¹	ɕi⁴⁴	tʂʅ³⁵	tʂʰɤ⁵¹	tʂʰɤ⁵¹	sai²¹³（白）sɤ⁵¹（文）
海城	iŋ³⁵	pi³⁵	li⁵¹	ɕi²¹⁴	tʂʅ³⁵	tʂai⁴⁴（白）tʂʰɤ⁵¹（文）	tʂʰɤ⁵¹	ʂai²¹⁴（白）ʂɤ⁵¹（文）
开原	iŋ³⁵	pi³⁵	li⁵¹	ɕi²¹³（老）ɕi⁴⁴（新）	tʂʅ³⁵	tʂai⁴⁴（白）tʂʰɤ⁵¹（文）	tʂʰɤ⁵¹	ʂai²¹³（白）ʂɤ⁵¹（文）
锦州	iŋ³⁵	pi³⁵	li⁵¹	ɕi²¹³	tʂʅ³⁵	tsai⁵⁵（白）tʂʰɤ⁵¹（文）	tʂʰɤ⁵¹	ʂai²¹³（白）ʂɤ⁵¹（文）
盘锦	iəŋ³⁵	pi⁵⁵	li⁵¹	ɕi⁵⁵	tʂʅ³⁵	tsai⁵⁵（又）tʂʰɤ⁵¹（又）	tʂʰɤ⁵¹	ʂai²¹³（白）ʂɤ⁵¹（文）
兴城	iŋ³⁵	pi³⁵	li⁵¹	ɕi²¹³（又）ɕi⁴⁴（又）	tʂʅ³⁵	tʂai⁴⁴（白）tʂʰɤ⁵¹（文）	tʂʰɤ⁵¹	ʂai²¹³（白）ʂɤ⁵¹（文）
绥中	iəŋ³⁵	pi⁵⁵	li⁵¹	ɕi²¹³（老）ɕi⁵⁵（新）	tʂʅ³⁵	tʂʰɤ⁵¹	tʂʰɤ⁵¹	ʂai²¹³（白）ʂɤ⁵¹（文）
义县	iŋ³⁵	pi⁴⁴（又）pi³⁵（又）	li⁵¹	ɕi²¹³（又）ɕi⁴⁴（又）	tʂʅ³⁵	tʂai⁴⁴（白）tʂʰɤ⁵¹（文）	tʂʰɤ⁵¹	ʂai²¹³（白）ʂɤ⁵¹（文）
北票	iəŋ³⁵	pi³⁵（又）pi⁴⁴（又）	li⁵¹	ɕi²¹³（又）ɕi⁴⁴（又）	tʂʅ³⁵	tʂai⁴⁴（白）tʂʰɤ⁵¹（文）	tʂʰɤ⁵¹	ʂai²¹³（白）ʂɤ⁵¹（文）
阜新	iŋ³⁵	pi³⁵	li⁵¹	ɕi²¹³	tʂʅ³⁵	tʂai⁵⁵（白）tʂʰɤ⁵¹（文）	tʂʰɤ⁵¹	ʂai²¹³（白）sɤ⁵¹（文）
黑山	iəŋ³⁵	pi³⁵（又）pi⁴⁴（又）	li⁵¹	ɕi²¹³（又）ɕi⁴⁴（又）	tʂʅ³⁵	tʂai⁴⁴（白）tʂʰɤ⁵¹（文）	tʂʰɤ⁵¹	ʂai²¹³（白）ʂɤ⁵¹（文）
昌图	iəŋ³⁵	pi³⁵	li⁵¹	ɕi³³	tʂʅ³⁵	tʂʰɤ⁵¹	tʂʰɤ⁵¹	sai²¹³（白）sɤ⁵¹（文）
大连	iŋ³⁴	pi²¹³	le⁵²	ɕi²¹³	tʃi³⁴	tsʰɤ⁵²	tsʰɤ⁵²	sɤ²¹³（白）sɤ⁵²（文）
金州杏树	iŋ³¹²	pi²¹³	le⁵²	ɕi²¹³	tɕi⁵²	tsʰɤ⁵²	tsʰɤ⁵²	sɤ²¹³
长海	iŋ⁵³	pi²¹⁴	li⁵³	ʃi²¹⁴	tʃi⁵³	tsʰɤ⁵³	tsʰɤ⁵³	sɤ²¹⁴
庄河	iŋ³¹	pi²¹³	lei⁵¹	ɕi²¹³	tɕi⁵¹	tsʰə⁵¹	tsʰə⁵¹	sə²¹³
盖州	iŋ²⁴	pi²⁴	li⁵¹	ɕi²¹³	tʂʅ²⁴	tʂʰɤ⁵¹	tʂʰɤ⁵¹	sai²¹³（白）sɤ⁵¹（文）
丹东	iŋ²¹³	pi²⁴	li⁵¹	ɕi²¹³	tʂʅ²⁴	tʂʰɤ⁵¹	tʂʰɤ⁵¹	sɤ⁵¹
建平	iŋ³⁵	pi³⁵	li⁵³	ɕi⁴⁴	tʂʅ³⁵	tʂɛ⁴⁴（白）tʂʰɤ⁵³（文）	tʂʰɤ⁵³	sɛ²¹³（白）sɤ⁵³（文）
凌源	iŋ³⁵	pi⁵⁵	li⁵¹	ɕi²¹⁴（又）ɕi⁵⁵（又）	tʂʅ³⁵	tʂai⁵⁵（白）tʂʰɤ⁵¹（文）	tʂʰɤ⁵¹	ʂai²¹⁴（白）sɤ⁵¹（文）

第二章 字音对照

	0825 织	0826 食	0827 式	0828 极	0829 国	0830 或	0831 猛	0832 打
	曾开三入职章	曾开三入职船	曾开三入职书	曾开三入职群	曾合一入德见	曾合一入德匣	梗开二上庚明	梗开二上庚端
沈阳	tʂʅ^{35}	ʂʅ^{35}	ʂʅ^{41}	tɕi^{35}	kuo^{213}	xɤ^{41}	məŋ^{213}	ta^{213}
本溪	tʂʅ^{35}	ʂʅ^{35}	ʂʅ^{51}	tɕi^{35}	kuo^{35}	xuo^{51}	məŋ^{224}	ta^{224}
辽阳	tʂʅ^{44}	ʂʅ^{35}	ʂʅ^{51}	tɕi^{35}	kuo^{213}	xuo^{51}	məŋ^{213}	ta^{213}
海城	tʂʅ^{35}	ʂʅ^{35}	ʂʅ^{51}	tɕi^{35}	kuɤ^{214}	xuɤ^{51}	məŋ^{214}	ta^{214}
开原	tʂʅ^{44}	ʂʅ^{35}	ʂʅ^{51}	tɕi^{35}	kuɤ^{213}（老） kuɤ^{35}（新）	xuɤ^{51}	məŋ^{213}	ta^{213}（又） ta^{35}（又）
锦州	tʂʅ^{55}	ʂʅ^{35}	ʂʅ^{51}	tɕi^{35}	kuo^{213}	xuo^{51}	məŋ^{213}	ta^{213}
盘锦	tʂʅ^{55}	ʂʅ^{35}	ʂʅ^{51}	tɕi^{35}	kuo^{35}	xuo^{51}	məŋ^{213}	ta^{213}（又） ta^{35}（又）
兴城	tʂʅ^{44}	ʂʅ^{35}	ʂʅ^{51}	tɕi^{35}	kuo^{213}（又） kuo^{35}（又）	xuo^{51}	məŋ^{213}	ta^{213}
绥中	tʂʅ^{55}	ʂʅ^{35}	ʂʅ^{51}	tɕi^{35}	kuo^{213}（老） kuo^{35}（新）	xuo^{51}	məŋ^{213}	ta^{213}（白） ta^{35}（文）
义县	tʂʅ^{44}	ʂʅ^{35}	ʂʅ^{51}	tɕi^{35}	kuo^{213}（又） kuo^{35}（又）	xuo^{51}	məŋ^{213}	ta^{213}
北票	tʂʅ^{44}	ʂʅ^{35}	ʂʅ^{51}	tɕi^{35}	kuo^{213}（又） kuo^{35}（又）	xuo^{51}	məŋ^{213}	ta^{213}（又） ta^{35}（又）
阜新	tʂʅ^{55}	ʂʅ^{35}	ʂʅ^{51}	tɕi^{35}	kuɤ^{213}	xuei^{213}（老） xuo^{51}（新）	məŋ^{213}	ta^{213}（又） ta^{35}（又）
黑山	tʂʅ^{44}	ʂʅ^{35}	ʂʅ^{51}	tɕi^{35}	kuo^{213}（又） kuo^{35}（又）	xuo^{51}	məŋ^{213}	ta^{213}（又） ta^{35}（又）
昌图	tʂʅ^{33}	ʂʅ^{35}	ʂʅ^{51}	tɕi^{35}	kuo^{213}	xuo^{51}	məŋ^{213}	ta^{213}
大连	tʃʅ^{213}	ʃʅ^{34}	ʃʅ^{52}	tɕi^{34}	kuə^{213}	xɤ^{52}	məŋ^{213}	ta^{213}
金州 杏树	tɕi^{213}	ɕi^{52}	ɕi^{52}	tɕi^{52}	kuə^{213}	xuə^{52}	məŋ^{213}	ta^{213}
长海	tʃʅ^{214}	ʃʅ^{53}	ʃʅ^{53}	ɕi^{53}	kuə^{214}	xuə^{53}	məŋ^{214}	ta^{214}
庄河	tɕi^{213}	ɕi^{51}	ɕi^{51}	tɕi^{51}	kuə^{213}	xuə^{51}	məŋ^{213}	ta^{213}
盖州	tʂʅ^{213}	ʂʅ^{24}	ʂʅ^{51}	tɕi^{24}	kuɤ^{213}	xuɤ^{51}	məŋ^{213}	ta^{213}
丹东	tʂʅ^{213}	ʂʅ^{24}	ʂʅ^{51}	tɕi^{24}	kuo^{213}	xuo^{51}	məŋ^{213}	ta^{213}
建平	tʂʅ^{44}	ʂʅ^{35}	ʂʅ^{53}	tɕi^{35}	kuə^{213}（又） kuə^{35}（又）	xuə^{53}	məŋ^{213}	ta^{213}（又） ta^{35}（又）
凌源	tʂʅ^{55}	ʂʅ^{35}	ʂʅ^{51}	tɕi^{35}	kuo^{214}（又） kuo^{35}（又）	xuo^{51}	məŋ^{214}	ta^{214}

	0833 冷 梗开二 上庚来	0834 生 梗开二 平庚生	0835 省 ~长 梗开二 上庚生	0836 更 三~,打~ 梗开二 平庚见	0837 梗 梗开二 上庚见	0838 坑 梗开二 平庚溪	0839 硬 梗开二 去庚疑	0840 行 ~为,~走 梗开二 平庚匣
沈阳	ləŋ²¹³	səŋ³³	səŋ²¹³	kəŋ³³（又）tɕiŋ³³（又）	kəŋ²¹³	kʰəŋ³³	iŋ⁴¹	ɕiŋ³⁵
本溪	ləŋ²²⁴	səŋ⁴⁴	səŋ²²⁴	kəŋ⁴⁴（白）tɕiŋ⁴⁴（文）	kəŋ²²⁴	kʰəŋ⁴⁴	iŋ⁵¹	ɕiŋ³⁵
辽阳	ləŋ²¹³	səŋ⁴⁴	səŋ²¹³	tɕiŋ⁴⁴	kəŋ²¹³	kʰəŋ⁴⁴	iŋ⁵¹	ɕiŋ³⁵
海城	ləŋ²¹⁴	ʂəŋ⁴⁴	səŋ²¹⁴	kəŋ⁴⁴	kəŋ²¹⁴	kʰəŋ⁴⁴	iŋ⁵¹	ɕiŋ³⁵
开原	ləŋ²¹³	ʂəŋ⁴⁴	səŋ²¹³	tɕiŋ⁴⁴（白）kəŋ⁴⁴（文）	kəŋ²¹³	kʰəŋ⁴⁴	iŋ⁵¹	ɕiŋ³⁵
锦州	ləŋ²¹³	ʂəŋ⁵⁵	səŋ²¹³	tɕiŋ⁵⁵（白）kəŋ⁵⁵（文）	kəŋ²¹³	kʰəŋ⁵⁵	iŋ⁵¹	ɕiŋ³⁵
盘锦	ləŋ²¹³	ʂəŋ⁵⁵	səŋ²¹³	tɕiəŋ⁵⁵	kəŋ²¹³	kʰəŋ⁵⁵	iəŋ⁵¹	ɕiəŋ³⁵
兴城	ləŋ²¹³	ʂəŋ⁴⁴	səŋ²¹³	tɕiŋ⁴⁴（白）kəŋ⁴⁴（文）	kəŋ²¹³	kʰəŋ⁴⁴	iŋ⁵¹	ɕiŋ³⁵
绥中	ləŋ²¹³	ʂəŋ⁵⁵	səŋ²¹³	tɕiəŋ⁵⁵（白）kəŋ⁵⁵（文）	kəŋ²¹³	kʰəŋ⁵⁵	iəŋ⁵¹	ɕiəŋ³⁵
义县	ləŋ²¹³	ʂəŋ⁴⁴	səŋ²¹³	tɕiŋ⁴⁴（又）kəŋ⁴⁴（又）	kəŋ²¹³	kʰəŋ⁴⁴	iŋ⁵¹	ɕiŋ³⁵
北票	ləŋ²¹³	ʂəŋ⁴⁴	səŋ²¹³	tɕiəŋ⁴⁴（又）kəŋ⁴⁴（又）	kəŋ²¹³	kʰəŋ⁴⁴	iəŋ⁵¹	ɕiəŋ³⁵
阜新	ləŋ²¹³	ʂəŋ⁵⁵	səŋ²¹³	kəŋ⁵⁵（又）tɕiŋ⁵⁵（又）	kəŋ²¹³	kʰəŋ⁵⁵	iŋ⁵¹	ɕiŋ³⁵
黑山	ləŋ²¹³	ʂəŋ⁴⁴	səŋ²¹³	tɕiəŋ⁴⁴（又）kəŋ⁴⁴（又）	kəŋ²¹³	kʰəŋ⁴⁴	iəŋ⁵¹	ɕiəŋ³⁵
昌图	ləŋ²¹³	ʂəŋ³³	səŋ²¹³	tɕiəŋ³³	kəŋ²¹³	kʰəŋ³³	iəŋ⁵¹	ɕiəŋ³⁵
大连	ləŋ²¹³	səŋ³¹²	səŋ²¹³	tɕiŋ³¹²	kəŋ²¹³	kʰəŋ³¹²	iŋ⁵²	ɕiŋ³⁴
金州杏树	ləŋ²¹³	səŋ³¹²	səŋ²¹³	tɕiŋ³¹²	kəŋ²¹³	kʰəŋ³¹²	iŋ⁵²	ɕiŋ⁵²
长海	ləŋ²¹⁴	səŋ³¹	səŋ²¹⁴	kəŋ³¹	kəŋ²¹⁴	kʰəŋ³¹	iŋ⁵³	ɕiŋ⁵³
庄河	ləŋ²¹³	səŋ³¹	səŋ²¹³	tɕiŋ³¹	kəŋ²¹³	kʰəŋ³¹	iŋ⁵¹	ɕiŋ⁵¹
盖州	ləŋ²¹³	səŋ⁴¹²	səŋ²¹³	tɕiŋ⁴¹²	kəŋ²¹³	kʰəŋ⁴¹²	iŋ⁵¹	ɕiŋ²⁴
丹东	ləŋ²¹³	ʂəŋ⁴¹¹	ʂəŋ²¹³	tɕiŋ⁴¹¹（又）kəŋ⁴¹¹（又）	kəŋ²¹³	kʰəŋ⁴¹¹	iŋ⁵¹	ɕiŋ²⁴
建平	ləŋ²¹³	ʂəŋ⁴⁴	səŋ²¹³	kəŋ⁴⁴（又）tɕiŋ⁴⁴（又）	kəŋ²¹³	kʰəŋ⁴⁴	iŋ⁵³	ɕiŋ³⁵
凌源	ləŋ²¹⁴	ʂəŋ⁵⁵	səŋ²¹⁴	tɕiŋ⁵⁵（又）kəŋ⁵⁵（又）	kəŋ²¹⁴	kʰəŋ⁵⁵	iŋ⁵¹	ɕiŋ³⁵

	0841 百	0842 拍	0843 白	0844 拆	0845 择	0846 窄	0847 格	0848 客
	梗开二入陌帮	梗开二入陌滂	梗开二入陌并	梗开二入陌彻	梗开二入陌澄	梗开二入陌庄	梗开二入陌见	梗开二入陌溪
沈阳	pai²¹³	pʰai³³	pai³⁵	tsʰai³³	tsai³⁵(白) tsɤ³⁵(文)	tsai²¹³	kɤ³⁵	tɕʰie²¹³(白) kʰɤ⁴¹(文)
本溪	pai²²⁴	pʰai⁴⁴	pai³⁵	tʂʰai⁴⁴	tʂai³⁵(白) tʂɤ³⁵(文)	tʂai²²⁴	kɤ³⁵	tɕʰie²²⁴(白) kʰɤ⁵¹(文)
辽阳	pai²¹³	pʰai⁴⁴	pai³⁵	tʂʰai⁴⁴	tʂɤ³⁵	tʂai²¹³	kɤ³⁵	tɕʰie²¹³(白) kʰɤ⁵¹(文)
海城	pai²¹⁴	pʰai⁴⁴	pai³⁵	tʂʰai⁴⁴	tʂɤ³⁵	tʂai²¹⁴	kɤ³⁵	tɕʰie²¹⁴(白) kʰɤ⁵¹(文)
开原	pai²¹³	pʰai⁴⁴	pai³⁵	tʂʰai⁴⁴	tʂai³⁵(白) tʂɤ³⁵(文)	tʂai²¹³	kɤ³⁵	tɕʰie²¹³(白) kʰɤ⁵¹(文)
锦州	pai²¹³	pʰai⁵⁵	pai³⁵	tʂʰai⁵⁵	tʂai³⁵(白) tʂɤ³⁵(文)	tʂai²¹³	kɤ³⁵	tɕʰie²¹³(白) kʰɤ⁵¹(文)
盘锦	pai²¹³	pʰai⁵⁵	pai³⁵	tsʰai⁵⁵	tsai⁵⁵(白) tsɤ³⁵(文)	tsai²¹³	kɤ³⁵	tɕʰie²¹³(白) kʰɤ⁵¹(文)
兴城	pai²¹³	pʰai⁴⁴	pai³⁵	tʂʰai⁴⁴	tʂai³⁵(白) tʂɤ³⁵(文)	tʂai²¹³	kɤ³⁵	tɕʰie²¹³(白) kʰɤ⁵¹(文)
绥中	pai²¹³	pʰai⁵⁵	pai³⁵	tʂʰai⁵⁵	tʂai³⁵(白) tʂɤ³⁵(文)	tʂai²¹³	kɤ³⁵	tɕʰie²¹³(白) kʰɤ⁵¹(文)
义县	pai²¹³	pʰai⁴⁴	pai³⁵	tʂʰai⁴⁴	tʂai³⁵(白) tʂɤ³⁵(文)	tʂai²¹³	kɤ³⁵	tɕʰie²¹³(白) kʰɤ⁵¹(文)
北票	pai²¹³	pʰai⁴⁴	pai³⁵	tʂʰai⁴⁴	tʂai³⁵(白) tʂɤ³⁵(文)	tʂai²¹³	kɤ³⁵	tɕʰie²¹³(白) kʰɤ⁵¹(文)
阜新	pai²¹³	pʰai⁵⁵	pai³⁵	tʂʰai⁵⁵	tʂai³⁵(白) tʂɤ³⁵(文)	tʂai²¹³	kɤ³⁵	tɕʰie²¹³(白) kʰɤ⁵¹(文)
黑山	pai²¹³	pʰai⁴⁴	pai³⁵	tʂʰai⁴⁴	tʂai³⁵(白) tʂɤ³⁵(文)	tʂai²¹³	kɤ³⁵	tɕʰie²¹³(白) kʰɤ⁵¹(文)
昌图	pai²¹³	pʰai³³	pai³⁵	tsʰai³³	tsɤ³⁵	tsai²¹³	kɤ³⁵	tɕʰie²¹³(白) kʰɤ⁵¹(文)
大连	pe²¹³	pʰe³¹²	pe³⁴	tsʰɤ²¹³	tsɤ³⁴	tsɤ²¹³	kɤ²¹³	kʰɤ²¹³
金州杏树	pɤ²¹³	pʰɤ²¹³	pɤ⁵²	tsʰɤ²¹³	tsɤ⁵²	tsɤ²¹³	kɤ²¹³	kʰɤ²¹³
长海	pɤ²¹⁴	pʰai³¹	pɤ⁵³(白) pai⁵³(文)	tsʰɤ²¹⁴(白) tʃʰai³¹(文)	tsɤ⁵³	tsɤ²¹⁴(白) tsai²¹⁴(文)	kɤ²¹⁴	kʰɤ²¹⁴
庄河	pai²¹³	pʰai³¹	pə⁵¹(白) pai⁵¹(文)	tsʰə²¹³	tsə²¹³	tsə²¹³	kə²¹³	kʰə²¹³
盖州	pai²¹³	pʰai⁴¹²	pai²⁴	tsʰai²⁴	tsɤ²⁴	tsai²¹³	kɤ²⁴	kʰɤ⁵¹
丹东	pai²¹³	pʰai⁴¹¹	pai²⁴	tsʰɤ²⁴	tsɤ²⁴	tsai²¹³	kɤ²⁴	kʰɤ⁵¹(又) kʰɤ²¹³(又)
建平	pe²¹³	pʰe⁴⁴	pɛ³⁵	tʂʰɛ⁴⁴	tʂɛ³⁵(白) tʂɤ³⁵(文)	tʂɛ²¹³	kɤ³⁵	tɕʰie²¹³(白) kʰɤ⁵³(文)
凌源	pai²¹⁴	pʰai⁵⁵	pai³⁵	tsʰai⁵⁵	tsai³⁵(白) tsɤ³⁵(文)	tsai²¹⁴	kɤ³⁵	tɕʰie²¹⁴(白) kʰɤ⁵¹(文)

	0849 额	0850 棚	0851 争	0852 耕	0853 麦	0854 摘	0855 策	0856 隔
	梗开二 入陌疑	梗开二 平耕并	梗开二 平耕庄	梗开二 平耕见	梗开二 入麦明	梗开二 入麦知	梗开二 入麦初	梗开二 入麦见
沈阳	ɤ³⁵	pʰəŋ³⁵	tsəŋ³³	tɕin³³	mai⁴¹	tṣai³⁵	tṣʰɤ⁴¹	kɤ³⁵
本溪	ɤ³⁵	pʰəŋ³⁵	tṣəŋ⁴⁴	kəŋ⁴⁴	mai⁵¹	tṣai³⁵	tṣʰɤ⁵¹	kɤ³⁵
辽阳	ɤ³⁵	pʰəŋ³⁵	tsəŋ⁴⁴	tɕin⁴⁴	mai⁵¹	tṣai³⁵	tṣʰɤ⁵¹	kɤ³⁵
海城	ɤ³⁵	pʰəŋ³⁵	tṣəŋ⁴⁴	kəŋ⁴⁴	mai⁵¹	tṣai³⁵	tṣʰɤ⁵¹	kɤ³⁵
开原	ɤ³⁵	pʰəŋ³⁵	tṣəŋ⁴⁴	kəŋ⁴⁴	mai⁵¹	tṣai³⁵	tṣʰɤ⁵¹	tɕie⁵¹（白） kɤ³⁵（文）
锦州	nɤ³⁵	pʰəŋ³⁵	tṣəŋ⁵⁵	kəŋ⁵⁵	mai⁵¹	tṣai³⁵	tṣʰɤ⁵¹	tɕie⁵¹（白） kɤ³⁵（文）
盘锦	nɤ³⁵（老） ɤ³⁵（新）	pʰəŋ³⁵	tṣəŋ⁵⁵	kəŋ⁵⁵	mai⁵¹	tṣai⁵⁵	tṣʰɤ⁵¹	tɕie⁵¹（又） kɤ³⁵（又）
兴城	nɤ³⁵（老） ɤ³⁵（新）	pʰəŋ³⁵	tṣəŋ⁴⁴	kəŋ⁴⁴	mai⁵¹	tṣai⁴⁴	tṣʰɤ⁵¹	tɕie⁵¹（白） kɤ³⁵（文）
绥中	ɤ³⁵	pʰəŋ³⁵	tṣəŋ⁵⁵	kəŋ⁵⁵	mai⁵¹	tṣai⁵⁵	tṣʰɤ⁵¹	kɤ³⁵
义县	ɤ³⁵	pʰəŋ³⁵	tṣəŋ⁴⁴	kəŋ⁴⁴	mai⁵¹	tṣai⁴⁴	tṣʰɤ⁵¹	kɤ³⁵
北票	ie⁴⁴（老） ɤ³⁵（新）	pʰəŋ³⁵	tṣəŋ⁴⁴	kəŋ⁴⁴	mai⁵¹	tṣai³⁵（又） tṣai⁴⁴（又）	tṣʰɤ⁵¹	tɕie⁵¹（白） kɤ³⁵（文）
阜新	nɤ³⁵（又） ɤ³⁵（又）	pʰəŋ³⁵	tṣəŋ⁵⁵	tɕin⁵⁵（白） kəŋ⁵⁵（文）	mai⁵¹	tṣai³⁵	tṣʰɤ⁵¹	tɕie⁵¹（白） kɤ³⁵（文）
黑山	ie⁴⁴（老） ɤ³⁵（新）	pʰəŋ³⁵	tṣəŋ⁴⁴	kəŋ⁴⁴	mai⁵¹	tṣai⁴⁴	tṣʰɤ⁵¹	tɕie⁵¹（白） kɤ³⁵（文）
昌图	ɤ³⁵	pʰəŋ³⁵	tṣəŋ³³	kəŋ³³	mai⁵¹	tṣai³³（又） tṣai³⁵（又）	tṣʰɤ⁵¹	kɤ³⁵～开 tɕie⁵¹～壁邻右儿
大连	ɤ³⁴	pʰəŋ³⁴	tsəŋ³¹²	tɕin³¹²	mɤ²¹³	tsɤ²¹³	tsʰɤ⁵²	kɤ²¹³
金州 杏树	ɤ⁵²	pʰəŋ⁵²	tsəŋ³¹²	tɕin³¹²	mɤ²¹³	tsɤ²¹³	tsʰɤ⁵²	kɤ²¹³
长海	ɤ⁵³	pʰəŋ⁵³	tsəŋ³¹	kəŋ³¹	mɤ²¹⁴	tsɤ²¹⁴	tsʰɤ⁵³	kɤ²¹⁴
庄河	ə⁵¹	pʰəŋ⁵¹	tsəŋ³¹	kəŋ³¹	mə²¹³	tsə²¹³	tsʰə⁵¹	kə²¹³
盖州	ɤ²⁴	pʰəŋ²⁴	tsəŋ⁴¹²	kəŋ⁴¹²	mai⁵¹	tsɤ²⁴（又） tsai²⁴（又）	tsʰɤ⁵¹	kɤ²¹³
丹东	ɤ²⁴	pʰəŋ²⁴	tsəŋ⁴¹¹	kəŋ⁴¹¹	mai⁵¹	tsɤ²⁴	tsʰɤ⁵¹	kɤ²¹³
建平	nɤ³⁵	pʰəŋ³⁵	tṣəŋ⁴⁴	kəŋ⁴⁴	mɛ⁵³	tṣɛ⁴⁴	tṣʰɤ⁵³	kei⁴⁴（又） kɤ³⁵（又）
凌源	ie⁵⁵（老） nɤ³⁵（新） ɤ³⁵（新）	pʰəŋ³⁵	tṣəŋ⁵⁵	kəŋ⁵⁵	mai⁵¹	tṣai⁵⁵	tṣʰɤ⁵¹	tɕie⁵¹（白） kɤ³⁵（文）

第二章 字音对照

	0857 兵	**0858 柄**	**0859 平**	**0860 病**	**0861 明**	**0862 命**	**0863 镜**	**0864 庆**
	梗开三平庚帮	梗开三去庚帮	梗开三平庚並	梗开三去庚並	梗开三平庚明	梗开三去庚明	梗开三去庚见	梗开三去庚溪
沈阳	piŋ³³	piŋ²¹³	pʰiŋ³⁵	piŋ⁴¹	miŋ³⁵	miŋ⁴¹	tɕiŋ⁴¹	tɕʰiŋ⁴¹
本溪	piŋ⁴⁴	piŋ²²⁴	pʰiŋ³⁵	piŋ⁵¹	miŋ³⁵	miŋ⁵¹	tɕiŋ⁵¹	tɕʰiŋ⁵¹
辽阳	piŋ⁴⁴	piŋ²¹³	pʰiŋ³⁵	piŋ⁵¹	miŋ³⁵	miŋ⁵¹	tɕiŋ⁵¹	tɕʰiŋ⁵¹
海城	piŋ⁴⁴	piŋ²¹⁴	pʰiŋ³⁵	piŋ⁵¹	miŋ³⁵	miŋ⁵¹	tɕiŋ⁵¹	tɕʰiŋ⁵¹
开原	piŋ⁴⁴	piŋ²¹³	pʰiŋ³⁵	piŋ⁵¹	miŋ³⁵	miŋ⁵¹	tɕiŋ⁵¹	tɕʰiŋ⁵¹
锦州	piŋ⁵⁵	piŋ²¹³	pʰiŋ³⁵	piŋ⁵¹	miŋ³⁵	miŋ⁵¹	tɕiŋ⁵¹	tɕʰiŋ⁵¹
盘锦	piəŋ⁵⁵	piəŋ²¹³	pʰiəŋ³⁵	piəŋ⁵¹	miəŋ³⁵	miəŋ⁵¹	tɕiəŋ⁵¹	tɕʰiəŋ⁵¹
兴城	piŋ⁴⁴	piŋ²¹³	pʰiŋ³⁵	piŋ⁵¹	miŋ³⁵	miŋ⁵¹	tɕiŋ⁵¹	tɕʰiŋ⁵¹
绥中	piəŋ⁵⁵	piəŋ²¹³	pʰiəŋ³⁵	piəŋ⁵¹	miəŋ³⁵	miəŋ⁵¹	tɕiəŋ⁵¹	tɕʰiəŋ⁵¹
义县	piŋ⁴⁴	piŋ²¹³	pʰiŋ³⁵	piŋ⁵¹	miŋ³⁵	miŋ⁵¹	tɕiŋ⁵¹	tɕʰiŋ⁵¹
北票	piəŋ⁴⁴	piəŋ²¹³	pʰiəŋ³⁵	piəŋ⁵¹	miəŋ³⁵	miəŋ⁵¹	tɕiəŋ⁵¹	tɕʰiəŋ⁵¹
阜新	piŋ⁵⁵	piŋ²¹³	pʰiŋ³⁵	piŋ⁵¹	miŋ³⁵	miŋ⁵¹	tɕiŋ⁵¹	tɕʰiŋ⁵¹
黑山	piəŋ⁴⁴	piəŋ²¹³	pʰiəŋ³⁵	piəŋ⁵¹	miəŋ³⁵	miəŋ⁵¹	tɕiəŋ⁵¹	tɕʰiəŋ⁵¹
昌图	piəŋ³³	piəŋ²¹³	pʰiəŋ³⁵	piəŋ⁵¹	miəŋ³⁵	miəŋ⁵¹	tɕiəŋ⁵¹	tɕʰiəŋ⁵¹
大连	piŋ³¹²	piŋ²¹³	pʰiŋ³⁴	piŋ⁵²	miŋ³⁴	miŋ⁵²	tɕiŋ⁵²	tɕʰiŋ⁵²
金州杏树	piŋ³¹²	piŋ²¹³	pʰiŋ⁵²	piŋ⁵²	miŋ⁵²	miŋ⁵²	tɕiŋ⁵²	tɕʰiŋ⁵²
长海	piŋ³¹	piŋ²¹⁴	pʰiŋ⁵³	piŋ⁵³	miŋ⁵³	miŋ⁵³	ciŋ⁵³	cʰiŋ⁵³
庄河	piŋ³¹	piŋ²¹³	pʰiŋ⁵¹	piŋ⁵¹	miŋ⁵¹	miŋ⁵¹	tɕiŋ⁵¹	tɕʰiŋ⁵¹
盖州	piŋ⁴¹²	piŋ²¹³	pʰiŋ²⁴	piŋ⁵¹	miŋ²⁴	miŋ⁵¹	tɕiŋ⁵¹	tɕʰiŋ⁵¹
丹东	piŋ⁴¹¹	piŋ²¹³	pʰiŋ²⁴	piŋ⁵¹	miŋ²⁴	miŋ⁵¹	tɕiŋ⁵¹	tɕʰiŋ⁵¹
建平	piŋ⁴⁴	piŋ²¹³	pʰiŋ³⁵	piŋ⁵³	miŋ³⁵	miŋ⁵³	tɕiŋ⁵³	tɕʰiŋ⁵³
凌源	piŋ⁵⁵	piŋ²¹⁴	pʰiŋ³⁵	piŋ⁵¹	miŋ³⁵	miŋ⁵¹	tɕiŋ⁵¹	tɕʰiŋ⁵¹

	0865 迎	0866 影	0867 剧戏~	0868 饼	0869 名	0870 领	0871 井	0872 清
	梗开三平庚疑	梗开三上庚影	梗开三入陌群	梗开三上清帮	梗开三平清明	梗开三上清来	梗开三上清精	梗开三平清清
沈阳	iŋ³⁵	iŋ²¹³	tɕy⁴¹	piŋ²¹³	miŋ³⁵	liŋ²¹³	tɕiŋ²¹³	tɕʰiŋ³³
本溪	iŋ³⁵	iŋ²²⁴	tɕy⁵¹	piŋ²²⁴	miŋ³⁵	liŋ²²⁴	tɕiŋ²²⁴	tɕʰiŋ⁴⁴
辽阳	iŋ³⁵	iŋ²¹³	tɕy⁵¹	piŋ²¹³	miŋ³⁵	liŋ²¹³	tɕiŋ²¹³	tɕʰiŋ⁴⁴
海城	iŋ³⁵	iŋ²¹⁴	tɕy⁵¹	piŋ²¹⁴	miŋ³⁵	liŋ²¹⁴	tɕiŋ²¹⁴	tɕʰiŋ⁴⁴
开原	iŋ³⁵	iŋ²¹³	tɕy⁵¹	piŋ²¹³	miŋ³⁵	liŋ²¹³	tɕiŋ²¹³	tɕʰiŋ⁴⁴
锦州	iŋ³⁵	iŋ²¹³	tɕy⁵¹	piŋ²¹³	miŋ³⁵	liŋ²¹³	tɕiŋ²¹³	tɕʰiŋ⁵⁵
盘锦	iəŋ³⁵	iəŋ²¹³	tɕy⁵¹	piəŋ²¹³	miəŋ³⁵	liəŋ²¹³	tɕiəŋ²¹³	tɕʰiəŋ⁵⁵
兴城	iŋ³⁵	iŋ²¹³	tɕy⁵¹	piŋ²¹³	miŋ³⁵	liŋ²¹³	tɕiŋ²¹³	tɕʰiŋ⁴⁴
绥中	iəŋ³⁵	iəŋ²¹³	tɕy⁵¹	piəŋ²¹³	miəŋ³⁵	liəŋ²¹³	tɕiəŋ²¹³	tɕʰiəŋ⁵⁵
义县	iŋ³⁵	iŋ²¹³	tɕy⁵¹	piŋ²¹³	miŋ³⁵	liŋ²¹³	tɕiŋ²¹³	tɕʰiŋ⁴⁴
北票	iəŋ³⁵	iəŋ²¹³	tɕy⁵¹	piəŋ²¹³	miəŋ³⁵	liəŋ²¹³	tɕiəŋ²¹³	tɕʰiəŋ⁴⁴
阜新	iŋ³⁵	iŋ²¹³	tɕy⁵¹	piŋ²¹³	miŋ³⁵	liŋ²¹³	tɕiŋ²¹³	tɕʰiŋ⁵⁵
黑山	iəŋ³⁵	iəŋ²¹³	tɕy⁵¹	piəŋ²¹³	miəŋ³⁵	liəŋ²¹³	tɕiəŋ²¹³	tɕʰiəŋ⁴⁴
昌图	iəŋ³⁵	iəŋ²¹³	tɕy⁵¹	piəŋ²¹³	miəŋ³⁵	liəŋ²¹³	tɕiəŋ²¹³	tɕʰiəŋ³³
大连	iŋ³⁴	iŋ²¹³	tɕy⁵²	piŋ²¹³	miŋ³⁴	liŋ²¹³	tɕiŋ²¹³	tɕʰiŋ³¹²
金州杏树	iŋ³¹²	iŋ²¹³	tɕy⁵²	piŋ²¹³	miŋ³¹²	liŋ²¹³	tɕiŋ²¹³	tɕʰiŋ³¹²
长海	iŋ³¹	iŋ²¹⁴	ɕy⁵³	piŋ²¹⁴	miŋ³¹	liŋ²¹⁴	tʃəŋ²¹⁴	tʃʰəŋ³¹
庄河	iŋ³¹	iŋ²¹³	tɕy⁵¹	piŋ²¹³	miŋ³¹	liŋ²¹³	tɕiŋ²¹³	tɕʰiŋ³¹
盖州	iŋ²⁴	iŋ²¹³	tɕy⁵¹	piŋ²¹³	miŋ²⁴	liŋ²¹³	tɕiŋ²¹³	tɕʰiŋ⁴¹²
丹东	iŋ²⁴	iŋ²¹³	tɕy⁵¹	piŋ²¹³	miŋ²⁴	liŋ²¹³	tɕiŋ²¹³	tɕʰiŋ⁴¹¹
建平	iŋ⁴⁴（又）iŋ³⁵（又）	iŋ²¹³	tɕy⁵³	piŋ²¹³	miŋ³⁵	liŋ²¹³	tɕiŋ²¹³	tɕʰiŋ⁴⁴
凌源	iŋ³⁵	iŋ²¹⁴	tɕy⁵¹	piŋ²¹⁴	miŋ³⁵	liŋ²¹⁴	tɕiŋ²¹⁴	tɕʰiŋ⁵⁵

	0873 静	0874 姓	0875 贞	0876 程	0877 整	0878 正 ~反	0879 声	0880 城
	梗开三 上清从	梗开三 去清心	梗开三 平清知	梗开三 平清澄	梗开三 上清章	梗开三 去清章	梗开三 平清书	梗开三 平清禅
沈阳	tɕiŋ⁴¹	ɕiŋ⁴¹	tʂən³³	tʂʰəŋ³⁵	tʂən²¹³	tʂən⁴¹	şəŋ³³	tʂʰəŋ³⁵
本溪	tɕiŋ⁵¹	ɕiŋ⁵¹	tʂən⁴⁴	tʂʰəŋ³⁵	tʂən²²⁴	tʂən⁵¹	şəŋ⁴⁴	tʂʰəŋ³⁵
辽阳	tɕiŋ⁵¹	ɕiŋ⁵¹	tʂən⁴⁴	tʂʰəŋ³⁵	tʂən²¹³	tʂən⁵¹	şəŋ⁴⁴	tʂʰəŋ³⁵
海城	tɕiŋ⁵¹	ɕiŋ⁵¹	tʂən⁴⁴	tʂʰəŋ³⁵	tʂən²¹⁴	tʂən⁵¹	şəŋ⁴⁴	tʂʰəŋ³⁵
开原	tɕiŋ⁵¹	ɕiŋ⁵¹	tʂən⁴⁴	tʂʰəŋ³⁵	tʂən²¹³	tʂən⁵¹	şəŋ⁴⁴	tʂʰəŋ³⁵
锦州	tɕiŋ⁵¹	ɕiŋ⁵¹	tʂən⁵⁵	tʂʰəŋ³⁵	tʂən²¹³	tʂən⁵¹	şəŋ⁵⁵	tʂʰəŋ³⁵
盘锦	tɕiəŋ⁵¹	ɕiəŋ⁵¹	tʂən⁵⁵	tʂʰəŋ³⁵	tʂən²¹³	tʂən⁵¹	şəŋ⁵⁵	tʂʰəŋ³⁵
兴城	tɕiŋ⁵¹	ɕiŋ⁵¹	tʂən⁴⁴	tʂʰəŋ³⁵	tʂən²¹³	tʂən⁵¹	şəŋ⁴⁴	tʂʰəŋ³⁵
绥中	tɕiəŋ⁵¹	ɕiəŋ⁵¹	tʂən⁵⁵	tʂʰəŋ³⁵	tʂən²¹³	tʂən⁵¹	şəŋ⁵⁵	tʂʰəŋ³⁵
义县	tɕiŋ⁵¹	ɕiŋ⁵¹	tʂən⁴⁴	tʂʰəŋ³⁵	tʂən²¹³	tʂən⁵¹	şəŋ⁴⁴	tʂʰəŋ³⁵
北票	tɕiəŋ⁵¹	ɕiəŋ⁵¹	tʂən⁴⁴	tʂʰəŋ³⁵	tʂən²¹³	tʂən⁵¹	şəŋ⁴⁴	tʂʰəŋ³⁵
阜新	tɕiŋ⁵¹	ɕiŋ⁵¹	tʂən⁵⁵	tʂʰəŋ³⁵	tʂən²¹³	tʂən⁵¹	şəŋ⁵⁵	tʂʰəŋ³⁵
黑山	tɕiəŋ⁵¹	ɕiəŋ⁵¹	tʂən⁴⁴	tʂʰəŋ³⁵	tʂən²¹³	tʂən⁵¹	şəŋ⁴⁴	tʂʰəŋ³⁵
昌图	tɕiəŋ⁵¹	ɕiəŋ⁵¹	tʂən³³	tʂʰəŋ³⁵	tʂən²¹³	tʂən⁵¹	şəŋ³³	tʂʰəŋ³⁵
大连	tɕiŋ⁵²	ɕiŋ⁵²	tʃə̃³¹²	tʃʰəŋ³⁴	tʃəŋ²¹³	tʃəŋ⁵²	ʃəŋ³¹²	tʃʰəŋ³⁴
金州 杏树	tɕiŋ⁵²	ɕiŋ⁵²	tsə̃³¹²	tsʰəŋ⁵²	tsəŋ²¹³	tsəŋ⁵²	səŋ³¹²	tsʰəŋ⁵²
长海	tʃəŋ⁵³	ʃəŋ⁵³	tʃən³¹	tʃʰəŋ⁵³	tʃəŋ²¹⁴	tʃəŋ⁵³	ʃəŋ³¹	tʃʰəŋ⁵³
庄河	tɕiŋ⁵¹	ɕiŋ⁵¹	tsən³¹	tsʰəŋ⁵¹	tsəŋ²¹³	tsəŋ⁵¹	səŋ³¹	tsʰəŋ⁵¹
盖州	tɕiŋ⁵¹	ɕiŋ⁵¹	tsən⁴¹²	tsʰəŋ²⁴	tsəŋ²¹³	tsəŋ⁵¹	səŋ⁴¹²	tsʰəŋ²⁴
丹东	tɕiŋ⁵¹	ɕiŋ⁵¹	tʂən⁴¹¹	tʂʰəŋ²⁴	tʂəŋ²¹³	tʂən⁵¹	şəŋ⁴¹¹	tʂʰəŋ²⁴
建平	tɕiŋ⁵³	ɕiŋ⁵³	tʂə̃⁴⁴	tʂʰəŋ³⁵	tʂəŋ²¹³	tʂəŋ⁵³	şəŋ⁴⁴	tʂʰəŋ³⁵
凌源	tɕiŋ⁵¹	ɕiŋ⁵¹	tʂən⁵⁵	tʂʰəŋ³⁵	tʂəŋ²¹⁴	tʂəŋ⁵¹	şəŋ⁵⁵	tʂʰəŋ³⁵

	0881 轻 梗开三 平清溪	0882 赢 梗开三 平清以	0883 积 梗开三 入昔精	0884 惜 梗开三 入昔心	0885 席 梗开三 入昔邪	0886 尺 梗开三 入昔昌	0887 石 梗开三 入昔禅	0888 益 梗开三 入昔影
沈阳	tɕʰiŋ³³	iŋ³⁵	tɕi³⁵	ɕi²¹³	ɕi³⁵	tʂʰʅ²¹³	ʂʅ³⁵	i⁴¹
本溪	tɕʰiŋ⁴⁴	iŋ³⁵	tɕi³⁵	ɕi⁴⁴	ɕi³⁵	tʂʰʅ²²⁴	ʂʅ³⁵	i⁵¹
辽阳	tɕʰiŋ⁴⁴	iŋ³⁵	tɕi³⁵	ɕi⁴⁴	ɕi³⁵	tʂʰʅ²¹³	ʂʅ³⁵	i⁵¹
海城	tɕʰiŋ⁴⁴	iŋ³⁵	tɕi³⁵	ɕi²¹⁴	ɕi³⁵	tʂʰʅ²¹⁴	ʂʅ³⁵	i⁵¹
开原	tɕʰiŋ⁴⁴	iŋ³⁵	tɕi⁴⁴	ɕi⁴⁴	ɕi³⁵	tʂʰʅ²¹³	ʂʅ³⁵	i⁵¹
锦州	tɕʰiŋ⁵⁵	iŋ³⁵	tɕi⁵⁵	ɕi²¹³（又） ɕi⁵⁵（又）	ɕi³⁵	tʂʰʅ²¹³	ʂʅ³⁵	i⁵¹
盘锦	tɕʰiəŋ⁵⁵	iəŋ³⁵	tɕi³⁵	ɕi²¹³	ɕi³⁵	tʂʰʅ²¹³	ʂʅ³⁵	i⁵¹
兴城	tɕʰiŋ⁴⁴	iŋ³⁵	tɕi⁴⁴	ɕi⁴⁴（又） ɕi²¹³（又）	ɕi³⁵	tʂʰʅ²¹³	ʂʅ³⁵	i⁵¹
绥中	tɕʰiəŋ⁵⁵	iəŋ³⁵	tɕi⁵⁵	ɕi²¹³	ɕi³⁵	tʂʰʅ²¹³	ʂʅ³⁵（又） tan⁵¹（又）	i⁵¹
义县	tɕʰiŋ⁴⁴	iŋ³⁵	tɕi⁴⁴	ɕi⁴⁴（又） ɕi²¹³（又）	ɕi³⁵	tʂʰʅ²¹³	ʂʅ³⁵	i⁵¹
北票	tɕʰiəŋ⁴⁴	iəŋ³⁵	tɕi³⁵（又） tɕi⁴⁴（又）	ɕi⁴⁴	ɕi³⁵	tʂʰʅ²¹³	ʂʅ³⁵	i⁵¹
阜新	tɕʰiŋ⁵⁵	iŋ³⁵	tɕi⁵⁵	ɕi²¹³	ɕi³⁵	tʂʰʅ²¹³	ʂʅ³⁵	i⁵¹
黑山	tɕʰiəŋ⁴⁴	iəŋ³⁵	tɕi⁴⁴	ɕi⁴⁴	ɕi³⁵	tʂʰʅ²¹³	ʂʅ³⁵	i⁵¹
昌图	tɕʰiəŋ³³	iəŋ³⁵	tɕi³³	ɕi³³	ɕi³⁵	tʂʰʅ²¹³	ʂʅ³⁵	i⁵¹
大连	tɕʰiŋ³¹²	iŋ³⁴	tɕi³⁴	ɕi²¹³	ɕi³⁴	tʃʰʅ²¹³	ʃʅ³⁴	i⁵²
金州杏树	tɕʰiŋ³¹²	iŋ³¹²	tɕi⁵²	ɕi²¹³	ɕi⁵²	tɕʰi²¹³	ɕi⁵²	i⁵²
长海	cʰiŋ³¹	iŋ³¹	tʃi²¹⁴	ʃi²¹⁴	ʃi⁵³	tʃʰʅ²¹⁴	ʃʅ⁵³	i⁵³
庄河	tɕʰiŋ³¹	iŋ³¹	tɕi⁵¹	ɕi²¹³	ɕi⁵¹	tɕʰi²¹³	ɕi⁵¹	i⁵¹
盖州	tɕʰiŋ⁴¹²	iŋ²⁴	tɕi²⁴	ɕi²¹³	ɕi²⁴	tʂʰʅ²¹³	ʂʅ²⁴	i⁵¹
丹东	tɕʰiŋ⁴¹¹	iŋ²⁴	tɕi²⁴	ɕi²¹³	ɕi²⁴	tʂʰʅ²¹³	ʂʅ²⁴	i⁵¹
建平	tɕʰiŋ⁴⁴	iŋ³⁵	tɕi⁴⁴	ɕi²¹³（又） ɕi⁴⁴（又）	ɕi³⁵	tʂʰʅ²¹³	ʂʅ³⁵	i⁵³
凌源	tɕʰiŋ⁵⁵	iŋ³⁵	tɕi⁵⁵	ɕi⁵⁵	ɕi³⁵	tʂʰʅ²¹⁴	ʂʅ³⁵	i⁵¹

	0889 瓶	0890 钉名	0891 顶	0892 厅	0893 听~见	0894 停	0895 挺	0896 定
	梗开四平青並	梗开四平青端	梗开四上青端	梗开四平青透	梗开四平青透	梗开四平青定	梗开四上青定	梗开四去青定
沈阳	pʰiŋ³⁵	tiŋ³³	tiŋ²¹³	tʰiŋ³³	tʰiŋ³³	tʰiŋ³⁵	tʰiŋ²¹³	tiŋ⁴¹
本溪	pʰiŋ³⁵	tiŋ⁴⁴	tiŋ²²⁴	tʰiŋ⁴⁴	tʰiŋ⁴⁴	tʰiŋ³⁵	tʰiŋ²²⁴	tiŋ⁵¹
辽阳	pʰiŋ³⁵	tiŋ⁴⁴	tiŋ²¹³	tʰiŋ⁴⁴	tʰiŋ⁴⁴	tʰiŋ³⁵	tʰiŋ²¹³	tiŋ⁵¹
海城	pʰiŋ³⁵	tiŋ⁴⁴	tiŋ²¹⁴	tʰiŋ⁴⁴	tʰiŋ⁴⁴	tʰiŋ³⁵	tʰiŋ²¹⁴	tiŋ⁵¹
开原	pʰiŋ³⁵	tiŋ⁴⁴	tiŋ²¹³	tʰiŋ⁴⁴	tʰiŋ⁴⁴	tʰiŋ³⁵	tʰiŋ²¹³	tiŋ⁵¹
锦州	pʰiŋ³⁵	tiŋ⁵⁵	tiŋ²¹³（又）tiŋ⁵⁵（又）	tʰiŋ⁵⁵	tʰiŋ⁵⁵	tʰiŋ³⁵	tʰiŋ²¹³	tiŋ⁵¹
盘锦	pʰiəŋ³⁵	tiəŋ⁵⁵	tiəŋ²¹³	tʰiəŋ⁵⁵	tʰiəŋ⁵⁵	tʰiəŋ³⁵	tʰiəŋ²¹³	tiəŋ⁵¹
兴城	pʰiŋ³⁵	tiŋ⁴⁴	tiŋ⁵¹	tʰiŋ⁴⁴	tʰiŋ⁴⁴	tʰiŋ³⁵	tʰiŋ²¹³	tiŋ⁵¹
绥中	pʰiəŋ³⁵	tiəŋ⁵⁵	tiəŋ²¹³	tʰiəŋ⁵⁵	tʰiəŋ⁵⁵	tʰiəŋ³⁵	tʰiəŋ²¹³	tiəŋ⁵¹
义县	pʰiŋ³⁵	tiŋ⁴⁴	tiŋ²¹³（又）tiŋ⁴⁴（又）	tʰiŋ⁴⁴	tʰiŋ⁴⁴	tʰiŋ³⁵	tʰiŋ²¹³	tiŋ⁵¹
北票	pʰiəŋ³⁵	tiəŋ⁴⁴	tiəŋ²¹³（又）tiəŋ⁴⁴（又）	tʰiəŋ⁴⁴	tʰiəŋ⁴⁴	tʰiəŋ³⁵	tʰiəŋ²¹³	tiəŋ⁵¹
阜新	pʰiŋ³⁵	tiŋ⁵⁵	tiŋ²¹³	tʰiŋ⁵⁵	tʰiŋ⁵⁵	tʰiŋ³⁵	tʰiŋ²¹³	tiŋ⁵¹
黑山	pʰiəŋ³⁵	tiəŋ⁴⁴	tiəŋ⁴⁴（又）tiəŋ²¹³（又）	tʰiəŋ⁴⁴	tʰiəŋ⁴⁴	tʰiəŋ³⁵	tʰiəŋ²¹³	tiəŋ⁵¹
昌图	pʰiəŋ³⁵	tiəŋ³³	tiəŋ²¹³	tʰiəŋ³³	tʰiəŋ³³	tʰiəŋ³⁵	tʰiəŋ²¹³	tiəŋ⁵¹
大连	pʰiŋ³⁴	tiŋ³¹²	tiŋ²¹³	tʰiŋ³¹²	tʰiŋ³¹²	tʰiŋ²¹³	tʰiŋ²¹³	tiŋ⁵²
金州杏树	pʰiŋ⁵²	tiŋ³¹²	tiŋ²¹³	tʰiŋ³¹²	tʰiŋ³¹²	tʰiŋ²¹³	tʰiŋ²¹³	tiŋ⁵²
长海	pʰiŋ⁵³	tiŋ³¹	tiŋ²¹⁴	tʰiŋ³¹	tʰiŋ³¹	tʰiŋ²¹⁴	tʰiŋ²¹⁴	tiŋ⁵³
庄河	pʰiŋ⁵¹	tiŋ³¹	tiŋ²¹³	tʰiŋ³¹	tʰiŋ³¹	tʰiŋ²¹³	tʰiŋ²¹³	tiŋ⁵¹
盖州	pʰiŋ²⁴	tiŋ⁴¹²	tiŋ²¹³	tʰiŋ⁴¹²	tʰiŋ⁴¹²	tʰiŋ²⁴	tʰiŋ²¹³	tiŋ⁵¹
丹东	pʰiŋ²⁴	tiŋ⁴¹¹	tiŋ²¹³	tʰiŋ⁴¹¹	tʰiŋ⁴¹¹	tʰiŋ²¹³	tʰiŋ²¹³	tiŋ⁵¹
建平	pʰiŋ³⁵	tiŋ⁴⁴	tiŋ²¹³	tʰiŋ⁴⁴	tʰiŋ⁴⁴	tʰiŋ³⁵	tʰiŋ²¹³	tiŋ⁵³
凌源	pʰiŋ³⁵	tiŋ⁵⁵	tiŋ²¹⁴（又）tiŋ⁵⁵（又）	tʰiŋ⁵⁵	tʰiŋ⁵⁵	tʰiŋ³⁵	tʰiŋ²¹⁴	tiŋ⁵¹

	0897 零	**0898 青**	**0899 星**	**0900 经**	**0901 形**	**0902 壁**	**0903 劈**	**0904 踢**
	梗开四 平青来	梗开四 平青清	梗开四 平青心	梗开四 平青见	梗开四 平青匣	梗开四 入锡帮	梗开四 入锡滂	梗开四 入锡透
沈阳	liŋ³⁵	tɕʰiŋ³³	ɕiŋ³³	tɕiŋ³³	ɕiŋ³⁵	pi⁴¹	pʰi²¹³	tʰi³³
本溪	liŋ³⁵	tɕʰiŋ⁴⁴	ɕiŋ⁴⁴	tɕiŋ⁴⁴	ɕiŋ³⁵	pi⁵¹	pʰi⁴⁴	tʰi⁴⁴
辽阳	liŋ³⁵	tɕʰiŋ⁴⁴	ɕiŋ⁴⁴	tɕiŋ⁴⁴	ɕiŋ³⁵	pi⁵¹	pʰi²¹³	tʰi⁴⁴
海城	liŋ³⁵	tɕʰiŋ⁴⁴	ɕiŋ⁴⁴	tɕiŋ⁴⁴	ɕiŋ³⁵	pi⁵¹	pʰi²¹⁴	tʰi⁴⁴
开原	liŋ³⁵	tɕʰiŋ⁴⁴	ɕiŋ⁴⁴	tɕiŋ⁴⁴	ɕiŋ³⁵	pi⁵¹	pʰi²¹³（又） pʰi⁴⁴（又）	tʰi⁴⁴
锦州	liŋ³⁵	tɕʰiŋ⁵⁵	ɕiŋ⁵⁵	tɕiŋ⁵⁵	ɕiŋ³⁵	pi⁵¹	pʰi⁵⁵（又） pʰi²¹³（又）	tʰi⁵⁵
盘锦	liəŋ³⁵	tɕʰiəŋ⁵⁵	ɕiəŋ⁵⁵	tɕiəŋ⁵⁵	ɕiəŋ³⁵	pi⁵¹	pʰi⁵⁵（又） pʰi²¹³（又）	tʰi⁵⁵
兴城	liŋ³⁵	tɕʰiŋ⁴⁴	ɕiŋ⁴⁴	tɕiŋ⁴⁴	ɕiŋ³⁵	pi⁵¹	pʰi⁴⁴（又） pʰi²¹³（又）	tʰi⁴⁴
绥中	liəŋ³⁵	tɕʰiəŋ⁵⁵	ɕiəŋ⁵⁵	tɕiəŋ⁵⁵	ɕiəŋ³⁵	pi⁵¹	pʰi⁵⁵	tʰi⁵⁵
义县	liŋ³⁵	tɕʰiŋ⁴⁴	ɕiəŋ⁴⁴	tɕiəŋ⁴⁴	ɕiəŋ³⁵	pi⁵¹	pʰi⁴⁴（又） pʰi²¹³（又）	tʰi⁴⁴
北票	liəŋ³⁵	tɕʰiəŋ⁴⁴	ɕiəŋ⁴⁴	tɕiəŋ⁴⁴	ɕiəŋ³⁵	pi⁵¹	pʰi⁴⁴（又） pʰi²¹³（又）	tʰi⁴⁴
阜新	liŋ³⁵	tɕʰiŋ⁵⁵	ɕiŋ⁵⁵	tɕiŋ⁵⁵	ɕiŋ³⁵	pi⁵¹	pʰi⁵⁵（又） pʰi²¹³（又）	tʰi⁵⁵
黑山	liəŋ³⁵	tɕʰiəŋ⁴⁴	ɕiəŋ⁴⁴	tɕiəŋ⁴⁴	ɕiəŋ³⁵	pi⁵¹	pʰi⁴⁴（又） pʰi²¹³（又）	tʰi⁴⁴
昌图	liəŋ³⁵	tɕʰiəŋ³³	ɕiəŋ³³	tɕiəŋ³³	ɕiəŋ³⁵	pi⁵¹	pʰi³³	tʰi³³
大连	liŋ³⁴	tɕʰiŋ³¹²	ɕiŋ³¹²	tɕiŋ³¹²	ɕiŋ³⁴	pi⁵²	pʰi²¹³	tʰi²¹³
金州 杏树	liŋ³¹²	tɕʰiŋ³¹²	ɕiŋ³¹²	tɕiŋ³¹²	ɕiŋ⁵²	pi²¹³	pʰi²¹³	tʰi²¹³
长海	liŋ³¹	tʃʰəŋ³¹	ʃəŋ³¹	ciŋ³¹	çiŋ⁵³	pi⁵³	pʰi²¹⁴	tʰi²¹⁴
庄河	liŋ⁵¹	tɕʰiŋ³¹	ɕiŋ³¹	tɕiŋ³¹	ɕiŋ⁵¹	pi⁵¹	pʰi²¹³	tʰi²¹³
盖州	liŋ²⁴	tɕʰiŋ⁴¹²	ɕiŋ⁴¹²	tɕiŋ⁴¹²	ɕiŋ²⁴	pi⁵¹	pʰi²¹³	tʰi²⁴
丹东	liŋ²⁴	tɕʰiŋ⁴¹¹	ɕiŋ⁴¹¹	tɕiŋ⁴¹¹	ɕiŋ²⁴	pi⁵¹	pʰi²¹³	tʰi²¹³
建平	liŋ³⁵	tɕʰiŋ⁴⁴	ɕiŋ⁴⁴	tɕiŋ⁴⁴	ɕiŋ³⁵	pi⁵³	pʰi⁴⁴	tʰi⁴⁴
凌源	liŋ³⁵	tɕʰiŋ⁵⁵	ɕiŋ⁵⁵	tɕiŋ⁵⁵	ɕiŋ³⁵	pi⁵¹	pʰi⁵⁵（又） pʰi²¹⁴（又）	tʰi⁵⁵

	0905 笛	0906 历 农~	0907 锡	0908 击	0909 吃	0910 横 ~竖	0911 划 计~	0912 兄
	梗开四入锡定	梗开四入锡来	梗开四入锡心	梗开四入锡见	梗开四入锡溪	梗合二平庚匣	梗合二入麦匣	梗合三平庚晓
沈阳	ti³⁵	li⁴¹	ɕi³³	tɕi³³	tʂʰʅ³³	xəŋ³⁵	xua⁴¹	ɕyŋ³³
本溪	ti³⁵	li⁵¹	ɕi⁴⁴	tɕi⁴⁴	tʂʰʅ⁴⁴	xəŋ³⁵	xua⁵¹	ɕyŋ⁴⁴
辽阳	ti³⁵	li⁵¹	ɕi³⁵	tɕi³⁵	tʂʰʅ⁴⁴	xəŋ³⁵	xua⁵¹	ɕyŋ⁴⁴
海城	ti³⁵	li⁵¹	ɕi⁴⁴	tɕi⁴⁴	tʂʰʅ³⁵	xəŋ³⁵	xua⁵¹	ɕiuŋ⁴⁴
开原	ti³⁵	li⁵¹	ɕi⁴⁴	tɕi⁴⁴	tʂʰʅ⁴⁴	xəŋ³⁵	xua⁵¹	ɕyŋ⁴⁴
锦州	ti³⁵	li⁵¹	ɕi⁵⁵	tɕi⁵⁵	tʂʰʅ⁵⁵	xəŋ³⁵	xua⁵¹	ɕyŋ⁵⁵
盘锦	ti³⁵	li⁵¹	ɕi⁵⁵	tɕi⁵⁵	tʂʰʅ⁵⁵	xəŋ³⁵	xua⁵¹	ɕyəŋ⁵⁵
兴城	ti³⁵	li⁵¹	ɕi⁴⁴	tɕi⁴⁴	tʂʰʅ⁴⁴	xəŋ³⁵	xua⁵¹	ɕyŋ⁴⁴
绥中	ti³⁵	li⁵¹	ɕi⁵⁵	tɕi⁵⁵	tʂʰʅ⁵⁵	xəŋ³⁵	xua⁵¹	ɕyəŋ⁵⁵
义县	ti³⁵	li⁵¹	ɕi⁴⁴	tɕi⁴⁴	tʂʰʅ⁴⁴	xəŋ³⁵	xua⁵¹	ɕyŋ⁴⁴
北票	ti³⁵	li⁵¹	ɕi⁴⁴	tɕi⁴⁴	tʂʰʅ⁴⁴	xəŋ³⁵	xua⁵¹	ɕyəŋ⁴⁴
阜新	ti³⁵	li⁵¹	ɕi⁵⁵	tɕi⁵⁵	tʂʰʅ⁵⁵	xəŋ³⁵	xua⁵¹	ɕyŋ⁵⁵
黑山	ti³⁵	li⁵¹	ɕi⁴⁴	tɕi⁴⁴	tʂʰʅ⁴⁴	xəŋ³⁵	xua⁵¹	ɕyəŋ⁴⁴
昌图	ti³⁵	li⁵¹	ɕi³³	tɕi³³	tʂʰʅ³³	xəŋ³⁵	xua⁵¹	ɕyəŋ³³
大连	ti³⁴	le⁵²	ɕi²¹³	tɕi³¹²	tʃʰʅ²¹³	xəŋ³⁴	xua⁵²	ɕyŋ³¹²
金州杏树	ti⁵²	le⁵²	ɕi²¹³	tɕi³¹²	tɕʰi²¹³	xəŋ⁵²	xua⁵²	ɕyŋ³¹²
长海	ti⁵³	li⁵³	ʃʅ²¹⁴	ci³¹	tʃʰʅ²¹⁴	xəŋ⁵³	xua⁵³	ɕyŋ³¹
庄河	ti⁵¹	lei⁵¹	ɕi²¹³	tɕi³¹	tɕʰi²¹³	xəŋ⁵¹	xua⁵¹	ɕyŋ³¹
盖州	ti²⁴	li⁵¹	ɕi²¹³	tɕi⁴¹²	tʂʰʅ²¹³	xəŋ²⁴	xua⁵¹	ɕyŋ⁴¹²
丹东	ti²⁴	li⁵¹	ɕi²¹³	tɕi⁴¹¹	tʂʰʅ²¹³	xəŋ²⁴	xua⁵¹	ɕyŋ⁴¹¹
建平	ti³⁵	li⁵³	ɕi⁴⁴	tɕi⁴⁴	tʂʰʅ⁴⁴	xəŋ³⁵	xua⁵³	ɕyŋ⁴⁴
凌源	ti³⁵	li⁵¹	ɕi⁵⁵	tɕi⁵⁵	tʂʰʅ⁵⁵	xəŋ³⁵	xua⁵¹	ɕyŋ⁵⁵

	0913 荣	0914 永	0915 营	0916 蓬 ~松	0917 东	0918 懂	0919 冻	0920 通
	梗合三平庚云	梗合三上庚云	梗合三平清以	通合一平东並	通合一平东端	通合一上东端	通合一去东端	通合一平东透
沈阳	yŋ³⁵	yŋ²¹³	iŋ³⁵	pʰəŋ³⁵	tuŋ³³	tuŋ²¹³	tuŋ⁴¹	tʰuŋ³³
本溪	yŋ³⁵	yŋ²²⁴	iŋ³⁵	pʰəŋ³⁵	tuŋ⁴⁴	tuŋ²²⁴	tuŋ⁵¹	tʰuŋ⁴⁴
辽阳	yŋ³⁵	yŋ²¹³	iŋ³⁵	pʰəŋ³⁵	tuŋ⁴⁴	tuŋ²¹³	tuŋ⁵¹	tʰuŋ⁴⁴
海城	iuŋ³⁵	iuŋ²¹⁴	iŋ³⁵	pʰəŋ³⁵	tuŋ⁴⁴	tuŋ²¹⁴	tuŋ⁵¹	tʰuŋ⁴⁴
开原	yŋ³⁵（老）ʐuŋ³⁵（新）	yŋ²¹³	iŋ³⁵	pʰəŋ³⁵	tuŋ⁴⁴	tuŋ²¹³	tuŋ⁵¹	tʰuŋ⁴⁴
锦州	ʐuŋ³⁵	yŋ²¹³	iŋ³⁵	pʰəŋ³⁵	tuŋ⁵⁵（又）tuŋ³⁵（又）	tuŋ²¹³	tuŋ⁵¹	tʰuŋ⁵⁵
盘锦	yəŋ³⁵	yəŋ²¹³	iəŋ³⁵	pʰəŋ³⁵	tuəŋ⁵⁵	tuəŋ²¹³	tuəŋ⁵¹	tʰuəŋ⁵⁵
兴城	yŋ³⁵（老）ʐuŋ³⁵（新）	yŋ²¹³	iŋ³⁵	pʰəŋ³⁵	tuŋ⁴⁴	tuŋ²¹³	tuŋ⁵¹	tʰuŋ⁴⁴
绥中	ʐuəŋ³⁵	ʐuəŋ²¹³	iəŋ³⁵	pʰəŋ³⁵	tuəŋ⁵⁵	tuəŋ²¹³	tuəŋ⁵¹	tʰuəŋ⁵⁵（又）tʰuəŋ⁵¹（又）
义县	ʐuŋ³⁵	yŋ²¹³	iŋ³⁵	pʰəŋ³⁵	tuŋ⁴⁴	tuŋ²¹³	tuŋ⁵¹	tʰuŋ⁴⁴
北票	ʐuəŋ³⁵	yəŋ²¹³	iəŋ³⁵	pʰəŋ³⁵	tuəŋ⁴⁴	tuəŋ²¹³	tuəŋ⁵¹	tʰuəŋ⁴⁴
阜新	ʐuŋ³⁵	yŋ²¹³	iŋ³⁵	pʰəŋ³⁵	tuŋ⁵⁵	tuŋ²¹³	tuŋ⁵¹	tʰuŋ⁵⁵
黑山	yəŋ³⁵	yəŋ²¹³	iəŋ³⁵	pʰəŋ³⁵	tuəŋ⁴⁴（又）tuəŋ³⁵（又）	tuəŋ²¹³	tuəŋ⁵¹	tʰuəŋ⁴⁴
昌图	yəŋ³⁵	yəŋ²¹³	iəŋ³⁵	pʰəŋ³⁵	tuəŋ³³	tuəŋ²¹³	tuəŋ⁵¹	tʰuəŋ³³
大连	yŋ³⁴	yŋ²¹³	iŋ³⁴	pʰəŋ³⁴	tuŋ³¹²	tuŋ²¹³	tuŋ⁵²	tʰuŋ³¹²
金州杏树	yŋ⁵²	yŋ²¹³	iŋ⁵²	pʰəŋ³¹²	tuŋ³¹²	tuŋ²¹³	tuŋ⁵²	tʰuŋ³¹²
长海	yŋ⁵³	yŋ²¹⁴	iŋ⁵³	pʰəŋ⁵³	tuŋ³¹	tuŋ²¹⁴	tuŋ⁵³	tʰuŋ³¹
庄河	yŋ⁵¹	yŋ²¹³	iŋ⁵¹	pʰəŋ⁵¹	tuŋ³¹	tuŋ²¹³	tuŋ⁵¹	tʰuŋ³¹
盖州	yŋ²⁴	yŋ²¹³	iŋ²⁴	pʰəŋ²⁴	tuŋ⁴¹²	tuŋ²¹³	tuŋ⁵¹	tʰuŋ⁴¹²
丹东	yŋ²⁴	yŋ²¹³	iŋ²⁴	pʰəŋ²⁴	tuŋ⁴¹¹	tuŋ²¹³	tuŋ⁵¹	tʰuŋ⁴¹¹
建平	ʐuŋ³⁵	yŋ²¹³	iŋ³⁵	pʰəŋ³⁵	tuŋ⁴⁴	tuŋ²¹³	tuŋ⁵³	tʰuŋ⁴⁴
凌源	ʐuŋ³⁵	yŋ²¹⁴	iŋ³⁵	pʰəŋ³⁵	tuŋ⁵⁵	tuŋ²¹⁴	tuŋ⁵¹	tʰuŋ⁵⁵

	0921 桶 通合一 上东透	0922 痛 通合一 去东透	0923 铜 通合一 平东定	0924 动 通合一 上东定	0925 洞 通合一 去东定	0926 聋 通合一 平东来	0927 弄 通合一 去东来	0928 粽 通合一 去东精
沈阳	tʰuŋ²¹³	tʰuŋ⁴¹	tʰuŋ³⁵	tuŋ⁴¹	tuŋ⁴¹	luŋ³⁵	nəŋ⁴¹	tsəŋ⁴¹
本溪	tʰuŋ²²⁴	tʰuŋ⁵¹	tʰuŋ³⁵	tuŋ⁵¹	tuŋ⁵¹	luŋ³⁵	nəŋ⁵¹	tsəŋ⁵¹
辽阳	tʰuŋ²¹³	tʰuŋ⁵¹	tʰuŋ³⁵	tuŋ⁵¹	tuŋ⁵¹	luŋ³⁵	nuŋ⁵¹	tʂəŋ⁵¹
海城	tʰuŋ²¹⁴	tʰuŋ⁵¹	tʰuŋ³⁵	tuŋ⁵¹	tuŋ⁵¹	luŋ³⁵	nuŋ⁵¹	tʂəŋ⁵¹
开原	tʰuŋ²¹³	tʰuŋ⁵¹	tʰuŋ³⁵	tuŋ⁵¹	tuŋ⁵¹	luŋ³⁵	nəŋ⁵¹(老) nuŋ⁵¹(新)	tʂuŋ⁵¹
锦州	tʰuŋ²¹³	tʰuŋ⁵¹	tʰuŋ³⁵	tuŋ⁵¹	tuŋ⁵¹	luŋ³⁵	nəŋ⁵¹	tʂəŋ⁵¹
盘锦	tʰuəŋ²¹³	tʰəŋ³⁵(白) tʰuəŋ⁵¹(文)	tʰuəŋ³⁵	tuəŋ⁵¹	tuəŋ⁵¹	luəŋ³⁵	nəŋ⁵¹(老) nuəŋ⁵¹(新)	tʂəŋ⁵¹
兴城	tʰuŋ²¹³	tʰuŋ⁵¹	tʰuŋ³⁵	tuŋ⁵¹	tuŋ⁵¹	luŋ³⁵	luŋ⁵¹(又) nəŋ⁵¹(又)	tʂəŋ⁵¹
绥中	tʰuəŋ²¹³	tʰuəŋ⁵¹	tʰuəŋ³⁵	tuəŋ⁵¹	tuəŋ⁵¹	luəŋ³⁵	luəŋ⁵¹(又) nuəŋ⁵¹(又)	tʂəŋ⁵¹(白) tʂuəŋ⁵¹(文)
义县	tʰuŋ²¹³	tʰuŋ⁵¹	tʰuŋ³⁵	tuŋ⁵¹	tuŋ⁵¹	luŋ³⁵	nəŋ⁵¹(又) luŋ⁵¹(又)	tʂəŋ⁵¹
北票	tʰuəŋ²¹³	tʰuəŋ⁵¹	tʰuəŋ³⁵	tuəŋ⁵¹	tuəŋ⁵¹	luəŋ³⁵	nəŋ⁵¹(又) luəŋ⁵¹(又)	tsəŋ⁵¹
阜新	tʰuŋ²¹³	tʰəŋ³⁵(又) tʰuŋŋ⁵¹(又)	tʰuŋ³⁵	tuŋ⁵¹	tuŋ⁵¹	luŋ³⁵	nəŋ⁵¹	tsəŋ⁵¹
黑山	tʰuəŋ²¹³	tʰuəŋ⁵¹	tʰuəŋ³⁵	tuəŋ⁵¹	tuəŋ⁵¹	luəŋ³⁵	nəŋ⁵¹(又) ləŋ⁵¹(又) nuəŋ⁵¹(又)	tʂəŋ⁵¹
昌图	tʰuəŋ²¹³	tʰuəŋ⁵¹	tʰuəŋ³⁵	tuəŋ⁵¹	tuəŋ⁵¹	luəŋ³⁵	nəŋ⁵¹(又) nuəŋ⁵¹(又)	tʂəŋ⁵¹
大连	tʰuŋ²¹³	tʰəŋ³⁴	tʰuŋ³⁴	tuŋ⁵²	tuŋ⁵²	luŋ³⁴	nəŋ⁵²	tsəŋ⁵²
金州杏树	tʰuŋ²¹³	tʰəŋ⁵²	tʰuŋ⁵²	tuŋ⁵²	tuŋ⁵²	luŋ³¹²	nəu⁵²	tsəŋ⁵²
长海	tʰuŋ²¹⁴	tʰuŋ⁵³	tʰuŋ⁵³	tuŋ⁵³	tuŋ⁵³	luŋ³¹	nuŋ²¹⁴	tsuŋ⁵³
庄河	tʰuŋ²¹³	tʰuŋ⁵¹	tʰuŋ⁵¹	tuŋ⁵¹	tuŋ⁵¹	luŋ³¹	nuŋ⁵¹	tsəŋ⁵¹
盖州	tʰuŋ²¹³	tʰuŋ⁵¹	tʰuŋ²⁴	tuŋ⁵¹	tuŋ⁵¹	luŋ²⁴	nəŋ⁵¹	tsəŋ⁴¹
丹东	tʰuŋ²¹³	tʰuŋ⁵¹	tʰuŋ²⁴	tuŋ⁵¹	tuŋ⁵¹	luŋ²⁴	nuŋ⁵¹	tsəŋ⁵¹
建平	tʰuŋ²¹³	tʰuŋ⁵³	tʰuŋ³⁵	tuŋ⁵³	tuŋ⁵³	luŋ³⁵	nəŋ⁵³(又) luŋ³⁵(又)	tsəŋ⁵³
凌源	tʰuŋ²¹⁴	tʰuŋ⁵¹	tʰuŋ³⁵	tuŋ⁵¹	tuŋ⁵¹	luŋ³⁵	nəŋ⁵¹(又) luŋ⁵¹(又)	tsəŋ⁵¹

	0929 葱 通合一平东清	0930 送 通合一去东心	0931 公 通合一平东见	0932 孔 通合一上东溪	0933 烘~干 通合一平东晓	0934 红 通合一平东匣	0935 翁 通合一平东影	0936 木 通合一入屋明
沈阳	tsʰuŋ³³	suŋ⁴¹	kuŋ³³	kʰuŋ²¹³	xuŋ³³	xuŋ³⁵	vəŋ³³	mu⁴¹
本溪	tʂʰuŋ⁴⁴	suŋ⁵¹	kuŋ⁴⁴	kʰuŋ²²⁴	xuŋ⁴⁴	xuŋ³⁵	uŋ⁴⁴	mu⁵¹
辽阳	tsʰuŋ⁴⁴	suŋ⁵¹	kuŋ⁴⁴	kʰuŋ²¹³	xuŋ⁴⁴	xuŋ³⁵	uəŋ⁴⁴	mu⁵¹
海城	tʂʰuŋ⁴⁴	ʂuŋ⁵¹	kuŋ⁴⁴	kʰuŋ²¹⁴	xuŋ⁴⁴	xuŋ³⁵	uŋ⁴⁴	mu⁵¹
开原	tʂʰuŋ⁴⁴	ʂuŋ⁵¹	kuŋ⁴⁴	kʰuŋ²¹³	xuŋ⁴⁴	xuŋ³⁵	uŋ⁴⁴	mu⁵¹
锦州	tʂʰuŋ⁵⁵	ʂuŋ⁵¹	kuŋ⁵⁵	kʰuŋ²¹³	xuŋ⁵⁵	xuŋ³⁵	uŋ⁵⁵	mu⁵¹
盘锦	tʂʰuəŋ⁵⁵	suəŋ⁵¹	kuəŋ⁵⁵	kʰuəŋ²¹³	xuəŋ⁵⁵	xuəŋ³⁵	uəŋ⁵⁵	m̩⁵¹
兴城	tʂʰuŋ⁴⁴	ʂuŋ⁵¹	kuŋ⁴⁴	kʰuŋ²¹³	xuŋ⁴⁴	xuŋ³⁵	uŋ⁴⁴	mu⁵¹
绥中	tʂʰuəŋ⁵⁵	ʂuəŋ⁵¹	kuəŋ⁵⁵	kʰuəŋ²¹³	xuəŋ⁵⁵	xuəŋ³⁵	uəŋ⁵⁵	mu⁵¹
义县	tʂʰuŋ⁴⁴	ʂuŋ⁵¹	kuŋ⁴⁴	kʰuŋ²¹³	xuŋ⁴⁴	xuŋ³⁵	uŋ⁴⁴	mu⁵¹
北票	tsʰuəŋ⁴⁴	suəŋ⁵¹	kuəŋ⁴⁴	kʰuəŋ²¹³	xuəŋ⁴⁴	xuəŋ³⁵	uəŋ⁴⁴	mu⁵¹
阜新	tsʰuŋ⁵⁵	suŋ⁵¹	kuŋ⁵⁵	kʰuŋ²¹³	xuŋ⁵⁵	xuŋ³⁵	uŋ⁵⁵	mu⁵¹
黑山	tʂʰuəŋ⁴⁴	ʂuəŋ⁵¹	kuəŋ⁴⁴	kʰuəŋ²¹³	xuəŋ⁴⁴	xuəŋ³⁵	uəŋ⁴⁴	mu⁵¹
昌图	tʂʰuəŋ³³	ʂuəŋ⁵¹	kuəŋ³³	kʰuəŋ²¹³	xuəŋ³³	xuəŋ³⁵	uəŋ³³	mu⁵¹
大连	tsʰuŋ³¹²	suŋ⁵²	kuŋ³¹²	kʰuŋ²¹³	xuŋ³¹²	xuŋ³⁴	uŋ³¹²	m̩⁵²
金州杏树	tsʰuŋ³¹²	suŋ⁵²	kuŋ³¹²	kʰuŋ²¹³	xuŋ³¹²	xuŋ⁵²	uŋ³¹²	mu²¹³
长海	tsʰuŋ³¹	suŋ⁵³	kuŋ³¹	kʰuŋ²¹⁴	xuŋ³¹	xuŋ⁵³	uŋ³¹	mu²¹⁴
庄河	tsʰuŋ³¹	suŋ⁵¹	kuŋ³¹	kʰuŋ²¹³	xuŋ³¹	xuŋ⁵¹	uəŋ³¹	mu⁵¹
盖州	tsʰuŋ⁴¹²	suŋ⁵¹	kuŋ⁴¹²	kʰuŋ²¹³	xuŋ⁴¹²	xuŋ²⁴	uəŋ⁴¹²	mu⁵¹
丹东	tsʰuŋ⁴¹¹	suŋ⁵¹	kuŋ⁴¹¹	kʰuŋ²¹³	xuŋ⁴¹¹	xuŋ²⁴	uəŋ⁴¹¹	mu⁵¹
建平	tsʰuŋ⁴⁴	suŋ⁵³	kuŋ⁴⁴	kʰuŋ²¹³	xuŋ⁴⁴	xuŋ³⁵	vəŋ⁴⁴	mu⁵³
凌源	tsʰuŋ⁵⁵	suŋ⁵¹	kuŋ⁵⁵	kʰuŋ²¹⁴	xuŋ⁵⁵	xuŋ³⁵	vəŋ⁵⁵	mu⁵¹

第二章 字音对照

	0937 读 通合一入屋定	0938 鹿 通合一入屋来	0939 族 通合一入屋从	0940 谷 稻~ 通合一入屋见	0941 哭 通合一入屋溪	0942 屋 通合一入屋影	0943 冬 ~至 通合一平冬端	0944 统 通合一去冬透
沈阳	tu³⁵	lu⁴¹	tsu³⁵	ku²¹³	kʰu³³	u³³	tuŋ³³	tʰuŋ²¹³
本溪	tu³⁵	lu⁵¹	tʂu³⁵	ku²²⁴	kʰu⁴⁴	u⁴⁴	tuŋ⁴⁴	tʰuŋ²²⁴
辽阳	tu³⁵	lu⁵¹	tsu³⁵	ku²¹³	kʰu⁴⁴	u⁴⁴	tuŋ⁴⁴	tʰuŋ²¹³
海城	tu³⁵	lu⁵¹	tʂu³⁵	ku²¹⁴	kʰu³⁵	u⁴⁴	tuŋ⁴⁴	tʰuŋ²¹⁴
开原	tu³⁵	lu⁵¹	tʂu³⁵	ku²¹³	kʰu⁴⁴	u⁴⁴	tuŋ⁴⁴	tʰuŋ²¹³
锦州	tu³⁵	lu⁵¹	tʂu³⁵	ku²¹³	kʰu⁵⁵	u⁵⁵	tuŋ⁵⁵	tʰuŋ²¹³
盘锦	tu³⁵	lu⁵¹	tʂu³⁵	ku²¹³	kʰu⁵⁵	u⁵⁵	tuəŋ⁵⁵	tʰuəŋ²¹³
兴城	tu³⁵	lu⁵¹	tʂu³⁵	ku²¹³	kʰu⁴⁴	u⁴⁴	tuŋ⁴⁴	tʰuŋ²¹³
绥中	tu³⁵	lu⁵¹	tʂu³⁵	ku²¹³	kʰu⁵⁵	u⁵⁵	tuəŋ⁵⁵	tʰuəŋ²¹³
义县	tu³⁵	lu⁵¹	tʂu³⁵	ku²¹³	kʰu⁴⁴	u⁴⁴	tuŋ⁴⁴	tʰuŋ²¹³
北票	tu³⁵	lu⁵¹	tsu³⁵	ku²¹³	kʰu⁴⁴	u⁴⁴	tuəŋ⁴⁴	tʰuəŋ²¹³
阜新	tu³⁵	lu⁵¹	tsu³⁵	ku²¹³	kʰu⁵⁵	u⁵⁵	tuŋ⁵⁵	tʰuŋ²¹³
黑山	tu³⁵	lu⁵¹	tʂu³⁵	ku²¹³	kʰu⁴⁴	u⁴⁴	tuəŋ⁴⁴	tʰuəŋ²¹³
昌图	tu³⁵	lu⁵¹	tʂu³⁵	ku²¹³	kʰu³³	u³³	tuəŋ³³	tʰuəŋ²¹³
大连	tu³⁴	lu⁵²	tsu³⁴	ku²¹³	kʰu²¹³	u²¹³	tuŋ³¹²	tʰuŋ²¹³
金州杏树	tu⁵²	lu²¹³	tsu²¹³	ku²¹³	kʰu²¹³	u²¹³	tuŋ³¹²	tʰuŋ²¹³
长海	tu⁵³	lu²¹⁴	tu²¹⁴	ku²¹⁴	kʰu²¹⁴	u²¹⁴	tuŋ³¹	tʰuŋ²¹⁴
庄河	tu⁵¹	lu²¹³	tsu²¹³	ku²¹³	kʰu²¹³	u³¹	tuŋ³¹	tʰuŋ²¹³
盖州	tu²⁴	lu⁵¹	tsu²⁴	ku²¹³	kʰu²¹³	u⁴¹²	tuŋ⁴¹²	tʰuŋ²¹³
丹东	tu²⁴	lu⁵¹	tsu²⁴	ku²¹³	kʰu²¹³	u⁴¹¹	tuŋ⁴¹¹	tʰuŋ²¹³
建平	tu³⁵	lu⁵³	tsu³⁵	ku²¹³	kʰu⁴⁴	vu⁴⁴	tuŋ⁴⁴	tʰuŋ²¹³
凌源	tu³⁵	lu⁵¹	tsu³⁵	ku²¹⁴	kʰu⁵⁵	vu⁵⁵	tuŋ⁵⁵	tʰuŋ²¹⁴

	0945 脓	0946 松~紧	0947 宋	0948 毒	0949 风	0950 丰	0951 凤	0952 梦
	通合一平冬泥	通合一平冬心	通合一去冬心	通合一入沃定	通合三平东非	通合三平东敷	通合三去东奉	通合三去东明
沈阳	nəŋ³⁵	suŋ³³	suŋ⁴¹	tu³⁵	fəŋ³³	fəŋ³³	fəŋ⁴¹	məŋ⁴¹
本溪	nəŋ³⁵	ʂuŋ⁴⁴	ʂuŋ⁵¹	tu³⁵	fəŋ⁴⁴	fəŋ⁴⁴	fəŋ⁵¹	məŋ⁵¹
辽阳	nəŋ³⁵	suŋ⁴⁴	suŋ⁵¹	tu³⁵	fəŋ⁴⁴	fəŋ⁴⁴	fəŋ⁵¹	məŋ⁵¹
海城	nəŋ³⁵	ʂuŋ⁴⁴	ʂuŋ⁵¹	tu³⁵	fəŋ⁴⁴	fəŋ⁴⁴	fəŋ⁵¹	məŋ⁵¹
开原	nəŋ³⁵	ʂuŋ⁴⁴	ʂuŋ⁵¹	tu³⁵	fəŋ⁴⁴	fəŋ⁴⁴	fəŋ⁵¹	məŋ⁵¹
锦州	nəŋ³⁵	ʂuŋ⁵⁵	ʂuŋ⁵¹	tu³⁵	fəŋ⁵⁵	fəŋ⁵⁵	fəŋ⁵¹	məŋ⁵¹
盘锦	nəŋ³⁵（老）nuəŋ³⁵（新）	suəŋ⁵⁵	suəŋ⁵¹	tu³⁵	fəŋ⁵⁵	fəŋ⁵⁵	fəŋ⁵¹	məŋ⁵¹
兴城	nəŋ³⁵	ʂuŋ⁴⁴	ʂuŋ⁵¹	tu³⁵	fəŋ⁴⁴	fəŋ⁴⁴	fəŋ⁵¹	məŋ⁵¹
绥中	nəŋ³⁵（老）nuəŋ³⁵（新）	ʂuəŋ⁵⁵	ʂuəŋ⁵¹	tu³⁵	fəŋ⁵⁵	fəŋ⁵⁵	fəŋ⁵¹	məŋ⁵¹
义县	nəŋ³⁵	ʂuŋ⁴⁴	ʂuŋ⁵¹	tu³⁵	fəŋ⁴⁴	fəŋ⁴⁴	fəŋ⁵¹	məŋ⁵¹
北票	nəŋ³⁵	suəŋ⁴⁴	suəŋ⁵¹	tu³⁵	fəŋ⁴⁴	fəŋ⁴⁴	fəŋ⁵¹	məŋ⁵¹
阜新	nəŋ³⁵	suŋ⁵⁵	suŋ⁵¹	tu³⁵	fəŋ⁵⁵	fəŋ⁵⁵	fəŋ⁵¹	məŋ⁵¹
黑山	nəŋ³⁵	ʂuəŋ⁴⁴	ʂuəŋ⁵¹	tu³⁵	fəŋ⁴⁴	fəŋ⁴⁴	fəŋ⁵¹	məŋ⁵¹
昌图	nəŋ³⁵（又）nuəŋ³⁵（又）	ʂuəŋ³³	ʂuəŋ⁵¹	tu³⁵	fəŋ³³	fəŋ³³	fəŋ⁵¹	məŋ⁵¹
大连	nəŋ³⁴	suŋ³¹²	suŋ⁵²	tu³⁴	fəŋ³¹²	fəŋ³¹²	fəŋ⁵²	məŋ⁵²
金州杏树	nəu³¹²	suŋ³¹²	suŋ⁵²	tu⁵²	fəŋ³¹²	fəŋ³¹²	fəŋ⁵²	məŋ⁵²
长海	nu³¹	suŋ³¹	suŋ⁵³	tu⁵³	fəŋ³¹	fəŋ³¹	fəŋ⁵³	məŋ⁵³
庄河	nuŋ³¹	suŋ³¹	suŋ⁵¹	tu⁵¹	fəŋ³¹	fəŋ³¹	fəŋ⁵¹	məŋ⁵¹
盖州	nəŋ²⁴	suŋ⁴¹²	suŋ⁵¹	tu²⁴	fəŋ⁴¹²	fəŋ⁴¹²	fəŋ⁵¹	məŋ⁵¹
丹东	nuŋ²⁴	suŋ⁴¹¹	suŋ⁵¹	tu²⁴	fəŋ⁴¹¹	fəŋ⁴¹¹	fəŋ⁵¹	məŋ⁵¹
建平	nəŋ³⁵	suŋ⁴⁴	suŋ⁵³	tu³⁵	fəŋ⁴⁴	fəŋ⁴⁴	fəŋ⁵³	məŋ⁵³
凌源	nəŋ³⁵	suŋ⁵⁵	suŋ⁵¹	tu³⁵	fəŋ⁵⁵	fəŋ⁵⁵	fəŋ⁵¹	məŋ⁵¹

	0953 中当~	0954 虫	0955 终	0956 充	0957 宫	0958 穷	0959 熊	0960 雄
	通合三平东知	通合三平东澄	通合三平东章	通合三平东昌	通合三平东见	通合三平东群	通合三平东云	通合三平东云
沈阳	tsuŋ³³	tʂʰuŋ³⁵	tsuŋ³³	tʂʰuŋ³³	kuŋ³³	tɕʰyŋ³⁵	ɕyŋ³⁵	ɕyŋ³⁵
本溪	tsuŋ⁴⁴	tʂʰuŋ³⁵	tsuŋ⁴⁴	tʂʰuŋ⁴⁴	kuŋ⁴⁴	tɕʰyŋ³⁵	ɕyŋ³⁵	ɕyŋ³⁵
辽阳	tsuŋ⁴⁴	tʂʰuŋ³⁵	tsuŋ⁴⁴	tʂʰuŋ⁴⁴	kuŋ⁴⁴	tɕʰyŋ³⁵	ɕyŋ³⁵	ɕyŋ³⁵
海城	tsuŋ⁴⁴	tʂʰuŋ³⁵	tsuŋ⁴⁴	tʂʰuŋ⁴⁴	kuŋ⁴⁴	tɕʰiuŋ³⁵	ɕiuŋ³⁵	ɕiuŋ³⁵
开原	tsuŋ⁴⁴	tʂʰuŋ³⁵	tsuŋ⁴⁴	tʂʰuŋ⁴⁴	kuŋ⁴⁴	tɕʰyŋ³⁵	ɕyŋ³⁵	ɕyŋ³⁵
锦州	tsuŋ⁵⁵	tʂʰuŋ³⁵	tsuŋ⁵⁵	tʂʰuŋ⁵⁵	kuŋ⁵⁵	tɕʰyŋ³⁵	ɕyŋ³⁵	ɕyŋ³⁵
盘锦	tsuəŋ⁵⁵	tʂʰuəŋ³⁵	tsuəŋ⁵⁵	tʂʰuəŋ⁵⁵	kuəŋ⁵⁵	tɕʰyəŋ³⁵	ɕyəŋ³⁵	ɕyəŋ³⁵
兴城	tsuŋ⁴⁴	tʂʰuŋ³⁵	tsuŋ⁴⁴	tʂʰuŋ⁴⁴	kuŋ⁴⁴	tɕʰyŋ³⁵	ɕyŋ³⁵	ɕyŋ³⁵
绥中	tsuəŋ⁵⁵	tʂʰuəŋ³⁵	tsuəŋ⁵⁵	tʂʰuəŋ⁵⁵	kuəŋ⁵⁵	tɕʰyəŋ³⁵	ɕyəŋ³⁵	ɕyəŋ³⁵
义县	tsuŋ⁴⁴	tʂʰuŋ³⁵	tsuŋ⁴⁴	tʂʰuŋ⁴⁴	kuŋ⁴⁴	tɕʰyŋ³⁵	ɕyŋ³⁵	ɕyŋ³⁵
北票	tsuəŋ⁴⁴	tʂʰuəŋ³⁵	tsuəŋ⁴⁴	tʂʰuəŋ⁴⁴	kuəŋ⁴⁴	tɕʰyəŋ³⁵	ɕyəŋ³⁵	ɕyəŋ³⁵
阜新	tsuŋ⁵⁵	tʂʰuŋ³⁵	tsuŋ⁵⁵	tʂʰuŋ⁵⁵	kuŋ⁵⁵	tɕʰyŋ³⁵	ɕyŋ³⁵	ɕyŋ³⁵
黑山	tsuəŋ⁴⁴	tʂʰuəŋ³⁵	tsuəŋ⁴⁴	tʂʰuəŋ⁴⁴	kuəŋ⁴⁴	tɕʰyəŋ³⁵	ɕyəŋ³⁵	ɕyəŋ³⁵
昌图	tsuəŋ³³	tʂʰuəŋ³⁵	tsuəŋ³³	tʂʰuəŋ³³	kuəŋ³³	tɕʰyəŋ³⁵	ɕyəŋ³⁵	ɕyəŋ³⁵
大连	tsuŋ³¹²	tʂʰuŋ³⁴	tsuŋ³¹²	tʂʰuŋ³¹²	kuŋ³¹²	tɕʰyŋ³⁴	ɕyŋ³⁴	ɕyŋ³¹²
金州杏树	tsuŋ³¹²	tʂʰuŋ⁵²	tsuŋ³¹²	tʂʰuŋ³¹²	kuŋ³¹²	tɕʰyŋ⁵²	ɕyŋ⁵²	ɕyŋ³¹²
长海	tsuŋ³¹	tʂʰuŋ⁵³	tsuŋ³¹	tʂʰuŋ³¹	kuŋ³¹	ɕʰyŋ⁵³	ɕyŋ⁵³	ɕyŋ³¹
庄河	tsuŋ³¹	tʂʰuŋ⁵¹	tsuŋ³¹	tʂʰuŋ³¹	kuŋ³¹	tɕʰyŋ⁵¹	ɕyŋ⁵¹	ɕyŋ³¹
盖州	tsuŋ⁴¹²	tʂʰuŋ²⁴	tsuŋ⁴¹²	tʂʰuŋ⁴¹²	kuŋ⁴¹²	tɕʰyŋ²⁴	ɕyŋ²⁴	ɕyŋ⁴¹²
丹东	tsuŋ⁴¹¹	tʂʰuŋ²⁴	tsuŋ⁴¹¹	tʂʰuŋ⁴¹¹	kuŋ⁴¹¹	tɕʰyŋ²⁴	ɕyŋ²⁴	ɕyŋ²⁴
建平	tsuŋ⁴⁴	tʂʰuŋ³⁵	tsuŋ⁴⁴	tʂʰuŋ⁴⁴	kuŋ⁴⁴	tɕʰyŋ³⁵	ɕyŋ³⁵	ɕyŋ⁴⁴（又） ɕyŋ³⁵（又）
凌源	tsuŋ⁵⁵	tʂʰuŋ³⁵	tsuŋ⁵⁵	tʂʰuŋ⁵⁵	kuŋ⁵⁵	tɕʰyŋ³⁵	ɕyŋ³⁵	ɕyŋ³⁵

	0961 福	0962 服	0963 目	0964 六	0965 宿 住~，~舍	0966 竹	0967 畜~生	0968 缩
	通合三入屋非	通合三入屋奉	通合三入屋明	通合三入屋来	通合三入屋心	通合三入屋知	通合三入屋彻	通合三入屋生
沈阳	fu²¹³	fu³⁵	mu⁴¹	liou⁴¹	ɕy²¹³	tʂu³⁵	tʂʰu⁴¹	suo³⁵
本溪	fu²²⁴	fu³⁵	mu⁵¹	liou⁵¹	ɕy²²⁴	tʂu³⁵	tʂʰu⁵¹	suo⁴⁴
辽阳	fu²¹³	fu³⁵	mu⁵¹	liou⁵¹	ɕy²¹³	tʂu³⁵	tʂʰu³⁵	suo⁵¹
海城	fu²¹⁴	fu³⁵	mu⁵¹	liəu⁵¹	ɕy²¹⁴	tʂu³⁵	tʂʰu⁵¹	ʂuɤ³⁵
开原	fu²¹³（老）fu³⁵（新）	fu³⁵	mu⁵¹	liou⁵¹	ɕy²¹³	tʂu³⁵	tʂʰu⁵¹	ʂuɤ⁴⁴（又）ʂuɤ⁵¹（又）
锦州	fu²¹³	fu³⁵	mu⁵¹	liou⁵¹	ɕy²¹³	tʂu³⁵	tʂʰu⁵¹	suo⁵⁵
盘锦	fu²¹³	fu³⁵	m⁵¹	liou⁵¹	ɕy²¹³（老）ʂu⁵¹（新）	tʂu³⁵	tʂʰu⁵¹	suo⁵¹
兴城	fu²¹³（老）fu³⁵（新）	fu³⁵	mu⁵¹	liou⁵¹	ɕy²¹³（老）ʂu⁵¹（新）	tʂu³⁵	tʂʰu⁵¹	suo⁵¹（又）ʂuo⁴⁴（又）
绥中	fu³⁵	fu³⁵	mu⁵¹	liou⁵¹	ɕy²¹³（老）ʂu⁵¹（新）	tʂu³⁵	tʂʰu⁵¹	suo⁵⁵（又）ʂuo⁵¹（又）
义县	fu²¹³（老）fu³⁵（新）	fu³⁵	mu⁵¹	liou⁵¹	ɕy²¹³	tʂu³⁵	tʂʰu⁵¹	suo⁵¹（又）suo⁴⁴（又）
北票	fu²¹³（老）fu³⁵（新）	fu³⁵	mu⁵¹	liou⁵¹	ɕy²¹³（又）su⁵¹（又）	tʂu³⁵	tʂʰu⁵¹	suo⁴⁴（又）suo⁵¹（又）
阜新	fu²¹³	fu³⁵	mu⁵¹	liou⁵¹	ɕy²¹³	tʂu³⁵	tʂʰu⁵¹	suo⁵⁵
黑山	fu²¹³	fu³⁵	mu⁵¹	liou⁵¹	ɕy²¹³	tʂu³⁵	tʂʰu⁵¹	suo⁵¹（又）ʂuo⁴⁴（又）
昌图	fu²¹³（老）fu³⁵（新）	fu³⁵	mu⁵¹	liou⁵¹	ɕy²¹³	tʂu³⁵	tʂʰu³⁵	ʂuo⁵¹
大连	fu²¹³	fu³⁴	m⁵²	liəu⁵²	ɕy²¹³	tsu²¹³	tsʰu⁵²	suə³⁴
金州杏树	fu²¹³	fu⁵²	mu⁵²	liəu⁵²	ɕy²¹³	tsu²¹³	tsʰu⁵²	suə⁵²
长海	fu²¹⁴	fu⁵³	mu⁵³	liəu⁵³	ɕy²¹⁴	tu²¹⁴	tʰu⁵³	suə⁵³
庄河	fu²¹³	fu⁵¹	mu⁵¹	liəu⁵¹	ɕy²¹³	tsu²¹³	tsʰu⁵¹	suə⁵¹
盖州	fu²¹³	fu²⁴	mu⁵¹	liəu⁵¹	ɕy²¹³（老）su⁵¹（新）	tsu²⁴	tsʰu⁵¹	suɤ⁵¹
丹东	fu²¹³	fu²⁴	mu⁵¹	liou⁵¹	ɕy²¹³	tʂu²¹³	tʂʰu⁵¹	suo⁴¹¹
建平	fu²¹³	fu³⁵	mu⁵³	liəu⁵³	ɕy²¹³	tʂu⁴⁴（又）tʂu³⁵（又）	tʂʰu⁵³	suə⁵³
凌源	fu²¹⁴	fu³⁵	mu⁵¹	liou⁵¹	ɕy²¹⁴	tʂu³⁵	tʂʰu⁵¹	suo⁵¹

	0969 粥	**0970 叔**	**0971 熟**	**0972 肉**	**0973 菊**	**0974 育**	**0975 封**	**0976 蜂**
	通合三入屋章	通合三入屋书	通合三入屋禅	通合三入屋日	通合三入屋见	通合三入屋以	通合三平钟非	通合三平钟敷
沈阳	tsou³³	ʂu³⁵	ʂou³⁵	iou⁴¹	tɕy³⁵	y⁴¹	fəŋ³³	fəŋ³³
本溪	tʂou⁴⁴	ʂu³⁵	ʂou³⁵(老) ʂu³⁵(新)	iou⁵¹	tɕy³⁵	y⁵¹	fəŋ⁴⁴	fəŋ⁴⁴
辽阳	tsou⁴⁴	ʂu³⁵	ʂou³⁵	iou⁵¹	tɕy³⁵	y⁵¹	fəŋ⁴⁴	fəŋ⁴⁴
海城	tʂəu⁴⁴	ʂu³⁵	ʂəu³⁵	iəu⁵¹	tɕy³⁵	y⁵¹	fəŋ⁴⁴	fəŋ⁴⁴
开原	tʂou⁴⁴	ʂu³⁵(老) ʂu⁴⁴(新)	ʂou³⁵	iou⁵¹(老) ʐou⁵¹(新)	tɕy³⁵	y⁵¹	fəŋ⁴⁴	fəŋ⁴⁴
锦州	tʂou⁵⁵	ʂou⁵⁵(白) ʂu³⁵(文)	ʂou³⁵(老) ʂu³⁵(新)	iou⁵¹	tɕy³⁵	y⁵¹	fəŋ⁵⁵	fəŋ⁵⁵
盘锦	tʂou⁵⁵	ʂou⁵⁵(老) ʂu³⁵(新)	ʂou³⁵(老) ʂu³⁵(新)	iou⁵¹	tɕy⁵⁵(老) tɕy³⁵(新)	y⁵¹	fəŋ⁵⁵	fəŋ⁵⁵
兴城	tʂou⁴⁴	ʂu³⁵(又) ʂu⁴⁴(又)	ʂou³⁵(老) ʂu³⁵(新)	iou⁵¹	tɕy³⁵	y⁵¹	fəŋ⁴⁴	fəŋ⁴⁴
绥中	tʂou⁵⁵	ʂu³⁵	ʂou³⁵(老) ʂu³⁵(新)	ʐou⁵¹	tɕy⁵⁵	y⁵¹	fəŋ⁵⁵	fəŋ⁵⁵
义县	tʂou⁴⁴	ʂou⁴⁴(老) ʂu³⁵(新)	ʂou³⁵(老) ʂu³⁵(新)	ʐou⁵¹	tɕy³⁵	y⁵¹	fəŋ⁴⁴	fəŋ⁴⁴
北票	tʂou⁴⁴	ʂou⁴⁴(老) ʂu⁴⁴(新)	ʂou³⁵(老) ʂu³⁵(新)	ʐou⁵¹	tɕy³⁵	y⁵¹	fəŋ⁴⁴	fəŋ⁴⁴
阜新	tʂou⁵⁵	ʂou⁵⁵	ʂou³⁵(老) ʂu³⁵(新)	ʐou⁵¹	tɕy³⁵	y⁵¹	fəŋ⁵⁵	fəŋ⁵⁵
黑山	tʂou⁴⁴	ʂou⁴⁴(老) ʂu³⁵(新)	ʂou³⁵(老) ʂu³⁵(新)	iou⁵¹	tɕy⁴⁴(又) tɕy³⁵(又)	y⁵¹	fəŋ⁴⁴	fəŋ⁴⁴
昌图	tʂou³³	ʂu³³(又) ʂu³⁵(又)	ʂou³⁵(老) ʂu³⁵(新)	iou⁵¹	tɕy³⁵	y⁵¹	fəŋ³³	fəŋ³³
大连	tʃəu³¹²	ʃu²¹³	ʃu³⁴	iəu⁵²	tɕy²¹³	y⁵²	fəŋ³¹²	fəŋ³¹²
金州杏树	tsəu³¹²	ɕy²¹³	ɕy⁵²	iəu⁵²	tɕy²¹³	y⁵²	fəŋ³¹²	fəŋ³¹²
长海	tʃəu³¹	ʃy²¹⁴	ʃy⁵³	iəu⁵³	ɕy²¹⁴	y⁵³	fəŋ³¹	fəŋ³¹
庄河	tsəu³¹	su²¹³	ɕy⁵¹	iəu⁵¹	tɕy²¹³	y⁵¹	fəŋ³¹	fəŋ³¹
盖州	tsəu⁴¹²	su²¹³	səu²⁴	iəu⁵¹	tɕy²⁴	y⁵¹	fəŋ⁴¹²	fəŋ⁴¹²
丹东	tʂou⁴¹¹	ʂu²¹³	ʂu²⁴	iou⁵¹	tɕy²¹³	y⁵¹	fəŋ⁴¹¹	fəŋ⁴¹¹
建平	tʂəu⁴⁴	ʂəu⁴⁴(老) ʂu⁴⁴(新)	ʂou³⁵(老) ʂu³⁵(新)	ʐəu⁵³	tɕy³⁵(又) tɕy⁴⁴(又)	y⁵³	fəŋ⁴⁴	fəŋ⁴⁴
凌源	tʂou⁵⁵	ʂou⁵⁵	ʂou³⁵(老) ʂu³⁵(新)	ʐou⁵¹	tɕy³⁵	y⁵¹	fəŋ⁵⁵	fəŋ⁵⁵

	0977 缝 一条~ 通合三 去钟奉	0978 浓 通合三 平钟泥	0979 龙 通合三 平钟来	0980 松 ~树 通合三 平钟邪	0981 重 轻~ 通合三 上钟澄	0982 肿 通合三 上钟章	0983 种~树 通合三 去钟章	0984 冲 通合三 平钟昌
沈阳	fəŋ⁴¹	nəŋ³⁵	luŋ³⁵	suŋ³³	tsuŋ⁴¹	tsuŋ²¹³	tsuŋ⁴¹	tʂʰuŋ³³
本溪	fəŋ⁵¹	nəŋ³⁵	luŋ³⁵	ʂuŋ⁴⁴	tʂuŋ⁵¹	tʂuŋ²²⁴	tʂuŋ⁵¹	tʂʰuŋ⁴⁴
辽阳	fəŋ⁵¹	nuŋ³⁵	luŋ³⁵	suŋ⁴⁴	tsuŋ⁵¹	tsuŋ²¹³	tsuŋ⁵¹	tsʰuŋ⁴⁴
海城	fəŋ⁵¹	nuŋ³⁵	luŋ³⁵	ʂuŋ⁴⁴	tʂuŋ⁵¹	tʂuŋ²¹⁴	tʂuŋ⁵¹	tʂʰuŋ⁴⁴
开原	fəŋ⁵¹	nuŋ³⁵	luŋ³⁵	ʂuŋ⁴⁴	tʂuŋ⁵¹	tʂuŋ²¹³	tʂuŋ⁵¹	tʂʰuŋ⁴⁴
锦州	fəŋ⁵¹	nuŋ³⁵	luŋ³⁵	ʂuŋ⁵⁵	tʂuŋ⁵¹	tʂuŋ²¹³	tʂuŋ⁵¹	tʂʰuŋ⁵⁵（又） tʂʰuŋ⁵¹（又）
盘锦	fəŋ⁵¹	nəŋ³⁵（老） nuəŋ³⁵（新）	luəŋ³⁵	suəŋ⁵⁵	tsuəŋ⁵¹	tsuəŋ²¹³	tsuəŋ⁵¹	tsʰuəŋ⁵⁵（又） tsʰuəŋ⁵¹（又）
兴城	fəŋ⁵¹	nəŋ³⁵（白） nuŋ³⁵（文）	luŋ³⁵	ʂuŋ⁴⁴	tʂuŋ⁵¹	tʂuŋ²¹³	tʂuŋ⁵¹	tʂʰuŋ⁴⁴（又） tʂʰuŋ⁵¹（又）
绥中	fəŋ⁵¹	nəŋ³⁵（白） nuəŋ³⁵（文）	luəŋ³⁵	suəŋ⁵⁵	tsuəŋ⁵¹	tsuəŋ²¹³	tsuəŋ⁵¹	tsʰuəŋ⁵⁵
义县	fəŋ⁵¹	nuŋ³⁵	luŋ³⁵	ʂuŋ⁴⁴	tʂuŋ⁵¹	tʂuŋ²¹³	tʂuŋ⁵¹	tʂʰuŋ⁴⁴（又） tʂʰuŋ⁵¹（又）
北票	fəŋ⁵¹	nuəŋ³⁵	luəŋ³⁵	suəŋ⁴⁴	tʂuəŋ⁵¹	tʂuəŋ²¹³	tʂuəŋ⁵¹	tʂʰuəŋ⁴⁴（又） tʂʰuəŋ⁵¹（又）
阜新	fəŋ⁵¹	nuŋ³⁵	luŋ³⁵	suŋ⁵⁵	tʂuŋ⁵¹	tʂuŋ²¹³	tʂuŋ⁵¹	tʂʰuŋ⁵⁵（又） tʂʰuŋ⁵¹（又）
黑山	fəŋ⁵¹	nuəŋ³⁵	luəŋ³⁵	ʂuəŋ⁴⁴	tʂuəŋ⁵¹	tʂuəŋ²¹³	tʂuəŋ⁵¹	tʂʰuəŋ⁴⁴（又） tʂʰuəŋ⁵¹（又）
昌图	fəŋ⁵¹	nəŋ³⁵（又） nuəŋ³⁵（又）	luəŋ³⁵	suəŋ³³	tsuəŋ⁵¹	tsuəŋ²¹³	tsuəŋ⁵¹	tsʰuəŋ³³
大连	fəŋ⁵²	nuŋ³⁴	luŋ³⁴	ɕyŋ³¹²	tsuŋ⁵²	tsuŋ²¹³	tsuŋ⁵²	tsʰuŋ³¹²
金州 杏树	fəŋ⁵²	nu⁵²	luŋ⁵²	suŋ³¹²	tsuŋ⁵²	tsuŋ²¹³	tsuŋ⁵²	tsʰuŋ³¹²
长海	fəŋ⁵³	nu⁵³	luŋ⁵³	suŋ³¹	tsuŋ⁵³	tsuŋ²¹⁴	tsuŋ⁵³	tsʰuŋ³¹
庄河	fəŋ⁵¹	nuŋ⁵¹	luŋ⁵¹	suŋ³¹	tsuŋ⁵¹	tsuŋ²¹³	tsuŋ⁵¹	tsʰuŋ³¹
盖州	fəŋ⁵¹	nuŋ²⁴	luŋ²⁴	suŋ⁴¹²	tsuŋ⁵¹	tsuŋ²¹³	tsuŋ⁵¹	tsʰuŋ⁴¹²（又） tsʰuŋ⁵¹（又）
丹东	fəŋ⁵¹	nuŋ²⁴	luŋ²⁴	ʂuŋ⁴¹¹	tʂuŋ⁵¹	tʂuŋ²¹³	tʂuŋ⁵¹	tʂʰuŋ⁴¹¹
建平	fəŋ⁵³	nuŋ³⁵	luŋ³⁵	suŋ⁴⁴	tʂuŋ⁵³	tʂuŋ²¹³	tʂuŋ⁵³	tʂʰuŋ⁴⁴（又） tʂʰuŋ⁵³（又）
凌源	fəŋ⁵¹	nəŋ³⁵	luŋ³⁵	suŋ⁵⁵	tʂuŋ⁵¹	tʂuŋ²¹⁴	tʂuŋ⁵¹	tʂʰuŋ⁵⁵（又） tʂʰuŋ⁵¹（又）

	0985 恭	0986 共	0987 凶 吉~	0988 拥	0989 容	0990 用	0991 绿	0992 足
	通合三平钟见	通合三去钟群	通合三平钟晓	通合三上钟影	通合三平钟以	通合三去钟以	通合三入烛来	通合三入烛精
沈阳	kuŋ³³	kuŋ⁴¹	ɕyŋ³³	yŋ³³	yŋ³⁵	yŋ⁴¹	ly⁴¹	tsu³⁵
本溪	kuŋ⁴⁴	kuŋ⁵¹	ɕyŋ⁴⁴	yŋ⁴⁴	yŋ³⁵	yŋ⁵¹	ly⁵¹	tsu³⁵
辽阳	kuŋ⁴⁴	kuŋ⁵¹	ɕyŋ⁴⁴	yŋ⁴⁴	yŋ³⁵	yŋ⁵¹	ly⁵¹	tsu³⁵
海城	kuŋ⁴⁴	kuŋ⁵¹	ɕiuŋ⁴⁴	iuŋ⁴⁴	iuŋ³⁵	iuŋ⁵¹	ly⁵¹	tʂu³⁵
开原	kuŋ⁴⁴	kuŋ⁵¹	ɕyŋ⁴⁴	yŋ⁴⁴	yŋ³⁵	yŋ⁵¹	ly⁵¹	tʂu³⁵
锦州	kuŋ⁵⁵	kuŋ⁵¹	ɕyŋ⁵⁵	yŋ⁵⁵	yŋ³⁵	yŋ⁵¹	ly⁵¹	tʂu³⁵
盘锦	kuəŋ⁵⁵	kuəŋ⁵¹	ɕyəŋ⁵⁵	yəŋ⁵⁵	yəŋ³⁵	yəŋ⁵¹	ly⁵¹	tʂu³⁵
兴城	kuŋ⁴⁴	kuŋ⁵¹	ɕyŋ⁴⁴	yŋ⁴⁴	yŋ³⁵	yŋ⁵¹	ly⁵¹	tʂu³⁵
绥中	kuəŋ⁵⁵	kuəŋ⁵¹	ɕyəŋ⁵⁵	ʐuəŋ⁵⁵	ʐuəŋ³⁵	ʐuəŋ⁵¹	ly⁵¹（又）lu⁵¹（又）	tʂu³⁵
义县	kuŋ⁴⁴	kuŋ⁵¹	ɕyŋ⁴⁴	yŋ⁴⁴	ʐuŋ³⁵	yŋ⁵¹	ly⁵¹	tʂu³⁵
北票	kuəŋ⁴⁴	kuəŋ⁵¹	ɕyəŋ⁴⁴	yəŋ⁴⁴	ʐuəŋ³⁵	yəŋ⁵¹	ly⁵¹	tsu³⁵
阜新	kuŋ⁵⁵	kuŋ⁵¹	ɕyŋ⁵⁵	yŋ⁵⁵	ʐuŋ³⁵	yŋ⁵¹	ly⁵¹	tʂu³⁵
黑山	kuəŋ⁴⁴	kuəŋ⁵¹	ɕyəŋ⁴⁴	yəŋ⁴⁴	yəŋ³⁵	yəŋ⁵¹	luei⁵¹	tʂu³⁵
昌图	kuəŋ³³	kuəŋ⁵¹	ɕyəŋ³³	yəŋ³³	yəŋ³⁵	yəŋ⁵¹	ly⁵¹	tʂu³⁵
大连	kuŋ³¹²	kuŋ⁵²	ɕyŋ³¹²	yŋ³¹²	yŋ³⁴	yŋ⁵²	ly⁵²	tsu³⁴
金州杏树	kuŋ⁵²	kuŋ⁵²	ɕyŋ³¹²	yŋ³¹²	yŋ³¹²	yŋ⁵²	ly²¹³	tsu²¹³
长海	kuŋ³¹	kuŋ⁵³	ɕyŋ³¹	yŋ³¹	yŋ⁵³	yŋ⁵³	ly²¹⁴	tu²¹⁴
庄河	kuŋ³¹	kuŋ⁵¹	ɕyŋ³¹	yŋ³¹	yŋ⁵¹	yŋ⁵¹	ly²¹³	tsu²¹³
盖州	kuŋ⁴¹²	kuŋ⁵¹	ɕyŋ⁴¹²	yŋ⁴¹²	yŋ²⁴	yŋ⁵¹	ly⁵¹	tsu²⁴
丹东	kuŋ⁴¹¹	kuŋ⁵¹	ɕyŋ⁴¹¹	yŋ⁴¹¹	yŋ²⁴	yŋ⁵¹	ly⁵¹	tsu²⁴
建平	kuŋ⁴⁴	kuŋ⁵³	ɕyŋ⁴⁴	yŋ⁴⁴	ʐuŋ³⁵	yŋ⁵³	lu⁵³（白）ly⁵³（文）	tsu³⁵
凌源	kuŋ⁵⁵	kuŋ⁵¹	ɕyŋ⁵⁵	yŋ⁵⁵	ʐuŋ³⁵	yŋ⁵¹	ly⁵¹	tsu³⁵

	0993 烛 通合三入烛章	0994 赎 通合三入烛船	0995 属 通合三入烛禅	0996 褥 通合三入烛日	0997 曲~折, 歌~ 通合三入烛溪	0998 局 通合三入烛群	0999 玉 通合三入烛疑	1000 浴 通合三入烛以
沈阳	tṣu³⁵	ṣu³⁵	ṣu²¹³	y⁴¹	tɕʰy²¹³	tɕy³⁵	y⁴¹	y⁴¹
本溪	tṣu³⁵	ṣu³⁵	ṣu²²⁴	zu⁵¹	tɕʰy²²⁴	tɕy³⁵	y⁵¹	y⁵¹
辽阳	tṣu³⁵	ṣu³⁵	ṣu²¹³	y⁵¹	tɕʰy²¹³	tɕy³⁵	y⁵¹	y⁵¹
海城	tṣu³⁵	ṣu³⁵	ṣu²¹⁴	y⁵¹	tɕʰy²¹⁴	tɕy³⁵	y⁵¹	y⁵¹
开原	tṣu³⁵	ṣu³⁵	ṣu²¹³	y⁵¹（老） zu̺⁵¹（新）	tɕʰy⁴⁴（又） tɕʰy²¹³（又）	tɕy³⁵	y⁵¹	y⁵¹
锦州	tṣu³⁵	ṣu³⁵	ṣu²¹³	zu̺⁵¹	tɕʰy²¹³	tɕy³⁵	y⁵¹	y⁵¹
盘锦	tṣu³⁵	ṣu³⁵	ṣu²¹³	zu̺⁵¹	tɕʰy²¹³	tɕy³⁵	y⁵¹	y⁵¹
兴城	tṣu³⁵	ṣu³⁵	ṣu²¹³	iou⁵¹（老） zu̺⁵¹（新）	tɕʰy²¹³（又） tɕʰy⁴⁴（又）	tɕy³⁵	y⁵¹	y⁵¹
绥中	tṣu³⁵	ṣu³⁵	ṣu²¹³	zu̺⁵¹	tɕʰy²¹³	tɕy³⁵	y⁵¹	y⁵¹
义县	tṣu³⁵	ṣu³⁵	ṣu²¹³	zu̺⁵¹	tɕʰy²¹³	tɕy³⁵	y⁵¹	y⁵¹
北票	tṣu³⁵	ṣu³⁵	ṣu²¹³	zu̺⁵¹	tɕʰy²¹³	tɕy³⁵	y⁵¹	y⁵¹
阜新	tṣu³⁵	ṣu³⁵	ṣu²¹³	zu̺⁵¹	tɕʰy²¹³	tɕy³⁵	y⁵¹	y⁵¹
黑山	tṣu³⁵	ṣu³⁵	ṣu²¹³	zu̺⁵¹	tɕʰy²¹³	tɕy³⁵	y⁵¹	y⁵¹
昌图	tṣu³⁵	ṣu³⁵	ṣu²¹³	zu̺⁵¹	tɕʰy²¹³	tɕy³⁵	y⁵¹	y⁵¹
大连	tsu³⁴	su³⁴	su²¹³	y⁵²	tɕʰy²¹³	tɕy³⁴	y⁵²	y⁵²
金州杏树	tsu⁵²	su⁵²	su²¹³	y⁵²	tɕʰy²¹³	tɕy⁵²	y⁵²	y⁵²
长海	tu²¹⁴	su⁵³	ɕy²¹⁴	y⁵³	ɕʰy²¹⁴	ɕy⁵³	y⁵³	y⁵³
庄河	tsu⁵¹	su⁵¹	su²¹³	y⁵¹	tɕʰy²¹³	tɕy⁵¹	y⁵¹	y⁵¹
盖州	tsu²⁴	su²⁴	su²¹³	y⁵¹	tɕʰy²¹³	tɕy²⁴	y⁵¹	y⁵¹
丹东	tsu²⁴	ṣu²⁴	ṣu²¹³	y⁵¹	tɕʰy²¹³	tɕy²⁴	y⁵¹	y⁵¹
建平	tṣu³⁵	ṣu³⁵	ṣu²¹³	zu̺⁵³	tɕʰy⁴⁴（又） tɕʰy²¹³（又）	tɕy³⁵	y⁵³	y⁵³
凌源	tṣu³⁵	ṣu³⁵	ṣu²¹⁴	zu̺⁵¹	tɕʰy²¹⁴	tɕy³⁵	y⁵¹	y⁵¹

参考文献

北京大学中国语言文学系语言学教研室　1989　《汉语方音字汇》（第2版），文字改革出版社。
曹志耘　2008　《汉语方言地图集》，商务印书馆。
贺　巍　1986　《东北官话的分区》，《方言》第1期。
李　荣　1985　《官话方言的分区》，《方言》第1期。
钱曾怡　2010　《汉语官话方言研究》，齐鲁书社。
唐聿文　2012　《东北方言大词典》，长春出版社。
许宝华、宫田一郎　2020　《汉语方言大词典》（修订本），中华书局。
许皓光、张大鸣　1988　《简明东北方言词典》，辽宁人民出版社。
尹世超　2010　《东北方言概念词典》，黑龙江大学出版社。
中国民间故事集成全国编集委员会　1994　《中国民间故事集成》（辽宁卷），中国LSBN中心。
中国社会科学院语言研究所、中国社会科学院民族学与人类学研究所、香港城市大学语言资讯科学研究中心　2012　《中国语言地图集》（第2版）汉语方言卷，商务印书馆。

后　　记

　　自2016年至2019年，四年间，辽宁语保团队调查了辽宁地域20个汉语方言点，为促进中国语言资源保护工程（以下简称"语保工程"）成果的整理、开发和应用，按照教育部语信司要求，我们从2018年年底开始着手在前期方言调查基础上编写这本书，历时两年多。

　　两年多来，我们是通过多次反复不断地整理、分析、研讨、修改等一系列工作来推进项目完成的。

　　2018年12月8日，根据教育部语信司文件精神，我们拟出了《〈中国语言资源集·辽宁〉实施方案》。随后，2019年1月5日，又做出了包括语音卷、词汇卷、语法卷、口头文化卷等各卷和需交文件电子版的具体编写要求，并先行整理了庄河、丹东等方言点的材料，形成样稿，发给其他各点参照。

　　与此同时，我们还拟定了统一格式的示例，制订出包含已经完成调查的15个方言点字音、词汇、语法例句对照表。特别是字音部分，根据《方言调查字表》逐一校对了1000个单字的古音。此项工作完成于语保中心下发的对照表之前，其后，2019年11月，又为刚刚完成调查的2019年立项的5个点和2012年有声数据库调查的大连、金州杏树两个点制作了适用于这7个方言点的对照表。最后，又根据语保中心的对照表，结合本省实际，编制了涵盖全省22个方言点的对照表，包括字音对照表（1000个单字）、词汇对照表（1200个词）和语法例句对照表（50个例句）等。其内部排序首先按照方言大区（东北官话—胶辽官话—北京官话）排列，其次把同一大区的方言片按照地位排列，再次把同一方言片中的方言小片按照调查点的音序排列。

　　2019年6月，"中国语言资源集·辽宁"立项获批（项目编号：YB19ZYA014）。

　　2019年6月25日，开始进入材料整理程序，2019年9月1日，除2019年未完成调查的5个方言点外，其他方言点的调查团队按时完成了第一阶段的材料整理工作。

　　2020年1月21日，在2019年5个项目终检验收会上，与会的编写人员互相交流了第一阶段材料整理的体会和发现的问题，同时研究确定了下一步工作：1.把调查材料移至模板表中；2.草拟各点方言概况和发音人情况；3.修改完善前期存在的主要问题：（1）音系说明与后面的字词句等注音不完全一致，需认真核查。有些需要在音系说明中阐释（如儿化、小称、变调规律等）；（2）音标和相关符号字体需规范（如同音符号、送气符号等）；（3）方言用字全省要统一；（4）改正由于手误造成的个别字、词等与音标不吻合等问题。

为了统一方言用字，我们从 2018 年前完成调查的 15 个方言点材料中提取出了用字不一致的词条。列举了词汇调查条目的所有不同形式，编制了"辽宁资源集方言用字推荐表"。推荐用字的依据主要有四：一是查阅古今汉语工具书；二是查阅相关方言词典；三是从俗，即参考当地用字，通过这些考证本字或寻找同音字替代；四是在项目预验收、验收时逐条征求的王临惠、赵日新、桑宇红三位专家意见。2020 年 1 月底，"辽宁资源集方言用字推荐表"分发给各点负责人，各点开始对词汇、语法、口头文化等部分的方言用字进行校对。

2020 年 3 月 10 日，2019 年结束调查的 5 个方言点完成了材料整理工作，即全省 20 个点按照对照表、用字推荐表各自的材料整理工作告一段落。2020 年 4 月 10 日开始，我们做了第一次全稿通审。4 月 24 日把汇总材料中出现的问题（如各点方言概况和音系介绍的内容和形式问题不统一；格式方面，字体、字号行间距等不一致等）反馈给各点。各点编写人员利用"五一"小长假休息的机会完成了修改，5 月 6 日汇总。

2020 年 5 月 7 日，教育部语信司下发通知，安排部署项目中期检查工作。按照通知要求，我们根据《中国语言资源集（分省）实施方案（2019 年修订）》和《中国语言资源集（分省）编写出版方案（2019 年修订）》，对已经完成的书稿进行检查，形成书面意见，并连同书稿语法样章和庄河点材料及中检报告书，在 6 月初一并报送语保中心。

受疫情的影响，原定 3 月中下旬在沈阳召开的统稿会无法按计划进行，但根据编写计划安排又不能再拖延，只好择机借助腾讯会议线上进行。中检结束后，2020 年 7 月 19 日，辽宁资源集第一次线上编写会议召开，主要编写人员和部分协助工作的研究生到会。会议对材料整理过程中出现的问题做了认真梳理，并讨论了解决问题的办法，同时，布置了下一步工作，安排了工作日程。考虑到各点提出的只是自身局部形式问题，面对全局，要对一些共性问题，进行拉网式的全面修改。修改后，外请专家审稿。

2020 年 8 月 1 日，汇总材料如期提交给两位外审专家：天津师范大学王临惠教授和河北师范大学桑宇红教授。两位教授很快就把修改意见反馈给我们。在审稿期间，他们把随时发现的问题及解决办法传递给我们，比如，审稿之初，发现故事部分由于发音人对故事情节不熟悉等原因，造成同一个故事在人称、时间、地点、层次等方面的前后矛盾，还有啰嗦重复等问题。各点负责人复听故事音频，把有问题的部分标注出来再剪辑，同时根据剪辑修改文本。看到两位专家的修改意见，我们不仅学到了以前很少接触到的知识和方法，更为其研精阐微的治学态度和认真负责的工作精神所感动。时值酷暑，气候炎热，又是疫情期间，两位专家确实很辛苦。

2020 年 8 月 13 日，辽宁资源集第二次编写会议依然以线上方式举行，到会的是主要编写人员和部分协助编写的研究生。这次会议主要内容是反馈外审专家审阅意见，研讨解决问题办法，并确定修改完成时间。特别是根据两位专家的建议，依照张世方主编的北京卷样例组织各点对各地概况、音系说明等部分进行了全部修改。

2020年9月初，分点修改工作完成，进入全省材料汇总阶段。汇总主要由辽宁师范大学的原新梅、赵建军老师和研究生完成，具体由丁俊组织研究生采取流水作业的形式来完成。汇总是件很麻烦的事情，不仅仅是简单地把分散的各点材料整合在一起，这其中，还有内容的核对、版面体例的统一等，工作量很大。汇总后，原新梅、赵建军对材料进行了拉网式核查，发现了一些单点不容易发现和修改不彻底等问题，在充实完善"辽宁资源集方言用字推荐表"基础上又组织进行了新一轮修改。汇总和汇总后的修改于10月上旬完成。为慎重起见，在交给出版社之前，我们再次请王临惠、桑宇红两位专家为书稿把关。11月初返回修改意见。

2020年11月4日，以线上方式召开辽宁资源集第三次编写会议，反馈了专家审阅后的修改意见。安排了下一步的修改工作：为保证已经整理过的版面不被更改，单字、词汇、语法例句由原新梅负责组织统一修改。具体音系及音系说明、口头文化两部分由各点负责人修改。统一修改和各点修改后，分别由赵建军、安拴军审核。

2020年12月我们把书稿提交给了中国社会科学出版社，2021年7月初收到校对稿，马上把书稿复印了三份，寄给大连、锦州、沈阳的分片负责人。7月19日召开了辽宁资源集书稿校对线上会议，组织分点、分片和全书三个层次的校对工作。即各点负责人具体校对各自调查点，然后由赵建军、安拴军、欧阳国亮分别负责大连片、锦州片和沈阳及周边片的校对，最后由夏中华、原新梅完成全书最后统稿。根据教育部语信司召开的"中国语言资源集（分省）编写出版协调会"（2021年8月9日）要求，我们按照《中国语言资源集（分省）编写出版规范（2021年修订）》对书稿进行结构上的调整，分编为四卷，并对照校对后的书稿重新填写修改了校对表，报送语保中心。

作为中国语言资源有声数据库首批试点的大连、杏树两个方言点调查工作于2012年年底完成，并顺利通过验收。我们考虑，为了更全面地体现全省方言特征，特别是大连地区的典型性、代表性，应该把不在语保工程系列的大连、金州杏树屯两个方言点的调查材料纳入本书。这一想法得到了语保中心的认可。

本书是对前期为时5年（含2012年结项的大连、杏树两个方言点）的辽宁汉语方言调查的书面总结，也是辽宁语保工程系列基础性成果之一。涉及地域广，进程时间长、参与人员多。既需要各方言点课题组的独自深入调研分析，也需要整个辽宁语保团队的协调配合。在本书的编写过程中，各位同仁顾全大局，通力合作，集聚智慧，交流经验，分忧解难，互相帮助，共享成果，协力完成了任务，也结下了真挚深厚的学术友谊，虽然彼此分散在不同的地域、不同的单位，但却是一个团结友善、奉献能干的整体。

各方言点材料整理和书稿编写分工如下：

安拴军：凌源、北票

曹起：义县、黑山

崔蒙：沈阳

洪飓：盘锦

李薇薇：阜新

马丽娟：绥中

欧阳国亮：辽阳

王虎：海城

夏历：昌图

夏中华：锦州

杨春宇：建平

原新梅：庄河、丹东

张明辉：盖州

赵建军：本溪、长海

朱红：兴城、开原

大连、金州杏树两个有声数据库的调查点，由赵建军、原新梅在尊重原始材料的基础上按照资源集的要求进行了整理。

真诚感谢团队各位同仁的付出。还要特别感谢在材料整理、修改统稿等事务中做出贡献的各位研究生，他们不辞辛苦，协助导师做了大量工作，在语保中经受了历练，收获了成长。

他们是：

辽宁师范大学的丁俊、朱怡霖、黄宇琪、王涛、王诗语、刘欣、康琳、宋美华、赵廷舒、郑雅凤、阎奕霏、李昕升、张乐、苏丽娜、于蕊铭、袁静、宋佳、张雷、徐祖熹、刘畅、宫腾腾、李琳、臧英涵、李萍、杨笑笑、孙聪、刘胜男、王艺颖、范娜、佟瑶、王昕昱、朱红雨、孟璐、王聪、孙宗美、王晓宇、李萌萌、赵欣、张湾、张影、陈阳阳、蔡悦、王明瑶、李松柳、孙梓妍、黄万琪、郑海燕、樊琛琛、薄立娜、张惠宇、边境、宋施洋、刘文静、董庆怡、赵华贤、田秋阳、梁永琪、王丽娜、刘萌、曹豫等。

沈阳师范大学的郝增、王宁、郝建昌、韩沈琳、刘勃、祁慧、陈馨、王翎羽。

渤海大学的李清华、郭鸿宇、孙智博、麻静、谢文婷、蔡一宁、刘爽、曾佳宝、王鹏飞、那琳、孔德会、李肖天、王晓航、何茜、黄娜、韩鸽、周一冰、胡伟华、吕宛清。

中国刑事警察学院的郭曼曼、张岩、吕微、秦伟方、于英杰。

辽宁工程技术大学的牛婧锜、王硕、马福越、杨宇辰。

此外，还有辽宁科技学院王龙，辽宁师范大学李娜、迟文敬，赤峰学院张万有，朝阳广播电视大学校萧辉嵩，渤海大学武海江，辽宁大学高亚楠、刘俊烁，吉林工商学院顾静瑶，大连第二十五中学范凡等几位老师也做了很多工作，这里，一并致谢。

更要感谢在方言调查过程中为我们纠偏指正、提出过宝贵意见的张振兴、沈明、赵日新、王莉宁、张世方、黄晓东、刘晓海、黄拾全、吴继章、莫超、雏鹏、辛永芬等语保专家，特别是王临惠、桑宇红两位专家多年来的悉心指教，辛苦付出。

感谢省语委办宋升勇、侯长余、于玲、刘伟、刘丹等领导和一直具体负责的辛海春，以及各市县语委办，项目的顺利完成，离不开他们多年来的支持帮助。

感谢中国社会科学出版社任明主任认真的编辑加工，为本书增色添彩。

语保工程是一项重大的、系列的语言文化工程，任重道远。在本书即将成稿之时，我们又投入到辽宁方言口头文化语料转写的校对工作。路在脚下，继续前行。

夏中华 原新梅
2021 年 8 月 20 日